BRAD STONE

DIE
SHARING
ECONOMY

Teile
und herrsche

Wie Uber und AirBnB
ganze Industrien umkrempeln

PLASSEN
VERLAG

Die Originalausgabe erschien unter dem Titel
The Upstarts. How Uber, Airbnb, and the Killer Companies
of the New Silicon Valley Are Changing the World
ISBN 978-0-316-38839-9

Copyright der Originalausgabe 2017:
Copyright © 2017 by Brad Stone
This edition published by arrangement with Little, Brown and Company,
New York, New York, USA. All rights reserved.

© Copyright der deutschen Ausgabe 2017:
Börsenmedien AG, Kulmbach

Übersetzung: Matthias Schulz
Covergestaltung: Holger Schiffelholz
Gestaltung und Satz: Denksportler Grafikmanufaktur
Lektorat: Egbert Neumüller
Druck: GGP Media GmbH, Pößneck

ISBN 978-3-86470-491-8

Bibliografische Information der Deutschen Nationalbibliothek:
Die Deutsche Nationalbibliothek verzeichnet diese Publikation in
der Deutschen Nationalbibliografie; detaillierte bibliografische Daten
sind im Internet über <http://dnb.d-nb.de> abrufbar.

BÖRSEN MEDIEN
AKTIENGESELLSCHAFT

Postfach 1449 • 95305 Kulmbach
Tel. 09221-9051-0 • Fax 09221-9051-4444
E-Mail: buecher@boersenmedien.de
www.plassen.de
www.facebook.com/plassenverlag

Für Tiffany

INHALTSVERZEICHNIS

EINLEITUNG   9

TEIL I: NEBENPROJEKTE

KAPITEL 1: DAS TAL DER LEIDEN
AIRBNBS FRÜHE JAHRE   25

KAPITEL 2: JAM SESSIONS
DIE FRÜHEN JAHRE VON UBER   49

KAPITEL 3: DIE GESCHEITERTEN
SEAMLESSWEB, TAXI MAGIC, CABULOUS,
COUCHSURFING, ZIMRIDE   77

KAPITEL 4: DER GROWTH HACKER
AIRBNB STARTET DURCH   103

KAPITEL 5: BLUT, SCHWEISS UND RAMEN
WIE UBER SAN FRANCISCO EROBERTE   123

TEIL II: EIN IMPERIUM ENTSTEHT

KAPITEL 6: DER KRIEGS-CEO

AIRBNB KÄMPFT AN ZWEI FRONTEN   147

KAPITEL 7: DAS TAKTIKBUCH
UBER EXPANDIERT 171

KAPITEL 8: DAS GESETZ VON TRAVIS
AUFSTIEG DES RIDESHARINGS 199

KAPITEL 9: TOO BIG TO REGULATE
AIRBNBS KAMPF IN NEW YORK 231

TEIL III: FEUERPROBE FÜR DIE AUFRÜHRER

KAPITEL 10: DER „GOD VIEW"-SKANDAL
UBERS HOLPRIGE FAHRT 261

KAPITEL 11: FLUCHTGESCHWINDIGKEIT
KÄMPFE UND MÄRCHENSTUNDEN MIT AIRBNB 291

KAPITEL 12: GLOBALES MEGA-EINHORN DUELL

BIS ZUM TOD
UBER GEGEN DEN REST DER WELT 319

EPILOG 353

DANKSAGUNG 363

FUSSNOTEN 367

ÜBER DEN AUTOR 395

EINLEITUNG

Etwas ganz Großes stand bevor. Am 19. Januar 2009 sollte Barack Hussein Obama als Präsident der Vereinigten Staaten von Amerika vereidigt werden, weshalb nahezu zwei Millionen Menschen in jener Woche nach Washington strömten. Aber nicht alle waren nur gekommen, um dieses historische Ereignis mit eigenen Augen zu sehen. Unter den zahllosen Menschen, die sich im kühlen Atlantikküsten-Winterwetter versammelten, waren auch zwei Gruppen junger Unternehmer aus San Francisco, die nicht nur miterleben wollten, wie Geschichte geschrieben wird, sie standen ihrerseits kurz davor, Geschichte zu machen.

Die drei Gründer der damals wenig bekannten Website Airbedandbreakfast.com hatten erst kurzfristig beschlossen, an Obamas Amtseinführung teilzunehmen. Brian Chesky, Joe Gebbia und Nathan

Blecharczyk überredeten noch einen Freund, sie zu begleiten, Michael Seibel, den CEO der Videostreaming-Website Justin.tv. Über Eintrittskarten verfügten die vier Mittzwanziger ebenso wenig wie über Winterkleidung oder eine genauere Vorstellung dessen, was in dieser Woche passieren würde. Ihr Unternehmen krebste seit etwas mehr als einem Jahr vor sich hin, ohne besonders viel erreicht zu haben. Jetzt würden die Augen der Welt auf die Hauptstadt gerichtet sein und das wollten sie zu ihrem Vorteil nutzen.

Sie fanden eine billige Übernachtungsmöglichkeit in Washington, ein Apartment in einem zugigen dreistöckigen Haus in der Nähe der Howard University. Es waren harte Zeiten damals und wie so viele andere Gebäude war auch dieses Haus zwangsgeräumt worden. Die Räume waren unmöbliert bis auf ein Sofa, das sich ausziehen ließ. Die anderen überließen Seibel das Sofa, sie selbst packten sich zum Schlafen gemeinsam mit ihrem Gastgeber, dem Manager eines örtlichen Restaurants, auf Luftmatratzen (also auf „Airbeds" – worauf auch sonst?), die auf dem Hartholzfußboden lagen.

Ihr Gastgeber war eigentlich nur ein Mieter, der auf seine unvermeidbare Zwangsräumung wartete. Er lebte in der Erdgeschosswohnung und hatte die AirBed&Breakfast-Webseite genutzt, um den leerstehenden ersten Stock zu vermieten. An drei weitere Gäste hatte er sein eigenes Schlafzimmer, das Wohnzimmer und den begehbaren Schrank vermietet. Chesky witterte eine gute Gelegenheit, Werbung in eigener Sache zu machen, und schrieb eine E-Mail mit der Geschichte über den zum Schlafplatz umfunktionierten Schrank an die Redaktion von *Good Morning America*. Ein Produzent der beliebten Frühstücksfernsehsendung griff die Anregung dankend auf und so schaffte es der Schrank in einen Bericht darüber, was im Zusammenhang mit der Amtseinführung des neuen Präsidenten so alles an ungewöhnlichen Schlafplätzen genutzt wurde.[1]

Tagsüber verteilten die Gründer und Seibel Flyer von AirBed&Breakfast an der U-Bahn-Haltestelle Dupont Circle. „Vermieten Sie Ihre Zimmer! Vermieten Sie Ihre Zimmer!", riefen sie den winterlich vermummten Pendlern zu, die sie jedoch größtenteils ignorierten. Abends trafen sie andere AirBed&Breakfast-Gastgeber aus Washington, besuchten alle Amtseinführungspartys, zu denen sie Zutritt ergattern konnten, und beantworteten zahlreiche E-Mails einer unzufriedenen Kundin – der Frau, die im Erdgeschoss unter ihnen das Schlafzimmer belegte. Sie war mit ihrem VW-Bus und ihrem Therapiehund, einem Chihuahua, den ganzen Weg aus Arizona nach Washington gefahren, und nun war sie ganz offenbar nicht allzu begeistert davon, wie voll das Apartment war. Sie sei sicher, Marihuana gerochen zu haben, jemand habe den Saft getrunken, den sie in den Kühlschrank gestellt hatte, und das Haus erfülle nicht die Auflagen des Behindertengleichstellungsgesetzes, beschwerte sie sich in einem steten Strom von E-Mails an die Firmenadresse.

Sie drohte sogar mit der Polizei. Die Firmengründer saßen unterdessen nur einige Meter über ihr und versuchten, die aufgebrachte Frau, einen ihrer wenigen echten Kunden, so gut es ging zu beruhigen.

Am Tag der eigentlichen Amtseinführung stand die Gruppe um drei Uhr morgens auf, um sich in der National Mall einen Platz zu sichern, von wo aus man einen guten Blick auf die Prozedur haben würde. Sie liefen über drei Kilometer zu der großen Promenade und kauften sich unterwegs an einem U-Bahn-Kiosk wärmere Mäntel, Hüte und Gesichtsmasken. Um vier Uhr hatten sie einen Platz auf einer für die Öffentlichkeit freigegebenen Grünfläche gefunden, nur wenige Hundert Meter von dem Podium entfernt, auf dem Barack Obama den Amtseid ablegen würde.

„Wir haben uns in der Mall praktisch Rücken an Rücken hingehockt und versucht, irgendwie warm zu bleiben", erinnert sich Brian Chesky, heute Milliardär und CEO des inzwischen als Airbnb firmierenden Unternehmens. „Ich habe in meinem Leben noch nie einen derart kalten Morgen erlebt. Alle jubelten, als die Sonne aufging."

Auch Garrett Camp und Travis Kalanick nahmen in jener Woche an den Feierlichkeiten teil und ihre Erfahrungen waren ähnlich unglamourös. Der Investor Chris Sacca, der dem Organisationskomitee für die Amtseinführung angehörte, hatte die beiden überredet, nach Washington zu kommen. Der aus Los Angeles stammende Kalanick hatte kürzlich sein Start-up-Unternehmen an den Internet-Dienstleister Akamai verkauft. Er spendete dem Komitee 25.000 Dollar und teilte sich mit Camp die Ausgaben. Beide waren damals Anfang 30 und obwohl die Weltwirtschaft gerade in eine schwere Krise gerutscht war, setzten die beiden große Erwartungen in die transformativen Möglichkeiten der Technologie. Beide hatten sie eine ambivalente Haltung gegenüber der Politik, aber einen historischen

Moment – oder mindestens genauso wichtig, eine epochale Party – wollten sie sich dann doch nicht entgehen lassen.

Auch sie waren nicht darauf vorbereitet, was die Feierlichkeiten rund um die Amtseinführung eines Präsidenten so alles mit sich bringen. Einige Tage vor der Veranstaltung flogen sie nach New York und kauften sich in einem Hugo-Boss-Geschäft Smokings. Weil sie nicht wie Zwillinge aussehen wollten, entschied sich Kalanick für eine Fliege, Camp für einen regulären Schlips.

Am Abend vor der Amtseinführung standen sie in einer langen Schlange vor dem Newseum und warteten darauf, Einlass zu der Party zu bekommen, die das Online-Nachrichtenportal *Huffington Post* veranstaltete. Es war windig, es war kalt und die beiden hatten nur eine Wollmütze dabei, die sie im Rhythmus von zehn Minuten tauschten, während sie einen der Gastgeber der Party mit SMS bombardierten und um Einlass baten.

Am großen Tag selbst standen Camp und Kalanick nicht wie die Airbnb-Gründer in aller Herrgottsfrühe auf, sie schliefen vielmehr aus. Kalanick hatte über die Website VRBO, auf der Ferienwohnungen vermietet werden, etwas Schickes in der Nähe des Logan Circle gebucht, aber von dort waren es noch einige Kilometer bis zur Mall und Taxis waren keine zu bekommen. Schließlich mussten die beiden Seite an Seite eine halbe Stunde lang die breiten Avenuen von Washington entlangrennen. Als sie schließlich ihre Sitze erreichten – sie saßen mit Sacca und dessen einflussreichen Freunden aus dem Silicon Valley oberhalb der Plattform, auf der die Amtseinführung stattfand –, waren sie komplett durchgeschwitzt. Als der Schweiß trocknete, befiel eine unerträgliche Kälte die beiden Männer.

„Abends litt ich ganz definitiv an einer Form leichter Unterkühlung", erinnert sich Kalanick. „Alle fragten mich: ‚Was ist denn mit dir?‘ und ich sagte bloß: ‚Ich bin völlig durchgefroren.‘" Und Camp fügte hinzu: „Ich bin in Kanada aufgewachsen, ich weiß, wie es ist, wenn einem sehr kalt ist. Aber das war eines der schlimmsten Kälte-Erlebnisse meines ganzen Lebens."

Camp versuchte damals, Kalanick für eine Geschäftsidee zu begeistern, die er gerade entwickelte: Er wollte, dass sich jeder Besitzer eines Smartphones mit einem einzigen Klick eine Limousine bestellen konnte. Kalanick war zwar interessiert, aber nicht übermäßig begeistert. Es mochte eine gute Idee sein, aber nicht zwingend eine, die zu etwas Großem führte. Nun aber hatten sie in Washington gerade erlebt, dass es durchaus Bedarf an einem derartigen Service gab. Camp konnte aus eigener Beobachtung bestätigen: Stehen in großen Städten keine anderen Transportmöglichkeiten zur Verfügung, könnte ein Angebot, bei dem man per Telefon einen Wagen kommen lassen kann, von Bedeutung sein.

„Siehst du?", wandte sich Camp an Kalanick, während die Menge „O-ba-ma! O-ba-ma!" skandierte und die Welt darauf wartete, dass die neue First Family die Bühne betrat: „Wir brauchen das wirklich."

Schon damals trug der Dienst in Camps Vorstellung einen Namen, den die Welt schon bald sehr kennen würde: Uber.

Das war vor acht Jahren.

Seitdem hat sich vieles verändert – der Präsident der Vereinigten Staaten beispielsweise. Aber nur wenige Veränderungen waren so weitreichend wie diejenigen, die die beiden Unternehmergruppen angestoßen haben, die an jenem Tag anonymer Teil der Menschenmenge waren.

Sie erhielten dabei jede Menge Hilfe. Der inzwischen verstorbene Apple-Mitgründer Steve Jobs hatte sieben Monate vor Obamas Amtsantritt das erste iPhone vorgestellt. Zwei Monate später verkündete Jobs, dass auf dem iPhone auch Softwareprogramme von Drittanbietern laufen würden, sogenannte Mobile Apps oder kurz Apps. Zum damaligen Zeitpunkt waren noch weitere wichtige Technologietrends am Wirken. Die Beliebtheit von Facebook, dem sozialen Netzwerk, das 2004 in einem Studentenwohnheim in Harvard gegründet worden war, nahm explosionsartig zu und brachte Internetnutzer in Scharen dazu, sich eine Online-Identität zu erschaffen. Der Suchmaschinenriese Google erleichterte es anderen Unternehmen, seine Kartensoftware Google Maps in ihre eigenen Apps und Webseiten zu integrieren. Computer und Telefone wurden günstiger und leistungsstärker. Breitband-Internet verbreitete sich mit rasender Geschwindigkeit.

All diese sich überlappenden Trends lösten tektonische Umwälzungen aus, wie man sie in der Informationstechnologie seit der Erfindung des Webbrowsers nicht gesehen hatte. Innerhalb von zehn Jahren verlagerte eine Mehrheit der Menschen in der modernen Welt weite Teile ihres Lebens ins Internet, vor allem mithilfe der schlanken, Smartphone genannten Blöcke aus Kunststoff, Glas und

Silizium, die man bequem in die Hand nehmen und in der Tasche mit sich herumtragen konnte.

Es waren nicht die Branchenriesen Uber und Airbnb, die diese Welle technischer Innovation anstießen, aber mehr als alle anderen Unternehmen sind sie während der vergangenen acht Jahre auf dieser Welle geritten und haben von ihr profitiert. Die beiden Unternehmen aus San Francisco (ihre Firmensitze liegen gerade einmal 1,5 Kilometer voneinander entfernt) zählen, was Umsatz, Marktwert und Zahl der Mitarbeiter angeht, zu den am schnellsten wachsenden Unternehmen aller Zeiten. Für die dritte Phase des Internets – die Innovationsära nach Google und nach Facebook, die Zeit, in der die digitale Welt in die reale Welt hinüberschwappte – haben diese beiden wie niemand sonst bemerkenswerte Geschichten zu den Annalen des Unternehmertums beigesteuert.

Sie haben Schwindelerregendes erreicht, obwohl ihre Unternehmen nur wenige Sachwerte besitzen. Man kann Airbnb mit Fug und Recht als das größte Hotelunternehmen der Welt bezeichnen, dabei besitzt es im eigentlichen Sinne nicht ein einziges Hotelzimmer. Uber zählt zu den weltgrößten Automobildienstleistern, beschäftigt aber keinerlei Berufsfahrer und betreibt auch keine eigene Fahrzeugflotte (bis auf eine kleine Zahl experimenteller selbstfahrender Fahrzeuge). Sie sind die ultimativen Internetfirmen des 21. Jahrhunderts, sie bringen für die Menschen, die diese Dienstleistungen anbieten und nutzen, nicht nur neue Möglichkeiten mit sich, sondern bergen auch neue Risiken, deren sich die Menschen oftmals nur wenig bewusst sind.

Wie man weiß, ermöglicht es Uber jedem, sich bequem ein Fahrzeug heranzurufen, auf einer virtuellen Landkarte zu verfolgen, wie weit das Fahrzeug noch entfernt ist, und sich dann von einem Chauffeur fahren zu lassen, dessen Zuverlässigkeit mit einem Wert nach einem Bewertungssystem von einem bis fünf Sternen angezeigt wird. Der Fahrgast bezahlt, ohne dass umständlich Geld die Hände wechselt oder dass zeitaufwendig mit einem Kreditkartenleser hantiert wird. Die Genialität dieser reibungslosen Transaktion ist in den von LCD-Lampen beleuchteten Fluren des Silicon Valleys so widerstandslos akzeptiert worden, dass es inzwischen eine Flut von Firmen mit ähnlichen Bezahlmodellen gibt, seien es Lieferdienste, Paketabholer, Babysitting-Agenturen oder Ähnliches.

Airbnb wiederum hat dafür gesorgt, dass eine Auslandsreise heute eine Erfahrung sein kann, die weitaus mehr ist als die künstliche Welt eines Hotels und einer Tour durch das zentrale Tourismusviertel. Das Konzept dahinter war ganz simpel: Jeder soll seine ungenutzte Couch, sein leerstehendes Schlafzimmer, seine ungenutzte Einliegerwohnung oder das Ferienappartement Reisenden zur kurzfristigen Nutzung anbieten können. Die Idee an sich nicht war nicht unbedingt neuartig (VRBO, HomeAway, Couchsurfing und Craigslist waren da schneller), aber bei der Eleganz des Lösungsansatzes war Airbnb ungeschlagen. Sorgfältig ausgesuchte Fotos und Beurteilungen früherer Transaktionen dienen dazu, Gastgeber und Gast ein Gefühl füreinander zu vermitteln, bevor sie sich tatsächlich kennenlernen. Wie bei Uber auch spielt Bargeld hier keinerlei Rolle: Airbnb kassiert vom Gast bei der Buchung die Transaktionsgebühr und überweist sie – abzüglich seines Anteils – an den Gastgeber, sobald der Aufenthalt beendet ist.

Im Verlauf dieser acht Jahre konnten die beiden Unternehmen ihre jeweilige Marke in einen festen Bestandteil der Popkultur verwandeln. Die Namen haben sich zu eigenen Hauptwörtern entwickelt und werden gelegentlich auch als Verben genutzt. Sie werden genutzt von Rentnern, die sich auf diesem Weg etwas dazuverdienen wollen, von Millennials auf der Suche nach authentischen Reiseerfahrungen und von jungen Menschen, die kein Interesse daran haben, kostspielige Dinge wie ein Auto zu besitzen. Uber ist zum Bestandteil von Rap-Songs geworden (Drake in *Conflict*: „'Bout to call your ass a Uber, I got somewhere to be") oder zum Thema von Stand-up-Comedy in Late-Night-Shows (Jimmy Kimmel: „Etwa ein Viertel der Uber-Fahrer ist über 50, viele sind sogar deutlich älter. Es hat etwas von *Ihr Chauffeur ist Miss Daisy*.")

Airbnb fand sogar bei Präsident Obama höchstpersönlich Beifall. Bei einem Pressetermin während der ersten Kuba-Reise eines US-Präsidenten seit über 80 Jahren sagte Obama am 21. März 2016: „Lassen Sie mich einen Moment mit Brian [Chesky] angeben. Er zählt zu unseren herausragenden jungen Unternehmern, die eine Idee hatten und sie dann in die Tat umsetzten."

In vielen Punkten unterscheiden sich die Geschichten der beiden Unternehmen, aber sie sind sich auch sehr ähnlich, was einige zentrale Aspekte anbelangt. Die ursprünglichen Motive wurden nicht vergeistigt formuliert wie bei Google („Die Informationen der Welt organisieren und sie für alle jederzeit verfügbar und nützlich gestalten") oder bei Facebook („Eine offene und vernetzte Welt"). Camp, Kalanick und ihre Freunde wollten stilvoll in San Francisco herumfahren. Chesky und seine Leute suchten nach einem Weg, sich Geld dazuzuverdienen, wenn eine Messe in der Stadt stattfand.

Beide Start-up-Firmen gaben alten Ideen (Fahrzeug teilen, Zuhause untervermieten) einen neuen Dreh und sorgten damit für ein erstaunliches Maß an Offenheit unter Menschen, die einander nie zuvor gesehen hatten. Vor nicht allzu langer Zeit hätten viele Menschen vermutlich Probleme gehabt, zu jemand völlig Fremdem in den Privatwagen zu steigen oder dessen unbeleuchtetes Zuhause zu betreten. Zu tief hatten sich die Schlagzeilen über Verbrechen und die Mahnungen unserer Mütter eingebrannt, gegenüber Fremden lieber Vorsicht walten zu lassen. Airbnb und Uber waren nicht die Auslöser der „Sharing-Economy", der „On-Demand-Economy" oder der „Ein-Klick-Wirtschaft" (all diese Bezeichnungen schienen nie so recht zu passen). Nein, beide Unternehmen stießen vielmehr eine neue „Vertrauens-Wirtschaft" an und halfen im Zeitalter des allgegenwärtigen Internets ganz gewöhnlichen Menschen dabei, sich Beförderungs- und Übernachtungsmöglichkeiten zu beschaffen.

Es ist schon auffällig, dass beide Unternehmen nahezu gleichzeitig auftauchten. Während seines ersten Lebensjahrs war Airbnb ein Nebenprojekt, das viele als viel zu weit hergeholt abtaten. Warum sollte jemand, der bei gesundem Menschenverstand war, im Bett eines Fremden übernachten wollen? Acht Jahre später bewerteten Investoren das Unternehmen mit 30 Milliarden Dollar und damit höher als irgendeine Hotelkette auf diesem Planeten. Und die Gründer, die seinerzeit in Washington auf dem Fußboden geschlafen hatten? Jeder von ihnen ist – zumindest auf dem Papier – etwa drei Milliarden Dollar schwer. [2]

Ubers Potenzial haben selbst seine eigenen Schöpfer unterschätzt. Für sie war es ein nützliches Werkzeug für San Francisco, wo die Taxibranche den Bedürfnissen einer boomenden Wirtschaftsmetropole nicht gewachsen war. Aber das Start-up wuchs explosionsartig über die Stadtgrenzen von San Francisco hinaus nach New York, Los Angeles, Chicago, London, Paris, Peking und in nahezu jede andere Großstadt. Die Early Adopter erzählten ihren Freunden voller Begeisterung davon, woraufhin sich diese anmeldeten. Das Unternehmen begann, weniger kostspielige Variationen anzubieten (statt Limousinen reguläre Autos und die Möglichkeit, Fahrgemeinschaften zu bilden), und immer mehr Menschen verließen sich auf das Angebot. Ende 2016 lag die Bewertung von Uber bei 68 Milliarden Dollar. Weltweit konnte kein anderes nicht börsennotiertes Start-up eine ähnliche Bewertung vorweisen. Das Vermögen von Kalanick und Camp beläuft sich jeweils auf geschätzte sechs Milliarden Dollar.

Kontroversen begleiteten die Entwicklung beider Firmen nahezu ohne Unterlass. In vielen Städten umging Uber Gesetze, die bei Berufsfahrern eine strenge Ausbildung voraussetzen, sie zwingen, für eine Zuverlässigkeitsüberprüfung ihre Fingerabdrücke abzugeben und eine kostspielige staatliche Lizenz als Chauffeur zu erwerben. Taxiunternehmen und Gesetzgeber liefen Sturm gegen Uber, es kam sogar zu gewalttätigen Protesten. In Berlin legten Taxifahrer die Autobahn lahm, in Paris blockierten sie die Straßen rund um den Flughafen Orly. In Mailand kassierten Uber-Fahrer Prügel von Taxifahrern, in Mumbai wurden Uber-Angestellte bedroht. Jeden Monat bricht irgendwo ein neuer Kampf aus und das unsensible Vorgehen des Unternehmens sowie seine Wachstum-um-jeden-Preis-Mentalität tragen ebenso wenig zur Entschärfung der Situation bei wie die leidenschaftliche Ablehnung der alteingesessenen Taxiunternehmen, die miterleben müssen, wie sich ihr Geschäft praktisch über Nacht dramatisch verändert. Gegen Uber laufen Hunderte Klagen und bei vielen davon geht es um den Rechtsstatus der Fahrer, die vom Unternehmen als Subunternehmer bezeichnet werden, nicht als Mitarbeiter. Sie können ihre Arbeitszeiten frei festlegen, genießen aber auch nicht das Maß an sozialer Absicherung, wie sie eine Festanstellung mit sich bringt.

Airbnbs Aufstieg verlief ähnlich turbulent. Dem Unternehmen entstanden unter anderem in New York, Barcelona, Amsterdam und Tokio Probleme durch eine Gesetzgebung, die darauf abzielt, das Betreiben illegaler Hotels zu unterbinden, und die festlegt, wie viele Nächte pro Jahr man sein Zuhause zwischenvermieten darf. Gesetzgeber, Aktivisten und Hotelgewerkschaften werfen Airbnb vor, in angesagten Stadtvierteln die Wohnungsnot zu verschlimmern, die Immobilienpreise in die Höhe zu treiben und sich vor Hotelsteuern zu drücken. Ende 2016 verklagte Airbnb New York City und seine Heimatstadt San Francisco wegen Bestimmungen, die dem Unternehmen und seinen Gastgebern 1.000 Dollar Bußgeld für jeden Fall androhten, bei dem ein potenzieller Gastgeber über den Dienst ein Angebot einstellte, das gegen die Auflagen der Städte zur Zwischenmiete verstieß.

Gemeinsam stehen diese Unternehmen mittlerweile für einen neuen Geschäftskodex, der Kommunalverwaltungen dazu zwingt zu hinterfragen, wie streng sie sich an althergebrachte Regeln halten wollen. Die zum Betreiben eines Taxiunternehmens erforderlichen Konzessionen wurden Anfang des 20. Jahrhunderts eingeführt, um zu verhindern, dass zu viele Fahrzeuge die Straßen der Städte verstopfen, und um zu gewährleisten, dass Taxifahrer ordentlich ausgebildet waren, kein Sicherheitsrisiko darstellten und sich auch tatsächlich in der Stadt zurechtfanden. Baugesetze sowie städtische Verordnungen zum Bau von Hotels und Pensionen sorgten dafür, dass in den Wohnvierteln keine kommerziellen Aktivitäten stattfanden und dass Hotelzimmer einen bestimmten Sicherheitsstandard erfüllten. Airbnb und Uber setzten stattdessen auf Werkzeuge der Selbstregulierung, wie sie Online-Marktplätze wie eBay eingeführt hatten: Passagiere bewerteten ihre Fahrer, Gäste bewerteten ihre Gastgeber und umgekehrt.

Für einige Beobachter stehen Uber und Airbnb auch sinnbildlich für den maßlosen Hochmut der Techno-Elite. Kritiker werfen den Firmen vor, die Grundregeln des Beschäftigungsverhältnisses zu untergraben, für einen Kollaps des Straßenverkehrs zu sorgen, friedliche Viertel zu ruinieren und all das nur, um den ungezügelten Kapitalismus in liberale Städte zu tragen. Einiges davon ist wohl etwas übertrieben, aber ihr Geschäftsmodell hat durchaus Folgen gezeitigt, mit denen auch die Firmen selber nicht gerechnet hatten.

Im Zentrum dieses Mahlstroms stehen die jungen, wohlhabenden und charismatischen Firmenlenker Travis Kalanick und Brian Chesky. Sie repräsentieren eine neue Art von IT-CEO und sind überhaupt nicht zu vergleichen mit Bill Gates, Larry Page und Mark Zuckerberg, den unbeholfen wirkenden, introvertierten Innovatoren, die die vorige Generation der IT-Genies verkörpern. Kalanick und Chesky sind extrovertierte Geschichtenerzähler, denen es gelingt, ihr Unternehmen in einen Kontext einzubetten, der der Menschheit dramatischen Fortschritt verspricht. Sie rekrutieren nicht nur Heerscharen von Softwareentwicklern, sondern können auch Fahrer, Gastgeber, Lobbyisten und politische Entscheider von ihrer Sache überzeugen.

Bevor sie ihre Start-ups in die erste Liga der Weltwirtschaft führten, waren beide Männer vergleichsweise unbekannt, dennoch haben beide ein außergewöhnliches Maß an Ehrgeiz und Kühnheit an den Tag gelegt sowie die Bereitschaft gezeigt, alles auf eine Karte zu setzen, obwohl sie damit Gefahr liefen, krachend zu scheitern.

Wie also kam es dazu? Wie manövrierten sie sich an eingesessenen, politisch mit allen Wassern gewaschenen Platzhirschen vorbei und setzten sich dort durch, wo andere vor ihnen gescheitert waren? Wie konnten sie in einer derart atemberaubend kurzen Zeitspanne so große Konzerne aufbauen? Wie stark spielte das Glück eine Rolle bei ihrem Erfolg? Was ist nötig, um im modernen Silicon Valley zu überleben und voranzukommen?

Das waren die Fragen, von denen ich 2014 dachte, es würde sich lohnen, dass man ihnen in Buchlänge nachgeht. Aber vorher musste noch eine praktische Frage beantwortet werden: Würden die Start-ups sich überhaupt auf ein derartig weitreichendes Projekt einlassen? Bei den meisten Technologie-Unternehmen des Silicon Valleys wurden die Zeit der Spitzenmanager und ihr öffentliches Image eifersüchtig gehütet. Auch Uber und Airbnb gehörten inzwischen zu diesen Kreisen, in denen Geheimniskrämerei großgeschrieben wird.

Es gab nur einen Weg, herauszufinden, ob ich eine Antwort bekommen würde: Ich musste nachfragen.

Ganz im Sinne seiner Mission, für mehr Gastfreundschaft in der Welt zu sorgen, lud mich Airbnb prompt zu sich ein, um über das Projekt zu sprechen. Ich traf Brian Chesky am Stammsitz seines Unternehmens in der 888 Brannon Street in San Francisco, einer großzügig renovierten ehemaligen Batteriefabrik. Der Eingang zum Gebäude ist majestätisch, das Atrium ist fünf Stockwerke hoch und so beeindruckend wie unpraktisch. Ein Teil der Wand ist über drei Stockwerke hinweg mit einer Vielzahl von Pflanzen bestückt, die nahezu ständiger Pflege bedürfen. Auf den Fluren, die Airbnb belegt, sind inspirierende Sprüche in die Wände geprägt, während die Konferenzräume exotischen Übernachtungsmöglichkeiten nachgebildet sind, die man über die Website buchen kann.

Ich traf Chesky in der „Founders' Den", einem mit Holzpaneelen verzierten Überbleibsel des Vormieters, einem Papiervertrieb. Vier braune Ledersessel sind rund um einen runden Kaffeetisch angeordnet, der auf einem orientalischen Teppich steht. Inmitten all der

Pracht und dem Exzess des Internetbooms im San Francisco des 21. Jahrhunderts war dies eine Zeitreise in die 1950er-Jahre. Auf der anderen Straßenseite waren Kräne mit dem Bau neuer Luxuswohnungen beschäftigt.

Chesky ist 1 Meter 75 groß und vom regelmäßigen Sport durchtrainiert. Er sprach rasch, wobei sein Mund gelegentlich vor Anspannung zuckte. Die Geschichte vom kometenhaften Aufstieg seines Unternehmens schilderte er anhand der Momente, in denen es die dramatischsten Widerstände zu überwinden galt.

In den Anfangszeiten von Airbnb war es, „als stehe die Welt gegen uns und als würde jeder über uns lachen", erzählte er. Obwohl die Investoren größtenteils abwinkten, kämpfte das Start-up-Unternehmen weiter, setzte sich gegen einen unerbittlichen Wettbewerber aus Europa zur Wehr und überstand auch die Flut an schlechter Presse, die über das Unternehmen hereinbrach, nachdem einer der ersten Gäste das Zuhause eines Gastgebers verwüstet hatte. „Niemand glaubte an uns", erzählte mir Chesky. „Wir waren unsicher und hatten keine Ahnung, was wir da taten."

In der jüngeren Vergangenheit waren die Hauptgegner eher Regulierer und Aktivisten. Einige wollen auf der politischen Bühne punkten, indem sie ein sehr prominentes Ziel anfeinden, andere machen sich berechtigte Sorgen, wie sich Airbnb auf die Bezahlbarkeit von Wohnraum auswirkt. Im Gegensatz zu seinem Freund Travis Kalanick gibt sich Chesky als sympathischer Verbündeter der Menschen, die in die zweite Kategorie fallen: „Wir wollen, dass die Städte reicher werden. Wir wollen kein Gegner von bezahlbarem Wohnraum sein", sagte er. „Ich denke, wir können in dieser Diskussion auf der richtigen Seite stehen. Wir sorgen dafür, dass viele unserer Nutzer in ihrem eigenen Zuhause bleiben können. Das ist der Grund, weshalb wir gegründet wurden. Hätte ich nicht das Geld gebraucht, um die Miete zu begleichen, hätte ich das Unternehmen nicht gegründet."

Gegen das Buchprojekt hatte er keine Einwände und so sprach ich im Verlauf des folgenden Jahres mit Chesky, mit seinen Mitgründern und mit Spitzenmanagern von Airbnb. Die Presseabteilung war hilfreich, aber natürlich auch nervös, was die ganze Sache anging. Die Pressemitarbeiter baten darum, dass ich Interviewfragen im Voraus einreiche, sie saßen bei Gesprächen dabei und sie machten sich ausführlich Notizen.

Aber es war noch eine gewaltige Herausforderung zu meistern – wie sollte ich Travis Kalanick davon überzeugen, mitzumachen? Kalanick ist berühmt für seine Streitlust und gilt als Querdenker, der leidenschaftlich für die Interessen seines Unternehmens eintritt. Er enttäuschte mich nicht. Als wir uns im März 2015 zum Abendessen im Burritt Room & Tavern trafen, einem Restaurant des Mystic Hotels in San Francisco, sagte er mir: „Aus Respekt Ihnen und Ihrer Arbeit gegenüber bin ich zu diesem Treffen gekommen. Aber ich komme mit der Haltung: ‚Auf keinen Fall werde ich zum jetzigen Zeitpunkt an einem Buch über Uber mitwirken.'"

Kalanick hatte ein Jahr negativer Schlagzeilen hinter sich. Es ging um die Methoden, mit denen Uber gegen Wettbewerber vorging, es ging um die nicht durchweg positiven Folgen, die der Dienst für Städte hatte, und es ging um das angespannte Verhältnis des Unternehmens zu seinen Fahrern. David Plouffe, früher Wahlkampfleiter von Barack Obama und damals Kalanicks Pressechef, begleitete uns zum Essen. Sein Lächeln deutete ich als Amüsiertheit über einen Journalisten auf Selbstmordmission.

Der Start war wenig vielversprechend, aber Kalanick schien wenigstens bereit zu sein, mir zuzuhören. Er wollte wissen, was er davon habe, wenn er mit mir kooperiere. Ich erklärte ihm: „Wenn Sie wollen, dass die Menschen sich für eine radikale Zukunft erwärmen, in der sie ihre Autos aufgeben, müssen Sie zulassen, dass Journalisten Ihre Geschichte erklären und entmystifizieren. Wenn Sie die Art und Weise verändern wollen, wie Städte funktionieren, müssen die Menschen Uber begreifen."

Das war schon mal nichts: „Inspirieren Sie mich", forderte er mich auf. „Sagen Sie mir, welchen Nutzen wir davon haben." Er war direkt und im Transaktionsmodus – oder anders formuliert: Travis war einfach Travis.

Irgendwann während der Roggen-Whiskey-Cocktails und der Flat-Iron-Steaks mit Knoblauch-Paprika-Pommes erwärmte er sich kurzfristig für das Potenzial, das diese Geschichte als Film bieten würde. „Man würde mit einer Sitzung des Stadtrats beginnen", sinnierte er. „Die Stadträte sitzen alle zusammen, aber sie sind falsch informiert. Sie denken vor allem darüber nach, woher sie ihre nächste Wahlkampfspende bekommen. Es ist auch ein Uber-Vertreter im Raum, aber er ist quasi völlig auf sich gestellt. Er versucht Menschen, die davon keinerlei Ahnung haben, eine fremde und ihnen nicht vertraute Technologie zu erklären."

„Der Typ von Uber hat einen Lobbyisten, aber der Lobbyist arbeitet nebenbei auch für die anderen Leute. Und schließlich sind da noch die Jungs von den großen Taxiunternehmen und sie haben den Stadtrat in der Tasche."

„Schnitt zu den Taxifahrern am Flughafen. Sie alle stehen da stundenlang rum, spielen Karten oder was sie sonst so treiben, während sie darauf warten, einen Fahrgast zu bekommen. Und da ist dieser Rekrutierer für Uber und alle stehen sie um ihn herum, während er den Taxifahrern das neue System erklärt ..." Kalanick fing sich und verstummte. „Na ja, so jedenfalls sollte der Film anfangen."

Als wir nach dem Essen auf der Straße standen, sagte er erneut: „Sie müssen mich inspirieren." Hatte ich nicht gerade zwei Stunden damit verbracht, ihm meine besten Argumente vorzutragen? Dann gingen er und Plouffe los, zu Fuß zurück ins Büro.

Sechs Monate gingen ins Land und obwohl ich wiederholt nachfasste, hörte ich nichts mehr. Aber nachdem ich mit Dutzenden Regulierern, Wettbewerbern sowie ehemaligen und aktuellen Uber-Mitarbeitern gesprochen hatte, gelang es einem neuen PR-Manager irgendwie, Kalanick zur Zusammenarbeit zu bewegen. Letztlich sprach ich mit zwei Dutzend Uber-Managern aus allen Perioden der kurzen Unternehmensgeschichte und erhielt noch einmal einige Stunden Zugang zu Kalanick, um einige Interviews zu ergänzen, die ich im Verlauf meiner fünf Jahre als Autor für *Bloomberg Businessweek* mit ihm geführt hatte.

Das Ergebnis ist dieses Buch. Es ist über keines der beiden Unternehmen ein abschließender Bericht, denn die außergewöhnliche Geschichte von Uber und Airbnb ist noch immer im Entstehen begriffen. Vielmehr ist es ein Buch über einen entscheidenden Moment in der seit hundert Jahren aufziehenden technologischen Gesellschaft. Es geht um eine wichtige Phase, während deren Althergebrachtes gestürzt wurde, neue Anführer auftauchten, Wildfremde neue Sozialverträge schlossen, die Topografie von Städten einer Veränderung unterzogen wurde – eine Phase, in der die Aufrührer über diesen Planeten streiften.

TEIL 1
NEBENPROJEKTE

KAPITEL 1

DAS TAL DER LEIDEN

AIRBNBS FRÜHE JAHRE

Jedes große Start-up beginnt als Nebenprojekt, das für nie-
manden absolute Priorität hat. AirBed & Breakfast war
für uns ein Weg, unsere Miete zu bezahlen. Es war ein
Weg, die Miete zu bezahlen, uns Zeit zu erkaufen und uns
*zu helfen, **die** große Idee zu entwickeln.*

— Brian Chesky

Der allererste Gast, der Airbedandbreakfast.com nutzte, war Amol Surve, der kurz zuvor seinen Abschluss am Biodesign-Institut der Arizona State University gemacht hatte.[1] Am 16. Oktober 2007, einem Dienstag 15 Monate vor der historischen Amtseinführung Barack Obamas, traf er am späten Nachmittag bei seiner gemieteten Unterkunft ein. In Empfang nahm ihn dort Joe Gebbia, 26 Jahre alt und einer der Gründer der Website. Gebbia bat Surve höflich, vor dem Betreten der Wohnung doch bitte die Schuhe auszuziehen.

Gebbia führte ihn dann herum in Wohnung C im obersten Stockwerk von 19 Rausch Street, einem engen Reihenhaus in einer Nebenstraße von San Franciscos chaotischem Stadtviertel South of Market. Die Wohnung war großzügig geschnitten, verfügte über drei Schlafzimmer, zwei Bäder und ein gemütliches Wohnzimmer.

Über die Haupttreppe gelangte man auf eine Dachterrasse mit Blick über die goldene Stadt, die zu diesem Zeitpunkt gerade ihre monumentale Neuerfindung durchlief. Keiner der beiden Männer hatte damals eine Ahnung, dass dieses Appartement in den kommenden Jahren zum Ausgangspunkt für eine weltweite soziale Bewegung und ein globales Wirtschaftsphänomen namens „Sharing-Economy" werden würde.

Der in Mumbai geborene Surve war für den World Design Congress nach San Francisco gekommen, eine Konferenz, die alle zwei Jahre vom International Council of Societies of Industrial Design (ICSID) abgehalten wird. Surve hatte über das Internet für 80 Dollar die Nacht eine Luftmatratze gebucht, denn alle Hotels waren ausgebucht oder ihm zu teuer. Entsprechend gering waren seine Erwartungen, was das gebuchte Zimmer anging, aber was er dort vorfand, sah sehr vielversprechend aus. Das Bücherregal stand voll mit Designbüchern und im Wohnzimmer wartete ein gemütliches Sofa. Er konnte sich morgens Frühstücksflocken und Milch aus der Küche holen und es gab ein kleines Schafzimmer mit aufgeblasener Luftmatratze, Bettdecke und Bettlaken. Seine Gastgeber waren überraschend aufmerksam. Gebbia reichte ihm ein kleines Täschchen, das unter anderem die Hausregeln enthielt, das WLAN-Passwort, einen Stadtplan und etwas Kleingeld für die Obdachlosen in der Nachbarschaft.

Doch das mit Abstand Überraschendste, was Surve an diesem ersten Nachmittag sehen sollte, war ein Bild auf Gebbias Laptop – es war ein Bild von Amol Surve selbst. Gebbia und sein Mitbewohner und Geschäftspartner Brian Chesky stellten gerade eine Präsentation über ihren neuen Home-Sharing-Dienst zusammen. Gedacht war die Präsentation für ein Pecha Kucha [Japanisch für „Geschwätz"], eine Veranstaltung, bei der Entwickler ihre neuen Produktideen vorstellen, und zwar auf 20 Folien. Für jede Folie hatten sie 20 Sekunden Zeit.

Als allererster Gast dieses neuen Dienstes war Surve zum Teil der Präsentation geworden. Sein Aufenthalt hatte noch nicht einmal begonnen und schon war er Teil von Kapitel 1 einer Geschichte, die nach dem Willen seiner Gastgeber eine sehr lange Geschichte werden sollte. „Das war schon sehr merkwürdig", sagte Surve Jahre später.

Er freute sich einfach darüber, eine bequeme Übernachtungsmöglichkeit aufgetan zu haben, am Ende erhielt er gleich noch eine
Einführung in die Arbeitsweise der Start-up-Szene des Silicon Valleys. Surve verbrachte an diesem Wochenende viel Zeit mit Gebbia
und Chesky auf dem Sofa. Sie sprachen über Design und untersuch-
ten das neue Gerät von Apple, das allererste iPhone. Der Name Steve
Jobs sagte Surve damals gar nichts und vom iPhone hatte er erst
recht noch nichts gehört. Auch mit der Litanei von motivierenden
Jobs-Zitaten, mit denen Gebbia und Chesky immer wieder um sich
warfen („Wir sind hier, um eine Delle im Universum zu hinterlassen"), war er nicht im mindesten vertraut.

Mit Kat Jurick, einem weiteren Gast aus der Rausch Street, nahm
Surve an dem Pecha Kucha teil. Einige Tage darauf führte ihn
Gebbia in der Stadt herum, zeigte ihm Sehenswürdigkeiten wie die
berühmte Lombard Street und den Lebensmittelmarkt vor dem
Ferry Building. Gebbia stellte seine Designer-Ader gerne mit modi-
schen Gegenständen wie bunten Sneakers und angesagten übergro-
ßen Brillen unter Beweis. An jenem kühlen Herbsttag trug er eine
Fliegermütze mit Pelzohren.

Im Anschluss an die Konferenz hatte Surve noch einen Tag in
der Stadt und den wollte er nutzen, um sich die berühmte d.school
anzusehen – das Designinstitut der Uni Stanford. Auch Chesky war
daran interessiert, also bot er Surve an, ihn zu fahren. In Stanford
saßen die beiden in der ersten Reihe bei einer kostenlosen Vorle-
sung, die der italienische Designer Ezio Manzini hielt. Anschließend
stellten die beiden sich Bill Moggridge vor, Mitgründer der legendären Designfirma Ideo und Vorsitzender der gerade beendeten Designkonferenz. Es muss ein ungewöhnlicher Anblick gewesen sein:
Der 2012 verstorbene Moggridge war knapp zwei Meter groß, Chesky, breit wie ein Eishockeyspieler gebaut und ein Workout-Fanatiker,
war über 20 Zentimeter kleiner. Während er zu ihm hochblickte, legte der Schnellsprecher Chesky mit einer Beschreibung von AirBed &
Breakfast los. Man könne die Website doch zum offiziellen Übernach-
tungspartner der Industrial Designers Society of America machen,
regte er an. Im Rahmen dieses improvisierten Verkaufsgesprächs
stellte er gleich Surve als den ersten Gast des Dienstes vor. Erneut
wurde Surve damit zum Teil der Story. Moggridge habe kommen-
tarlos genickt und eher skeptisch dreingeschaut, erinnert sich Surve.

Später sollte Chesky erklären, dass AirBed & Breakfast damals nur ein Jux gewesen sei und nicht mehr als Nebenprojekt, aber Surve erinnert sich, dass sein neuer Freund im Auto während der 45-minütigen Rückfahrt nach San Francisco vor Begeisterung fast platzte. „Amol, mit diesem Konzept müssen wir eine Delle im Universum hinterlassen", erklärte er ihm.

Brian Chesky wuchs in einem Vorort im Osten von Schenectady im Bundesstaat New York auf – Niskayuna, eine Kleinstadt, von der noch nie jemand gehört hatte, gelegen außerhalb einer Stadt, die die meisten Menschen nicht auf der Landkarte finden würden. Seine Familie war solide Mittelklasse und lebte in einem Haus im Kolonialstil mit fünf Schlafzimmern und einem großen Garten hinter dem Haus. Einen Hund gab es auch. Seine Eltern stammten von italienischen und polnischen Einwanderern ab. Beide waren Sozialarbeiter und beide überschütteten Chesky und seine jüngere Schwester Allison mit Liebe. Waren die Eltern nicht bei der Arbeit (wo sie gelegentlich die Regeln Regeln sein ließen und die Personen und Familien, die sie berieten, zu sich nach Hause einluden), verbrachten sie ihre Zeit damit, sich um ihren Nachwuchs zu kümmern. „Wir hatten kein Leben", sagt Brians temperamentvolle Mutter Deb. Und sein Vater Bob ergänzt: „Einige Menschen investieren alles in ihre berufliche Laufbahn. Wir haben alles in unsere Kinder investiert."

Schon früh interessierte sich Chesky für das Zeichnen. Wiederholt besuchte er das Norman-Rockwell-Museum, das von seinem Heimatort ungefähr eine Stunde entfernt in Stockbridge liegt. Seine Eltern wunderten sich, dass der Junge über lange Zeiträume hinweg sitzen und zeichnen konnten, Lehrer sprachen von Ähnlichkeiten mit Rockwells Stil und gaben aufregende Prognosen für Cheskys weitere Entwicklung ab. „Ihr Sohn wird eines Tages berühmt sein", erklärten die Lehrkräfte den Eltern.

Parallel dazu spielte er Hockey und sah sich als den nächsten Wayne Gretzky. Er war schnell, beweglich und erarbeitete sich in der ganzen Region Anerkennung. Nach zwei Schlüsselbeinbrüchen entschieden seine Sportlehrer an der Highschool jedoch, er sei zu klein und zu schwach, um auf dem Eis eine echte Zukunft zu haben. Seine Eltern schienen diese Einschätzung zu teilen. „Er war zu klein, um ein Star zu sein", sagt Deb.

Chesky war jedoch nicht bereit, diese Niederlage einfach so hinzunehmen. Er begann, ins Fitnessstudio zu gehen und Gewichte zu heben, und er kippte einen Kreatin-Eiweiß-Shake nach dem anderen herunter, um an Muskelmasse zuzulegen.

Während seiner Studienjahre nahm er an Bodybuilding-Wettbewerben ein, stand eingeölt auf der Bühne und ließ vor den Kameras und dem Publikum bei nationalen Wettbewerben die Muskeln spielen. „Damals waren mir die Folgen des Internets noch nicht bewusst", sagte er später verlegen über die fotografischen Beweise aus jenem Lebensabschnitt. [2]

Cheskys Freund und Airbnb-Mitgründer Joe Gebbia kam in Atlanta zur Welt. Er war das jüngste Kind von zwei freiberuflichen Vertretern, die im Süden der USA mit unabhängigen Reformkost-Supermärkten zusammenarbeiteten. Gemeinsam mit seiner älteren Schwester begleitete Gebbia seinen Vater auf langen Fahrten nach Alabama, Tennessee und South Carolina. Sie verkauften Obst und Bio-Säfte und halfen Ladenbesitzern beim Einräumen der Regale. Wie Chesky lebte auch Gebbia in seiner Jugend in verschiedenen Welten. Er spielte Tennis und Basketball, betrieb Leichtathletik, lernte aber auch Geige, bis er zu der Einsicht kam, er wolle doch bloß Jazzpiano spielen, ganz so wie sein Idol Dave Brubeck.

Eines Sommers – Gebbia steckte mitten in den Highschool-Jahren – besuchte er Kunstklassen an der Valdosta State University in Georgia. Das weckte in ihm den Wunsch, Maler zu werden. „Du hast etwas Besonderes", sagte ihm ein Lehrer bewundernd und empfahl Gebbia, sich an der Rhode Island School of Design (RISD) anzumelden, einer der besten Kunstschulen des Landes. Den folgenden Sommer über besuchte Gebbia Kurse an der RISD. Die majestätischen Gebäude im französischen Stil und im Kolonialstil, die sich entlang des Ufers von Providence erstreckten, faszinierten ihn. 2000, ein Jahr nach Chesky, meldete sich Gebbia an der RISD an.

Sie trafen sich in Kunstklassen und bei den studentischen Veranstaltungen und stellten fest, dass sie gut harmonierten. Chesky leitete das Eishockeyteam der Schule, die Nads (Slogan: „Go, Nads!"), während Gebbia die Balls leitete, die Basketballmannschaft (Slogan: „Wenn es heiß zugeht, halten die Balls zusammen!"). An der RISD eine Sportmannschaft zu leiten war vor allem aus Marketingsicht anspruchsvoll. So wie die beiden es schildern, ging es den Teams weniger ums Gewinnen als vielmehr darum, während der Spiele Blödsinn zu veranstalten.

Beide fühlten sich vom Industriedesign-Studium angezogen und von der Vorstellung, etwas Legendäres und gleichzeitig Bezahlbares zu erschaffen, Dinge wie den klassischen Eames-Stuhl. „Ihr könnt in einer Welt leben, die ihr selbst entworfen habt", lockten die Professoren. „Ihr könnt die Welt verändern, ihr könnt sie neu designen."[3] Das Institut trichterte seinen Studierenden eine Art praktischen Idealismus ein. Bei einer Exkursion wurden sie in Bussen zur städtischen Müllhalde gebracht und durch Müllgebirge gefahren. So konnten sie mit eigenen Augen sehen, wo ihre nicht so gelungenen Bemühungen landen würden.

In einem Sommer taten sich Chesky und Gebbia zusammen, um an einem Projekt für den Fönhersteller Conair zu arbeiten und an einer Idee, die der Bodybuilder Chesky die „Chesky-Lösung" getauft hatte. Ihm schwebte vor, Palm Pilots und andere Mobilgeräte zusammen mit Körpersensoren dazu zu nutzen, die Gesundheit der Menschen zu erfassen. Keines der Projekte führte zu zählbaren Ergebnissen, aber die langen kreativen Brainstorming-Sitzungen festigten ihre Freundschaft. „Für mich passte alles, weil wir so viel Spaß hatten, an diesem Projekt zu arbeiten", sagte Gebbia, der immer auf der Suche nach einem Geschäftspartner war. „Unsere Ideen waren so originell, so anders als die aller anderen."

Seine Kommilitonen wählten Chesky dafür aus, 2004 die Abschlussrede zu halten. In einem Video der Rede sieht man, wie er zu Michael Jacksons „Billie Jean" auf die Bühne stürmt. Voller Charisma und Selbstvertrauen streift er seine Robe ab. Darunter kommt ein weißes Sportjackett inklusive passendem Schlips zum Vorschein. Er macht einige Tanzschritte und lässt die Muskeln spielen. Dann bringt er sein Publikum die nächsten zwölf Minuten lang zum Lachen: „Eltern, ihr solltet wissen, dass es viel besser ist, in uns zu investieren als in irgendeine Aktie an der Börse", sagt er vorausschauend. „Okay, stimmt schon: Ihr habt 140.000 Dollar dafür ausgegeben, dass wir mit Jell-O malen und uns in Knetmasse wälzen konnten. Aber wichtiger noch ist, dass wir Inspiration brauchten und dass wir hier an der RISD jede Menge davon gefunden haben."

Bevor Chesky die Stadt verließ, um nach Niskayuna zurückzukehren, lud ihn Gebbia auf eine Pizza ein und verriet ihm, wie er die

Zukunft sah: Eines Tages würden die beiden gemeinsam ein Unternehmen gründen und jemand würde ein Buch darüber schreiben. „Ich erkannte diese Gabe, die er hat; die Gabe, Menschen für etwas zu begeistern", sagt Gebbia. „Hätte ich ihm nicht gesagt, was ich fühle, hätte ich mich unvollständig gefühlt."

Nach dem Abschluss lebte Chesky einige Monate bei seinen Eltern, dann brach er die Zelte ab und zog nach Los Angeles. Dort kam er bei einigen ehemaligen Kommilitonen in einem Appartement in Hollywood unter, inmitten der Touristenströme und der kostümierten Schnorrer, nur wenige Blöcke von Grauman's Chinese Theatre entfernt. Seine Eltern – immer noch die Fürsorge in Person – kauften von einem Händler in Los Angeles einen Honda Civic und ließen den Wagen zum Flughafen von Los Angeles bringen, wo er auf Chesky wartete.

Er lebte seine Uni-Träume aus: Er hatte einen echten Job, verdiente 40.000 Dollar im Jahr als Designer für das Beratungsunternehmen 3DID in Marina del Rey. Er arbeitete an Spielzeug für Mattel, an Gitarren für Henman, an medizinischen Geräten, an Schuhen, Hundespielzeug und Handtaschen.

„Als Designer an einer Schule – und vor allem als Industriedesigner – hat man einen großen Traum: Man will irgendein Produkt in die Läden bringen", sagt Chesky.

Aber der erste Job erfüllte niemals so recht seine Erwartungen. Jeden Tag pendelte er erst 90 Minuten in die eine, dann 90 Minuten in die andere Richtung, immer über das Nadelöhr der I-405. Von den Projekten, an denen er arbeitete, schaffte es der Großteil niemals in die Läden. Und wenn doch, dann endeten die Dinge früher oder später auf Mülldeponien.

2006 wurde Cheskys Firma eingeladen, an *American Inventor* teilzunehmen, einem Reality-TV-Format, das von Simon Cowell produziert wurde. Sein Team hatte den Auftrag, einem Ehemann und seiner Frau dabei zu helfen, ihr Konzept für einen bakterienfreien Toilettensitz (den „Pureflush") weiterzuentwickeln. Das Ehepaar konkurrierte mit einem Dutzend anderer Erfinder um den Hauptpreis in Höhe von einer Million Dollar. Chesky und seine Kollegen von 3DID waren dazu da, das Konzept umzusetzen und einen Prototyp herzustellen.

Die Folge erschien am 4. Mai 2006. Chesky wurde größtenteils aus der Sendung herausgeschnitten, aber man sieht den künftigen

Milliardär, wie er ruhig mit Kollegen in Besprechungen sitzt. Rück-blickend ist leicht zu erkennen, warum diese Erfahrung Chesky mög-licherweise weiter den Pfad der jugendlichen Ernüchterung entlang trieb. Als 3DID das Modell des Toilettensitzes enthüllte, fing der Ehe-mann, ein zu Ausbrüchen neigender Teilzeit-Magier, an zu schreien.

„Das da ist viel zu klein. Und das da ist viel zu groß. Punkt, aus. Dieser Unfug hört auf der Stelle auf!", brüllte er in der Sendung. Die Designer reagierten geschockt (aber die Produzenten dürften sich außerordentlich gefreut haben). „Ihr seid nicht hier, um es zu ver-bessern! Ihr seid hier, um unsere Träume zu nehmen und sie in eine greifbare Form zu übersetzen!"[4]

Diese durchgeknallte Kritik traf Chesky hart. Damals verfolgte er wie ein Besessener die Entwicklung der unglaublich erfolgreichen YouTube-Gründer. Stundenlang hing er auf der Video-Website he-rum, außerdem sah er sich Keynote-Präsentationen von Steve Jobs an und den Fernsehfilm *Die Silicon Valley Story*. Hier eröffnete sich ihm ein Universum, in dem neue Dinge tatsächlich die Realität ver-änderten. „Ich war wie besessen", sagt er. „Ich hatte kein eigenes Le-ben mehr, sondern floh in eine Welt, wo jemand etwas bauen und damit tatsächlich etwas bewegen konnte. Ich war nicht dieser Je-mand. Ich saß in einem dunklen Büro und stellte Dinge her, die in Schränken oder Mülldeponien verschwanden."

2007 brach an und Chesky wurde kribbelig. Er war mit vier Freunden in ein Appartement in West Hollywood mit zwei Schlaf-zimmern gezogen und reduzierte seine Arbeitszeit bei der Designfir-ma, um seine eigenen Möbel herstellen zu können. Er entwickelte einen Stuhl aus Glasfaser, dessen Kurven von der Kühlerhaube einer Corvette Stingray inspiriert waren, und einen Teller, der dazu diente zu kontrollieren, wie viel man aß. Der Teller war in der Mitte erhöht und es passte nur ein kleines Stück Fleisch von etwa 85 Gramm da-rauf.[5] Weil er unbedingt etwas Eigenes aufbauen wollte, sich profilie-ren und seinen Namen hell erleuchtet sehen wollte, spielte er mit dem Gedanken, eine Designfirma namens Brian Chesky Inc. zu gründen.

Doch er wurde den Gedanken nicht los, dass das alles doch sinn-los und uninspiriert sei. Dieser Weg würde nicht zu dem verspro-chenen Leben führen, das er an der RISD so verführerisch gefunden hatte, oder im Film *Die Silicon Valley Story* oder in der Walt-Dis-ney-Biografie, die er gerade verschlang. „Die Menschen sagten mir:

‚Du kannst die Welt, in der du lebst, verändern'", sagt er. „Aber dann setzte die Realität ein und die Realität sah anders aus. Die Realität war die: Ich stellte einfach Zeugs her."

Dann kam der Tag im Sommer 2007, an dem Chesky ein Paket aus San Francisco erhielt. Absender: sein alter Studienfreund Joe Gebbia. Das Paket inspirierte ihn, aus seiner drohenden Schwermut auszubrechen.

Gebbia war es nach der RISD nur unwesentlich besser ergangen als Chesky. In seinem ersten Jahr am College war ihm eine Idee gekommen, die er für neuartig hielt. An der RISD hatte man bei Marathonsitzungen, sogenannten „Critiques", häufig stundenlang auf Metallbänken und harten Holzstühlen sitzen müssen, die mit Kohlenstaub und Farbe bedeckt waren. Wenn sich die Studenten am Ende dieser Besprechungen mühsam aus ihren Sitzen schälten, waren ihre Hosen meistens mit Flecken übersät. Um dieses Problem in den Griff zu bekommen, entwickelte Gebbia ein buntes Schaumstoffkissen in Gesäßform mit Griff. Er nannte seine Erfindung „CritBuns".

Gebbia hatte einen Designpreis der RISD gewonnen. Nach dem Abschluss nahm er dieses Geld und finanzierte damit die Produktion dieser Kissen. 800 Stück davon lagerte er im Keller seiner Wohnung in Providence, dann machte er sich ganz naiv daran, seine Erfindung für 19,99 Dollar das Stück an Geschäfte zu verkaufen. Erster Halt: Der Buchladen der Brown-Universität. Gebbia trug seinen besten Anzug und legte sich bei dem Einkäufer des Ladens ordentlich ins Zeug. Dieser ließ ihn eine Minute reden, sagte dann „Nein, danke" und ging davon. Im zweiten und dritten Laden fiel die Reaktion ähnlich aus. „Ich sah der Ablehnung ins Antlitz", erzählte Gebbia mir später. „Man könnte sagen, die Ablehnung hat mir Ohrfeigen verpasst."

Schließlich erklärte sich eine Boutique in der Innenstadt von Providence bereit, ihm vier Kissen abzunehmen. Gebbia rannte nach Hause, die Kissen holen. Abends stand er vor dem Laden und presste sein Gesicht ans Schaufenster, um sie bewundernd anzustarren.

Die CritBuns verkauften sich nicht gerade von allein und veränderten auch nicht die Welt (er sagt, er habe nur ein paar Stapel verkauft). Aber das Produkt nahm dennoch eine Spitzenposition in seinem Portfolio ein und half ihm, einen der begehrten Praktikumsplätze bei Chronicle Books zu ergattern, einem großen unabhängigen Verlag aus San Francisco. 2006 zog er dorthin, um Bücher und

Geschenkverpackungen zu designen. Nachdem er sich in seiner neuen Wahlheimat eingelebt hatte, schickte er seinem alten Freund Brian Chesky ein Paket. Der Inhalt? Ein CritBuns-Kissen.

Anderen mag der Schaumstoffsitz wie eine Lachnummer vorkommen, aber für Chesky stellte er etwas Profundes dar: Gebbia hatte etwas ins Laufen gebracht, ein echtes Unternehmen mit einem echten Produkt! Er hatte etwas bewegt. In diesem Sommer besuchte Chesky Gebbia zu dessen Geburtstag und ließ sich von San Francisco in Bann schlagen. Als Chesky am nächsten Morgen auf dem Sofa aufwachte, saß einer von Gebbias Mitbewohnern über seinen Laptop gebeugt, ein großer, schlaksiger Programmierer. Seine Hände flogen über die Tastatur, während er Computercode schrieb. Hier waren tatsächlich Menschen dabei, Dinge herzustellen und die Welt zu verändern!

Der große Mitbewohner zog im Herbst aus dem Appartement in der Rausch Street aus und Gebbia suchte zum nächstmöglichen Termin Ersatz, weil er die Miete nicht allein bestreiten konnte. Ob er nicht einziehen wolle, fragte Gebbia Chesky.

Der spielte mit der Idee, am Wochenende in San Francisco zu leben, aber sein Leben und seine neue Teilzeitanstellung als Lehrkraft in Los Angeles beizubehalten. Könnte er nicht, anstatt das ganze, teure Zimmer zu nehmen, die Wohnzimmer-Couch für 500 Dollar im Monat mieten? Gebbia kannte kein Pardon: Wenn sich Chesky nicht voll und ganz einbrächte, würde er die Wohnung aufgeben müssen, sagte er.

Eines Morgens im September wachte Chesky auf und hatte sich entschieden. Walt Disney war 1923 ein gewaltiges Risiko eingegangen, als er von Kansas City nach Hollywood zog und sein Leben veränderte. Auch Chesky würde ein Risiko eingehen.

Aber nur, weil er in die Rausch Street gezogen war, hatte Chesky natürlich längst nicht die Frage beantwortet, wie er die Miete bezahlen könnte. Noch immer hatte er keine bedeutsame Anstellung gefunden und die beiden RISD-Absolventen waren im Grunde genommen pleite. Und so kam es, dass wenige Wochen später, am 22. September 2007 – demnächst würde in San Francisco der World Design Congress beginnen und die Hotels in der Stadt waren entweder ausgebucht oder unbezahlbar –, Gebbia Chesky eine E-Mail schickte, die ihr Leben grundlegend verändern sollte:

Betreff: Untervermietung
Brian,
ich habe eine Idee, wie wir etwas dazuverdienen können – indem wir unsere Bude in ein Bed & Breakfast für Designer verwandeln und jungen Designern, die in die Stadt kommen, für die viertägige Veranstaltung eine Übernachtungsmöglichkeit bieten, komplett mit WLAN, einem kleinen Schreibtisch, einer Isomatte und am Morgen einem Frühstück. Ha! – Joe

Drei Tage brauchten Chesky und Gebbia, um die erste Airbedandbreakfast.com-Website zu bauen. Sie nutzten dafür die kostenlosen Werkzeuge der Blogging-Website WordPress. Ihre Seite war schlicht gehalten: der Name des Dienstes kursiv in Blau und Pink, dazu eine kurze Beschreibung des Konzepts, das bis dahin nur wenige definierte Regeln hatte: „AirBed & Breakfast ist eine bezahlbare Übernachtungsmöglichkeit, ein soziales Netzwerk-Tool und ein brandaktueller Leitfaden" für die Konferenz, schrieben sie. „Designer können frei entscheiden, welche Designer sie treffen wollen, bei wem sie übernachten wollen und zu welchem Preis. Die Konditionen hängen von euch ab!"

Die beiden Gründer verschickten den Link zu ihrer Webseite an die Designblogs der Stadt. Einige fanden das Konzept interessant und so bekamen Chesky und Gebbia einen ersten Vorgeschmack von Publicity: „Seid ihr unterwegs (zur Design-Konferenz) und habt noch keine Unterkunft? Wie wäre es denn mit Networking im Pyjama?", schrieb ein Autor. [6]

Viel später entwickelte Chesky eine gut passende Mythologie rund um die Zeit, als Amol Surve und zwei weitere Gäste während der Konferenz in der Wohnung in der Rausch Street abgestiegen waren. Als die drei Besucher abreisten, hätten die Gründer nicht nur die Miete bezahlen können, nein, ihnen sei auch aufgefallen, wie nahe sie und ihre Gäste sich gekommen seien. Ihnen sei klargeworden, so die Story, dass ihre absurde Idee nur das Samenkorn für ein viel größeres Unternehmen sei. Aber wie so viele Start-up-Legenden ist auch diese Geschichte nicht ganz zutreffend. Die Gründer mussten nicht so sehr die Miete bezahlen, sie brauchten vielmehr verzweifelt eine Geschäftsidee, um ihr Potenzial abrufen zu können und die Hoffnungen zu erfüllen, die ihre RISD-Ausbildung geweckt hatte.

Nachdem Surve und die anderen abgereist waren, kehrten Chesky und Gebbia zu ihrem normalen Leben und zu dem Versuch zurück, in ihrer schnöden Post-RISD-Realität einen Sinn zu erkennen.

Ein Teil dieses Prozesses bestand darin, sich regelmäßig mit einem von Gebbias früheren Mitbewohnern zu treffen, nämlich dem großen Kerl, der so erstaunlich schnell tippen konnte: Nathan Blecharczyk, ein in Harvard ausgebildeter Computerprogrammierer. Er war gerade erst 25 Jahre alt, hatte aber eine bunte Vorgeschichte als Unternehmer hinter sich, die sich einige Jahre später als wertvoll erweisen sollte.

Blecharczyk war zwar aus der Wohnung in der Rausch Street ausgezogen, jedoch in engem Kontakt mit Gebbia geblieben. Sie hatten bei verschiedenen Projekten zusammengearbeitet und dabei festgestellt, dass sie sich beim Programmieren und beim Designen ergänzten. Während der kommenden Monate trafen sich die drei jungen Männer regelmäßig und warfen sich gegenseitig Ideen für neue Unternehmen an den Kopf. Eine der ersten Ideen war eine Mitbewohner-Vermittlung, bei der Elemente von Facebook und der Online-Kleinanzeigenbörse Craigslist verschmolzen wurden. Einige Wochen lang arbeiteten sie an der Idee, bis sie feststellten, dass mit Roommates.com bereits ein entsprechendes Angebot existierte.

Die drei trafen sich zwar häufig, dennoch dauerte es bis Januar 2008, dass Blecharczyk das erste Mal von AirBed & Breakfast hörte. Damals besuchten ihn Gebbia und Chesky in seiner neuen Wohnung und boten ihm an, gemeinsame Sache zu machen. „Ihr wart ganz aufgeregt, weil ihr mir unbedingt etwas erzählen wolltet, aber um was es ging, wolltet ihr mir nicht sagen. Ihr habt ein ganz großes Geheimnis aus der Sache gemacht", sagte Blecharczyk Jahre später bei einem gemeinsamen Interview zu seinen Mitgründern. Sie gingen etwas trinken und Chesky und Gebbia platzten mit der Geschichte heraus, was sie während der Designkonferenz für Erfahrungen gemacht hatten und wie ihnen die Idee gekommen war – Menschen sollten während Messen und anderer großer Veranstaltungen in größeren Städten zwischenvermieten können. Sie beteten eine lange Liste von Dingen herunter, die ihr Dienst haben sollte, darunter Profile der Mitglieder und die Möglichkeit, dass sich Gäste und Gastgeber gegenseitig bewerten. Blecharczyk, zu diesem Zeitpunkt mit einer ganze Reihe Projekte befasst, reagierte verhalten.

Das klang nach sehr viel Arbeit und da er von den dreien der einzige war, der tatsächlich über technische Fähigkeiten verfügte, würde der Großteil der Arbeit an ihm hängen bleiben. „Ich hatte (nach dem Gespräch) doch ziemliche Sorgen, dass dies kein realistisches Unterfangen sei", sagte er.

Eine Woche später traf man sich erneut, dieses Mal im Salt House, einem neuen Restaurant in der Innenstadt. Gebbia und Chesky präsentierten eine neue Version ihres Plans, so weit abgespeckt, dass man bis zur in wenigen Wochen anstehenden Messe South by Southwest fertig sein könnte.

Blecharczyk hatte zum Essen einige Drinks gehabt, nun stimmte er impulsiv zu, die Website zu bauen. Priorität hatte das Projekt für ihn aber immer noch nicht.

In diesem Monat verschickte er wieder eine seiner halbwegs regulären Rund-Mails an Freunde und Familie, in denen er sie darüber informierte, an welchen Projekten er arbeitete. Er führte ein Facebook-Werbenetzwerk an, das er sich ausgedacht hatte, und ein Tool, mit dessen Hilfe Facebook-Nutzer sehen können, welche ihrer Nachbarn es ebenfalls nutzten. Am Ende seiner E-Mail gab es noch eine Art Nachtrag, in dem er einige kleinere Projekte erwähnte, an denen er arbeitete, darunter auch eine Website namens AirBedand-Breakfast.com.

„Eine coole Idee, aber einen großen Markt gibt es dafür vermutlich nicht", schrieb er. Auch Chesky und Gebbia bekamen das Rundschreiben. „Wir erhielten die E-Mail und dachten: ‚Was zur Hölle?'", erinnert sich Chesky. Gebbia sagt, es war „wie ein Faustschlag in den Magen".

Dennoch hielt Blecharczyk seine Zusage ein. Am 3. März, eine Woche vor Beginn der jährlich im texanischen Austin stattfindenden Musikmesse South by Southwest, stand eine neue Version der Website. Der neue Slogan lautete: „Ein Freund, keine Rezeption."

Natürlich waren auf der brandneuen Internetpräsenz von Air-Bed & Breakfast noch keinerlei reelle Wohnangebote gelistet. Also schrieb Chesky jeden an, der auf Craigslist Zimmer in Austin anbot, und lud alle ein, auch auf seiner Seite zu inserieren. Letztlich gab es zwei Reservierungen für die Messe – und eine davon war Cheskys eigene. Er stieg bei Tiendung Le ab, einem vietnamesischen Doktoranden, der an der Universität von Texas Bauingenieurwesen studierte und in Austin mit seiner Freundin im Viertel Riverside in einer Wohnung mit zwei Schlafzimmern lebte.

Chesky schlief dort zwei Nächte auf einer Luftmatratze, die Tiendung Le und seine Freundin nett mit einem Minzblättchen auf dem Kopfkissen verziert hatten. Sie bereiteten ihm außerdem einen Espresso zu (den er, wie sie sich erinnerten, in einem Schluck herunterstürzte) und eine Schüssel vietnamesischer Nudeln. Tiendung Le, der mittlerweile in Melbourne lebt, sagt, Chesky sei ihm in jener Woche abgelenkt und nervös vorgekommen. Er habe häufig auf dem Balkon gestanden und sehnsüchtig in Richtung Downtown gestarrt, als ob dort das Leben toben würde und er weit davon entfernt sei. „Er war nicht wirklich präsent. Was ich damit sagen will: Er schien über etwas Anderes nachzudenken", sagte mir Tiendung Le.

Am zweiten Morgen seines Aufenthalts in Austin wollte sich Chesky die Rede von Mark Zuckerberg anhören und Tiendung Le nahm ihn mit. Unterwegs sprachen sie über den jungen, erfolgreichen Zuckerberg, der damals auf dem Weg war, berühmt zu werden. Chesky platzte geradezu vor Aufregung darüber, Zuckerberg reden zu hören. (Das Interview mit der Bloggerin Sarah Lacy galt als ziemliche Pleite. Teilnehmer begannen, aufgebracht zu twittern, dass es dem Gespräch an Tiefgang fehle.) Unterwegs dankte Chesky Tiendung Le für seine Aufgeschlossenheit und seine Bereitschaft, der Untervermietungs-Webseite eine Chance zu geben. Tiendung Le war überrascht, wie sich noch Jahre später erinnern sollte: „Mir war nicht bewusst, dass ich aufgeschlossen war. Wir waren Studenten in Austin. Da war es normal, offen für Neues zu sein."

Am nächsten Tag verließ Chesky die Wohnung, blieb aber in Austin. Er wollte sich mit einem ehemaligen Mitbewohner Gebbias treffen, einem Mann, der für die Video-Webseite Justin.tv arbeitete und im Hilton abgestiegen war. Doch irgendwie hatten sich die beiden falsch verstanden, jedenfalls konnte Chesky ihn nicht finden. Am späten Abend richtete er sich bereits darauf ein, im Foyer des Hotels zu schlafen, als der Freund ihn doch noch fand. Es handelte sich um Michael Seibel, einen gut vernetzten Unternehmer. Er lud Chesky ein, in seiner schicken Hotelsuite zu übernachten. Nachdem er ungewollt eine Nacht fast obdachlos gewesen wäre und ihn auch die Tatsache, dass er auf der Messe keine neuen Kunden werben konnte, nicht aus der Bahn geworfen hatte, wendete sich nun das

Blatt für Chesky. Es war schon spät und wie Chesky sich später erinnerte, hatte Seibel nur noch seine Unterwäsche an. Im Hintergrund lief im Fernsehen eine Dokumentation über den Lincoln-Attentäter John Wilkes Booth. Dennoch begann Chesky, mit neuem Elan das Projekt AirBed & Breakfast anzupreisen. Voller Neugier und vielleicht auch mit einer Prise Mitgefühl hörte sich Seibel alles an. Er sollte der erste Mentor der Gründer werden, sie mit Investoren bekannt machen, ihnen zeigen, wie ihr Pitch Deck auszusehen habe und wie sie ihre Präsentation perfektionieren sollten.

„Ich kenne Leute, die euch beim Abendessen einen Scheck über 20.000 Dollar ausstellen könnten", prahlte Seibel, dann erzählte er Chesky von Business Angels, den Geldgebern, die den IT-Firmen des Silicon Valleys bei ihren ersten Schritten halfen. Er habe einen Augenblick lang gedacht, Seibel spreche über echte Engel, gestand Chesky, damals noch völlig unvertraut mit der Informationstechnologie, später ein.[7]

Mit einem Sack voller Ideen zur Verbesserung der Website im Gepäck kehrte Chesky nach San Francisco zurück. Er hatte nicht genug Bargeld nach Austin mitgenommen. Das komische Gefühl, das er empfunden hatte, als er Tiendung Le bezahlte, brachte ihn dazu, über eine Möglichkeit nachzudenken, den Dienst um eine Bezahlung per Kreditkarte zu erweitern.

Doch dann erklärte ihnen Blecharczyk völlig überraschend, dass er zurück nach Boston gehen werde, um mit seiner Freundin Elizabeth zusammenzuziehen, die im vierten Jahr an der Harvard Medical School studierte. „Ich fand AirBed and Breakfast spannend, aber für mich war es ein Nebenprojekt, noch dazu eines von mehreren", sagt er.

Zwischen April und Juni 2008 passierte bei dem jungen Unternehmen praktisch überhaupt nichts. Airbnb wäre fast zur Totgeburt verkommen, bis Chesky und Gebbia etwas aufging: Im August würde in Denver der Parteitag der Demokraten stattfinden und der Präsidentschaftskandidat Barack Obama würde dort voraussichtlich vor 80.000 Menschen sprechen. In der „Mile-High City" gab es nicht einmal ansatzweise ausreichend Hotelzimmer für derart viele Besucher und die ganze Welt würde auf die Veranstaltung blicken.

Blecharczyk, inzwischen in Boston, sah ein, was für eine einmalige Gelegenheit sich da auftat. Er erklärte sich bereit, zwischen all seinen anderen Verpflichtungen noch eine weitere Version der

Website zu basteln. Für die dritte Iteration bemühten sich die Gründer, das Mieten eines Zimmers so bequem wie das Buchen eines Hotelzimmers zu machen. In einer Suchzeile wurden die Reisenden gefragt, wohin sie wollten, es gab einen grünen „Jetzt buchen"-Button und große Fotos der Gastgeber und ihrer Unterkünfte.

In jenem Frühjahr besuchten Gebbia und Chesky jeden Freitag Michael Seibel bei Justin.tv und stellten ihm Modelle des neuen Designs vor. Zusammen mit Justin Kan, mit dem er Justin.tv gegründet hatte, verfolgte Seibel die Entwicklung der beiden Gründer. Sie machten Probleme aus und schickten Chesky und Gebbia mit Verbesserungsaufträgen fort (in ihrer Erinnerung war vor allem der Bezahlmechanismus anfangs das reinste Chaos). Seibel und Kan erhielten dafür kein Geld und sie bekamen auch keinerlei Anteile an dem jungen Start-up, es war einfach die Art und Weise, wie die Clique der Gründer im Silicon Valley tickte. „An der Ostküste spendet man Geld für wohltätige Zwecke", sagte Seibel. „Wenn man an der Westküste zur Start-up-Welt gehört und etwas zurückgeben möchte, dann hilft man jungen Gründern. Bei diesem Spiel geht es um Karma."

Bei ihren Besuchen bei Justin.tv bekamen die Airbnb-Gründer einen Eindruck davon, wie ein echtes IT-Start-up aussah, ein Unternehmen mit echten Büros, echten Mitarbeitern und echtem Wagniskapital auf dem Bankkonto. (Justin.tv gliederte später einen Videospieldienst namens Twitch.tv aus, den Amazon 2014 für 970 Millionen Dollar übernahm.) Um sich weiterzubilden, nahmen sie an einer eintägigen Veranstaltung namens „Startup School" teil, die vom Start-up-Inkubator Y Combinator organisiert wurde. Gastgeber war die Uni Stanford. Zu den Rednern in jenem Jahr gehörten der Amazon-Chef Jeff Bezos und der Investor Marc Andreessen, einer der Erfinder des Webbrowsers. Am besten erinnern sich die Gründer allerdings an die Rede von Greg McAdoo von Sequoia Capital, einer der ersten Adressen für Wagniskapital. McAdoo würden sie schon bald näher kennenlernen. Er sprach damals darüber, warum es der Präzision eines großartigen Surfers bedarf, um ein großartiger Unternehmer zu sein:

Will man ein wirklich großartiges Unternehmen aufbauen, muss man auf einer wirklich großen Welle reiten. Man muss die Marktwellen und die Technologiewellen anders als die anderen lesen können und früher erkennen, was passieren wird. Man muss wissen, wie man sich da draußen in Position bringt, man muss sich vorbereiten und das richtige Surfbrett gewählt haben – anders gesagt: Man muss das richtige Managementteam haben und sich die richtige Plattform gebaut haben. Nur dann kann man auf einer wirklich großen Welle reiten. Selbst wenn man ein großartiger Unternehmer ist, wird man letztlich ohne diese große Welle kein wirklich großartiges Unternehmen aufbauen. [8]

In diesem Sommer ließ Seibel seinen großen Worten endlich Taten folgen: Er stellte den Gründer sieben Business Angels vor. Chesky schrieb den potenziellen Investoren, erklärte ihnen, wer sie seien, bewarb das Unternehmen und bat um eine Bootstrapping-Finanzierung in Höhe von 150.000 Dollar. Chesky erhielt fünf Absagen, die er später online stellte. [9] Zwei weitere Investoren machten sich nicht einmal die Mühe, ihm eine Antwort zukommen zu lassen. „Nur sehr wenige Leute trafen sich überhaupt mit uns", sagte Chesky. „Sie hielten uns für bekloppt."

Es gab mehrere persönliche Treffen, aber die verliefen ebenfalls sehr schlecht. Ein Investor, ein ehemaliger Google-Manager, traf sich mit Chesky und Gebbia in einem Café in Palo Alto. Er bestellte einen Smoothie und hörte sich den Pitch an. Mittendrin stand er auf und ging, sein Getränk ließ er praktisch unberührt stehen. Gebbia und Chesky blieben zurück und wunderten sich, ob der Mann wohl noch zurückkommen würde.

Anfang August wurden Chesky und Gebbia nach Palo Alto eingeladen, und zwar ins Büro von Floodgate, der Business-Angel-Firma, die auch Justin.tv unterstützt hatte. Die Website verzeichnete damals gerade einmal ein Dutzend Buchungen pro Woche, dennoch war Chesky voller Zuversicht: Der einflussreiche Branchenblog *TechCrunch* war auf AirBed & Breakfast aufmerksam geworden. [10] Bei Floodgate wollte Chesky keine Folien vorführen, sondern den Internetauftritt live präsentieren. Doch als er aufstand und zu seiner Rede ansetzte, musste er zu seinem Schrecken feststellen, dass die Website abgestürzt war – der Ansturm, der als Reaktion auf den *TechCrunch*-Artikel eingesetzt hatte, war schlicht zu groß gewesen. Er versuchte, den Fauxpas mit Smalltalk zu überspielen, während Gebbia verzweifelt Blecharczyk hinterhertelefonierte. Der wusste bereits von dem Absturz (er hatte es so eingerichtet, dass er eine SMS mit einem einzigen Wort, „AirbedDeflate" [etwa: „Luftmatratze platt"], erhielt, sobald die Webseite abstürzte). Aber es war bereits zu spät. Chesky konnte nichts mehr retten und Floodgate winkte ab.

Alle Investoren hegten Bedenken: Der Markt erschien ihnen nicht groß genug und es gab keine echten Nutzer. Und überhaupt, diese Gründer selbst – sie hatten so gar nichts gemein mit den schrägen Innovatoren, die großartige Silicon-Valley-Unternehmen ins Leben gerufen hatten, Menschen wie Mark Zuckerberg und Steve Jobs. Nein, die Gründer waren Designstudenten und Designstudenten wirkten riskant. Da galten Leute, die ihr IT-Studium an der Uni Stanford abgebrochen hatten, als die viel sicherere Wette. Und ganz ehrlich: Auf den ersten Blick wirkte die Idee tatsächlich klein. „Wir begingen den klassischen Fehler, den alle Investoren machen", schrieb Twitter-Unterstützer Fred Wilson einige Jahre später. „Wir konzentrierten uns zu sehr darauf, was sie gerade in diesem Zeitpunkt machten, und zu wenig darauf, was sie tun könnten, tun würden und tatsächlich taten."[11]

2008 war zudem ein Jahr der Angst für das Silicon Valley. Wenige Jahre zuvor war die Internetblase geplatzt, aber der Technologiesektor hatte sich mittlerweile davon erholt. Auftrieb gaben dabei vor allem der Börsengang von Google 2004 und die Erfolgsgeschichte von Facebook. Doch die Weltwirtschaft insgesamt war angeschlagen. Auf dem Immobilienmarkt mehrten sich die Probleme und wenige Monate später sollte die Konjunktur ganz zusammenbrechen. Im Oktober des Jahres verteilte Sequoia eine Präsentation, die als „Ruht in Frieden, schöne Zeiten" bekannt wurde. Darin empfahl der Investor seinen Start-ups, Ausgaben drastisch zurückzufahren, Risiken einzugrenzen und Schulden abzubauen. Nicht nur, dass die Investoren nicht an Airbnb glaubten, sie waren grundsätzlich vorsichtig geworden.

Und wenn es dann endlich einmal so aussah, als würde Airbnb kurz vor einer Kapitalspritze stehen, liefen die Dinge gerne auch noch schief. Etwa im Fall von Paige Craig, einem Business Angel aus Los Angeles. Der ehemalige Marineinfanterist war in der Bewirtungsindustrie auf der Suche nach Anlagegelegenheiten, als er in jenem Sommer zufällig über Airbnb stolperte. Die Gründlichkeit, mit der die Firmengründer vorgingen, beeindruckte ihn ebenso wie die Arbeitsmoral. Er war bereit, 250.000 Dollar zu investieren. Man verständigte sich über die Bewertung und traf sich sogar zu Herbstbeginn in San Francisco zum Abendessen, um das Geschäft zu besiegeln. Am nächsten Tag jedoch weigerte sich Chesky, die Vereinbarung zu unterzeichnen. Die Gründe dafür hat er nie offengelegt. Aus dem Umfeld der Gespräche hieß es allerdings, nachdem man im Anschluss an das Essen noch zu einem Drink zusammengesessen hatte, habe Craig bei Chesky den Eindruck erweckt, er könne ein schwieriger Geschäftspartner sein.[12] Im Silicon Valley galt der Grundsatz: Der richtige Investor kann ein Unternehmen beflügeln, ein schwieriger dagegen bedeutet nichts als Ärger.

Jahre später hörte Paige Craig über einen anderen Investor, die Gründer hätten den Eindruck gewonnen, er sei ein „durchgeknallter Marine" und hätten kalte Füße bekommen. „Ich bin nicht wütend und ich verstehe, wie es dazu kommen konnte", antwortete er mir per E-Mail, als ich ihn wegen der verpassten Gelegenheit befragte. „Eine Google-Suche nach mir hätte mich ganz klar als ‚Dumb Money' erscheinen lassen. Es hat mich dazu motiviert, meinen Erfahrungsschatz auszuweiten, mich als gründerfreundliche Marke zu positionieren und mir den Hintern für künftige Abschlüsse abzuarbeiten. Aber verdammte Kiste, das war wirklich eine teure Lektion."

Es muss Chesky schwergefallen sein, das Geld abzulehnen. Er habe sich damals mehr als je zuvor als Versager gefühlt, sagt er. Blecharczyk hatte seine persönlichen Projekte, Gebbia hatte Crit-Buns und seinen Job als Berater. Und Chesky? Chesky hatte gar nichts außer seinen alten Möbeldesigns und der festen Überzeugung, dass eine große Welle der Konnektivität und des Teilens im Entstehen begriffen sei und dass die Menschen bereit seien für diese merkwürdige Form online-gestützter Nähe.

Wenn Airbnb es zu etwas bringen sollte, dann musste das bald geschehen. Chesky hatte all seine Ersparnisse aufgebraucht und sowohl er als auch Gebbia häuften immer mehr Schulden an. Voller Überzeugung, dass sie schon Geldgeber finden würden, hatten sie sich mehrere Kreditkarten besorgt und das Limit voll ausgeschöpft. Chesky bewahrte seine ausgereizten Kreditkarten in einem Schuhkarton auf, Gebbia steckte seine in die Plastiktaschen eines Ordners, der eigentlich für Baseball-Sammelkarten gedacht war.

Ihre Lage war dramatisch. Chesky wusste das: „Jeden Morgen bin ich mit klopfendem Herzen aufgewacht", sagte er. „Im Verlauf des Tages überzeugte ich mich davon, dass schon alles gutgehen werde, und ich ging mit einem guten Gefühl ins Bett. Und jeden Morgen – täglich grüßt das Murmeltier – wachte ich mit klopfendem Herzen auf und fragte mich: ‚Wie bin ich in diese Lage geraten? Was habe ich mir da angetan?'"

Die Parteitage in jenem Sommer trugen nur wenig dazu bei, seine Ängste aus der Welt zu schaffen. Für das Event in Denver buchten etwa 80 Personen über den Dienst Unterkünfte und *U.S. News & World Report*[13] und *Chicago Sun-Times*[14] berichteten darüber. Im August gewann die Webseite etwa 200 neue Anbieter pro Woche hinzu und Airbnb strich für jede 100-Dollar-pro-Nacht-Buchung etwa 12 Dollar ein. Nach den Parteitagen jedoch kamen die Dinge wieder zum Stillstand. Die Zahl neuer Buchungen fiel auf unter zehn pro Woche. Wieder wachte Chesky frühmorgens auf, starrte an die Decke und suhlte sich in seiner Furcht, sein Potenzial nicht ausgeschöpft zu haben.

Als „Tal der Leiden" bezeichnen Wissenschaftler, die sich mit Start-ups im Silicon Valley befassen, diesen Abschnitt in der Entwicklungsgeschichte eines Betriebs, die Phase also, in der das Neuartige einer Geschäftsidee verblasst und die Gründer es hinbekommen müssen, eine echte Firma zum Laufen zu bringen. Gebbia und Chesky steckten in einem ganz tiefen Tal, in einem Loch, das für die meisten Gründer wohl zu viel gewesen wäre. Sie reagierten auf die ihnen typische Art und Weise – sie griffen auf ihre RISD-Vergangenheit zurück und auf ihre Neigung zu unbesonnener, alberner Kreativität.

Eines Abends saßen sie während der TV-Debatten zum Präsidentschaftswahlkampf in der Küche ihrer Wohnung in der Rausch Street und sprachen darüber, wie trübe ihre Aussichten doch seien. Dabei verfielen sie auf die Idee, Frühstücksflocken herstellen zu lassen und ihren Gästen anzubieten. Und warum nicht gleich ein Präsidentschaftsthema für das Ganze? Das eine wäre dann „Obama O's – Das Frühstück des Wandels", das andere „Cap'n McCains – Mit jedem Bissen zum Freigeist".

„Möglicherweise hätte man es damit auf sich beruhen lassen sollen", sagte Gebbia, aber obwohl er im Tal der Leiden steckte, bekam er die Idee nicht aus dem Kopf. Er rief bei den Lebensmittelkonzernen Kellogg's und General Mills an, aber bei beiden warf man ihn rasch aus der Leitung, als er aufgeregt anfing, sein Konzept zu be-

schreiben. Er wandte sich an örtliche Vertriebsfirmen für Frühstücksflocken, aber auch da kam er nicht weit.

Schließlich beschlossen sie, die Flocken selbst herzustellen.
Gebbia stieß in Berkeley auf der anderen Seite der Bucht auf einen
RISD-Absolventen mit einer eigenen Druckerei. Irgendwie gelang es
ihm, den Mann zu überreden, ihm 1.000 Verpackungen im Austausch für eine Umsatzbeteiligung zu drucken. Die Verpackungen
waren als limitierte Auflage ausgewiesen, auf die Rückseite waren
lustige Spiele gedruckt, außerdem Informationen über AirBed &
Breakfast.

Dann fuhren Gebbia und Chesky zu einem Supermarkt in einem
einkommensschwachen Viertel, wo sie zum Erstaunen des Kassen-
personals Dutzende Packungen Frühstücksflocken kauften (Honey
Nut Cheerios für Obama O's und Fiber One Honey Squares für
Cap'n McCains). In ihrer Küche fügten sie die Schachteln zusammen, verbrannten sich die Hände mit einer Klebepistole und legten
dann die versiegelten Beutel mit Flocken in die Schachteln.

„Als hätte es nicht noch lächerlicher werden können", wie Gebbia
sagt, erhielten sie eines Tages eine E-Mail von einem Gastgeber, einem professionellen Jingle-Produzenten. Er bot ihnen an, begleiten-
de Songs für ihre Webseite zu schreiben, und man findet sie tatsächlich noch immer auf YouTube:

> „Well, there's a really cool cereal that you ought to know/Every-
> body is talking about Obama O's, In just one bite you will under-
> stand, 'Cause every single O sings, Yes, we can!"[15]

[frei übersetzt: „Hey, da gibt es diese echt coolen Frühstücksflocken, kennt ihr die schon?/Alle sprechen über Obama O's, einmal
probiert und du weißt, warum, denn jedes einzelne O singt: Yes, we
can!"]

Ihre Berater fanden die Idee mit den Flocken überhaupt nicht
lustig. „Nate war fassungslos", sagt Gebbia. Michael Seibel war außer
sich vor Zorn: „Das war das erste Mal, dass ich mir wirklich Sorgen
um die beiden gemacht habe", sagt er.

Und dennoch machte es sich tatsächlich irgendwie bezahlt. Erneut stellten die beiden Gründer ihre Ader für publikumswirksames
Auftreten unter Beweis: Sie verschickten ihre Flocken an alle

Medienvertreter, die ihnen einfielen, und das, während die Bericht-erstattung über den Präsidentschaftswahlkampf ihren Höhepunkt erreicht hatte. Die Reporter witterten eine ungewöhnliche Story und meldeten sich bei Chesky und Gebbia. Rasch flatterten ihnen Bestellungen für die Flocken auf den Tisch und nach nur drei Tagen war ihr Bestand an Obama O's ausverkauft.

Die Nummer mit den Frühstücksflocken erlaubte es den beiden Gründern, den Drucker in Berkeley zu bezahlen und einen Großteil ihrer Kreditkartenschulden zu begleichen. Sie katapultierte das Unternehmen jedoch nicht über Nacht ins Rampenlicht und erzeugte auch keine großen Reichtümer. Tatsächlich kamen Chesky und Gebbia noch immer nur mit Mühe und Not über die Runden und ernährten sich von den unverkauften Cap'n McCains. Aber es zeigte ihr extremes Engagement und ihre Fähigkeit, kreativ zu denken – die Eigenschaften also, die dann letztlich auch zu dem lang erwarteten Durchbruch führen sollten.

Einige Wochen später beschloss Chesky, die Gründer des angeschlagenen Unternehmens sollten sich bei der Start-up-Schule von Y Combinator bewerben. Die angesehene Einrichtung investierte 17.000 Dollar in jedes Start-up, erhielt eine siebenprozentige Beteiligung und brachte die Gründer im Rahmen des intensiven dreimonatigen Programms in Kontakt mit Mentoren und Größen der Technologiebranche. Es war das letzte Aufbäumen und Chesky verpasste die Bewerbungsfrist um einen Tag. Michael Seibel, ehemaliger Teilnehmer des Programms (und später sein CEO), musste sich einschalten und die Organisatoren bitten, die Bewerbung zu akzeptieren. Das taten sie dann auch und luden die Gründer tatsächlich zu einem Bewerbungsgespräch ein. Blecharczyk flog nach San Francisco und pennte auf dem Sofa im Wohnzimmer der Rausch Street, wo die drei Männer sich auf den allerletzten Versuch einstimmten.

„Es war klar: Wenn wir da nicht reinkommen, existieren wir nicht", sagt Gebbia. „Das Geschäft lief einfach nicht."

Während sie ihre Sachen für das Bewerbungsgespräch packten, ging Gebbia einige Schachteln Frühstücksflocken holen. „Nein, nein, nein, lass die Flocken bloß hier", blaffte Blecharczyk ihn an. Gebbia tat so, als würde er auf ihn hören, stopfte sich dann aber heimlich doch zwei Packungen in die Tasche.

Die Stimmung beim Gespräch in den Büroräumen von Y Combinator in Mountain View muss man wohl als feindselig bezeichnen. „Es gibt Menschen, die das tatsächlich machen?", fragte Paul Graham, der legendäre Mitgründer des Programms, nachdem die drei Männer das Konzept des Homesharings erläutert hatten. „Warum? Was stimmt mit diesen Leuten nicht?" Graham, damals 44, räumte später ein, er habe die Idee nicht verstanden: „Ich möchte nicht bei Fremden auf dem Sofa schlafen und ich möchte auch nicht, dass Fremde auf meinem Sofa schlafen", sagt er.

Als sie sich gerade zum Gehen bereitmachten, holte Gebbia zu Blecharczyks Bestürzung die beiden Packungen Frühstücksflocken aus der Tasche und gab sie Graham. Der war natürlich zunächst einmal komplett verwirrt. Dann kam die ganze verworrene Geschichte des abgelaufenen Jahres ans Tageslicht, von der Inspiration, die sie bei der Designkonferenz hatten, über das katastrophale South by Southwest bis hin zu den Parteitagen und dem merkwürdigen Schachzug mit den Frühstücksflocken. „Wow, ihr Jungs seid wie Kakerlaken", sagte Graham am Schluss. „Ihr wollt und wollt einfach nicht sterben."[16]

„Kakerlake" war Grahams Wort für ein Start-up, das einfach nicht totzukriegen war und jede Herausforderung meisterte. Es war das größte Kompliment in seinem Start-up-Lexikon. Sie wurden in das Programm aufgenommen. Wenige Woche später, nach dem Besuch in Washington anlässlich der historischen Amtseinführung von Barack Obama, waren sie wieder in den Büros von Y Combinator. Graham sprach dort mit Greg McAdoo, dem Wagniskapitalgeber von Sequoia, der im Vorjahr die denkwürdige Rede über große Wellen gehalten hatte.

McAdoo und Graham diskutierten über die wichtigste Charaktereigenschaft, die große Unternehmer auszeichnet – mentale Härte, die Fähigkeit, sich über Widerstände hinwegzusetzen und über die Negativität, die normalerweise mit etwas Neuem einhergeht. Für McAdoo und seine Partner war Zähigkeit das wichtigste Attribut, über das die erfolgreichen Gründer aus ihrem Portfolio verfügten, und zu diesem Portfolio zählten immerhin Google und PayPal.

Obwohl am Horizont der Weltwirtschaft Sturmwolken aufzogen, war McAdoo auf der Suche nach neuen Gelegenheiten, also fragte er Graham: „Wer aus dieser Start-up-Klasse ist der mental und emotional Härteste?"

„Das ist einfach zu beantworten", erwiderte Paul Graham und zeigte auf die andere Seite des Raumes, wo zwei Designer und ein Programmierer über ihre Laptops gebeugt saßen. „Keine Frage, das sind die Jungs da drüben."

KAPITEL 2
JAM SESSIONS

DIE FRÜHEN JAHRE VON UBER

Man öffnet diese App und macht dann diese Erfahrung: „Mann, ich lebe in der Zukunft! Ich habe einen blöden Knopf gedrückt und schon taucht ein Wagen auf! Ich bin voll der Coole!" Und Garrett ist der Kerl, der diesen Scheiß erfunden hat! Ich möchte gleichzeitig klatschen und ihn umarmen.

— *Travis Kalanick*[1]

Ohne James Bond wäre es möglicherweise nie so weit gekommen.

Mitte 2008, Brian Chesky und Joe Gebbia sind dabei, sich durch die frühen Versionen von AirBed & Breakfast zu kämpfen. Der kanadische Unternehmer Garrett Camp hatte gerade für 75 Millionen Dollar sein erstes Unternehmen an eBay verkauft, die Internet-Suchmaschine StumbleUpon. Nun ließ er es sich gutgehen und genoss das Nachtleben von San Francisco. Zu Hause in seiner Wohnung im todschicken Viertel South Park legte er sich gelegentlich die DVD von *Casino Royale* ein, dem ersten James-Bond-Film mit Daniel Craig in der Hauptrolle.

Camp liebte den Film, aber es gab eine Szene, die ihn nachdenklich machte. Der Film läuft seit ungefähr einer halben Stunde, als

Bond in seinem silberfarbenen Ford Mondeo auf den Bahamas unterwegs ist. Er folgt seinem Widersacher Le Chiffre und blickt während der Fahrt auf sein Sony-Ericsson-Handy. Das Ganze ist blankes Product-Placement und nach heutigen Standards wirkt das Telefon herrlich antiquiert. Aber was Bond damals auf dem Handy-Bildschirm sah, ließ Camp aufmerken – ein Icon zeigte auf einer Karte, wie sich der Mondeo seinem Ziel näherte, dem Ocean Club. Das Bild blieb ihm im Kopf. Um zu verstehen, warum das so war, müssen Sie zunächst mehr über den ruhelosen, erfinderischen Geist von Garrett Camp wissen.

Geboren wurde Camp im kanadischen Calgary. Seine Mutter war Innenarchitektin, sein Vater hatte seinen Beruf als Buchhalter aufgegeben, um auf Architekt und Bauunternehmer umzusatteln. In den 1980er-Jahren lebten die Camps ein rastloses Leben: Der Vater baute ein Haus, das die Mutter dann einrichtete. Dann lebten sie einige Jahre in dem Haus, verkauften es und der Zyklus begann von neuem.

Seine frühe Kindheit verbrachte Camp mit Sport, mit der Elektrogitarre und mit jeder Menge Fragen. Einen Fernseher kaufte die Familie erst, als Garrett Camp 14 Jahre alt war, allerdings ging sie ins Kino. Camp erinnert sich, dass er seinen Vater mit Fragen zur Funktionsweise der Kernspaltung löcherte, nachdem er den ersten Teil von *Zurück in die Zukunft* gesehen hatte.

Ein Ventil fand seine Neugier schließlich in der freakigen Welt der Personal Computer. Ein Onkel schenkte der Familie einen frühen Macintosh-Rechner. Es war die Zeit der Floppy Disks und der Point-and-Click-Adventurespiele und Camp verbrachte in den kalten Wintern Stunden vor dem Rechner. Er machte seine ersten Gehversuche in der Computergrafik und schrieb auch einfache Programme.

Als Camp seinen Highschool-Abschluss machte, hatten seine Eltern ihre Fähigkeiten nahezu perfektioniert. Sie lebten in einem dreistöckigen Haus mit bequemem Büro und einem Computerraum im Keller. „Es gab nicht viele Gründe, da wegzugehen", sagt er.

Er schrieb sich in der nahegelegenen Universität von Calgary ein und blieb, um Geld zu sparen, zu Hause wohnen. Die nächsten Jahre verbrachte an der örtlichen Uni (bis auf ein Jahr in Montreal, wo er bei Nortel Networks ein Praktikum absolvierte). 2001 machte er seinen ersten Hochschulabschluss und studierte weiter, um noch ein Diplom zu machen. Mit 22 verließ er endlich das bequeme Nest und zog gemeinsam mit Kommilitonen in eine Wohnung auf dem Campus.

Über einen seiner Kindheitsfreunde lernte er Geoff Smith kennen, mit dem er später gemeinsam StumbleUpon gründen sollte. Die beiden entwarfen die Seite, weil Nutzer interessante Dinge im Internet finden und teilen können sollten, ohne dafür erst auf Google suchen zu müssen. Camp war besessen von Groupware und dem Semantic Web. Er ging damals nicht viel aus und verwendete seine Zeit auf seine Abschlussarbeit, das Unternehmen und staubtrockene akademische Arbeiten über esoterische Themen auf dem Gebiet der Informatik

Als Camp 2005 seinen Abschluss machte, zeigte StumbleUpon erste vielversprechende Tendenzen. Camp und Smith trafen sich in diesem Jahr mit einem Business Angel, der sie überzeugte, nach San Francisco zu ziehen und dort Kapital einzusammeln. Sie ließen das Unternehmen in den USA eintragen und im Verlauf des nächsten Jahres wuchsen die Nutzerzahlen bei StumbleUpon von 500.000 auf zwei Millionen.

Die traumatischen Erlebnisse des ersten Dotcom-Crashs waren inzwischen halbwegs verblasst und im Silicon Valley träumte man wieder groß. Bei Camp und Smith gingen bald Übernahmeangebote für StumbleUpon ein. Im Mai 2007 schließlich übernahm eBay StumbleUpon für 75 Millionen Dollar und machte das Unternehmen damit zu einem der ersten Erfolge der Phase, die als „Web 2.0" bekannt wurde, des Abschnitts, in dem Unternehmen wie Flickr und Facebook die sozialen Verknüpfungen ihrer Nutzer zu Kapital machten.[2] Camp kam es damals so vor, als hätte er im Silicon Valley so viel Erfolg gehabt, wie es nur ging. Gemessen an normalen Maßstäben war das auch richtig – bis zu dem Erfolg, der ihm als Nächstes gelang.

Nach dem Verkauf arbeitete Camp bei eBay. Er war jung, wohlhabend und Single und fand Gefallen daran, öfter mal auszugehen. Bei diesem Vorhaben lernte er San Franciscos mangelhafte Taxi-Industrie kennen.

Jahrzehntelang hatte San Francisco die Zahl der Taxi-Konzessionen bewusst bei etwa 1.500 gedeckelt. Die Konzessionen waren vergleichsweise kostengünstig und konnten nicht weiterverkauft werden. Solange sie jährlich eine Mindestmenge an Stunden auf den Straßen unterwegs waren, konnten die Betreiber ihre Konzession so lange behalten, wie es ihnen passte. Das bedeutete, Konzessionen wurden meistens erst verfügbar, wenn ein Fahrer starb, und die Wartezeit für Antragsteller betrug Jahre. Gerüchteweise soll ein Taxifahrer drei Jahrzehnte auf seine Konzession gewartet haben und gestorben sein, kurz nachdem er sie dann endlich erhalten hatte.

Dieses System sorgte dafür, dass die Taxenunternehmen selbst außerhalb der Stoßzeiten stets reichlich Passagiere zur Auswahl hatten und dass die Vollzeitfahrer ihren Lebensunterhalt mit dieser Arbeit bestreiten konnten. Aber die Nachfrage überstieg das Angebot deutlich, was zur Folge hatte, dass San Francisco für seine miserable Taxi-Szene bekannt war. Wer in den äußeren Stadtvierteln in der Nähe des Ozeans ein Taxi bekommen wollte, musste schon sehr viel Gottvertrauen mitbringen, ebenso abends in der Innenstadt. Mit dem Taxi zum Flughafen? Nichts für schwache Nerven und nicht nur einmal verpasste jemand so seinen Flug. (Selbst wenn man telefonisch ein Taxi bestellt hatte, konnte man sich nicht sicher sein, dass das Taxi auch auftauchen würde. Vielleicht hielt der Fahrer auch für jemanden, der ihn an der Straße heranwinkte.)

Alle Bemühungen, etwas zur Verbesserung des Angebots zu tun, blieben vergebens, denn die Flottenbetreiber und die Taxifahrer wehrten sich vehement gegen mehr Konkurrenz. Wann immer der Bürgermeister oder das städtische Aufsichtsgremium eine Aufstockung der Konzessionen erwogen, stürmten aufgebrachte Taxifahrer den Stadtrat oder sie blockierten das Rathaus und verursachten ein Verkehrschaos.

Nach dem Verkauf an eBay nahm Garrett Camp ordentlich Geld in die Hand und kaufte sich eine rote C-Klasse von Mercedes-Benz, aber das Auto stand bloß in der Garage herum. In Calgary war er nicht allzu viel Auto gefahren – seine Eltern hatten die zusätzlichen Versicherungskosten nicht übernehmen wollen – und während der Collegezeit hatte er lieber auf den öffentlichen Nahverkehr gesetzt. „In San Francisco zu fahren war mir zu stressig", sagt er. „Ich wollte das Auto nicht an der Straße parken und ich wollte auch nicht, dass es mir jemand aufbricht. Rein logistisch war es schon viel schwieriger, hier zu fahren." Die peinliche Taxi-Situation der Stadt bescherte Camps neuem Lebensstil also einen ernsten Rückschlag. Da er nicht davon ausgehen konnte, ein Taxi an der Straße heranwinken zu können, legte er sich die Telefonnummern der Taxizentralen in die

Schnellwahl, aber auch das war frustrierend. „Ich rief an, aber sie tauchten nicht auf und während ich an der Straße stand und wartete, fuhren zwei, drei andere Taxen an mir vorbei", sagt er. „Dann rief ich erneut an und die konnten sich noch nicht einmal mehr daran erinnern, dass ich gerade angerufen hatte. Ich entsinne mich, zu ersten oder zweiten Verabredungen zu spät gekommen zu sein. Selbst wenn ich 20 Minuten zu früh startklar war, konnte es mir passieren, dass ich eine halbe Stunde zu spät kam."

San Franciscos Großstadtlichter lockten, aber Camp stand keinerlei zuverlässige Methode zur Verfügung, diesem Ruf zu folgen. Camp – von Haus aus ruhelos, mit wenig Geduld für Unzulänglichkeiten und immer bereit, Autoritäten infrage zu stellen – entwickelte einen ersten Lösungsansatz: Brauchte er ein Taxi, rief er *alle* Taxiunternehmen an und nahm den ersten Wagen, der kam.

Diese Methode stieß bei den Unternehmen natürlich auf herzlich wenig Gegenliebe. Es lässt sich nicht nachweisen, aber Garrett Camp glaubt, dass die Taxizentralen seine Handynummer auf eine Schwarze Liste gesetzt haben. „Irgendwann nahmen sie meine Anrufe gar nicht erst an", sagt er. „Ich wurde vom Taxisystem in San Francisco ausgeschlossen."

Dann fand Camp eine Freundin.

Einige Monate, nachdem eBay StumbleUpon geschluckt hatte, schickte er auf Facebook Melody McCloskey eine Nachricht. Nachdem er darauf hingewiesen hatte, dass sie eine kleine Gemeinsamkeit hatten, weil sie beide Facebook-Freunde des Bloggers Om Malik waren, bat er die kluge und attraktive Fernsehproduzentin um ein Date.

Sie habe verhalten reagiert, aber zugestimmt, sich auf einen Kaffee zu treffen, sagt McCloskey, heute Gründerin und CEO von StyleSeat, einem Internetunternehmen für Kosmetik und Wellness. Camp schlug vor, sich an einem Freitagabend um acht in einem Restaurant zu treffen. Sie fand 18 Uhr in einem Café an einem Dienstag passender. Er schlug als Kompromiss 19 Uhr an einem Dienstag vor und änderte den Treffpunkt in letzter Minute in eine Bar.

Sie werde maximal 45 Minuten bleiben, sagte sich McCloskey im Vorfeld, tatsächlich jedoch waren sie bis um zwei Uhr morgens unterwegs. „Ich habe mich zufällig mit dieser Person zu diesem wilden Date getroffen", erinnerte sich McCloskey Jahre später. „Ich glaube nicht, dass ich am nächsten Tag bei der Arbeit erschienen bin."

Wie so viele Hightech-Unternehmer hatte auch Camp seine Marotten. McCloskey fiel auf, dass er nicht allzu viel auf die Oberflächlichkeiten gab, die andere Menschen so sehr beschäftigten. Seine Haare beispielsweise ließ er nur sporadisch schneiden und erst, wenn sie ihm auf die Schultern fielen, ging er zum Friseur. Er entwarf auch seine eigenen T-Shirts, auf denen dann Dinge wie ein Necker-Würfel zu sehen waren, eine sogenannte Kippfigur. Diese T-Shirts trug er selbst dann, wenn sie in guten Restaurants essen gingen. „Ich habe keine Ahnung, wo er diese Dinge herbekam", sagt McCloskey. „Ich jedenfalls war davon nicht begeistert."

Camp trug ungern Geld mit sich herum und wenn er nach Hause kam, konnte es schon mal passieren, dass er unkonzentriert ein dickes Bündel Scheine in eine Schublade stopfte und das Geld dann dort vergaß. Camp mochte ein neureicher Millionär sein, während sich McCloskey als Produzentin für den Kabelsender *Current TV* durchschlug, aber dennoch: „Ich habe alles bezahlt", sagt sie. Die Beziehung brachte ganz neue Transportprobleme mit sich. McCloskey lebte einige Kilometer von Camp entfernt in Pacific Heights. Sich irgendwo zu treffen war für beide eine ziemliche Aktion, dabei war Camp gerne abends mit ihr unterwegs.

„Die Logistik, die für Dates mit dir erforderlich ist, hat es richtig in sich", sagte sie ihm einmal. „Ich kann es mir nicht leisten, mich überall in der Stadt mit dir zu treffen. Ich kann mit deinem Lebensstil nicht Schritt halten."

Um der wachsenden Zahl von Transportproblemen Herr zu werden, begann Camp mit den sogenannten „Gypsy Cabs" zu experimentieren – nicht als Taxi ausgezeichneten schwarzen Limousinen, die potenzielle Fahrgäste am Straßenrand per Lichthupe auf sich aufmerksam machten. Die meisten Einwohner San Franciscos und insbesondere Frauen machten einen Bogen um diese illegalen Taxen, weil sie Angst um ihre Sicherheit hatten oder fürchteten, in einem Taxi ohne laufenden Taxameter betrogen zu werden. Camp allerdings stellte fest, dass ein Großteil dieser Fahrzeuge sauber war und die meisten Fahrer freundlich waren. Ihr größtes Problem war es, die Zeit zwischen Touren totzuschlagen. Meistens warteten sie vor Hotels. Camp sammelte nun Telefonnummern. „Irgendwann hatte ich von den 10, 15 besten Limo-Chauffeuren der Stadt die Telefonnummer im Handy", sagte er.

Im nächsten Schritt manipulierte er das System noch weiter: Stunden im Voraus schickte er einem seiner Lieblingsfahrer eine SMS und sagte ihm, er solle ihn zu einer bestimmten Uhrzeit in diesem Restaurant oder jener Bar abholen. Ein anderes Mal mietete er für sich und eine Gruppe Freunde einen Wagen mit Fahrer für den gesamten Abend. Dieser Luxus kostete ihn 1.000 Dollar und es war wirklich lästig, am Ende des Abends kreuz und quer durch die Stadt zu fahren und alle abzuladen.

Und da kam Garrett Camp das futuristische Bild aus dem James-Bond-Film *Casino Royale* in den Sinn.

Schlagartig war Camp von dieser neuen Idee besessen. Wiederholt sprach er mit McCloskey über Idee, sich bei Bedarf ein Fahrzeug bestellen und auf einer Karte im Handy mitverfolgen zu können, wie weit der Wagen ist. Irgendwann kritzelte Camp das Wort „Über" (noch inklusive Umlaut) in das Moleskine-Notizbuch, in dem er neue Ideen und Logos für Firmen und Marken festhielt. „Spricht sich das nicht Yoober?", fragte sie ihn.

„Mir egal, es sieht cool aus", erwiderte er.

Camp habe nach etwas gesucht, das in einem Wort Vorzüglichkeit transportiere, und er habe unaufhörlich über das Wort, seinen Klang und seine Bedeutung nachgedacht, erinnert sich McCloskey. „Was für ein Uber-Kaffee das doch war", sagte er schon einmal nach einer guten Tasse. „Das steht für große Dinge! Es steht für Bedeutsamkeit!"

Camp sagt, er habe überlegt, seinen neuen Dienst ÜberCab oder BestCab zu nennen, entschied sich aber letztlich für UberCab ohne den Umlaut. (Er sicherte sich den Domainnamen UberCab.com im August 2008.) McCloskey fand es großartig, wie Camp ständig neue Ideen entwickelte und verwarf, aber sie sei damals nicht überzeugt gewesen, dass er an diese spezielle Idee tatsächlich glaubte. „Natürlich ist es furchtbar mit den Taxen, aber man sitzt gerade einmal acht Minuten in so einem Taxi", sagt sie. „Dann ist es doch egal, oder?"

Camp dagegen war überzeugt, dass *er* so einen Dienst haben wollte. Gleichzeitig wusste er, dass dank des iPhones und des neuen App Stores, den Apple im Sommer 2008 vorgestellt hatte, die Zukunftsvision aus *Casino Royale* endlich in greifbare Nähe rückte. Man konnte nicht nur auf einer Karte den Standort eines Objekts anzeigen, dank des Beschleunigungsmessers, der im iPhone verbaut worden war, konnte man nun sogar erkennen, ob sich das Objekt bewegte oder nicht. Und das wiederum bedeutete, ein iPhone konnte als Art Taxameter fungieren und dafür genutzt werden, Passagieren einen Preis pro Minute oder Kilometer zu berechnen.

Er sprach im Verlauf des Jahres mit vielen seiner Freunde über die Idee. In einer Bar im Mission District hielt der Autor und Investor Tim Ferriss als erster mit Camp ein Brainstorming zu dem damals noch nicht Uber getauften Dienst ab. Er hielt die Idee für großartig, vergaß sie im Anschluss aber wieder völlig. Einen oder zwei Monate später rief Camp ihn an und als sie erneut über Uber sprachen, war Ferriss ganz geschockt. Camp „war unglaublich tief eingetaucht und hatte sich mit den Nachteilen der schwarzen Limousinen befasst, mit einer praktisch in Vergessenheit geratenen Dienstleistung, mit den Stehzeiten von Limousinen und Taxen", sagte er. „Es war klar, dass er mit seinem Wissensstand bereits zum obersten Prozent der Marktanalysten gehörte, die sich mit diesem Thema befassten."

Immer deutlicher wurde Camp klar, was aus seiner Sicht die Idee hinter Uber war: Sowohl der Passagier als auch der Fahrer haben die App auf ihrem Telefon installiert. Der Fahrgast hat seine Kreditkarte hinterlegt und benötigt deshalb auch kein lästiges Bargeld. „Ich habe meine Idee jedem vorgestellt", sagt Camp. „All diese Ideen entwickelten sich weiter und weiter."

Die ursprüngliche Idee sah vor, Fahrzeuge zu kaufen und dann die Flotte mit seinen Freunden zu teilen, die die App nutzten. Aber das sei nur der Ausgangspunkt gewesen, sagte Camp. Schon damals habe er erwogen, welches Potenzial ein derartiges System mit sich brächte und ob man es nicht dazu nutzen konnte, neben den schwarzen Limousinen auch umweltfreundliche Prius und sogar die gelben Funktaxen zu koordinieren.

„Ich hatte immer gedacht, dass es sich, vor allem in San Francisco, zu einem effizienteren Taxisystem entwickeln würde", sagt er. Ob die Idee außerhalb der Stadt funktionieren würde? Da war er sich nicht sicher. Seine Überlegung: Wenn es bloß in 100 Städten funktioniert, dann könnte es groß genug sein, dass ein Unternehmen damit jährlich rund 100 Millionen Dollar an Vermittlungsgebühren einstreicht.

Der Herbst kam und Camp hatte mehr freie Zeit für seine Arbeit an Uber, denn er und McCloskey hatten sich getrennt (obwohl sie befreundet blieben) und er schaute seltener bei StumbleUpon rein. In seiner Erinnerung verbrachte er die Wochenenden damit, sich

Kaffee zu besorgen, im Internet zu surfen und über die Transportbranche zu recherchieren. Abends ging er dann mit Freunden aus.

Am 17. November 2008 ließ er UberCab in Kalifornien als Limited Liability Company eintragen, eine Unternehmensform, die vergleichbar mit der deutschen GmbH ist. Weil er stark an grundlegender Marktforschung interessiert war, schrieb er kurz darauf Ferriss an und fragte den Autor, ob sein Assistent einige Dinge für ihn ausgraben könnte. Im Anhang hatte er einen Link zu einem Wiki beigefügt, einem Online-Dokument, auf das sie beide Zugriff hatten. Jahre später liest Camp einige der 100 Fragen vor, die er ins Wiki gestellt hatte:

Vergleichbare Dienste (fünf Stunden Recherche gewünscht). Gibt es irgendwelche Luxus-Automobildienste, die sich bei Bedarf mit einem Klick buchen lassen? Wie groß ist der Gesamtmarkt für On-Demand-Chauffeurdienste?

Logistik und Machbarkeit (zehn Stunden Recherche gewünscht). Wie lange dauert es, sich von der zuständigen kalifornischen Regulierungsbehörde eine Konzession für einen Limousinendienst zu besorgen? Wie lange dauert es in den zehn größten US-Städten im Schnitt (Durchschnitt und Medianwert), bis ein bestelltes Taxi eintrifft? Wie viele Taxiunternehmen bieten eine garantierte Abholung?

Dynamik der Taxenbranche (fünf Stunden Recherche gewünscht). Was sind die entscheidenden Must-Haves, was Dispositions-Software anbelangt? Wie sehr lässt sich der Dispositionsprozess automatisieren?

Am Ende der E-Mail schrieb Camp an Ferriss: „Mein Ziel, ist es, am 1. Dezember Ja oder Nein sagen zu können und im Januar mit fünf Wagen loszulegen."

Camp kann sich nicht erinnern, von Ferriss' Assistenz übermäßig viel Hilfe erhalten zu haben, aber er biss sich dennoch weiter durch. Auf dem Weg zu LeWeb, einer renommierten Technologie-Konferenz, die jedes Jahr in Paris stattfindet, legte er einen Zwischenstopp in New York ein, wo er sich mit Oscar Salazar traf, einem Freund und Kommilitonen von der Universität Calgary.

Salazar war ein fähiger Programmierer aus Colima in Mexiko, der Vater ein Agronom (ein Wissenschaftler, der auf Bauernhöfen arbeitet), die Mutter Kindergärtnerin. Mit Anfang 20 baute der junge Unternehmer in seiner Heimatstadt ein Ad-hoc-Netz auf, indem er an Strommasten und auf Dächern WLAN-Antennen anbrachte. Aber er bekam keine Genehmigung und die Stadt schloss das Netz wieder. Auf der Suche nach einem Umfeld, in dem man Innovation mehr schätzte, ging er nach Kanada und erlangte dort seinen Master-Abschluss als Elektroingenieur, anschließend machte er in Frankreich seinen Doktor. Dann zog er nach New York.

Während dieser Zeit ließ er den Kontakt zu Camp nicht abreißen und im Dezember trafen sie sich in einem Delikatessengeschäft in Lower Manhattan. Camp warb bei Salazar für UberCab und bat ihn, die Entwicklung des Prototyps zu leiten.

„Ich habe da diese Idee: In San Francisco ist es schwer, ein Taxi zu bekommen. Ich will fünf Mercedes kaufen", erklärte Camp und zeigte Salazar auf seinem Handy ein Bild von einem Mercedes-Benz S 550, einem Coupé der Oberklasse, das etwa 100.000 Dollar kostete. „Ich kaufe die Wagen mit einigen Freunden zusammen und wir werden uns die Fahrer und die Parkkosten teilen." Er zeigte Modelle von iPhone-Bildschirmen, auf denen man sehen konnte, wie sich die Fahrzeuge auf den Karten bewegen, und er zeigte, wie Passagiere erkennen könnten, dass sich eine Limousine auf sie zubewegt.

Salazar hatte in Mexiko, Kanada und Frankreich seine eigenen Probleme gehabt, ein Taxi zu bekommen. Er erinnert sich, dass er, während er einen Vertrag unterschrieb, zu Camp sagte: „Ich weiß nicht, ob das ein Milliarden-Dollar-Unternehmen ist, aber es ist ganz klar eine Milliarden-Dollar-Idee." Da Salazar sich mit einem Studentenvisum in den USA aufhielt, konnte er für seine Arbeit nicht in bar bezahlt werden. Stattdessen erhielt er Anteile an dem jungen Start-up-Unternehmen. Sein Aktienpaket ist heute mehrere Hundert Millionen Dollar wert.

„Das ist viel mehr, als ich verdient habe. Es ist viel mehr, als überhaupt ein Mensch verdient", sagte er mir 2015, während wir in einem Café in New York City frühstückten. UberCab befand sich offiziell in der Entwicklungsphase. Camp flog nach Paris zur Le-Web-Konferenz, wo er McCloskey traf und einen guten Freund von ihr, ebenfalls ein Unternehmer – Travis Kalanick.

Jedes Unternehmen erschafft sein eigenes Märchen, was seine Ursprungsgeschichte anbelangt. Das ist ein nützlicher Weg, der Belegschaft ebenso wie der Welt die Werte des Unternehmens zu vermitteln. Die Historie wird vereinfacht und zurechtgeknetet, um den Menschen Ehre zukommen zu lassen, die in der Frühphase die wichtigsten Leistungen erbracht haben.

Ubers eigene offizielle Geschichte beginnt in Paris mit dem historischen Besuch, den Camp und Kalanick eines Abends nach einem Tag bei LeWeb dem Eiffelturm abstatteten. Während sie da oben standen und über die Stadt der Lichter hinwegschauten, beschlossen sie, es mit der etablierten Taxibranche aufzunehmen. Diese war ihrer Meinung nach eher daran interessiert, Wettbewerber zu blockieren, als daran, der Kundschaft bestmöglich zu Diensten zu sein.

„Die Idee kam uns 2008 bei LeWeb", sagte Kalanick fünf Jahre später bei derselben Konferenz und verwies darauf, wie schwierig es sei, in Paris ein Taxi zu bekommen. „Wir fuhren nach San Francisco zurück und entwickelten eine ganz simple, aus unserer damaligen Sicht ganz einfache Methode, einen Knopf zu drücken und eine Mitfahrgelegenheit zu bekommen. Wir wollten, dass es eine Mitfahrgelegenheit mit Stil wird."[3]

Wie bei allen Mythologien ist es nicht die ganze Wahrheit. „Die Geschichte wird häufig falsch wiedergegeben", seufzt Camp. „All das mit LeWeb. Mir ist das egal, solange die grundsätzliche Richtung stimmt."

Camp hatte die Uber-Idee zuvor mit Kalanick wie auch mit anderen Freunden erörtert. Beide fanden es großartig, neue Unternehmen ins Leben zu rufen und technische Probleme zu lösen, neue Phrasen zu entwickeln und das Potenzial von Worten auszuloten. Während Camp über die Bedeutung und den Klang von „Uber" sinnierte, sagte Kalanick gerne, bei seinen früheren Start-up-Erfahrungen sei er „nicht glückhaft" gewesen. Seine Wohnung in San Francisco bezeichnete er als das „Jam Pad", als „Jam-Bude", weil sich dort Unternehmer trafen, um über Ideen zu neuen Start-ups zu „jammen". Es war wie eine sichere Zuflucht für Unternehmer, ein Ort, wo sich ähnlich Besessene um ein Whiteboard scharen und über die Fallstricke beim Aufbau eines Internetunternehmens debattieren konnten.

Camps Idee von einem Smartphone-basierten Carsharing-Dienst begeisterte Kalanick, aber er zeigte nur wenig Interesse, sich zu beteiligen. Er hatte gerade ein früheres Start-up, den Streaming-dienst Red Swoosh, an den deutlich größeren Wettbewerber Akamai verkauft und steckte nun mitten in seiner „Burnout-Phase", wie er es später nennen sollte. Er reiste durch Europa, Thailand, Argentinien und Brasilien und wägte unterschiedliche Möglichkeiten für seine weitere berufliche Laufbahn ab. „Travis fand es interessant, aber war gerade in diesem Modus...", sagt Camp. „Er hatte Akamai gerade verlassen, reiste herum und agierte als Business Angel. Er war noch nicht bereit, wieder einzusteigen."

In Paris wohnten sie alle in einer Luxuswohnung, die Kalanick auf der Webseite VRBO entdeckt hatte. Camp hörte in jener Woche gar nicht auf damit, über Uber zu reden, aber Kalanick hatte seine eigene Idee für ein Start-up-Unternehmen. Wenn man bedenkt, was alles noch geschehen sollte, so entbehrt das Ganze nicht einer gewissen Ironie, denn Kalanick schwebte ein Dienst vor, der weltweit Luxus-Unterkünfte anbieten sollte, die alle identisch eingerichtet und in unterschiedliche Klassen unterteilt sein sollten. Zur Miete angeboten werden sollten die Unterkünfte über das Internet. Vielreisende sollten sich für das Netzwerk anmelden können, Unterkünfte nach Belieben mieten und das Ganze reibungslos bezahlen können. In Anlehnung an das „Jam Pad", seine eigene Wohnung, nannte er diese Geschäftsidee „Pad Pass". „Es war so eine Art Mischung aus Zuhause-Erfahrung und Hotel-Erfahrung", sagte Kalanick mir später. „Ich versuchte, diese beiden Ansätze miteinander zu verschmelzen." Auch Camp erinnert sich an die Idee. „Travis hatte ein ganzes Airbnb-ähnliches System entworfen und wir dachten darüber nach, damit an den Start zu gehen", sagt er. „Uber war meine Idee, das war seine Idee."

Kalanick sei zu denselben Schlussfolgerungen gelangt wie die Airbnb-Gründer, erinnert sich McCloskey: Durch das Internet könnten Reisende luxuriöse, aber gleichzeitig auch bezahlbare Unterkünfte finden, die das Reisen gleichzeitig deutlich interessanter machten. „VRBO hat ihn frustriert", sagt sie. „Die Bezahlmöglichkeiten waren beschissen und man konnte es auch nicht wie ein Hotel gleich buchen, sondern musste erst E-Mails hin und her schicken. Er wollte all das in Ordnung bringen."

Letztlich drehten sich die Gespräche, die in jener Woche in Paris stattfanden, dann aber doch mehr um Uber als um Pad Pass. Camp war überzeugt, der richtige Einstieg für das Unternehmen bestehe darin, diese Luxus-Mercedes zu kaufen. Kalanick argumentierte vehement dagegen. Es sei Quatsch, die Fahrzeuge zu besitzen, viel effizienter wäre es doch, einfach die Mobilfunk-App an Fahrer zu verteilen.

McCloskey erinnert sich an ein Abendessen in einem schicken Pariser Restaurant. Leidenschaftlich wurde darüber diskutiert, wie man ein On-Demand-Netz von Limousinen am besten führen sollte. Es war ein elegantes Restaurant – es gab teure Weine, leichte Musik, eine gehobene französische Klientel ... und offensichtlich auch Papierauflagen auf den Tischdecken, denn Camp und Kalanick kritzelten das ganze Essen über ihre Schätzungen zu Dingen wie Fixkosten und der maximalen Fahrzeugauslastungsquote darauf.

„Als wir mit dem Essen fertig waren, war die gesamte Tischdecke mit Zahlen bedeckt", sagt McCloskey. „Mit ‚Lasst uns essen gehen und über das Leben reden' war da nichts. Das war das Leben von Travis – Beziehungen knüpfen durch analytisches Problemlösen. So kam er mit Menschen in Kontakt." Als die Gruppe das Restaurant verließ, hätten die Pariser vermutlich gedacht, dass die Amerikaner die verrücktesten Menschen auf diesem Planeten seien, so McCloskey.

An einem anderen Abend gingen sie auf den Champs-Élysées etwas trinken und anschließend zu einem eleganten späten Abendessen mit Wein und Foie Gras. Um zwei Uhr nachts winkten sie sich ein Taxi heran. Leicht angeschickert nach dieser abendlichen Feier unterhielten sie sich während der Fahrt offenbar zu ausgelassen, denn auf halbem Weg begann der Taxifahrer, sie anzubrüllen. McCloskey saß auf der Rückbank zwischen den beiden anderen. Damit sie dort überhaupt Platz fand, hatte die knapp 1 Meter 80 große McCloskey ihre hochhackigen Schuhe auf ein Kissen zwischen den beiden Vordersitzen gelegt. Der Fahrer verfluchte sie auf Französisch und drohte damit, sie rauszuwerfen, wenn sie nicht leiser seien und wenn McCloskey nicht ihre Füße wegnehme. McCloskey dolmetschte die Tiraden des Fahrers. Kalanick war empört und schlug vor, auszusteigen.

Der Vorfall stärkte ihre Entschlossenheit. „Das hat definitiv ein Feuer entfacht", sagt McCloskey. „Nichts geht Travis so sehr gegen den Strich wie in eine Situation zu geraten, in der man sich ungerecht behandelt fühlt. Er kam einfach nicht darüber hinweg. Die Leute sollten nach einem wunderbaren Abend nicht in einem vollgepissten Taxi sitzen und sich anbrüllen lassen müssen."

Man kann also sagen, dass ein mürrischer Pariser Taxifahrer unauslöschliche Spuren in der Geschichte des Transportwesens hinterlassen hat.

Nach ihrer Rückkehr nach San Francisco war Kalanick bereit, sich stärker einzubringen, zumindest in einer Beraterfunktion. Und Camp war bereit, ihm zuzuhören. Wenige Wochen nach ihrer Reise nach Washington, wo sie die Amtseinführung von Barack Obama verfolgt hatten, rief Camp Kalanick an. Er stand kurz davor, in der Nähe seines Zuhauses in der Hawthorne Street Parkplätze anzumieten. Er war noch immer entschlossen, sich eine Flotte von Mercedes-Pkw zuzulegen.

Ein letztes Mal versuchte Kalanick, ihn umzustimmen: „Mann, Alter! Das ist keine gute Idee!"

Schließlich lenkte Camp doch noch ein und beendete die laufende Debatte. Den Mietvertrag hat er nie unterschrieben, die Autos wurden nie gekauft. Anstatt sich ein Dutzend schicker Mercedes zu kaufen, bot Camp – gemeinsam mit Kalanick – die App den Besitzern und Fahrern von Limousinen an.

Bei einem unserer ersten Interviews einige Jahre später prahlte Kalanick: „Garrett brachte den Stil ein, ich die Effizienz. Wir besitzen keine Autos und wir stellen auch keine Chauffeure ein. Wir arbeiten mit Unternehmen und Einzelpersonen, die das tun. Es ist alles ganz simpel. Ich will einen Knopf drücken und dann holt mich ein Fahrer ab. Darum geht es."

Dem ersten Kreativitätsschub zum Trotz entwickelte sich Uber 2009 nur langsam. Für die Firmengründer war es weiterhin nur ein Nebenprojekt, ihr Hauptaugenmerk lag auf anderen Dingen. Im April lagerte eBay StumbleUpon aus, begleitet von rückläufigen Nutzerzahlen und Fragen über die Zukunft des Suchdiensts. Camp und eine Investorengruppe gaben dem Unternehmen, das nun auf eigenen Füßen stehen musste, eine Kapitalspritze. Camp wurde wieder CEO.[4] Unterdessen reiste Kalanick weiter herum, investierte in Start-ups und fungierte für andere Unternehmer aus San Francisco als Berater.

Für drei mexikanische Programmierer allerdings war Uber eine Vollzeitaufgabe. In New York griff Oscar Salazar Camps Ideen auf und begann damit, das Innenleben des Dienstes zu entwerfen. Die Aufgabe, das erste Dispositionssystem von Uber zu programmieren, den Algorithmus also, der den Fahrgast und das am dichtesten stationierte verfügbare Fahrzeug zueinander führen soll, lagerte er aus, und zwar an Jose Uribe, einen fleißigen Freund aus Colima, und dessen damalige Freundin (und heutige Ehefrau) Zulma Rodriguez.

Die beiden Programmierer neigten dazu, sich Hals über Kopf in Projekte zu stürzen. Sie verschanzten sich in Uribes Kinderzimmer im Haus seiner Eltern in Colima und arbeiteten von Morgen bis in die Nacht. Salazar hatte sie bei einigen seiner Projekte um Hilfe gebeten, beispielsweise bei einer textbasierten Anwendung, die Patienten daran erinnerte, ihre Medikamente zu nehmen. Nun also hatte er eine neue Aufgabe für sie. Zunächst verlangte Uribe, in bar bezahlt zu werden, aber Salazar überzeugte ihn, sich auch in Firmenanteilen vergüten zu lassen. Das kleine Aktienpaket ist mittlerweile Millionen wert. „Ich versuche, nicht darüber nachzudenken", sagte Uribe in einem Interview. „Ich will nicht, dass es mich beeinflusst."

Von Februar bis Juni 2009 arbeiteten Uribe und Rodriguez praktisch ausschließlich an Uber. Auf Papier skizzierten sie den Algorithmus, der für die Disposition erforderlich sein würde, und besprachen sich telefonisch mit Salazar, der in New York war. Dann begannen sie mit dem Programmieren, und zwar in den Open-Source-Sprachen PHP, JavaScript und jQuery. Manche Ideen, die damals in Programmcode festgehalten wurden, sind bis heute Teil des Uber-Dienstes. Die Gebühr für eine Fahrt beispielsweise wurde bestimmt, indem man einen Satz pro Kilometer mit einem Satz pro Minute multiplizierte. In Uribes Erinnerung bestand das größte Problem darin, das Fahrzeug zu identifizieren, das am dichtesten war, und die Prozesse so zu optimieren, dass alles schnell gehen würde.

In der ersten Uber-Version konnten die Passagiere ein Fahrzeug bestellen, indem sie eine SMS mit ihrer Adresse an eine spezielle Telefonnummer schickten, eine sogenannte Kurzwahlnummer. Die Dispositionssoftware nahm die Nachricht entgegen, lokalisierte den Absender und leitete die Nachricht dann an einen Fahrer in der Nähe weiter. Die ersten Gehversuche mit der Disposition per SMS funktionierten nicht gut, was zum Teil daran lag, dass ein Fahrer seine Fahrgäste nicht finden konnte, wenn diese bei der Adresseingabe Fehler gemacht hatten. Die Programmierer boten auch die Möglichkeit an, über die UberCab-Website ein Fahrzeug zu bestellen, aber die Idee wurde rasch wieder aufgegeben. Nur wenige Leute surften im Internet, während sie gleichzeitig auf der Straße ein Taxi suchten.

Die Gruppe arbeitete zudem an einer Version für das iPhone. Camp hatte Salazar die Februar-2009-Ausgabe des Magazins *Wired* geschickt. Die Titelgeschichte lautete „Die GPS-Revolution von innen". In dem Artikel wurden in kurzen Profilen standortbasierte Apps vorgestellt, die „versteckte Informationen liefern, dank deren Nutzer auf eine Art und Weise Verbindungen herstellen und mit der Welt interagieren können, wie sie es sich nie erträumt hatten".[5] Camp schlug Salazar vor, er solle eine der in dem Artikel vorgestellten Firmen anrufen und um Hilfe bitten.

Letztlich wählte Salazar den Hersteller der App iNap aus. Diese ermöglichte es Zugreisenden, den Ort auszuwählen, an dem ihr iPhone sie wecken sollte. Entwickelt worden war die Anwendung von einem niederländischen User-Interface-Designer namens Jelle Prins. Über dessen Website schrieb Salazar ihn an, nahm ihn und seinen Partner Joris Kluivers unter Vertrag und beauftragte sie damit, die erste Uber-App für das iPhone zu entwickeln.

Im Herbst stand der erste funktionierende Prototyp. Im September waren Camp und Kalanick bei der Lobby, einem zwanglosen Networking-Treffen, das der Wagniskapitalgeber David Hornik jedes Jahr in Hawaii abhielt. Dort begannen sie, ohne großes Getue ihr Konzept Unternehmern und Investoren schmackhaft zu machen. Kalanick erwärmte sich immer mehr für das Projekt und begann, ein paar Stunden pro Woche dafür aufzuwenden. Ebenfalls zu der Zeit machte Camp Salazar per E-Mail mit Kalanick bekannt. „Garrett stellte Travis als einen Berater des Unternehmens vor", sagt Salazar. „Travis wollte sich nicht voll und ganz einbringen, aber Garrett versuchte, ihn dazu zu bringen. Garrett wusste, er könnte für die Aufgabe perfekt geeignet sein."

Wenige Wochen später trafen sich Camp und Kalanick im New Yorker East Village mit Salazar. Zum ersten Mal testeten sie die App unter reellen Bedingungen. Sie mieteten ein paar zufällig ausgewählte Limousinen und gaben den Fahrern iPhones mit der App darauf. Sie werden wohl nicht vermutet haben, dass sie Teil eines historischen Ereignisses waren. Die Unternehmer schwärmten in Lower Manhattan aus und versuchten, von diversen Standpunkten aus mit ihrem Smartphone einen Wagen kommen zu lassen.

Der ganze Prozess war fehlerbehaftet und funktionierte kaum. „Das war echt knifflig", sagte ein Fahrer zu Camp, als er das iPhone zurückgab.

Die Gruppe ging in die Prince Street in SoHo. Bei einer Pizza redete man darüber, was noch verbessert werden müsste. Der Test hatte sie enttäuscht, aber das Konzept begeisterte sie. Jetzt war es real, man hatte etwas Greifbares. Wenn es funktionierte, war es genau so, wie Camp es sich ursprünglich vorgestellt hatte, genau so wie bei James Bond in *Casino Royale*: Man sah auf einer Karte, wie das Auto auf den eigenen Standpunkt zuhielt. Zurück in Kalifornien trafen sich Camp und Kalanick wenige Wochen später mit den Gründern von Mob.ly, einer Beraterfirma aus Palo Alto, die auf Mobilfunkanwendungen spezialisiert war. Sie übertrugen ihnen die Aufgabe, eine App für das iPhone zu entwickeln.

2010 kam und Kalanick und Camp waren sich in einem Punkt einig: Beide wollten Uber nutzen, aber keiner von beiden wollte das Unternehmen leiten. Camp war ein Erfinder und liebte es, bei der Entwicklung einer Idee dabei zu sein. Gleichzeitig hatte er mit StumbleUpon alle Hände voll zu tun. Kalanick wiederum schätzte weiterhin seine Freiheit und die Möglichkeit, viele Firmengründer gleichzeitig zu beraten. Sollte er sich tatsächlich auf eine neue Idee einlassen, dann nur auf eine sehr große. Hier jedoch handelte es sich bloß um einen Limousinendienst, eine neue Methode, eine vergleichsweise wohlhabende Kundschaft stilvoll in der Stadt herumzukutschieren.

Also setzte Travis Kalanick am 5. Januar 2010 einen Tweet ab:

Suche unternehmerischen Produktmanager/Business-Device-Killer für standortbasierten Dienst ... vor Launch, GROSSES Aktienkapital, große Tiere involviert... Tipps bitte?

Am anderen Ende des Landes, in Chicago im Bundesstaat Illinois, reagierte der 27-jährige Ryan Graves, ein Mitarbeiter von General Electric (GE), mit dem lukrativsten Tweet in der Geschichte des Internets:

@KonaTbone Hier ist ein Tipp: Schick mir eine E-Mail:) graves.ryan[at]gmail.com

Graves war nicht der Silicon-Valley-Typ: Der große Kerl mit dem sonnigen Gemüt und dem nahezu perfekten Haar sah aus wie jemand, „der gerade aus einer Zigarettenwerbung der 1950er-Jahre entsprungen ist", wie es ein Investor formulierte.

Seine Kindheit in San Diego war urtypisch amerikanisch verlaufen: Der Vater arbeitete im Vertrieb für Radiowerbung, seine Mutter kümmerte sich um die Familie und leitete einen Bibelkreis für Frauen. Graves schloss 2006 die Miami-Universität in Ohio mit einem Bachelor in Wirtschaftswissenschaften ab und zeigte zunächst kein Interesse am Technologiesektor. Was er dagegen an den Tag legte, war ein scheinbar endloser Appetit darauf, sich in jedem Bereich, der ihn faszinierte, Expertenwissen zuzulegen, sei es der Vereinsfußball in Europa, Fliegenfischen, Motorräder oder die besten Surfspots. Jetzt war es die lukrative und aufregende Welt des Internets, die Graves' Aufmerksamkeit fesselte, deshalb wollte er dort einen Job finden.

Während er das Managementtraining bei GE durchlief, absolvierte er zum Thema Geschäftsentwicklung ein Praktikum beim Lokalisierungsdienst Foursquare. Er hatte versucht, selbst eine App für soziale Medien zu entwickeln, hatte damit aber wenig Erfolg gehabt. Rein theoretisch war er bei GE im Ausbildungsprogramm für Führungskräfte, aber dort traf man ihn nur selten an. „Man kann um 10 Uhr kommen und um 16 Uhr gehen und niemand kriegt es mit", sagt er. „Ich habe sehr wenig Zeit bei GE verbracht, aber eine sehr hohe Punktzahl erreicht."

Kalanick war interessiert daran, Graves kennenzulernen, also schwänzte Graves einen GE-Kurs in Crotonville im Bundesstaat New York und fuhr eine Stunde nach New York City, wo er sich in einem Café in SoHo mit Kalanick traf. Sie unterhielten sich mehr als zwei Stunden lang und Kalanick zeigte Graves den Prototyp der iPhone-App.

Graves' Interesse war geweckt. Hier bot sich ihm die Gelegenheit, selbst etwas zu leiten. Gleichzeitig war es eine Position, bei der er mit hervorragend vernetzten Unternehmern aus dem Silicon Valley zusammenarbeiten würde. Aller Voraussicht nach könnte sich dieser Job als Sprungbrett zu etwas viel Größerem erweisen. Und es griff noch ein weiterer Aspekt: „Ich glaube, es hat sich sonst niemand um den Posten beworben", sagt er.

Zwei Wochen später zog Graves nach San Francisco, während seine Frau Molly, eine Lehrerin, bis zum Ende des Schuljahrs in Chicago blieb. Er bereitete seine Vision von dem Carsharing-Dienst in einer Präsentation auf, die Kalanick noch einmal überarbeitete, bevor sie sie gemeinsam Camp zeigten. Graves testete die App erneut, dieses Mal in San Francisco, wo eine Handvoll Fahrer bereits eine Beta-Version des Dienstes ausprobierte. „Es war der letzte Dreck", erinnert er sich. Das iPhone wurde damals ausschließlich vom Mobilfunkunternehmen AT&T vertrieben und die Netzabdeckung war furchtbar, zudem benötigte die Uber-App GPS und saugte damit rasch den Akku leer. „Das funktioniert ja gar nicht", sagte Graves Kalanick und Camp. „Ich dachte, ihr hättet mir gesagt, dass es funktioniert."

Noch verfügte Uber nicht über Büroräume, also arbeitete Graves von einem Hotel und von diversen Cafés in der Stadt aus, während er seine Mit-Unternehmer kennenlernte. Bei einem seiner ersten Treffen kam er im Café Rocco's in South of Market mit Brian Chesky zusammen. Graves brauchte Rat: Was konnte er in den Gehaltsgesprächen mit Camp und Kalanick fordern? „Ich erinnere mich, dass er mir das Vorhaben ein wenig wie Airbnb für Autos verkaufte", sagt der Airbnb-CEO. „Es klang wirklich cool, aber wie groß war der Markt für Limousinen schon?"

Seinen ersten Programmierer lernte Graves dann in einer Bar kennen. Conrad Whelan, ein ehemaliger Kommilitone von Camp, hatte Camp erklärt, er sei endlich bereit, Calgary zu verlassen, woraufhin Camp ihn einlud, sich UberCab anzuschließen. Jetzt hatte das Unternehmen zwei Mitarbeiter und benötigte ein Büro. Graves hatte über Twitter den Gründer des Online-Reise-Start-ups Zozi kennengelernt und zufällig hatte Zozi in seinem Büro gegenüber der berühmten Transamericana-Pyramide einen kleinen Konferenzraum mit Fenstern, den er nicht benötigte. Also richtete sich das Personal von UberCab dort im zweiten Stock ein und saß auf Stühlen an einem viereckigen Tisch, der gegen die Wand gerückt war.

Angepeilt war, im Sommer den Dienst der Öffentlichkeit zugänglich zu machen.

Whelan arbeitete mit Salazar in New York, mit Uribe und dessen Frau in Colima und mit dem Mob.ly-Team in Palo Alto daran, die Möglichkeiten der App zu erweitern. Es ging beispielsweise darum,

Nutzern und Fahrern die Anmeldung beim Dienst möglichst einfach zu machen. CEO Graves und Berater Kalanick verwandten nun etwa 20 Stunden die Woche auf UberCab. Sie betrieben Kaltakquise und klapperten die Limousinendienste von San Francisco ab, um den Betreibern den Dienst schmackhaft zu machen. „Es war Telefonakquise der alten Schule", sagte Kalanick später. [6] „Bei einem Drittel der Anrufe legte mein Gegenüber auf, noch bevor ich überhaupt zum eigentlichen Pitch gekommen war. Bei einem weiteren Drittel hörte man mir etwa anderthalb Minuten zu und legte dann auf. Und ein Drittel sagte: ‚Das klingt interessant.'"

Im Mai wurde Mob.ly von Groupon geschluckt und kündigte an, alle laufenden Projekte einzustellen. Für UberCab war das eine Entscheidung mit nahezu katastrophalen Folgen. Graves musste Mob.ly anflehen, die stabileren Versionen für Fahrgäste und Fahrer noch fertigzustellen. Das Unternehmen willigte ein und in der ersten Juni-Woche 2010 wurden die Apps von UberCab erstmals im App-Store von Apple angeboten. Eine Idee, die Garrett Camp anderthalb Jahre zuvor in den Sinn gekommen war, wurde still und leise in San Francisco Realität – genau zu dem Zeitpunkt, als die Smartphone-Revolution Fahrt aufnahm.

Das Unternehmen benötigte nun echtes Kapital.

Was jetzt geschah, sollte die berufliche Laufbahn von Hunderten Silicon-Valley-Geldgebern bestimmen. Keiner von ihnen wusste, dass er vor der wichtigsten Entscheidung seiner Karriere stand.

Die Silicon-Valley-Elite winkte – ähnlich wie bei Airbnb – größtenteils dankend ab. Sie sagte Nein, weil es Ryan Graves an Erfahrung fehlte oder weil die beiden Gründer sich nicht ausreichend einbrachten oder weil das Konzept aus ihrer Sicht nur ein extravaganter Luxus für einige wohlhabende Stadtmenschen war. Einige sagten Nein, weil sie bei einem seiner früheren Unternehmen bereits mit dem streitlustigen Travis Kalanick gearbeitet hatten und sich das nicht noch einmal antun wollten. Andere sagten Nein, weil sie wussten, dass sich das Unternehmen kopfüber in ein Labyrinth aus kommunalen und bundesstaatlichen Transportbestimmungen stürzen würde.

Sie sagten Nein und als das Unternehmen später den großen Durchbruch schaffte, behaupteten sie hartnäckig, die ursprüngliche E-Mail sei im Spam-Ordner gelandet, sie hätten sie schlicht übersehen oder sie seien damals einfach im Urlaub gewesen. Die Ehrlicheren sprachen in leisen Tönen und mit schmerzlichem Gesichtsausdruck davon, was sie für eine Gelegenheit verpasst hatten.

Es gab noch einen weiteren Grund, warum so viele Nein sagten: Das Uber von damals hatte mit dem späteren Uber keinerlei Ähnlichkeit. Das ist die grausame Realität der Start-up-Investitionen – die Geldgeber schließen Wetten auf eine Zukunft ab, die sie nicht sehen können. Damals stand Uber seit stolzen zwei Wochen in Apples App-Store. Ryan Graves und Travis Kalanick war es gelungen, etwa zehn Limousinen-Chauffeure aus San Francisco für den Dienst zu gewinnen. Der Dienst wickelte am Wochenende zehn Touren ab, wovon der Großteil auf die Mitarbeiter, Gründer und Freunde von Uber entfiel. In seinem ursprünglichen Pitch führte das Unternehmen nur eine einzige Statistik an – von den Menschen, die sich die App heruntergeladen und sich dann registriert hatten, probierte die Hälfte sie aus und bestellte eine Fahrt.

Camp und Kalanick waren beide gut vernetzt, weshalb ihnen die unangenehme Katzbuckelei erspart blieb, die die Airbnb-Gründer im Vorjahr hatten durchmachen müssen. Sie brachten das Ganze mit einem einfachen Anruf ins Rollen, und zwar riefen sie ihren Freund Naval Ravikant an. Der hatte ein E-Mail-Netzwerk namens AngelList für Investoren, die bei der Börsenaufsicht SEC eingetragen waren. Kalanick hatte mit Ravikant informelle Gespräche darüber geführt, ein Partner bei AngelList zu werden, nun bot ihm Ravikant seine Hilfe an: Kalanick könne versuchen, über den Dienst einige Spitzeninvestoren zu erreichen.

Am 17. Juni 2010 ging eine E-Mail an die 165 Investoren hinaus, die zum damaligen Zeitpunkt auf AngelList standen: „UberCab ist jedermanns Privatchauffeur. Mit Privatfahrzeugen, die bei Bedarf per iPhone und SMS bestellt werden können, lösen wir das Problem, dass zu wenig Taxen vorhanden sind." Weiter hieß es in der E-Mail, dass Camp der Gründer und Investor sei, dass Kalanick als „Mega-Berater" fungiere und in der Finanzierungsrunde aktiv werden würde und dass Tim Ferriss als Berater und Investor dabei sei. Ryan Graves wurde als CEO vorgestellt und in der E-Mail legte er dar, wie er sich einen Praktikumsplatz bei Foursquare im Bereich Geschäftsentwicklung gesichert hatte. „Sollen wir den Kontakt herstellen?", wurden die Investoren in der E-Mail gefragt.

Von 165 Investoren hätten 150 nicht geantwortet, sagt Ravikant. Ein Investor beendete sogar seine Mitgliedschaft in der Liste, nachdem er die E-Mail erhalten hatte.

Es lehnten selbst diejenigen Investoren ab, die dafür bekannt waren, praktisch alles zu unterstützen (die Anhänger des „Gießkannenprinzips" bei Seed-Finanzierungen). Ron Conway, der „Pate des Silicon Valleys", der berühmt dafür war, die „Dreieinigkeit" Google, Facebook und Twitter unterstützt zu haben, winkte ab. „Das sieht aus, als würde es in jeder einzelnen Stadt Kampf geben", schrieb er in weiser Voraussicht an einen anderen Investor. Er habe Ryan Graves nicht gut genug gekannt, um in ihn investieren zu wollen, sagte Dave McClure, der später den Start-up-Inkubator 500 Startups gründete.

Anfang Juli ging Bill Gurley mit Kalanick und Graves im Absinthe essen, einem Restaurant im San Franciscoer Stadtteil Hayes Valley. Gurley war Partner bei Benchmark und beobachtete den Taximarkt sehr genau. Aber Benchmark beteiligte sich normalerweise nicht an Seed-Finanzierungen, deshalb konnte er seine Partner nicht dazu bewegen, sich schon so früh zu engagieren. Er würde sich erst ein Jahr später an die Rakete namens Uber hängen.

Und dann waren da noch diejenigen, die Ja sagten. First Round Capital, ein Wagniskapitalgeber aus Philadelphia, legte mit einer Investition in Höhe von 600.000 Dollar vor. Rob Hayes, Partner bei First Round Capital, hatte bereits StumbleUpon unterstützt und bekam nun mit, wie Camp über UberCab twitterte. „Meine Neugier ist geweckt – was ist UberCab?", schrieb Hayes an Camp in einer E-Mail.

Camp schickte Graves zu First Rounds Büro in San Francisco, damit er dort Werbung für Uber mache. Die Partner stimmten einstimmig dafür, Uber zu unterstützen.

Rob Hayes zog sich sogar den Unmut seiner Familie zu, so viel Zeit verbrachte er über das Wochenende des 4. Juli damit, das Geschäft unter Dach und Fach zu bringen. „Ich wettete auf Ryan Graves und Garrett Camp", sagte Hayes. „Travis habe ich erst beim ersten Board-Meeting kennengelernt."

Es gab ein weiteres Dutzend Seed-Investoren. Chris Sacca, ein ehemaliger Google-Manager mit einer Vorliebe für bestickte Cowboyhemden, der gerade viel Geld auf Twitter gesetzt hatte, erfuhr bei einem Sushi-Essen in San Francisco, an dem Kalanick, Camp, McCloskey und Oscar Salazar teilnahmen, von Uber.

Salazar erinnert sich, dass man ihm vor dem Essen sagte: „Da ist dieser Typ, ein Investor, völlig durchgeknallt. Wir essen mit ihm zu Abend. Sprich nicht von Uber. Sag nur den Namen. Er muss nicht wissen, woran wir arbeiten."

Als sie schließlich eine Andeutung machten, biss Sacca sofort an. Er kannte Camp und Kalanick gut genug, um zu wissen, dass sie als Team etwas ganz Besonderes erreichen könnten. Praktisch auf der Stelle stellte er einen Scheck über 300.000 Dollar aus. „Das habe ich verdammt noch mal gut hinbekommen", sagt Sacca.

Andere reagierten ähnlich impulsiv. Mitch Kapor war damals noch stinksauer auf sich selbst. Der Schöpfer von Lotus Notes, einer in den frühen 1990er-Jahren erfolgreichen Software zur Produktivitätssteigerung, hatte sein Geld aus dem gescheiterten Podcasting-Unternehmen Odeo abgezogen, kurz bevor es sich zu Twitter verwandelte. Jetzt ging er aggressiv allen vielversprechenden Ansätzen nach. „Bin dabei", sagte er zu Camp, den er bereits bei StumbleUpon unterstützt hatte. „Wenn du mich nicht einsteigen lässt, lege ich dich um."

Der Blogger Jason Calacanis, Gründer mehrerer Online-Medien-Start-ups, war mit Kalanick befreundet und lud ihn ein, beim Open Angel Forum, einer Veranstaltung, die Calacanis in San Francisco abhielt, vor Investoren zu pitchen. Kalanick tat dort einige bereitwillige Unterstützer auf, darunter Calacanis selbst, der in den kommenden zehn Jahren wieder und wieder über seine Entscheidung zu investieren sprach, in diversen Podcasts, auf Blogs und auf dem Online-Portal Quora.

Aber auch wenn die meisten Investoren, die in der Frühphase einstiegen, ihre Entscheidung als Intuition hinzustellen versuchten, so hängt es wohl doch eher mit dieser unberechenbaren Gottheit des Silicon Valleys zusammen – purem Glück. „In das Unternehmen zu investieren war kontrovers", sagt Alfred Lin, damals beim Online-Schuhhändler Zappos für das operative Geschäft zuständig. Als Lin von dem Geschäft hörte, äußerte er doch große Zweifel daran, dass Uber in seiner Heimatstadt Las Vegas jemals funktionieren würde. „Ich hätte gedacht, dass Gründer, die ihre Idee mit Leidenschaft vertreten, ihr Unternehmen auch selbst würden leiten wollen", sagt er. Aber nachdem er den Dienst in San Francisco ausprobiert hatte, stieg er trotzdem ein, weil er nicht außen vor bleiben wollte.

Dass David Cohen die Möglichkeit erhielt zu investieren, hatte einzig mit geografischen Gegebenheiten zu tun. Ryan Graves musste in jenem Sommer nach Chicago fliegen, damit er und Molly ihre Habseligkeiten nach Kalifornien schaffen konnten. Während der Fahrt nach San Francisco hing er ständig am Telefon und bewarb UberCab so häufig, dass Molly den Text praktisch Wort für Wort herunterbeten konnte. Zufällig führte ihr Weg auch durch Boulder, wo Graves anhielt, um sich mit Cohen zu treffen, einem der Gründer der in Colorado ansässigen Start-up-Schule Techstars. Cohen gefiel, was er hörte, und er steuerte 50.000 Dollar bei. „Glück gehört zum Spiel dazu", schrieb Cohen später in einem Blogeintrag über seine Entscheidung.[7]

Doch auch die Investoren, die glücklich genug waren, in der Frühphase in Uber zu investieren, mussten damit leben, dass ihr Glück hätte noch größer sein können. Ravikant von AngelList etwa wollte 100.000 Dollar investieren. Um nicht den Eindruck zu erwecken, dass er bestimmte AngelList-Angebote anderen vorzog, wartete er damit bis zum Ende des Fundraisings.

Er machte also sein Angebot, bekam von Graves jedoch zu hören, dass es in dieser Runde keinen Platz mehr gab. Ravikant bettelte so lange, bis er schließlich 25.000 Dollar investieren durfte. Es ist die mit Abstand beste Anlage, die er je getätigt hat (aktueller Wert: jenseits der 100 Millionen Dollar). „Ich versteife mich nicht darauf", sagt Ravikant. „Ich habe meinen Frieden mit der Tatsache gemacht, dass das Silicon Valley so stark von Zufällen geprägt ist. Man muss seinen Frieden damit schließen, ansonsten wird man in dieser Stadt niemals auch nur eine Nacht ruhig schlafen."

Uber hatte nun 1,3 Millionen Dollar auf der Bank, eine Bewertung von 5,3 Millionen Dollar, ein Büro (klein und überfüllt) und ein Produkt (mit reichlich Softwarebugs). Endlich sah das Ganze aus wie ein echtes Start-up. Die Uber-Gründer und -Investoren erzählten ihren einflussreichen und wohlhabenden Freunden in San Francisco von Uber und die Kunde breitete sich aus. Am 5. Juli veröffentlichte der Blog *TechCrunch* seine erste Geschichte über die App. „UberCab macht das Buchen eines Wagens zum Kinderspiel".

„Natürlich hat Bequemlichkeit ihren Preis", schrieb die Autorin Leena Rao. „Man zahlt irgendetwas zwischen dem Anderthalb- und dem Zweifachen des Taxipreises (aber auch um die Hälfte weniger, als die Gebühr bei einem herkömmlichen Limousinendienst beträgt). Dafür erhält man aber auch einen besseren Service, eine schöne schwarze Limousine und eine On-Demand-Lösung."[8]

Graves verspürte nun leichten Rückenwind und fing damit an, sich einen Stab aufzubauen. Eine der Neueinstellungen war Ryan McKillen, der ein Jahr vor Graves die Miami University in Oxford, Ohio, besucht hatte. Die beiden hatten gemeinsame Bekannte und hatten, als Graves noch ohne seine Frau in San Francisco lebte, einige Zeit zusammen verbracht. Dann gab zufällig das Buchhaltungs-Start-up, bei dem McKillen gearbeitet hatte (und zwar sogar ganz gerne), den Geist auf, also nahm ihn Graves unter Vertrag. (Weil die beiden denselben Vornamen haben, riefen die Kollegen sie bei ihren Initialen. Das hat sich bis heute nicht geändert.) An seinem ersten Arbeitstag bemerkte McKillen etwas Ungewöhnliches: Auf dem Tisch standen einige Programmierbücher in tadellosem Zustand, daneben lag ein abgegriffenes Spanisch-Englisch-Wörterbuch. (Die Programmierer hatten versucht, einige der Anweisungen aus dem Code, den Jose Uribe geschrieben hatte, zu übersetzen.) McKillen fragte Conrad Whelan, was denn das Wörterbuch da mache. Später wiederholte er gerne Whelans Antwort: „Tja, Ryan, der Code ist auf Spanisch geschrieben. Willkommen bei Uber."

Noch ungewöhnlicher ist die Art und Weise, wie Austin Geidt zu Uber kam. Sie wuchs im nördlich von San Francisco gelegenen Marin auf, studierte an der University of California in Berkeley und wurde dort heroinabhängig. Als sie sich schließlich erholt und ihren Abschluss geschafft hatte, ging sie orientierungslos durchs Leben, unsicher und verzweifelt auf Jobsuche. Sie hatte sich bei Peet's Coffee in Mill Valley als Barista beworben, wurde jedoch abgelehnt. Da sah sie einen Tweet von Jason Calacanis über Uber. Sie klickte sich durch einige Links, dann schickte sie von sich aus eine E-Mail an Ryan Graves. Er stellte sie als Praktikantin für das Marketing ein.

Wie sie selbst sagt, fiel es ihr schwer, sich anzupassen. An ihrem ersten Nachmittag wechselte das gesamte Unternehmen in Kalanicks Wohnung, um dort viele Stunden lang über die Zukunft der Firma und die Bedeutung ihrer Marke zu sinnieren. Die Diskussion dauerte den gesamten Abend über und Geidt fiel auf, dass es der durch den Raum tigernde Kalanick war, der wohl tatsächlich das Sagen hatte. Sie fand die Erfahrung unglaublich stressig. „Es hat mich ein wenig überwältigt", sagt sie. „Ich litt ganz stark an Hochstapler-Syndrom, dabei hatte ich noch gar nichts gemacht."

Während der nächsten Monate rechnete sie jeden Tag mit ihrer Kündigung. Ihre Stelle war nur sehr vage definiert und unter anderem musste sie in der Innenstadt von San Francisco Flyer für Uber-Cab verteilen. Selbst bei etwas so Alltäglichem wie dem Verfassen einer E-Mail lief sie zu ihren älteren Geschwistern und bat um Hilfe und Rat. Graves erinnert sich, dass er einmal die in Tränen aufgelöste Geidt im Treppenhaus der Firma beriet. Anstatt sie zu feuern, gab er ihr jedoch Zeit, sich zurechtzufinden. Als er später den für den Fahrbetrieb zuständigen Manager entließ, übertrug er den Posten Geidt. Sie sollte sich als eine der wichtigsten Führungskräfte in der frühen Geschichte von Uber erweisen.

Im Herbst 2010 war San Francisco auf Uber aufmerksam geworden. Die Bekanntheit des Dienstes griff rasant um sich: Wenn ein Fahrgast aus einer Limousine stieg und in eine Bar ging, wollten seine in dem Lokal wartenden Freunde sofort alles über diesen neuen Dienst wissen.

Auch die Limousinen-Chauffeure waren fasziniert. Einer nach dem anderen tauchte im Uber-Büro auf. Conrad Whelan erinnert sich, wie Graves einen Fahrer dem Verkaufsgespräch unterzog und ihn dann in die Bedienung der App einwies. Anschließend lachte der Fahrer und sagte: „Oh, ihr Leute werdet reichlich Geld verdienen." Daraufhin gab Whelan seine vagen Pläne, in die wissenschaftliche Forschung zurückzukehren, auf.

Uber entwickelte sich zu etwas Besonderem. Der Dienst verbreitete sich durch Mundpropaganda und erschuf sogar Lokalprominenz. Der algerische Einwanderer Sofiane Ouali war in jenem Herbst nach San Francisco gekommen. Er sprach fünf Sprachen und hatte einen Abschluss als Erdöl-Ingenieur, aber hier wollte er am liebsten fahren, denn das ist seiner Ansicht nach der beste Weg, sich in einem neuen Land zurechtzufinden. Der Besitzer eines Limousinendienstes fand diese neue Uber-App ganz reizvoll und beauftragte Ouali damit, den Dienst auf Herz und Nieren zu prüfen. Er stellte ihm dafür das schlechteste Auto seiner Flotte zur Verfügung – ein weißes Lincoln Town Car von 2003. Aber schon bald twitterten die ersten Uber-Passagiere über das magische Auftauchen eines Wagens, den sie mit dem Spitznamen „Das Einhorn" belegten.

„Ich sah, wie die Menschen über Uber redeten und was sie alles Positives dazu zu sagen hatten. Da wusste ich, dass das etwas Großes werden würde", sagt Ouali, der ein enger Bekannter früher Uber-Nutzer wie Kalanick, Camp, Geidt und Brian Chesky wurde.

Die Aufregung wurde auch an anderen Stellen registriert: Bei den städtischen und bundesstaatlichen Aufsichtsbehörden gingen in jenem Herbst immer mehr Beschwerden von Taxifahrern und Betreibern von Taxendiensten ein. Sie beklagten, dass ein neuer Wettbewerber in den Straßen unterwegs sei, und zwar ohne Konzession. Der Dienst sei illegal und müsse geschlossen werden, so ihre Forderung. Am 20. Oktober 2010 – vier Monate nach dem Start und an einem Tag, an dem Graves, Travis Kalanick und Garrett Camp bei einem Board-Meeting bei First Round Capital waren – betraten vier Beamte die winzigen Geschäftsräume von UberCab.

Zwei waren von der California Public Utilities Commission, zuständig für die Regulierung von Limousinen, die beiden anderen waren von der San Francisco Municipal Transportation Agency, die mit der Regulierung der Taxenindustrie beauftragt ist.

Die Zivilbeamten zeigten ihre Marken vor, dann hielt einer ein Klemmbrett hoch. Neben einer Abmahnung war ein großes Hochglanzporträt eines lächelnden Ryan Graves zu sehen. Der Mann fuchtelte mit dem Foto im Raum herum und fragte fordernd: „Kennen Sie diesen Mann?"

KAPITEL 3

DIE GESCHEITERTEN

SEAMLESSWEB, TAXI MAGIC, CABULOUS, COUCHSURFING, ZIMRIDE

In der Taxibranche haben alle versagt. Die Flottenbetreiber haben versagt. Die Fahrer haben versagt. Die Fahrgäste haben sich deutlich geäußert. Einige Menschen haben zugehört, andere nicht. Ich gehörte dazu und ich akzeptiere es.
— *Thomas DePasquale, Gründer von Taxi Magic*

Einige Jahre bevor UberCab anfing, Passagiere durch die Städte zu befördern, und AirBed & Breakfast begann, ungenutzte Sofas und Schlafzimmer anzubieten, saß in New York City ein junger Anwalt namens Jason Finger eines Abends an seinem Schreibtisch und beschloss, eine Antwort auf die leidige Frage zu finden, was er zum Abendessen bestellen sollte.

Man schrieb das Jahr 1999 und der erste Dotcom-Boom hatte seinen Höhepunkt erreicht. Finger hatte gerade seinen Jura-Abschluss gemacht und arbeitete nun in der Kanzlei O'Sullivan, Graev & Karabell. Aus irgendeinem Grund hatte er es auf sich genommen, jeden Abend seine Etage abzulaufen und von allen Junior-Kollegen, die wie er bis spät in die Nacht arbeiten mussten, Essensbestellungen einzusammeln. Er musste alle Bestellungen aufgeben, die Bezahlung und dann die Lieferanten koordinieren, die alle gleichzeitig mit tropfenden Plastiktüten in der Hand im Empfangsbereich eintrafen. Kurzum: Es war exakt der logistische Albtraum, nach dem es sich anhört.

Finger und ein Freund beschlossen, sich eine Lösung auszudenken. Sie erstellten eine Website, auf der Kanzleien und Investmentbanken Essen bestellen konnten. Der Name der Website: SeamlessWeb.

SeamlessWeb ging im April 2000 online, genau rechtzeitig zum Platzen der Internetblase. Finger sammelte weniger als eine halbe Million Dollar ein, Kleingeld im Vergleich zu den Koffeinüberdosis-Zeiten, die noch kommen sollten. Dennoch setzte sich sein Angebot bei den Angestellten einiger einflussreicher Kanzleien und Investmentbanken rasch durch. SeamlessWeb arbeitete mit Hunderten Restaurants aus Manhattan zusammen und ermöglichte es seinen Firmenkunden und deren Belegschaft, sich online durch Speisekarten zu klicken und auf einer Website eine Bestellung abzugeben. Die Mahlzeiten konnten der Firma in Rechnung gestellt werden, der Strom der Lieferungen wurde in geordnete Bahnen gelenkt.

Das Unternehmen, das seinen Sitz mitten in Manhattan an der Ecke 38th Street und Sixth Avenue hatte, wuchs rasch. Die Restaurants freuten sich über den gestiegenen Umsatz, die Firmen fanden es großartig, wie das Chaos der monatlichen Spesenberichte schlagartig übersichtlicher wurde.

Wenn man so will, ist SeamlessWeb der Vorvater des dicht gedrängten Felds an Liefer-Start-ups, die nun den Technologiestandorten in den USA, Asien und Europa mit ihren On-Demand-Angeboten zur Seite stehen. Als einer der Ersten erkannte Finger, dass das Internet deutlich mehr leisten konnte als nur Menschen mit Informationen zu versorgen und sie untereinander in einer rein digitalen Welt zu verknüpfen – es konnte auch sehr effizient Dinge in der realen Welt bewegen. Und ihm war klar: Wenn es bei Mahlzeiten funktionierte, dann auch bei anderen Dingen. Er entwickelte Pläne, wie er das zu seinem Vorteil ausnutzen konnte.

Seamless Meals, wie er es nannte, war nur eine Dienstleistung. Eine andere Idee betitelte er Seamless Wheels. Der Gedanke dahinter: Es sollte eine Möglichkeit werden, Limousinen zu buchen und über ein Spesenkonto abzurechnen, und zwar genauso einfach, wie er das Bestellen einer heißen Mahlzeit gemacht hatte. 2003 sicherte sich Finger die URL SeamlessWheels.com und begann in den Folgejahren, der ersten Liga der Rechtsunternehmen seinen Dienst schmackhaft zu machen, Großkanzleien wie Dewey & LeBoeuf, White & Case oder Debevoise & Plimpton.

Die Investoren, denen er Wheels vorstellte, reagierten verhalten.

„Jeder institutionelle Investor, mit dem ich gesprochen habe, sagte: ‚Limousinen sind eine Nische, das funktioniert nur in New York City und nur bei Bankern. Es gibt langjährige Geschäftsbeziehungen zu bestimmten Firmen und keinerlei Potenzial auf dem Verbrauchermarkt‘", sagt Finger.

Ein für Transportfragen zuständiger Mitarbeiter einer Kanzlei riet Finger sogar zur Vorsicht, denn angeblich habe die russische Mafia ihre Finger im New Yorker Limousinengeschäft. „Die italienische Mafia bringt dich um, die russische Mafia lässt dich am Leben, aber sie tötet deine gesamte Familie", besagt ein Sprichwort. Finger tat die Warnung ab.

Dann kam er eines Tages in sein Büro und hörte dort eine Mailbox-Botschaft. Der Anrufer nannte seinen Namen nicht und hinterließ auch keine Nummer, unter der man ihn hätte zurückrufen können. Die Nachricht ist längst gelöscht, aber sowohl er als auch seine Frau Stefanie, die ebenfalls bei SeamlessWeb arbeitete und die Nachricht ebenfalls gehört hat, erinnern sich an den Inhalt:

Jason, wir haben gehört, dass du im Raum New York City großen Firmenkunden einen Fahrdienst anbietest. Wir halten das für keine gute Idee. Du hast doch so eine wunderschöne Familie. Warum verbringst du nicht mehr Zeit mit deiner wunderhübschen kleinen Tochter? Dein Lebensmittelgeschäft läuft doch ganz großartig. Warum in andere Bereiche expandieren?

Die Nachricht sei wie ein „Schlag ins Gesicht" gewesen, sagt Finger. Er vermutet, der Anrufer war von einem der etablierten Limousinendienste gewesen, die seit Jahren mit Banken und Kanzleien gutes Geld machten und nun nicht begierig darauf waren, dass sich ein Mittelsmann zwischen sie und ihre Kunden drängte. Stefanie erinnert sich, dass der Anruf ihr Angst gemacht habe: „Allein der Gedanke, dass uns jemand vom Büro nach Hause gefolgt ist … das ist schon super-einschüchternd."

War es das Geschäft mit dem Fahrdienst wirklich wert, fragte sich Finger zum ersten Mal. Hinzu kam: Selbst wenn man die versteckte Drohung außer acht ließ, war es doch auch so, dass Seamless Wheels Seamless Meals schaden konnte. Musste ein ranghoher Manager einer Bank am Flughafen lange auf seinen Wagen warten, könnte das die Seamless-Marke gefährden. Damals gab es noch keine Smartphones und es gab nur wenige Möglichkeiten, Fahrer zu erreichen, die unterwegs waren, und sie so zu koordinieren, dass der Abholprozess völlig reibungslos verlief. Und dann war da auch noch der Umstand, dass die Investoren auf das Konzept mit dem Fahrdienst schlicht nicht allzu begeistert reagiert hatten.

Seamless Wheels arbeitete noch einige Jahre lang mit denselben Kanzleien weiter, aber nach dieser Voicemail gab Finger die Pläne für einen Ausbau größtenteils auf. Das Lebensmittelgeschäft wuchs und expandierte so weit, dass irgendwann nicht nur Firmen beliefert wurden, sondern auch Privathaushalte. 2006 übernahm der Lebensmitteldienstleister Aramark SeamlessWeb. Die Geschäftsführung drängte Finger, sich auf das Lebensmittelgeschäft zu konzentrieren, das außerhalb von New York City rasch zulegte. Also schloss er irgendwann Seamless Wheels.

Diese Geschichte hat ein Happy End. Finger sammelte ausreichend Eigenkapital ein, um 2011 SeamlessWeb aus Aramark ausgliedern zu können. Er änderte den Namen um in Seamless. Zwei Jahre später verschmolz das Unternehmen mit dem jüngeren und kleineren Wettbewerber Grubhub und ist heute der führende Online-Lieferdienst in den USA.

Dennoch hat Finger den Markt für Limousinen nicht völlig aus den Augen verloren. Voller Bewunderung (und auch mit etwas Eifersucht) verfolgte er die Anfangsphase von Uber. Inzwischen glaubt er, er sei mit Seamless Wheels zu früh dran gewesen und hätte vor dem Aufkommen von Smartphones und Kurznachrichtendiensten nicht erfolgreich sein können. „Wenn ich auf mein Leben zurückblicke, bedaure ich natürlich einige Dinge", sagt er. „Der Fahrdienst gehört nicht dazu. Vielleicht rationalisiere ich, weil es eine gewaltige Möglichkeit gewesen ist, aber was das Timing angeht, erschienen eine ganze Reihe Aspekte nicht passend."

Seamless Wheels existierte nicht allzu lange, aber es zeigte einen unbestreitbaren Fakt: Für die Geschäftswelt stellte es eine kostspielige und zeitaufwendige Belastung dar, sich Taxen zu bestellen und kleine Papierbelege für die Spesenabrechnung einzureichen – ein Problem, das sich mit technischen Mitteln aus der Welt schaffen ließ. Das fiel auch anderen auf und 2007 beschloss der wohlhabende Geschäftsmann Tom DePasquale aus Virginia, etwas zu unternehmen.

Er taufte sein Unternehmen Taxi Magic. So wie bei Suchmaschinen Alta Vista der Vorläufer von Google war und Myspace vor Facebook die Nummer eins unter den sozialen Netzwerken war, so sollte Taxi Magic zum bekanntesten Vorläufer von Uber aufsteigen. Es war das erste Unternehmen, das die Gelegenheit ergriff, die Taxenindustrie zu revolutionieren – und diese Chance vertat.

Ende der 1990er-Jahre hatte DePasquale das Unternehmen Outtask gegründet. Outtask entwickelte das Online-Tool Cliqbook, das es Arbeitnehmern erlaubte, ihre Flugreisen online zu buchen und zu verwalten. 2006 wurde Outtask von Concur geschluckt, einem der erfolgreichsten Hersteller von Software zur Reisekostenabrechnung. DePasquale wurde Executive Vice President und Großaktionär von Concur. Er befand sich damit in einer perfekten Position, um zu erkennen, dass sich auf dem Markt für Fahrdienste, die zehn Prozent aller Firmenreisekosten ausmachten, gute Gelegenheiten eröffneten. Im Jahr darauf gründete er zusammen mit seinem langjährigen Geschäftspartner Sanders Partee und dem jungen russischen Programmierer George Arison das Unternehmen RideCharge.

Die ursprünglichen Apps von RideCharge wurden für den Black-Berry, Windows-Mobile-Handys und Palm-Smartphones entwickelt. Fahrgäste konnten den auf dem Taxameter angezeigten Betrag in ihr Telefon eintragen und automatisch per Kreditkarte begleichen. So kamen die Fahrer ohne die gefürchteten Imprinter aus – die „Ritsch-Ratsch-Geräte", durch die man die Kreditkarte zog und dann dem Kunden einen Durchschlag gab. Die unhandlichen Geräte kamen in Taxen viel zu lange zum Einsatz. Das Firmenhauptquartier von RideCharge lag in Alexandria am Fuß der Woodrow Wilson Bridge.

Als Apple mit der Markteinführung des iPhone 3G im Juni 2008 auch den App Store eröffnete, brachte Ride Charge eine App namens Taxi Magic auf den Markt und änderte kurz darauf seinen Namen entsprechend. Die App war ein Erfolg und wurde mehrere 10.000-mal pro Tag heruntergeladen. Die Nutzer konnten ein Funktaxenunternehmen in ihrer Stadt auswählen, über die App sogar einen Wagen bestellen und die Rechnung dann über ihr Telefon begleichen.

Disruptive Wirkung auf die Taxibranche hatte das Unternehmen nicht, es versuchte vielmehr, innerhalb der Zwänge zu agieren, die die bestehende Technologie der Industrie vorgab. Taxi Magic fügte sich ein in Mobile Knowledge, DDS Wireless und andere Dispositions-Software, mit denen viele Funktaxenunternehmen damals arbeiteten. Infolgedessen konnte das Unternehmen nicht wie Uber später mit einer Echtzeitkarte und Taxen-Symbolen arbeiten, da die Standortdaten der Dispositionssysteme nicht genau genug waren. Stattdessen enthielt die App eine textbasierte Statusseite, auf der Aktualisierungen angezeigt wurden, etwa der Name des Fahrers und eine Schätzung, wie viele Minuten das bestellte Fahrzeug noch vom Fahrgast entfernt war.

Im Jahr 2008 – zwei Jahre vor dem Start von UberCab in San Francisco – expandierte Taxi Magic rasch in 25 Städte. Concur war als Großinvestor involviert und bewarb den Dienst bei seinen Firmenkunden. In einer positiven Besprechung bezeichnete *Tech-Crunch* in jenem Dezember Taxi Magic als „bedarfsgesteuerten Taxendienst, der sich per Knopfdruck auf dem iPhone nutzen lässt". [1]

George Arison und sein Team nahmen nicht die Fahrer unter Vertrag, sie besuchten vielmehr die großen Städte des Landes und verkauften den Dienst an die Eigentümer der Taxenbetriebe. Auf diese Weise lernte Arison die Branche gut kennen. „Es war ein verrückter Prozess", sagte er. „In Seattle wusste das Taxenunternehmen nicht einmal, was ein Modem war, ob sie so etwas hatten und falls ja, wo es sein könnte."

Grundsätzliche technische Unbedarftheit war nicht das einzige Problem in der Welt der Taxen. Die Fahrer stritten sich häufig mit ihren Vorgesetzten um Löhne und ihren Beschäftigungsstatus. Die Betriebe wiederum rangen in jeder Stadt gegeneinander um Marktanteile. Die Fahrgäste interessierten niemanden, denn die Unternehmen hatten keine dauerhafte Beziehung zu ihnen (wenn ein Fahrgast am Straßenrand steht und sich ein Taxi heranwinkt, ist ihm im Normalfall egal, von welchem Unternehmen das Taxi ist). Schlechter Service blieb unbestraft. Solange ein Fahrer für eine 12-Stunden-Schicht zwischen 100 und 200 Dollar ablieferte, war der

Flottenbetreiber zufrieden. Ob der Fahrer dabei wie ein Verrückter durch die Straßen jagte und die ganze Zeit mit seinen Freunden telefonierte, war dem Betreiber egal.

Das System funktionierte nicht mehr und Hoffnung auf Besserung bestand nicht. Bestellte ein Fahrgast über die Taxi-Magic-App einen Wagen, so vergab das Dispositionssystem diese Tour nicht an das nächste freie Fahrzeug, sondern an den Fahrer in der Gegend, der am längsten auf einen Passagier wartete. Und es gab keine Treue: Erspähte ein Fahrer, der auf dem Weg zu einer Taxi-Magic-Tour war, auf der anderen Straßenseite einen Geschäftsmann mit Koffer, jagte er schon einmal quer über drei Spuren hinweg, denn vielleicht wollte der Geschäftsmann ja zum Flughafen gefahren werden. Der Taxi-Magic-Kunde stand sich unterdessen die Beine in den Bauch.

Die Taxenbetriebe waren nicht wirklich bereit, an dem System etwas zu ändern. „Keine Technologie konnte etwas an der Tatsache ändern, dass es bei den Taxenbetrieben und bei den Fahrern Widerstand dagegen gab, eine derart grundlegende Veränderung an der Art und Weise, wie sie ihr Geschäft betrieben, vorzunehmen", sagt Tom DePasquale.

Auf das, was als Nächstes geschah, ist er nicht sonderlich stolz. Im Sommer 2009 wurde Taxi Magic hartnäckig vom Investor Bill Gurley umworben, Partner beim Wagniskapitalgeber Benchmark Capital. Der über zwei Meter große Gurley gehörte zu den ersten Förderern des Online-Reservierungsdienstes OpenTable, jetzt war er auf der Suche nach etwas Ähnlichem für die Personenbeförderung, nach einer Lösung, die Einfachheit und Effizienz in die archaische Welt der Fahrdienste tragen würde.

George Arison erinnert sich, dass Gurley über mehrere Wochen hinweg viele Male in ihrem Büro in Virginia saß, Tabellen studierte, mit Partee über die Taxibranche und mit DePasquale über die Konditionen einer möglichen Investition redete.

Schließlich gab Gurley ein mündliches Angebot ab: Er würde acht Millionen Dollar in Taxi Magic investieren, die Bewertung würde bei 32 Millionen liegen. Es war eine gute Gelegenheit, einen der am progressivsten denkenden Investoren des Internetgeschäfts für sich zu gewinnen. Aber DePasquale – Chairman des Unternehmens und im Grunde auch der CEO, obwohl er den Titel damals nicht offiziell innehatte – lehnte ab.

Zum Teil lag das an Unterschieden in der Philosophie. Gurley war davon überzeugt, dass Taxi Magic über Potenzial verfügte, dass jedoch das Produkt noch nicht ganz stimmig sei. Man müsse aus dem Funktaxengeschäft, wo die Kommunalverwaltungen die Tarife bestimmten, rasch in den weniger stark regulierten Markt für Limousinen wechseln, argumentierte er. Sie sprachen sogar über Namen für den Dienst, beispielsweise Limo Magic.

DePasquale jedoch vertrat den Standpunkt, die Veränderung müsse aus der Taxi-Industrie selbst kommen. Hinzu kam, dass er mit dem Aufbau und dem Verkauf seiner vorigen Unternehmen zahlreiche Erfolge gefeiert hatte. Und jetzt sollte er sich kluge Ratschläge anhören von einem Wagniskapitalgeber von der Westküste, der sich durch sein Investment starken Einfluss auf das Taxi-Magic-Board erkaufen würde? Damals war DePasquale stolz darauf, Gurleys Avancen abgewehrt zu haben. „Wir werden das Unternehmen sein, das Nein zu Benchmark gesagt hat", sagte Arison zufolge DePasquale seinem Managementteam.

Jahre später sagte der gewiefte Gurley, er habe Taxi Magic mit einem positiven Eindruck von DePasquale verlassen. Er habe zwar angeboten, in das Unternehmen zu investieren, ihm hätte jedoch nicht gefallen, wie sehr das Unternehmen von Taxiflotten und der sperrigen Dispositionssoftware abhängig war. Auch den Umstand, dass Concur zwischen 20 und 30 Prozent der Taxi-Magic-Anteile hielt, bewertete er nicht positiv. „Wäre Tom bereit gewesen, die CEO-Rolle zu übernehmen, hätte ich mich stärker bemüht", sagt er. (Einige Jahre später übernahm DePasquale das Amt tatsächlich.)

Sieht man sich den gigantischen Erfolg an, den Uber und sein einflussreichster Investor – Bill Gurley – später feiern sollten, erscheint DePasquales Entscheidung in keinem guten Licht. Das weiß er auch: „Wir hätten vermutlich mit ihm Geschäfte machen können und sollen", sagt er inzwischen.

Gleichzeitig verteidigt er die Entscheidungen, die er innerhalb des engen Gerüsts der Taxi-Industrie getroffen hat. „Wir setzten darauf, dass das regulatorische Umfeld so bleiben würde", sagte er. „Für diese Annahme hatten wir logische Gründe. In einigen Städten waren die Konzessionen mehrere Millionen wert und in fast jeder Stadt sorgte die Polizei dafür, dass die Bestimmungen zur Personenbeförderung eingehalten werden."

Es lag an einem Mangel an Fantasie. Er konnte sich einfach nicht vorstellen, dass ein Start-up 100 Jahre alte Bestimmungen extrem flexibel auslegen und damit durchkommen könnte. „Die Regeln haben sich geändert", sagt DePasquale. „Die Regeln dessen, was man zur Presse sagen kann, die Regeln des Fundraisings. Das Regelbuch, mit dem Uber arbeitet, unterscheidet sich sehr von den Regeln, die ich gelernt habe."

DePasquale ist inzwischen Mitte 50 und dank seiner zahlreichen Erfolge ein wohlhabender Mann. Monatelang hatte ich erfolglos versucht, ihn zu erreichen und ihn zu seinen Erinnerungen an diesen schweren Fehltritt zu befragen. Er rief mich schließlich zurück, nachdem Taxi Magic, das von Uber überrannt worden war und seinen Namen 2014 in Curb geändert hatte, schließlich für kleines Geld an Verifone verkauft wurde, einen Anbieter von Bezahlterminals in Taxen.

„Es gab zahlreiche weitere operative Fehler, aber sie sind gering verglichen damit, in einer Industrie, die sich noch in der Phase der Verleugnung befand, auf der falschen Seite einer Wette zu stehen", sagte er mir. „Die Industrie hatte nicht auf das allerkleinste bisschen Veränderung Lust. Als Chairman und Gründer hätte ich das besser verstehen müssen. Ich kann Ihre und meine Zeit damit verschwenden, mir anzusehen, womit ich es Quartal für Quartal zu tun hatte, aber zu diesem Zeitpunkt war es bereits zu spät. Für uns war es besser, noch einmal von vorn zu beginnen, als zu versuchen, das Schiff auf einen neuen Kurs zu bringen."

„Sie können mich auch nicht härter ins Gebet nehmen, als ich es mit mir selbst tue", fuhr er fort. „In der Taxibranche haben alle versagt. Die Flottenbetreiber haben versagt. Die Fahrer haben versagt. Die Fahrgäste haben sich deutlich geäußert. Einige Menschen haben zugehört, andere nicht. Ich gehörte dazu und ich akzeptiere es."

Nun ließ er sich gar nicht mehr unterbrechen: „Bitterkeit gibt es keine. Ich habe in der Branche sehr viel Geld verdient. Solange Sie es so darstellen, können Sie schreiben, was Sie wollen. Ich bin nicht verbittert. Uber ist eine riskante Wette eingegangen, die unglaublich erfolgreich war. Wenn man schon verliert, dann doch gleich gegen das erfolgreichste Unternehmen aller Zeiten und dann noch unter Beteiligung von Bill Gurley. Gegen solche Leute kann man durchaus schon mal verlieren."

Diverse Unternehmen haben vor Uber versucht, die Personenbeförderung zu revolutionieren. Einer der unwahrscheinlichsten Kandidaten war ein Ableger von Best Buy. 2008 war Seamless Wheels gerade gestorben und Taxi Magic unternahm die ersten Gehversuche. Zu diesem Zeitpunkt eröffnete der Elektro-Einzelhändler ein internes Gründerzentrum für neue Geschäftsideen. Im ganzen Land war die Belegschaft aufgerufen, sich mit ihren Träumen für ein eigenes Start-up zu melden. Wurde eine Idee ausgewählt, wurde der Mitarbeiter vom normalen Dienst freigestellt und konnte zwei Monate lang in den Park La Brea Apartments in Los Angeles arbeiten und leben. „UpStart" war der optimistische Titel, den Best Buy dem Programm gab.

Wie so viele andere angesagte Unternehmensinitiativen überlebte auch „UpStart" nur ein Jahr lang. Es kamen keine konzernrettenden Projekte dabei heraus, aber doch zumindest ein interessantes Vorhaben, und zwar auf Anregung eines Technikers aus Los Angeles, der zur als „Geek Squad" titulierten Truppe gehörte, die zu den Best-Buy-Kunden nach Hause fuhr und dort deren Elektronik einrichtete. Seine Idee: Die Kunden sollten auf einer Karte im Internet sehen können, wo sich „ihr" „Geek Squad"-Van gerade befand. Daniel Garcia, so der Name des Technikers, wurde eingeladen, im Rahmen von „UpStart" die Idee weiter auszuarbeiten. Man stellte ihm zwei Praktikanten zur Seite.

Das Programm lief neun Wochen, aber nach der Hälfte der Zeit stellten Garcia und seine Kollegen fest, dass ihre Idee doch nicht so interessant war. Der Entwickler von UpStart, der IBM-Veteran John Wolpert, schlug daraufhin vor, die Technologie auf die Taxi-Industrie zu übertragen, sodass man den Fahrweg von Taxen auf dieselbe Weise auf einer Karte mitverfolgen konnte. Später sprach eine Praktikantin, die USC-Studentin Tal Flanchraych, über die neue App Scrabulous, eine Abwandlung von Scrabble. Dabei fiel ihr ein Name ein, der sich auf ihr eigenes Projekt übertragen ließ – Cabulous (von „cab" = „Taxi").

Während der nächsten Wochen arbeiteten sie an Cabulous und Wolpert erkannte, dass die Anwendung Potenzial hatte. Er bat seine

Vorgesetzten, das Projekt auszulagern. Das Management von Best Buy hatte alle Hände voll mit der aufziehenden Wirtschaftskrise zu tun und willigte nur zu gerne ein. Man verzichtete sogar darauf, sich eine Beteiligung am Aktienkapital zu sichern.

Wolpert verlegte Cabulous nach San Francisco, und zwar zu einem Gründerzentrum namens Pivotal Labs. Er nahm einen Entwickler unter Vertrag und begann mit der Arbeit an einer App für Smartphones. Parallel dazu fing er an, Fahrer anzuwerben. Das größte Funktaxenunternehmen der Stadt, Yellow Cab, hatte einen auf zehn Jahre angelegten Technologievertrag mit einem Dispositionsdienst der alten Schule abgeschlossen, während der Wettbewerber Luxor mit Taxi Magic arbeitete. Bei DeSoto und bei SF Green Cab dagegen hatte man keine Probleme damit, dass das Start-up-Unternehmen direkt bei den Fahrern vorstellig wurde. Wolpert erinnert an endlose Stunden auf dem Beifahrersitz von Taxen und wie er darüber sein Herz für die grauhaarigen Fahrer entdeckte, die jahrelang auf ihre Konzession gewartet hatten und sich nun an ihre zuverlässige Einkommensquelle klammerten. „Da waren so viele coole Kerle darunter", sagt Wolpert. „Alles rechtschaffene Leute."

Wolpert schwebte ein Angebot vor, das diesen Funktaxenfahrern neue Möglichkeiten eröffnete. Es sollte die traditionellen Taxiunternehmen effizienter machen und den Fahrern helfen, ihre Gewinne zu steigern. Das jedoch erwies sich als fataler Fehler. Während Seamless Wheels unter schlechtem Timing litt und Taxi Magic unter Dickköpfigkeit, so war es bei Cabulous Höflichkeit, die dem Unternehmen das Genick brechen sollte.

„Ich habe versucht, ein netter Kerl zu sein", sagt Wolpert, während er Anfang 2016 in meinem Büro in San Francisco sitzt und hinausschaut auf den Regen und die vorbeifahrenden Uber-Wagen. „Mir war damals Win-Win sehr wichtig. Zu wichtig. Ich habe seit der damaligen Zeit sehr viel über Verhandlungen gelernt." Die App erschien im Herbst 2009 im App Store, sechs Monate vor UberCab, und sie enthielt einige der Elemente, die später Uber so speziell machen sollten.

Anders als Taxi Magic zeigte Cabulous Bilder von Taxen auf Landkarten und Fahrgäste konnten sich entweder elektronisch ein Taxi „heranwinken" oder die Zentrale des Taxi-Unternehmens anrufen. (Sie konnten auch sehen, ob ihr Lieblingsfahrer im Dienst war, und ihn persönlich bestellen.) Es gab auch ein wenig Schnick-schnack: Rief man die App auf, hörte man das Geräusch einer sich öffnenden und schließenden Autotür und das Geräusch eines star-tenden Flugzeugs. Völlig belanglos, aber noch Jahre später spielt ei-nem Wolpert die alten Geräusche vor und lächelt in sich hinein.

Im Gegensatz zu Uber wickelte Cabulous den Bezahlvorgang nicht automatisch ab; die Fahrgäste mussten den Fahrer weiterhin gemäß der Anzeige auf dem Taxameter bezahlen. Und anfangs gab Cabulous auch den Fahrern keine iPhones. Wolpert hatte an einem Nachmittag eine informelle Erhebung unter den Taxifahrern der Stadt durchgeführt: Er hatte sie zu Donuts und Kaffee in Bob's Do-nuts an der Polk Street eingeladen und dabei festgestellt, dass ein guter Prozentsatz von ihnen ohnehin bereits über iPhones verfügte. Was ihm nicht klar war: Bei vielen dieser Telefone war ein Jailbreak vorgenommen worden, die Software war also so geändert worden, dass die Nutzer nicht auf das instabile Netz von AT&T angewiesen waren, sondern andere Betreiber nutzen konnten. Das hatte zur Fol-ge, dass die App auf diesen Telefonen gar nicht oder nur sehr schlecht funktionierte.

Das größte Problem an dem ganzen Modell: Cabulous hatte kei-nerlei Kontrolle über sein Angebot an Fahrern oder über die Tarife, es konnte also die Flotte auch nicht an seine Bedürfnisse anpassen. Wenn die Fahrer nachts an den Wochenenden reichlich zu tun hat-ten und auch viel am Straßenrand herangewinkt wurden, „haben sie die App einfach nicht eingeschaltet", sagt Tal Flanchraych, die mit dem Unternehmen nach San Francisco umgezogen war. „Freitag-abends war nicht ein Wagen auf der Karte zu sehen."

Zunächst hatte Wolpert selbst Geld in das Unternehmen gesteckt, aber Ende 2009 machte er sich auf die Suche nach Fremdkapital. Drei Gruppen von Business Angels aus der Bay Area erklärten sich bereit, eine insgesamt sechsstellige Summe beizusteuern. Das war der nächste Fehler – zu wenig Geld. Wolpert war übervorsichtig. „Wir gingen bloß mit einem Messer bewaffnet zu einer Schießerei", sagt er.

Kurz darauf eröffnete sich eine großartige Chance, aber wie Taxi Magic ließ auch Cabulous sie verstreichen. Wolpert war gerade da-bei, die Finanzierung unter Dach und Fach zu bringen, als sein Tele-fon klingelte. Zunächst erkannte Wolpert die nach einem Texaner klingende Stimme am anderen Ende der Leitung nicht – es war Bill

Gurley. Kurz nach seiner Enttäuschung bei Taxi Magic und immer noch auf der Suche nach einem Fensterplatz in der bevorstehenden Revolution der Personenbeförderung war ihm zu Ohren gekommen, dass Cabulous auf der Suche nach Geldgebern war. Nun wollte er wissen, wie viel Platz in dieser Runde noch sei.

Wolpert war überrascht von Gurleys Anruf und gab ihm eine ehrliche Antwort – im Grunde gab es keinen Platz mehr. Wolpert nannte einen kleineren Betrag, woraufhin Gurley sagte, das würde nicht ausreichen, um das Interesse von Benchmark Capital zu wecken. Anschließend bot er kostenlose Beratung an und empfahl Wolpert, sich zu fokussieren und zunächst in einigen Vierteln anstatt in einer ganzen Stadt zu beginnen, dann legte er auf.

Jahre später dachte Wolpert bei sich, er hätte Gurleys Angebot vermutlich doch annehmen sollen. Das allerdings hätte bedeutet, die Investoren vor die Tür zu setzen, die sich bereits verpflichtet hatten. Anders formuliert: Er hätte ganz nüchtern das bestmögliche Ergebnis für sein Unternehmen priorisiert und sich dabei über ältere persönliche Zusagen hinweggesetzt.

„Ich war ein Pfadfinder. Ich wollte mit dem Date, mit dem ich gekommen war, auch wieder nach Hause gehen", sagt er.

Als UberCab im Juni 2010 seinen Limousinendienst in San Francisco startete, war wohl Cabulous, wenn überhaupt, das, was man als örtlichen Rivalen bezeichnen konnte. Tal Flanchraych erinnert sich, dass sie im Frühjahr bei Craigslist eine Stellenausschreibung von Uber gesehen hat. Darin hieß es, Uber suche Programmierer für eine Bodentransport-App „ähnlich wie Cabulous".

Auch Ubers erster CEO Ryan Graves wandte sich an Wolpert und die beiden trafen sich auf dem Embarcadero im Delancey Street Restaurant auf einen Kaffee. Wolpert war freundlich, hielt aber nicht viel von der Vorgehensweise Ubers.

„Wir hatten die Idee nicht gesehen, dass da eine Gruppe williger Limousinen-Chauffeure war, die auf Parkplätzen und am Flughafen herumlungerte und darauf wartete, dass eine Funkzentrale eine Limousine bestellte", sagt er.

Das Gespräch zwischen Wolpert und Graves verlief angenehm, bis Travis Kalanick dazustieß. Er fragte geradeheraus: „Expandiert ihr in Limousinen?" Nein, werde er nicht, erwiderte Wolpert. Er hielt das für eine schlechte Idee und wusste, dass die Fahrer von

Funktaxen Sturm gegen Cabulous laufen würden, sollte das Unternehmen anfangen, der ohnehin bereits weniger stark regulierten Konkurrenz unter die Arme zu greifen. All die Fahrer wussten, wo Wolpert wohnte. Höchstpersönlich hatte er ihre technischen Fragen aus seiner Wohnung in der Nähe des Baseball-Stadions beantwortet. „Wir haben unseren Einsatz platziert", beteuerte er, woraufhin Graves und Kalanick rasch wieder gingen.

Während der nächsten paar Monate schlich Cabulous misstrauisch um Taxi Magic herum, entwickelte Expansionspläne und bemühte sich darum, weitere Taxi-Unternehmen für die App zu gewinnen. Dann begann UberCab, mit seiner eleganteren App und dem Angebot Wellen zu schlagen, in Luxuslimousinen fahren zu können. Uber strich Lob und Wagniskapital ein und machte letztlich beide Firmen platt.

Als er hörte, dass Vertreter der Stadt San Francisco UberCab eine Unterlassungsklage zugestellt und dabei mit einem Porträtfoto von Ryan Graves herumgefuchtelt hatten, fand Wolpert das Vorgehen berechtigt. Regulierung erfüllte eine Aufgabe. Die Taxitarife mussten streng kontrolliert werden, damit Großmütter es sich erlauben konnten, vom Supermarkt mit dem Taxi nach Hause zu fahren. Er wusste, dass die kostspieligeren Limousinen weniger streng reguliert wurden, aber laut Gesetz mussten sie im Voraus bestellt werden. Das schränkte ihre Möglichkeiten ein, mit Taxen in Konkurrenz zu treten.

Mit seiner neuen Technologie habe UberCab diese Unterscheidung in tausend Stücke zerschlagen, fand Wolpert. Fahrgäste konnten nun praktisch aus dem Stand eine Limousine auf elektronischem Weg bestellen, ganz genauso, wie sie sich am Straßenrand ein Taxi heranwinken würden.

Noch fragwürdiger allerdings fand Wolpert, dass Uber das iPhone quasi als Taxameter-Ersatz dafür nutzte, den Fahrpreis zu berechnen. Taxameter sind geeicht und werden regelmäßig von den Behörden kontrolliert, um Kunden vor Wucherpreisen zu schützen. Seit ihrem ersten Treffen stand er auf gutem Fuß mit Graves und hatte mit ihm gemeinsam einige Versammlungen von San Franciscos Transportbehörde MTA besucht. Aber über das Thema iPhone als Taxameter zerstritten sie sich. „Hey, lass uns doch einfach Jahrzehnte der Regulierung komplett ignorieren", schrie Wolpert Graves am Telefon an. „Wie kann das eine gute Idee sein?"

„Ich schätze, wir haben uns nichts mehr zu sagen", sagte Graves und beendete das Telefonat. Sie sprachen nie wieder ein Wort.

Wolpert verließ Cabulous 2011 und überließ es einem erfahreneren CEO, den Kampf fortzuführen. Zu diesem Zeitpunkt spielte Uber längst in einer ganz anderen Liga. Jahre später änderte das Unternehmen seinen Namen in Flywheel und die Marke tauchte im Rahmen einer Vermarktungsvereinbarung auf den Fahrzeugen des Taxi-Betriebs DeSoto Cab auf.[2] Wenn er das Logo sieht, überkommen ihn starke Gefühle, sagt Wolpert: „Ich bin dadurch nicht reich geworden, aber ich habe das Antlitz der Stadt verändert. Das macht mich glücklich."

Es sei möglicherweise ein Fehler gewesen, sich Taxifahrer und Taxiflotten als Partner zu suchen, räumt er ein. Ihre Möglichkeiten seien durch Auflagen stark eingeschränkt gewesen und sie seien schlecht auf die disruptive Bedrohung durch Uber eingestellt gewesen. „Es war, als sehe man zu, wie ein Hai eine Robbe zerreißt", sagt Wolpert. „Wir leben in einem Zeitalter der Räuberbarone. Hat man ausreichend Geld und kann die richtigen Personen anrufen, kann man alle existierenden Regeln ignorieren und das dann dafür nutzen, PR zu generieren. Und man kann gewinnen."

Heute ist Wolpert wieder bei IBM. Am Ende unseres Gesprächs ist er schon fast zur Tür hinaus, als ihn die gleichen Sorgen befallen wie DePasquale – dass öffentlich bekannt wird, wie er eine gewaltige Gelegenheit ungenutzt verstreichen ließ.

„Bitte machen Sie mir meine Laufbahn nicht kaputt", sagt er.

Schlechte Entscheidungen und technische Unzulänglichkeiten waren beileibe kein Alleinstellungsmerkmal von Fahrdiensten, die sich vor Uber auf den Markt wagten.

Fünf Jahre vor dem Aufstieg von Airbnb war es der Homesharing-Dienst Couchsurfing, der viele Freunde gewann und einiges an Aufmerksamkeit auf sich ziehen konnte. Dass dem Internetunternehmen letztlich der ganz große Durchbruch verwehrt blieb, lag nicht an schlechtem Timing, Hartnäckigkeit oder chronischer Nettigkeit, sondern an einem Aspekt, der in der gnadenlosen Geschäftswelt ganz genauso tödlich ist – Idealismus. Couchsurfing war die Idee eines jungen, finanziell auf dem Zahnfleisch gehenden Programmierers aus Neuengland namens Casey Fenton. Seine Vision war nahezu identisch mit derjenigen, die später Brian Chesky und

Joe Gebbia formulierten. Das galt sogar für das gewichtige Mission Statement („Menschen miteinander verbinden und inspirierende Erlebnisse ermöglichen"). Sogar die Markennamen wiesen Gemeinsamkeiten auf, denn sowohl die Luftmatratze als auch die Couch stehen für einen wenig bequemen Nachtschlaf, aus dem man schon mal mit Rückenschmerzen erwacht.

Fenton wuchs nicht so idyllisch auf wie Chesky. Seine Eltern waren geschieden und er verbrachte seine jungen Jahre damit, zwischen deren Wohnorten in New Hampshire und Maine hin und her zu pendeln. Er war das älteste von fünf Kindern in einer armen Familie, die immer wieder auf Lebensmittelmarken zurückgreifen musste. Er schloss die Highschool sehr früh ab und zog daheim aus, sobald er konnte. Sein Ziel: Er wollte die Welt sehen und ein „interessantes Leben" führen.

Während seines Studiums Ende der 1990er-Jahre kaufte sich Fenton wahllos Flugtickets in alle Welt und baute dann darauf, dass sich vor Ort schon eine freundliche Seele finden würde, die ihn aufnimmt. Er reiste nach Kairo, wo er heimlich mit einem Taxifahrer eine uralte Pyramide bestieg. Später flog er nach Island und schickte Spam-Mails an zahlreiche Adressen aus dem Studentenverzeichnis der isländischen Universität, denn weil er sich die 100 Dollar nicht leisten konnte, die eine Übernachtung in der örtlichen Jugendherberge kosten sollte, suchte er nun eine Couch, auf der er pennen konnte.

Fenton erlebte auf diesen Reisen magische Dinge und wollte diese Art von Erfahrungen mit der Welt teilen. Ende der 1990er-Jahre sicherte er sich die Internetadresse Couchsurfing.com, dann arbeitete er einige Jahre als Berater für Start-ups und in der Politik von Alaska, bevor er endlich die Zeit fand, die Website mit Inhalten zu füllen. Seine Partner bei dem Unternehmen waren der Harvard-Absolvent Daniel Hoffer sowie zwei ihrer Freunde. Hoffer war ein begeisterter Reisender und Jungunternehmer, der Fenton zuvor mit Programmieraufgaben beauftragt hatte.

Couchsurfing eröffnete 2004 und lockte eine junge, rastlose Klientel an, der es weniger darum ging, Wohlstand anzuhäufen, als darum, ihn mit anderen zu teilen. So wie bei Airbnb Jahre später schrieben auch bei Couchsurfing die Gastgeber und die Gäste ihre eigenen Profile und bewerteten sich nach dem Aufenthalt gegenseitig. Genial war die Art und Weise, wie das Unternehmen zu einer

Zeit, als die Menschen sich noch nicht über Facebook anmelden konnten, die Identität seiner Nutzer bestätigte: Couchsurfing verlangte von den Nutzern Angaben zur Kreditkarte und schickte dann an die Adresse, die mit der Kreditkarte verbunden war, einen Bestätigungscode. Der Nutzer gab dann diesen Code auf der Website ein und war dadurch verifiziert. 25 Dollar kostete dieser Vorgang und jahrelang war er die einzige Einnahmequelle, über die Couchsurfing verfügte.

Fentons Unternehmen steckte voller romantischer Vorstellungen. Er bewarb Couchsurfing.com nicht als Marktplatz für Unterkünfte, sondern als Methode, Menschen kennenzulernen, neuartige Erfahrungen zu machen und die Welt in einen herzlicheren, freundlicheren Ort zu verwandeln. Er ließ seinen Worten Taten folgen und das Unternehmen als nicht gewinnorientiert im Bundesstaat New Hampshire registrieren. Jahre später, bei einer Bio-Linsensuppe im Plant Café Organic in San Francisco, räumte er ein, dass damals extrem viel Naivität im Spiel gewesen sei: „So geht man vor, wenn man keine Ahnung von Gesellschaftsformen hat", sagt er.

Wegen seines Status als nicht gewinnorientiertes Unternehmen verfügte Couchsurfing zunächst nicht über Mitarbeiter oder ein echtes Büro. Stattdessen gab es Hunderte Freiwillige, die nomadenartig durch die Welt zogen und mithilfe der Website auf den Sofas Fremder schliefen. Die vier Gründer arbeiteten von ihrem jeweiligen Zuhause aus, wobei Fenton schon mal monatelang bei Hoffer in Palo Alto abstieg. Die aktivsten Mitglieder der Gemeinschaft kamen gelegentlich für einige Monate in Ländern wie Thailand, Neuseeland oder Costa Rica zusammen und nahmen wie am Fließband Verbesserungen an der Website vor.

2008 hatte das Unternehmen einige Dutzend bezahlte Mitarbeiter und mehr als 2.000 freiwillige Helfer, verteilt über sämtliche Zeitzonen und sehr mobil. Wenig überraschend war der Internetauftritt hässlich, überholt und unpraktisch in der Handhabung. Dann erschien AirBed & Breakfast auf der Bildfläche.

Der US-Bundesstaat New Hampshire hatte Couchsurfing.com gerade informiert, dass der Eintrag ins Handelsregister nicht korrekt sei und dass man die steuerliche Sonderbehandlung zurücknehmen müsse. Die Gründer konnten sich nicht darauf einigen, wie es nun weitergehen sollte. Daniel Hoffer hatte inzwischen erfolgreich eine Business School besucht und arbeitete als Produktmanager bei Symantec, einem im Silicon Valley ansässigen Hersteller von Sicherheitssoftware. Er warb bei den anderen Gründern dafür, das Unternehmen gewinnorientiert weiterzuführen. Die Nutzer sollten künftig eine Gebühr bezahlen, damit echte Umsätze erzeugt würden.

Fenton wehrte sich mit Händen und Füßen dagegen. Wenn zwischen Gastgebern und Gästen Geld flösse, würde dies die Reinheit der Erfahrung verwässern, so seine Argumentation. Er startete stattdessen einen langwierigen und kostspieligen Versuch, den Status als nicht gewinnorientiertes Unternehmen in New Hampshire so abändern zu lassen, dass Couchsurfing künftig nach dem Bundessteuergesetz als steuerbefreite gemeinnützige Organisation anerkannt würde.

„Das Leben ist kurz", sagte Fenton damals in einem Interview und erklärte seine Motivation so: „Ich möchte bedeutsame Dinge tun. An Geld kommt man scheinbar vergleichsweise einfach. Wenn man sich einfach nur aufs Geldverdienen konzentrieren will, dann ist das okay. Ich möchte Dinge tun, die ich interessanter finde."[3]

Hoffer mutmaßte, dass sich Airbnb als Bedrohung für Couchsurfing erweisen würde. 2008 trafen sich Hoffer, Chesky und Joe Gebbia auf eine Pizza im Mission District von San Francisco. Den Kontakt hergestellt hatte der Ex-Marineinfanterist Paige Craig, der mittlerweile als Wagniskapitalgeber arbeitete. Chesky und Gebbia waren damals noch nicht bei Y Combinator, sie hingen in San Francisco herum und holten bei jedem, der ihnen zuhören wollte, Ratschläge ein.

Nun löcherten die beiden Hoffer mit Fragen über Couchsurfing und was es zu bedenken gelte, wenn man zwischen völlig Fremden so viel Vertrauen aufbauen müsse, dass sie unter einem Dach schlafen. Die Atmosphäre beim Essen war freundlich, aber Hoffer spürte, dass sich da etwas zusammenbraute. „Sie gingen ganz offensichtlich sehr intelligent an das Ganze heran und sie wirkten clever. Ich fühlte mich sehr bedroht von ihnen", sagt er rückblickend.

Ihn habe Couchsurfing nicht beeindruckt, erklärte mir Chesky später: „Ich hatte ausreichend Erfahrung in der Produktentwicklung, um zu wissen, dass es 50 Unternehmen geben kann, die Stühle herstellen, dass es darauf aber gar nicht ankommt. Gewinnen wird derjenige, der den besten Stuhl herstellt." Couchsurfing sei aus seiner Sicht wie der Stuhl eines Amateurs gewesen: chaotisches Design, kein Gefühl der Gastfreundschaft und keine Bezahlmechanismen. „Für mich war das eine völlig andere Geschichte", sagt er. Die beiden miteinander zu vergleichen sei so, als sage man, dass alle Möbelstücke identisch sind.

Nach dem Essen rief Hoffer Fenton und die anderen Gründer an und bekniete sie, die Bemühungen um den gemeinnützigen Status aufzugeben, doch sie weigerten sich. Sie alle waren es leid, dieselben Diskussionen wieder und wieder durchzumachen.

Jahre später konnte Hoffer nur über ein sehr großes „Was wäre wenn" nachsinnieren. Chesky und Gebbia waren damals auf der Suche nach einem Mentor und Mitarbeiter gewesen. Hätte er in dieser Richtung weitergemacht, wäre das möglicherweise der Einstieg in etwas Gewaltiges gewesen. „Ich habe meiner Loyalität gegenüber Casey und den anderen Gründern und der Couchsurfing-Gemeinschaft den Vorrang gegeben", sagt Hoffer. Wir sitzen im Konferenzraum des Wagniskapitalgebers, bei dem er jetzt arbeitet. Er spricht langsam. „Es war … eine Entscheidung. Möglicherweise hat sie mich eine Milliarde Dollar gekostet."

Die Couchsurfing-Geschichte nahm kein schönes Ende. Hoffer löste Fenton 2010 als CEO von Couchsurfing ab. Die US-Steuerbehörde lehnte den Antrag ab und begründete ihn, nun ja, mit gesundem Menschenverstand: Das Unternehmen half Menschen dabei, auf Reisen Übernachtungskosten zu sparen. Das war nicht notwendigerweise gleichbedeutend mit einem Kulturaustausch oder einem Beitrag zu einer besseren Welt.

Plötzlich musste Couchsurfing Geld einsammeln für den kostspieligen Umstieg auf den Status als gewinnorientierter Betrieb und um rückwirkend Steuern zahlen zu können. 7,6 Millionen Dollar sammelte Couchsurfing bei einer Investorengruppe ein, die angeführt wurde von – na wem wohl? – Benchmark Capital. Dort betrachtete man das Ganze als Gelegenheit, auf dem schlagartig angesagten Homesharing-Markt mit Airbnb konkurrieren zu können.

Bei Benchmark war der ehemalige Facebook-Manager Matt Cohler als Partner an der Investition beteiligt, aber ihm muss klargeworden sein, dass er auf das falsche Pferd gesetzt hatte. Nachdem die Umwandlung in ein gewinnorientiertes Unternehmen abgeschlossen war, entließ er Hoffer, Fenton, den Großteil der Mitarbeiter und sämtliche Freiwilligen. In diversen Internetforen überschütteten ihn die leidenschaftlichsten Couchsurfing-Nutzer daraufhin mit Gift und Galle und Couchsurfing fiel bei den Nutzerzahlen hinter Airbnb zurück. Der neue CEO des Unternehmens konnte sich keine zwei Jahre halten.

Wenn es um unternehmerische Fehlschläge aus der Welt von Airbnb und Uber geht, dann darf eine ganz große Geschichte nicht fehlen – die Geschichte eines Unternehmens namens Zimride.

Bei eBay können die Nutzer Dinge verkaufen, die bei ihnen ungenutzt auf dem Dachboden herumliegen. Bei dem in einer Zeitschleife gefangenen Craigslist können sie alte Autos verkaufen, gebrauchte Futons oder sogar ihre Freizeit für Gelegenheitsjobs. Die Gründer von Zimride überlegten sich, dass man dasselbe Prinzip doch auch auf leere Sitze bei langen Fahrten mit dem Pkw anwenden könne. Ins Rampenlicht des Mainstreams hat es Zimride nie wirklich geschafft, aber das Unternehmen sollte eine gewichtige Rolle in der aufziehenden Auseinandersetzung zwischen den Aufrührern aus dem Silicon Valley und dem Rest der Welt spielen.

Seinen Anfang nimmt alles mit Logan Green, einem jungen, introvertierten Programmierer, der im Transportchaos des Los Angeles der 1990er-Jahre aufwuchs. In der Highschool arbeitete Green nebenher für den berühmten Videospiele-Unternehmer Nolan Bushnell, Gründer von Atari und einer der ersten Vorgesetzten von Apple-Mitgründer Steve Jobs. Green besuchte die hippiemäßige New Roads High School in Santa Monica. Jahrelang bahnte er sich in seinem heruntergekommenen 1989er-Volvo 740 seinen Weg durch die schachbrettartig angelegten Straßen der Stadt, um zu Bushnells Firma uWink nach Playa del Rey zu gelangen.

Das waren zwar nur knapp zehn Kilometer Strecke, aber die Fahrt dauerte gerne mal länger als eine halbe Stunde. „Ich erinnere mich an das Gefühl, dass jeder um mich herum im Verkehr feststeckte", sagte er mir Jahre später. „Tausende Menschen waren alle in dieselbe Richtung unterwegs, immer eine Person pro Auto. Ich dachte mir: ,Wenn wir nur zwei Personen in ein Auto bekämen, wären auf einen Schlag nur noch halb so viele Wagen auf den Straßen.'"

So angewidert war Green von den Verkehrsverhältnissen in Südkalifornien, dass er seinen alten Volvo zu Hause ließ, als er sich an der Universität von Kalifornien in Santa Barbara einschrieb. Er wollte auf den öffentlichen Nahverkehr setzen. „Ich wollte mich unter Druck setzen und herausfinden, wie es ist, sich auf diese Weise fortzubewegen", sagte er. 2002, im zweiten Studienjahr, lernte er Zipcar kennen, einen an der Ostküste ansässigen Carsharing-Verein. Die Mitglieder konnten sich flexibel Fahrzeuge holen, ohne sie besitzen zu müssen.

Es gelang ihm nicht, Zipcar dazu zu bewegen, auch in Santa Barbara Fahrzeuge zu stationieren, also rief Green an seiner Universität ein Carsharing-Programm ins Leben. Die Universität kaufte eine kleine Flotte von Toyota Prius und Green entwickelte ein System, mit dessen Hilfe die Studierenden die Autos auf einer Website buchen konnten. Zum Öffnen der Türen wurden spezielle Radio-Codekarten und Zugangscodes genutzt. [4] Zwei Jahre verwandte Green auf das Projekt, das schon bald einige Tausend Studierende nutzten.

Dennoch blieb es weiterhin ein Abenteuer, für die Feiertage nach Hause nach Los Angeles oder zu seiner Freundin (und späteren Ehefrau) Eva zu gelangen. In den Fernbussen lernte er Menschen kennen, die frisch aus dem Bezirksgefängnis entlassen worden waren und ihren Besitz in Müllbeuteln mitschleppten. Parallel dazu experimentierte er mit Craigslist, wo es eine Börse für Mitfahrgelegenheiten gab. Grundsätzlich machte Green gute Erfahrungen bei Mitfahrgelegenheiten über längere Strecken, aber hundertprozentig wohl fühlte er sich nie. Es kostete schlicht zu viele Nerven, zu einem völlig Fremden ins Auto zu steigen.

Mit all diesen Erfahrungen im Rücken wurde Green zum jüngsten Mitglied des Verkehrsausschusses von Santa Monica gewählt, wo er eine harte Schule durchlief und alles über die schwierigen wirtschaftlichen Rahmenbedingungen und die politischen Aspekte des öffentlichen Busverkehrs lernte. Jede Busfahrt wurde von der Stadt zu 70 Prozent bezuschusst. Die Qualität des Angebots war schlecht, aber Versuche, die Tarife zu erhöhen und eine Verkaufssteuer zu erheben, scheiterten immer wieder an vehementen Protesten.

Im Sommer 2005 reisten Green und Matt van Horn, sein bester Freund aus Highschool-Zeiten, ins Ausland. Eigentlich wollten sie nach Kuba, was zum damaligen Zeitpunkt für US-Amerikaner illegal gewesen wäre, doch Van Horns Mutter machte sich zu große Sorgen. Indem sie Geld zu seinem Flugticket dazugab, überredete sie ihren Sohn dazu, nicht nach Kuba, sondern nach Afrika zu fliegen.

Dort reisten die beiden jungen Männer einen Monat lang herum, von Südafrika über Namibia und Botswana bis nach Simbabwe. Es muss unternehmerisches Schicksal gewesen sein, denn was Green und Van Horn in Victoria Falls sahen, ließ sie staunen. Simbabwe war ein extrem armes Land, in dem nur sehr wenige Menschen ein Auto besaßen. Um von A nach B zu gelangen, drängte sich alles in Minivans, die von nicht lizenzierten Taxifahrern gelenkt wurden. „Es war nicht besonders gut organisiert, aber unglaubliche effizient", erinnert sich Van Horn. „Es war nicht sinnvoll, loszufahren, solange nicht alle Sitze besetzt waren. Und jeder steuerte ein klein wenig Benzingeld bei."

Im Herbst 2005 befand sich Logan Green in seinem letzten Studienjahr in Santa Barbara und in seinem Kopf begannen die Puzzleteile zusammenzufallen – die Mitfahrbörse bei Craigslist, die voll besetzten Minibusse in Victoria Falls, die hartnäckigen Mängel des öffentlichen Nahverkehrs. Er begann die Arbeit an einem Konzept, das er Zimrides nannte (kurz für „Zimbabwe Rides"). Der Grundgedanke: Er wollte das Internet dazu nutzen, jeden unbesetzten Sitz in jedem Auto zu füllen.

Der Zeitpunkt schien perfekt gewählt. In jenem Jahr eröffnete das immer beliebter werdende soziale Netzwerk Facebook anderen Internetfirmen die Möglichkeit, Dienste anzubieten, die man mit seinem Facebook-Profil verknüpfen konnte. Das war das Element, das bei Diensten wie Couchsurfing gefehlt hatte. Man konnte sich die Klarnamen der potenziellen Mitfahrer ansehen, ihre Fotos und ihre sozialen Verbindungen. Das erhöhte die Bereitschaft, sich mit ihnen ein Fahrzeug zu teilen. Im Dezember 2006 veröffentlichte Zimride seine erste App Carpool. Über Carpool konnten Studenten auf Facebook inserieren, wohin sie fahren würden, und sich mit anderen Leuten zusammentun, die in dieselbe Richtung unterwegs waren.

Am anderen Ende des Landes entdeckte ein Cornell-Absolvent die App und war fasziniert. John Zimmer hatte an der Hotelfachschule der Uni Cornell gelernt, dass hohe Auslastung und großartige Gastfreundschaft der Schlüssel für ein erfolgreiches Hotelunternehmen sind. Die Personenbeförderung hatte zum damaligen Zeitpunkt weder das eine noch das andere zu bieten. „Wenn man den öffentlichen Nahverkehr und das Taxigewerbe nimmt und sich das als Hotel vorstellt, so sind das Hotels, in denen man nicht würde absteigen wollen", sagte er mir später. „Das wären Unternehmen, die zum Scheitern verurteilt wären." Inspiriert von der Carpool-App Zimride (die Ähnlichkeit mit seinem Nachnamen war reiner Zufall) bat Zimmer einen Freund, ihn Green vorzustellen. Sie beschlossen, in einer virtuellen Partnerschaft zusammenzuarbeiten.

Gemeinsam mit Van Horn, der zum Jurastudium nach Arizona gezogen war, und einem weiteren Entwickler arbeiteten sie in Teilzeit an dem Projekt. Natürlich war das für sie bloß ein Nebenprojekt. Sie stellten die App in Cornell vor, wo sie von den Studenten rasch angenommen wurde. Außerdem wurde sie nach dem Zufallsprinzip an Orten wie der Universität von Wisconsin in La Crosse übernommen, wo über die Feiertage Studierende in Scharen in nahegelegene Städte wie Madison (zwei Stunden Fahrt) und Chicago (vier Stunden Fahrt) strömten. Schließlich begannen die Gründer, ihren Dienst den Hochschulen direkt anzubieten. Für einige Tausend Dollar jährlich konnten die Unis ihre eigene auf sie zugeschnittene Version erwerben.

Sie hatten nun etwas Rückenwind, also versuchten Green und Zimmer, im Silicon Valley Geldgeber aufzutun. Nicht ein einziger wollte sich mit ihnen treffen. Dann erhielt Green aus heiterem Himmel eine E-Mail von einem eBay-Manager und Business Angel namens Sean Aggarwal. Er wollte investieren. Green hielt das für einen Scherz, also bat er Van Horn, ihn an einen öffentlichen Ort zu begleiten, das Restaurant Coco Chicken im kalifornischen Fremont. Jetzt würde man ja sehen, ob dieser Aggarwal eine echte Person war. Das war er und er wollte tatsächlich einen Scheck ausstellen. Sie unterhielten sich an diesem Tag einige Stunden und Aggarwal wurde der erste Investor und Berater von Zimride.

Jetzt hatten sie ein wenig Geld und etwas Anleitung. Von dem neuen Geld kaufte John Zimmer eher zufällig ein Froschkostüm und ein Biberkostüm. Die Gründer trugen diese Verkleidung, während sie an den Unis Zimride-Flyer verteilten.

Im Sommer 2008 zogen Zimmer und Green nach Palo Alto, wo sie gemeinsam nicht weit entfernt von den Facebook-Büros lebten. [5] Sie waren Fremde in einem fremden Land, Mitbewohner und Bürokollegen in einer überfüllten Wohnung mit zwei Schlafzimmern, das an den Garten hinter dem Haus von Marissa Meyer stieß, der späteren Yahoo-Chefin. Während sie abends allein in ihrer Wohnung hockten, hörten sie die lauten Gartenfeste und Preisverleihungen bei Mayer. Wurden Gäste persönlich aufgerufen, gaben sie die Namen bei Google ein, um zu sehen, um wen es sich handelte.

Waren sie gerade nicht damit beschäftigt, die Nachbarn zu belauschen, verfolgten sie mit, wie Zimmers früherer Arbeitgeber Lehman Brothers während des Börsencrashs gegen die Wand fuhr. Jetzt, wo die Wirtschaft abschmierte, müssten Fahrgemeinschaften eigentlich in Mode kommen, überlegten sie sich. „Wir saßen da und dachten uns, dass das doch großartig fürs Geschäft sein müsste", sagt Green, „aber es ist die reinste Katastrophe, wenn es darum geht, das Unternehmen zu finanzieren."

Ein weiteres Jahr lang wuchs das Unternehmen ganz anständig, dann wurde ein Partner bei Floodgate aufmerksam. Der Wagniskapitalgeber Floodgate hatte seine Chance bei Airbnb verpasst, nachdem die Website während Brian Cheskys Präsentation abgestürzt war. Mittlerweile hatte man bei Floodgate erkannt, dass man einen Fehler gemacht hatte. Die Jungs von Zimride wussten sehr wohl um den Ruf von Airbnb als künftigem Star und waren klug genug, das Homesharing-Start-up in ihrem Pitch-Deck unterzubringen. Ann Miura-Ko, Partnerin bei Floodgate, gefiel es, welche Leidenschaft Zimmer und Green für den Nutzen aufbrachten, den Fahrgemeinschaften aus wirtschaftlicher Sicht und aus Umweltgründen zeigten, und dass sie gleichzeitig unerschütterlich daran festhielten, das Unternehmen trotz der langen Vorlaufzeit ins Laufen bringen zu wollen. Miura-Ko übernahm die Führungsrolle in einer 1,2 Millionen Dollar schweren Finanzierungsrunde.

„Wenn es darauf ankommt, wenn Dinge nicht funktionieren und wenn alle sagen, es solle nicht sein, und wenn Unternehmer dann trotzdem so viel Liebe für ihre Idee aufbringen und so viel Leidenschaft, dass sie sich durchbeißen, dann muss man sie auch unterstützen", sagt ihr Partner Mike Maples Junior. „Start-ups werden stark romantisch verklärt und die meisten Leute haben nicht den blassesten Schimmer, dass man ihre Existenz durch pure Willenskraft erzwingen muss."

Frisches Geld hin oder her, richtig voran kam Zimride trotzdem nicht. Die Gründer bewarben den Mitfahrdienst bei weiteren Universitäten und bei einigen Firmen wie Wal-Mart – „Jeden Tag mit Zimride zur Arbeit!" -, dann öffneten sie die Website für die Allgemeinheit. Das Start-up betrieb Busse zwischen Großstädten wie Los Angeles und San Francisco oder von Städten zu Musikfestivals wie Coachella und Bonnaroo. Manchmal fuhren Zimmer und Green sogar selbst. 2011 sammelten sie bei Wagniskapitalgebern weitere sechs Millionen Dollar ein und zogen nach San Francisco ins angesagte Viertel South of Market. Dort arbeitete ein Schwung Start-ups daran, den Schwerpunkt des Silicon Valleys weiter in Richtung Norden zu verschieben.

Doch wenn sie ehrlich zueinander waren, mussten Green und Zimmer einräumen: Zimride würde nicht groß genug werden, um die Welt zu verändern. Online-Marktplätze blühen nur dann auf, wenn Käufer und Verkäufer auf eine Art und Weise zusammenkommen, die auf anderem Weg nicht möglich wäre und die allen Beteiligten Zeit und Geld spart. Selbst begeisterte Befürworter von Mitfahrgelegenheiten nutzten Zimride nur einige Male pro Jahr. Und der Dienst half ihnen zwar, Mitreisende zu finden, machte aber damit letztlich nur Craigslist und das altgediente Schwarze Brett an den Unis überflüssig, aber mehr auch nicht. „Es war eine großartige Vision, aber nicht richtig umgesetzt", sagt Green.[6]

All die tödlichen Fehler, denen wir bei den anderen Gescheiterten begegnet sind, traten bei Zimride gebündelt auf: Die Gründer waren zu nett. Sie waren idealistisch. Sie waren zu früh dran mit ihrer Idee – die Allgegenwärtigkeit von Smartphone und die Alltäglichkeit sozialer Netzwerke war gerade erst am Entstehen. Aber sie waren auch pragmatisch und glaubten an die Silicon-Valley-Vorstellung vom „Pivot", der Fähigkeit, bei Bedarf umzuschwenken und – solange noch Geld auf dem Konto ist – notfalls das Geschäftsmodell radikal zu überarbeiten und sich auf etwas Rentableres zu verlegen.

Anfang 2012 trafen sich die Gründer und ihre Programmierer über einen Zeitraum von drei Wochen hinweg, um darüber zu sprechen, wie es weitergehen solle. Beeindruckt von den Erfolgen, die Uber mit seinen Limousinen feierte, begeisterten sie sich für eine Mobilfunkversion von Zimride, die es ganz gewöhnlichen Leuten erlauben würde, ihre Fahrzeuge nicht nur bei langen Fahrten oder dem täglichen Pendeln zur Arbeit zu teilen, sondern jeden Tag, zu jeder Stunde, bei ganz normalen Fahrten durch die Stadt. Ein Mitarbeiter hatte seine Bürozelle mit einem riesigen orangefarbenen Filzschnurrbart verziert. Das brachte John Zimmer auf die Idee, jedem

Fahrer einen pinkfarbenen Schnurrbart für den Kühler zu geben. Der Schnurrbart würde dafür sorgen, dass das Auto auffiel, und dies würde Menschen, die sich schwer damit taten, zu Fremden ins Auto zu steigen, vielleicht etwas die Hemmungen nehmen.

Zunächst lief der neue Dienst unter dem Namen Zimride Instant, dann änderten sie ihn um in etwas Einprägsameres – Lyft.

Aber jetzt greifen wir vor.

KAPITEL 4
DER GROWTH HACKER

AIRBNB STARTET DURCH

*„Junge, kein Mensch aus dem Internet wird dir 1.000
Dollar bezahlen."*
— *Paul Blecharczyk zu seinem Sohn Nathan*

G reg McAdoo kannte all die Gescheiterten. Anderthalb Jahre vor
seinem Treffen mit den Gründern von AirBed & Breakfast hatte
der Wagniskapitalgeber aus New York City eine Eingebung gehabt und
erkannt, wie sich der Markt für Ferienunterkünfte konsolidieren und
begradigen lässt. Bei den kleinen Akteuren in der Reiseindustrie –
etwa den Betreibern von Frühstückspensionen – reichte das Geld
normalerweise nur für Lokalwerbung, aber über das Internet konnten sie Reisende aus aller Welt erreichen.

Um sich näher mit diesem Thema zu befassen, besuchte er mehr
als ein halbes Dutzend onlinebasierter Anbieter wie LeisureLink
und Escapia. Außerdem nahm er HomeAway unter die Lupe. Das
Unternehmen war gerade dabei, Wettbewerber aufzukaufen, unter
anderem Vacation Rentals by Owner (VRBO), und sich auf diese

Weise eine Führungsposition unter den Anbietern von Ferienunterkünften zu sichern. Fast ein Jahr lang wog er diese Unternehmen ab, doch keines überzeugte ihn davon, dass es einen besonders neuen Ansatz verfolgte. „Der Markt war stark zersplittert und es war nie klar, wie man sich online präsentieren müsste", sagte er viele Jahre später. „Ehrlich gesagt hatte ich mit dem Thema abgeschlossen."

Dann traf er sich Anfang 2009 mit Paul Graham, dem Chef von Y Combinator, auf einen Kaffee. Sie sprachen über die mentale Härte, die es braucht, um als Gründer erfolgreich zu sein, und Graham präsentierte ihm die Airbnb-Jungs am anderen Ende des Raumes als Musterbeispiele für diese Eigenschaft.

McAdoo stellte sich an jenem Tag Brian Chesky, Joe Gebbia und Nathan Blecharczyk vor und begeisterte sich für ihre Herangehensweise. Die Gründer aus dem Bereich Ferienunterkünfte, mit denen er zuvor gesprochen hatte, wollten die Erfahrung für die Reisenden verbessern, aber die Jungs von Airbnb gingen von der anderen Seite an das Thema heran und wollten es besser für die *Gastgeber* machen. Während der kommenden Monate sollten McAdoo und seine Partner von Sequoia Capital zahlreiche Treffen mit den Airbnb-Gründern abhalten. Durch „YC", wie die angesehene Start-up-Schule im Silicon Valley genannt wird, veränderten sich die Zukunftsaussichten des in Schieflage geratenen Unternehmens radikal.

Airbnb hatte es nur gerade so in das YC-Winterprogramm geschafft, nicht zuletzt auch wegen der schrägen Aktion mit den Frühstücksflocken. Nachdem sie die Zusage erhalten hatten, entschuldigte sich Blecharczyk bei seiner Verlobten in Boston und zog vorübergehend wieder zurück in die Apartment in der Rausch Street, wo er das Sofa im Wohnzimmer in Beschlag nahm. Die Büroräume von YC lagen in Mountain View auf dem optimistisch betitelten Pioneer Way. Für die Airbnb-Truppe bedeutete das 45 Minuten Fahrt. Dort angekommen, bezogen sie normalerweise Stellung an den langen auf Böcke gestellten Tischen in der Kantine. Bei YC hatten Chesky, Gebbia und Blecharczyk ständigen Zugang zu Graham – quasi dem Yoda des Silicon Valleys. Seit er sein Online-Handelsunternehmen Viaweb während des ersten Dotcom-Booms an Yahoo verkauft hatte, hatte sich „PG", wie Graham gerufen wurde, zu einem Quell der Start-up-Weisheiten entwickelt: „Es ist besser, 100 Leute zu haben, die einen lieben, als eine Million Menschen, die einen ganz okay finden" war ein Beispiel, ein anderes lautete: „Mach dir keine Sorgen wegen der Konkurrenz. Start-ups sterben normalerweise durch Selbstmord, nicht durch Mord." Graham war damals Anfang 40 und trug normalerweise die Uniform der „Gesellschaftliche Gepflogenheiten sind mir egal"-Fraktion: Cargo-Hosen, Polohemd, Sandalen.

Zum damaligen Zeitpunkt lag die Weltwirtschaft am Boden, die Arbeitslosenzahlen explodierten und Grahams Ratschläge fielen nüchterner als sonst aus. Einmal warnte er Airbnb und die anderen 15 Start-ups im Programm, dass die Investoren eingeschüchtert seien. Deshalb sollten alle in ihre Präsentation eine Grafik einbauen, auf der man eine einzelne Linie nach oben rechts laufen sieht – steigende Gewinne. Die Airbnb-Gründer machten keine nennenswerten Umsätze und an steigende Gewinne war nicht einmal im Traum zu denken. Sie bauten ein Modell dieser hypothetischen Grafik und klebten sie an den Badezimmerspiegel in der Rausch Street.

Wirtschaftliche Kernschmelze hin oder her: Die Gründer waren entschlossen, aus ihrer schicksalshaften Fügung das Beste herauszuholen. Sie blieben jeden Abend länger und löcherten Graham und dessen Personal mit Fragen. „Wir waren die Studenten, die einfach nie zum Ende kamen", sagt Chesky. [1]

Graham hatte noch immer seine Zweifel, ob das Homesharing-Konzept etwas taugte, also stellte er eine direkte Frage: Funktioniert die Website irgendwo? In New York City gebe es um die 40 Leute, die Zimmer kurzfristig vermieten, erwiderten die Gründer. „Und warum sitzt ihr dann hier noch herum? Geht raus und redet mit diesen Leuten", sagte Graham. Blecharczyk blieb zurück und kümmerte sich um den Code, aber Gebbia und Chesky flogen für ein langes Wochenende nach New York und trafen sich dort mit Gastgebern. Ein offensichtliches Problem war schnell erkannt: Die Gastgeber präsentierten ihre Angebote online nicht besonders reizvoll – die Fotos waren körnig und normalerweise mit den damals noch sehr primitiven Kameras der Handys aufgenommen. Diese Erkenntnis gaben die beiden nach Mountain View durch und Graham fühlte sich an eine Herausforderung aus seiner Zeit bei Viaweb erinnert. Bei dem Online-Marktplatz musste er unbedarften Einzelhändlern beibringen, wie man im Internet etwas verkauft. „Sie mussten ihren Gastgebern beibringen, wie man sich verkauft", sagt Graham. „Das war es, was noch gefehlt hatte."

Es wurde zu einer häufig wiederholten Airbnb-Anekdote: Chesky und Gebbia flogen in diesem Winter regelmäßig übers Wochenende nach New York. Vorher hatten sie den Gastgebern gemailt, dass man ihnen einen Berufsfotografen schicken werde, damit er professionelle Fotos von ihrem Zuhause macht. In New York liehen sie sich eine qualitativ hochwertige Kamera und stapften durch den Schnee von Wohnung zu Wohnung, um dort Bilder von Schlafzimmern und Hinterhöfen zu machen. „Wir mussten aufs Geld achten", sagt Gebbia. „Ich erinnere mich, dass ich jede kleine Ausgabe abgewogen habe, etwa bei der Qualität des Stativs und ob wir uns das gute Gerät holen sollten oder nicht."

Dieses Vorgehen war nicht „skalierbar", um in der Sprache des Valleys zu bleiben, es war vielmehr eine absolut ineffiziente Nutzung ihrer Zeit. Aber es half den Gründern, die Bedürfnisse ihrer allerersten Nutzer zu begreifen und zu erkennen, dass große, bunte Fotos der Unterkünfte und gute Profilbilder der Gastgeber die Erfahrung für die Nutzer der Website deutlich angenehmer machen würden. „Paul war der erste, der uns die Erlaubnis gab zu sagen: ‚Man kann auch über Dinge nachdenken, die sich vielleicht nicht skalieren lassen, man darf sich auch mal über die Regeln des Silicon Valleys hinwegsetzen'", sagt Gebbia. „Wir konnten nun kreativ darüber nachdenken, wie wir das Geschäft zum Wachsen bringen könnten."

In jenem Winter 2008/2009 rissen Gebbia und Chesky reichlich Kilometer ab. Die meisten Wochenenden verbrachten sie in New York und flogen dann am Dienstagmorgen nach San Francisco zurück, wo Blecharczyk sie am Flughafen abholte. Dann rasten die drei nach Mountain View, um es rechtzeitig zum wöchentlichen YC-Dinner zu schaffen. „Sie kamen nie zu spät, waren immer die Ersten, die kamen, und die Letzten, die gingen", sagt Graham. Er begann, an die Entschlossenheit dieser Unternehmer zu glauben, und langsam glaubte er auch an das Konzept selbst. „Wie geht's den Luftmatratzen heute?", war seine Standardbegrüßung.

Dennoch tat er sich weiterhin schwer mit der Vorstellung, dass Menschen tatsächlich bereit waren, auf Luftmatratzen zu übernachten. Schließlich machte er die wahre Geschäftsmöglichkeit aus: Die Gründer sollten ihr Unternehmen als eine Art „eBay für Übernachtungen" aufziehen und ihre Marke als vergleichbar mit der des Auktionsriesen sehen. Als das Programm zu Ende ging, waren die Gründer mit ihrer Website umgezogen – von Airbedandbreakfast.com zum verkürzten Airbnb.com.

Auch die Begeisterung von Greg McAdoo für das Konzept nahm zu. Von den anderen Teilnehmern auf dem Markt für Ferienunterkünfte hatte sich niemand die Mühe gemacht, Gastgeber zu besuchen und nach ihren Bedürfnissen zu befragen. Und niemand sonst war so versiert im Umgang mit den neuartigen Werkzeugen der sozialen Medien, Dingen wie Meetup, Online-Bewertungen oder Twitter.

Es nahte der „Demo Day", der Tag, an dem konkurrierende Investoren einen Blick auf Airbnb würden werfen können. Um gewappnet zu sein, stellte McAdoo einigen Kollegen bei Sequoia das Unternehmen vor. Es kamen einige vorausschauende Fragen zur Sprache.

„Habt ihr darüber nachgedacht, ob das auch alles legal ist?", fragte Mark Kvamme, langjähriger Partner bei Sequoia.

Es sei noch zu früh, um beurteilen zu können, inwieweit eine derart neuartige Aktivität mit den bestehenden Gesetzen für die Hotelindustrie vereinbar ist, so McAdoo. „Entweder funktionieren diese Unternehmen oder sie funktionieren nicht. Das ist abhängig davon, ob sie gut für die Verbraucher sind", habe er Kvamme geantwortet, erinnert sich McAdoo.

Am Tag vor dem Demo Day kehrte er in die YC-Büroräume zurück und besiegelte in einem Nebenraum das Geschäft. Er überredete die Gründer, am nächsten Tag nicht ihre bereits fertig geschriebene Präsentation zu halten. Sequoia, eine der ersten Adressen im Silicon Valley, erwarb für 585.000 Dollar rund 20 Prozent der Anteile an diesem kleinen Start-up, das noch nichts vorzuweisen hatte und das in den vergangenen anderthalb Jahren vor allem damit beschäftigt war, die Nase über Wasser zu halten. Sequoia sollte sich auch an späteren Finanzierungsrunden beteiligen und Airbnb erwies sich als das rentabelste Investment, das Sequoia je getätigt hat. Selbst so sensationelle Erfolge wie Google und WhatsApp verblassten im Vergleich zu Airbnb. Wert der Beteiligung an Airbnb im Dezember 2016: 4,5 Milliarden Dollar.

Damals, im März 2009, lag ein derartiger Erfolg allerdings noch in ferner Zukunft. Mehr als ein Jahr, nachdem sie das Unternehmen ins Leben gerufen hatten, beendeten die Airbnb-Gründer ihr Studium bei YC. Sie kehrten in die Rausch Street zurück, wo sie auch weiterhin lebten und arbeiteten und sich wieder mit vielen der Probleme befassen mussten, vor denen sie bereits im Vorjahr gestanden hatten: Bei den meisten Touristenattraktionen variierte das Angebot nur wenig und Umsätze und Zahl der Einträge legten im Schneckentempo zu.

Das „Henne und Ei"-Problem, vor dem die Anbieter von Online-Marktplätzen stehen, hatte Airbnb noch nicht lösen können: Weil es nur vergleichsweise wenige Angebote auf der Website gab, buchten auch nur wenige Gäste über den Dienst eine Unterkunft. Dass es nur so wenige Gäste gab, ermutigte wiederum nur wenige potenzielle neue Gastgeber, sich auf das unorthodoxe Konzept einzulassen und ihr Zuhause via Internet völlig Fremden aus aller Welt zu öffnen.

Airbnbs Gründer haben kein Problem damit, über einige der schwerfälligeren Versuche zu reden, mit deren Hilfe sie während dieses ersten Jahrs die Dinge ins Rollen bringen wollten. Keiner dieser Ansätze erklärt jedoch, wie das Unternehmen letztlich den Durchbruch erzielte. Während Blecharczyk in San Francisco blieb, um weiter am Softwarecode zu arbeiten, reisten Chesky und Gebbia in Städte wie New York, Las Vegas oder Miami. Dort trafen sie sich mit allen Gastgebern, die sie finden konnten, und versuchten, weitere zu werben.

Bei einem Meeting schlug McAdoo eine andere Methode vor, das Wachstum anzukurbeln: Warum nicht Immobilienverwaltungen ansprechen und sie überreden, ihr Angebot auf die Website zu stellen? Chesky stellte in jenem Sommer drei Praktikanten für den Vertrieb ein, die es mit Kaltakquise bei den Immobilienverwaltern versuchen sollten. Im Herbst 2009 dann besuchte er mit Gebbia Paris. In Paris übernachteten sie bei einem gebürtigen Pariser, der ein ungenutztes Zimmer hatte, charmant und sehr freundlich war. Es sei eine magische Reise gewesen, erinnert sich Chesky. In der folgenden Woche reisten sie nach London und übernachteten in einer der Unterkünfte, die Immobilienverwaltungen anboten. Dort war niemand anwesend und bei Chesky und Gebbia hinterließ der Aufenthalt einen schalen Nachgeschmack: „Es fehlten die Liebe und die Fürsorge. Es fühlte sich überhaupt nicht an wie etwas, das zu Airbnb passte", sagt Chesky. Er sei nach San Francisco zurückgekehrt und habe die Kaltakquise beendet. Später sollte extrem kontrovers darum gestritten werden, ob sich Airbnb aktiv darum bemühte, Verwalter mehrerer Immobilien von der Seite fernzuhalten. Derartige Opportunisten strömten ohnehin auf die Website und zwangen die Städte, darüber nachzudenken, wie sie damit umgehen wollten und ob sie Airbnb wie herkömmliche Hotels regulieren wollten.

Egal, welches Thema: Die Gründer schienen bei allen Dingen langsam vorzugehen. McAdoo erinnert sich, sie seien etwas zu „wunderbar geizig" gewesen und hätten sich schwergetan, ihr neues Wagniskapital auszugeben. Das entbehrt nicht einer gewissen Ironie, wenn man bedenkt, wie verschwenderisch sie sich später beim Aufbau von Firmenstandorten in aller Welt gaben. „Auf der einen Seite ist das fantastisch", erklärte ihnen McAdoo mit Blick auf das gut gefüllte Bankkonto. „Auf der anderen Seite müssen wir ins Geschäft investieren, Leute." Auch als es darum ging, neue Mitarbeiter einzustellen, entwickelten sich die Dinge mit der Geschwindigkeit einer Wanderdüne. Anfangs weigerten sie sich sogar, jemanden für den Kundendienst einzustellen. (Die einzige Telefonnummer auf der Website leitete Anrufer auf das Privathandy von Joe Gebbia um.) Sechs Monate lang suchten die Gründer nach dem ersten in Vollzeit arbeitenden Programmierer, bevor sie sich schließlich auf Nick Grandy einigten. Sie kannten Grandy von Y Combinator, er hatte sein eigenes Start-up jedoch aufgegeben.

Grandy, der Airbnb 2012 verließ, erinnert sich, wie er im Wohnzimmer arbeitete. Die Schreibtische standen dicht an dicht und um ihn herum redeten die ganze Zeit über die Praktikanten, die versuchten, potenzielle Gastgeber zu akquirieren. Eines der ersten Probleme bestand Grandys Erinnerung zufolge darin, die Gastgeber dazu zu bringen, auf Nachrichten der Gäste tatsächlich auch zu antworten. Die Lösung: Die Antwortrate („Dieser Gastgeber beantwortet 75 Prozent der Nachrichten") wurde für alle einsehbar auf die Website gestellt.

Die Gründer arbeiteten sieben Tage die Woche, aber es herrschte ein kameradschaftlicher Geist und es wurde viel herumgealbert. Gelegentlich unterbrachen sie die Arbeit, um ins Fitnessstudio zu gehen oder auf dem Dach abzuhängen. Einmal die Woche gingen sie in den nahegelegenen Park auf der Folsom Street und machten „Schulpause". Dann spielten sie Kickball oder sogar Fangen. Am Freitag gingen sie während der Happy Hour normalerweise in eine Bar.

Letztlich arbeiteten zehn Mitarbeiter in der überfüllten Wohnung. Mit Bewerbern musste Chesky im Treppenhaus sprechen, um die Privatsphäre zu wahren. Und wer ein wichtiges Telefonat führen wollte, zog sich ins Badezimmer zurück.[2] Aus den Schlafzimmern wurden Arbeitszimmer. Gebbia schlief auf einer Matratze auf dem Fußboden, bis er schließlich eine weitere Wohnung im selben Gebäude mietete. Chesky lebte nur noch aus dem Koffer und stieg in Zimmern ab, die er per Airbnb in der Stadt gemietet hatte. Einen Monat lang wohnte er in der Kapitänskajüte eines norwegischen Eisbrechers, der in der Bay Area im Hafen lag.[3] Seinen Honda Civic ließ er stehen, er pendelte stattdessen mit Uber zur Arbeit, mit dem schlagartig angesagten Limousinendienst, der San Francisco im Sturm eroberte. Bei Airbnb bewunderte man, wie magisch und einfach die Uber-App war, sagt Grandy. Als es 2010 darum ging, die erste Airbnb-App fürs iPhone zu entwickeln, sei Uber eine Inspiration gewesen.

Chesky schritt nur langsam voran, gleichzeitig frustrierte es ihn, dass die Art Erfolg, die er sich vorgestellt hatte, nicht schnell genug Wirklichkeit wurde. „Jeden Tag arbeitete ich daran und dachte bei mir: ‚Warum geht das nicht schneller?‘“, sagte er mir.[4] „Gründest du ein Unternehmen, geht das nie in dem Tempo vonstatten, das du dir wünschst oder das du erwartest. Du erwartest, dass alles linear abläuft. ‚Ich mache dies, dann geschieht jenes.‘ Du überlegst dir deine Schritte und die bauen aufeinander auf. Du fängst an, du baust es auf und glaubst, dass alle in Begeisterung ausbrechen werden. Aber das tut niemand, nicht einmal deine Freunde.“

Damit man den Funken begreifen kann, der letztlich den Flächenbrand namens Airbnb auslöste, müssen wir uns zunächst einmal unbedingt mit dem Hintergrund von Nathan Blecharczyk befassen, des großen, scheinbar unerschütterlichen Programmierers, und Mitgründers, der immer die Stellung hielt, während seine Partner durch die Welt reisten.

Blecharczyk war damals 24, aber schon sehr ausgefuchst in technischen Belangen. Er hatte den Softwarecode für die gesamte Website selbst geschrieben und arbeitete dafür mit einer neuen Open-Source-Programmiersprache namens Ruby on Rails. Er entwickelte ein flexibles, globales Bezahlsystem, das es Airbnb erlaubte, von seinen Gästen die Gebühren einzuziehen und das Geld dann – abzüglich einer Provision für Airbnb – an die Gastgeber weiterzureichen. Dazu wurden eine Reihe Onlinedienste wie PayPal genutzt.

In weiser Voraussicht hatte er als Host für den Internetauftritt Amazon Web Services ausgewählt. Bei dem jungen Ableger des riesigen Onlinehändlers konnten Firmen je nach Bedarf Amazon-Server anmieten. Das brachte gewaltige Kosteneinsparungen und Effizienzvorteile mit sich und sollte eine ganze Welle neuer und neuartiger Unternehmungen antreiben.

„Joe und ich hatten verrückte Träume und Visionen", sagt Chesky über seine Mitgründer. „Nate fand einen Weg, das völlig Unpraktikable möglich zu machen, ohne dabei die Vision aufgeben zu müssen." Aber Blecharczyk verfügte noch über ganz andere Talente.

Geboren wurde Nathan Underwood Blecharczyk in Boston als Sohn einer Hausfrau und eines Elektroingenieurs, der für einen örtlichen Industriegerätehersteller arbeitete. Blecharczyks Vater Paul lehrte ihn und Nathans jüngeren Bruder, mit Neugier durch die Welt zu gehen und zu hinterfragen, wie die Dinge funktionieren. Er übertrug ihnen mechanische Aufgaben im Haushalt und er brachte aussortierte Geräte mit nach Hause, etwa einen alten Xerox-Kopierer. Den konnten sie dann im Hinterhof zerlegen. „Für PB & Söhne ist kein Auftrag zu groß und keiner zu klein", sagte er seinen Jungs.

Schon bald begeisterte sich der junge Nate für Computer. Seine Familie erzählt die Geschichte, wie der Zwölfjährige eines Tages krank zu Hause geblieben war. Er nahm sich aus dem Regal seines Vaters ein Buch über Computersprachen und verschlang es. Zu Weihnachten wünschte er sich ein Buch über Qbasic, die Programmiersprache von Microsoft, und ackerte sich in drei Wochen durch das Werk.

An seiner Highschool in Boston betrieb Blecharczyk Querfeldeinlauf und tat sich in seinen Fächern hervor, aber zu Hause verlief sein Leben deutlich weniger konventionell. Nachdem er das Programmieren gelernt hatte, begann er, immer ausgeklügeltere Computerprogramme zu schreiben und sie über das Internet zu vertreiben, wobei er sie nicht verkaufte, sondern um freiwillige Spenden bat. Eines der ersten dieser Shareware-Programme machte es Computernutzern möglich, sich digitale Klebezettel auf den Bildschirm zu heften. Später entwickelte er ein Programm, das eine Schnittstelle zu America Online (AOL) war, damals das dominierende Online-Netzwerk und abgeschottet vom allgemeinen Internet. Programmierer bekamen durch Blecharczyks Tool die Möglichkeit,

Nachrichten aus dem Internet an die E-Mail- und die Instant-Messaging-Konten von AOL-Mitgliedern zu versenden.

Kurz nachdem er das Programm online gestellt hatte, erhielt Blecharczyk einen Anruf von jemandem, der das Programm gesehen hatte. Er wollte nun von Blecharczyk ein ähnliches E-Mail-Tool und bot ihm dafür 1.000 Dollar. Als er seinem Vater von dem Angebot erzählte, erwiderte Paul Blecharczyk: „Junge, kein Mensch aus dem Internet wird dir 1.000 Dollar bezahlen."

Blecharczyk schrieb das Programm dennoch und er bekam das Geld. Später fand er heraus, dass sein Kunde eigentlich das Programm hätte selber schreiben sollen, den Auftrag jedoch einfach nur weitergegeben hatte (und dafür vermutlich mehr als einen Tausender einsackte). Der Kunde stellte Nathan dann seinem Auftraggeber und weiteren potenziellen Auftraggebern vor. Schlagartig verdiente Blecharczyk gutes Geld damit, eine junge Branche mit einer Reihe von Software-Programmen zu versorgen. „E-Mail-Marketing" nannten die Praktizierenden es damals ganz unschuldig, aber weltweit wurde es unter einem anderen Namen berühmt – Spam.

Während seiner Highschool-Jahre und während des Studiums schrieb Blecharczyk maßgeschneiderte Programme für Spammer. Das ging so weit, dass er eine ganze Suite mit Produkten zum E-Mail-Marketing entwickelte. Seine Tools halfen Spammern, ihre Kampagnen zu organisieren und so abzustimmen, dass sie die Internetdienstleister austricksten, die sich verzweifelt gegen die Flut unerwünschter Werbemails stemmten. Er erhielt Auftrag um Auftrag und auch sein Bankkonto füllte sich. Er gab seinem Unternehmen diverse Namen, die mit der Zeit wechselten – Data Miners beispielsweise oder Global Leads. Das war auch der Name, unter dem er sein Unternehmen in Massachusetts 2002 eintragen ließ, nachdem er sein erstes Jahr in Harvard absolviert hatte. Blecharczyk erinnert sich, dass er anfangs keine Kreditkarten akzeptieren konnte, also mussten die Spammer auf seiner Website ihre Bankverbindung angeben. Dann druckte er die Angaben auf Blankoschecks aus dem Bürobedarfshandel, trug ein, was der Auftraggeber ihm schuldig war – meistens um die 1.000 Dollar –, und reichte die Schecks bei der Bank ein. „Man glaubt es nicht, aber das ist legal", erinnert er sich voller Entzücken an seine ersten Erfolge. „Ich habe buchstäblich Geld gedruckt!" Immer am Wochenende und nach jeweils drei Monaten berichtete er seinen Eltern, wie es um seine Finanzen stand. Natürlich waren Paul und Sheila Blecharczyk fassungslos. „Das war eine völlig neue Welt", sagte Blecharczyk. „Das Internet war gerade erst geboren worden. Was man nun zu erwarten hatte oder was es war, wusste damals wohl niemand so recht."

Seine Spam-Aktivitäten haben Blecharczyk nach eigenem Bekunden nahezu eine Million Dollar eingebracht – Geld, mit dem er unter anderem seine Studiengebühren in Harvard beglich. Gleichzeitig schaffte er es so auf eine Schwarze Liste im Internet, das „Register of Known Spam Operators", betrieben von einer in London ansässigen Organisation namens Spamhaus Project, die sich dem Kampf gegen die Spammer verschrieben hat. Auf der Seite, die sich mit Data Miners befasst, heißt es bei Spamhaus, Blecharczyk nutze häufig die Namen Nathan Underwood und Robert Boxfield. Er habe offenbar einen Dienst eingerichtet, der es Spammern ermöglicht, auf eine Reihe von Konten außerhalb der USA zuzugreifen, die die E-Mail-Aktionen tarnen und anonymisieren. „Data Miners (alias Nathan Underwood Blecharczyk) ist eine der Hauptquellen für die (von Spammern genutzten) defekten und offenen E-Mail-Relays und die Werkzeuge, die helfen, diese Relays auszumachen und zu nutzen", berichtete Spamhaus.[5]

Er habe sein Unternehmen 2002 geschlossen, um sich auf sein Studium zu konzentrieren, denn die Arbeit habe ihn all seine Zeit gekostet, sagt Blecharczyk. Ein Harvard-Kommilitone erinnerte sich später, Blecharczyk habe ihm von Drohbriefen erzählt, die er wegen seiner Aktivitäten von der US-Handelsaufsicht Federal Trade Commission erhalten habe.[6] (Blecharczyk selbst erinnert sich nicht daran.)

Wenn er Jahre später im Airbnb-Büro sitzend über diese Zeit redet, tut es ihm nicht leid, wie er zu seinem ersten beträchtlichen Vermögen gekommen ist. „All das war noch neu", sagt er. „Es gab dazu ehrlich gesagt keinerlei Bestimmungen." Technisch betrachtet ist das richtig, die USA verabschiedeten erst 2003 ein Gesetz, das den Versand von Spam-Mails oder das Erleichtern des Versendens zu einem Bundesverbrechen machte. Aber da waren Spam-Mails bereits seit Jahren eine weitverbreitete Plage, die E-Mail-Nutzer frustrierte und Internetfirmen über den Kopf wuchs.

„Das gehört dazu, wenn man Pionier ist", sagt er. „Es ist nicht nur aufregend, Dinge zu bauen, sondern auch, neue Felder zu erkunden und zu erkennen, dass dies mit einer Menge Unsicherheit einhergeht. Das ist auch heute sehr wahr und trifft auch auf Airbnb zu. Es ist ein völlig neues Konzept, für das es nicht viele Regeln gab."

Nach Abschluss seines Studiums war Nathan Blecharczyk nicht nur ein talentierter Programmierer, er verkörperte auch eine neue Art Silicon-Valley-Held – den Growth Hacker. Growth Hacker nutzen ihre Fähigkeiten als Programmierer, um auf clevere und nicht selten kontroverse Art und Weise die Beliebtheit ihrer Produkte und Dienste zu erhöhen. Wie sich herausstellen sollte, war Blecharczyk darin ganz herausragend.

Insofern versteht man leichter, dass Airbnb in dem Jahr nach dem Abschluss bei Y Combinator so einen geheimnisvollen Aufstieg hinlegen konnte. Zum damaligen Zeitpunkt waren zwei andere Dienste, die Wohnungen zur Miete anboten, deutlich größer: Zum einen Couchsurfing, das noch immer mit den katastrophalen Folgen seines Status als gemeinnützige Unternehmung zu kämpfen hatte, und Craigslist, das beliebte und praktische schwarze Brett, das sich in den vergangenen 13 Jahren nicht groß verändert hatte. Das Publikum von Craigslist war riesig. Allein in den USA verzeichnete die Anzeigenwebsite 2009 rund 44 Millionen Unique Visits.[7] Für viele seiner 570 Städte gab es bei Craigslist sehr aktive Kanäle, auf denen Wohnungen vermietet und zwischenvermietet wurden.

Bei Airbnb hatte man diese Tatsache erkannt und zwei clevere, wenngleich nicht hundertprozentig koschere Ansätze entwickelt, sich Craigslists Vorteile selbst zunutze zu machen. Was die Auswirkungen dieser Programme angeht, so hat sie Airbnb stets heruntergespielt, aber beide tragen völlig eindeutig die Handschrift von Nathan Blecharczyk.

Ende 2009, also wenige Monate nach Abschluss des YC-Programms, entwickelte Airbnb offenbar einen Mechanismus, der dafür sorgte, dass jeder, der auf Craigslist eine Mietimmobilie anbot, eine E-Mail von Airbnb erhielt. Das galt selbst dann, wenn die Person angegeben hatte, keine unerwünschten Werbemails erhalten zu wollen. Befand sich die Wohnung beispielsweise in Santa Barbara, hieß es in der E-Mail: „Hey, ich maile Ihnen, weil Sie bei Craigslist einen der schönsten Einträge für Santa Barbara haben. Ich möchte Ihnen empfehlen, Ihr Angebot auch bei einer der größten Internet-Immobilienseiten zu Santa Barbara einzustellen – Airbnb. Schon jetzt wird die Seite 3.000.000-mal pro Monat aufgerufen." All diese E-Mails waren bis auf den Namen der Stadt identisch und normalerweise stammten sie von einem Gmail-Konto mit einem weiblichen Namen.

Der auf Immobilien spezialisierte Online-Unternehmer Dave Gooden wurde 2010 auf die explosionsartig zunehmende Beliebtheit von Airbnb aufmerksam und beschloss, sich das einmal näher anzusehen. Er mutmaßte, was Airbnb für ein Spiel spielte, und nahm einige Lockvogel-Einträge auf Craigslist vor. Im Mai 2011 machte er in einem Blog-Eintrag öffentlich, was er herausgefunden hatte: Seinen Erkenntnissen zufolge hatte Airbnb sich bei Gmail zahllose Konten gesichert und ein System entwickelt, Spam-Mail an jeden zu schicken, der bei Craigslist inserierte. Das Vorgehen von Airbnb sei schändlich und eine sogenannte Black-Hat-Operation, so Gooden: „Craigslist gehört zu den wenigen Websites in dieser Größenordnung, die noch immer leicht ins Visier genommen werden können", schrieb er. „Skaliert man eine Black-Hat-Operation wie diese, kann man leicht Zehntausende Personen täglich gezielt ansprechen."[8]

Einige Technologie-Blogs griffen Goodens Eintrag auf und Airbnb geriet in die Defensive.[9] Als Erklärung gab das Unternehmen an, es habe Subunternehmer beauftragt und diese würden hinter den Versuchen stecken, Nutzer von Craigslist mit Spam zu überziehen. Als ich nach dem Erscheinen von Goodens Blogeintrag Chesky bei einer Branchenveranstaltung auf der Bühne dazu befragte, sagte er: „Eine der Lektionen, die man lernt, ist die, dass man sehr dicht dran sein muss an den Menschen, mit denen man arbeitet. Man muss sie ständig managen und beraten."

Ein paar Jahre später verriet Blecharczyk weitere Einzelheiten: Sie hatten über eLance, einen Online-Personalvermittler, ausländische Subunternehmer angestellt und bezahlten sie danach, wie viele neue Gastgeber sich auf Airbnb anmeldeten. „Viele Unternehmen beginnen, indem sie sich eine Nutzergruppe auf Craigslist ausgucken, eine bessere Erfahrung aufbauen und dann diese Nutzer umwerben", sagt er. Die ganze Sache sei ineffektiv gewesen, denn normale Craigslist-Nutzer seien nicht daran interessiert gewesen, ihre Zimmer an Reisende zu vermieten, sie hätten vielmehr nach Mitbewohnern oder Langzeitmietern gesucht, so Blecharczyk: „Letztlich hat das nicht für spürbar mehr Geschäftsaufkommen gesorgt."

Das schaffte dann eine andere Strategie. Einige Monate, nachdem die Craigslist-Nutzer mit Massenmails überzogen worden waren, griff Airbnb zu einer neuen Taktik. Anstatt zu versuchen, Nutzer von Craigslist zu Airbnb zu locken, tat das Unternehmen genau das Gegenteil: Es ermöglichte es Nutzern, mit einem einzigen Mausklick eine abgespeckte Version ihrer eleganten Airbnb-Einträge auch auf Craigslist zu posten. „Wenn man seinen Airbnb-Eintrag auch auf Craigslist listet, erhöht das die Einnahmen um durchschnittlich 500 Dollar pro Monat", informierte die Website die potenziellen Gastgeber. „Indem man auch bei Craigslist inseriert, hat man den Nutzen einer höheren Nachfrage, während man gleichzeitig weiterhin Airbnb nutzen kann, um die Anfragen zu verwalten und zu moderieren."

Dieses Angebot, laut Chesky ursprünglich die Idee von Berater Michael Seibel, erwies sich als Glücksfall für das Unternehmen. Airbnb etablierte sich auf diese Weise als ein Weg, visuell ansprechendere Anzeigen für Craigslist zu erstellen, gleichzeitig streute man auf diese Weise haufenweise Eigenwerbung in das Netzwerk des größten Konkurrenten. „Es war ein neuartiger Ansatz", sagt Blecharczyk. „Keine andere Website bot eine derartig reibungslose Integration. Das war ein ziemlicher Erfolg für uns."

Andere Growth Hacker registrierten das und zollten dieser ausgeklügelten technischen Leistung Respekt. Craigslist war in Hunderten Städten mit unterschiedlichen Varianten seiner Website aktiv, jede mit eigenem Internetauftritt und eigenem Menüformat. Blecharczyk hatte einen Weg entwickelt, ganz einfach von Airbnb aus auf der richtigen Seite posten zu können. In einem Blogeintrag, der voll des Lobes war, schrieb der Growth Hacker Andrew Chen, der später bei Uber arbeiten sollte: „Es ist einfach und tief in das Produkt integriert und zählt zu den beeindruckendsten Ad-hoc-Integrationen, die ich in den letzten Jahren gesehen habe." Und weiter: „Ein traditioneller Vermarkter wäre ganz gewiss nicht auf diese Idee gekommen oder hätte überhaupt gewusst, dass so etwas möglich ist. Da musste erst ein marketingorientierter Programmierer kommen, um das Produkt zu analysieren und eine derart reibungslose Integration zu entwerfen."[10]

Jahrelang schien es Craigslist nicht zu scheren, dass Airbnb die Möglichkeit anbot, auf beiden Websites zu posten. Das in San Francisco ansässige Craigslist zählt zu den Pionieren des Onlinehandels und ist ein kleines, eher auf sich fokussiertes und nicht sonderlich an

Wachstum interessiertes Unternehmen. Deshalb hat sich der äußere Auftritt der Website in über zehn Jahren auch nicht sonderlich verändert. (Auf Anfragen, ob man sich zu Airbnbs Aktivitäten äußern wolle, reagierte das Unternehmen nicht.) 2012 jedoch wurde Craigslist schlagartig wach und verschickte Unterlassungsklagen an Firmen, die mit derartigen Methoden arbeiteten. Er wisse nicht mehr, ob auch Airbnb so ein Schreiben erhalten habe, sagt Chesky und verweist darauf, dass Airbnbs Crossposting-Möglichkeit auch Craigslist helfe: „Ihre Anzeigen sahen dadurch besser aus. Es gab Leute, die nicht bei Craigslist inseriert hätten, und Craigslist bekam so neuen Bestand."

Nachdem sich Craigslist über dieses Vorgehen beschwert hatte, entfernte Airbnb ordnungsgemäß das Crossposting-Tool, aber zu diesem Zeitpunkt war es bereits zu spät. Wie ein Staubsauger zog Airbnb Einträge und Nutzer von Craigslist ab. Natürlich half es, dass die Airbnb-Website besser programmiert war, dass sie deutlich einfacher zu nutzen war und dass das Unternehmen ständig daran arbeitete, die Bezahlprozesse zu vereinfachen, die Mobilfunk-Apps zu optimieren und Gastgebern und Gästen zu einem stärkeren Gefühl der Sicherheit zu verhelfen, weil sie ihre echten Identitäten verwenden müssen und sich gegenseitig bewerten können.

Während dieser frühen Jahre schaltete Blecharczyk auch erfolgreiche Online-Werbekampagnen. Suchte beispielsweise jemand bei Google nach einer Wohnung in Boston, tauchten oben auf der Seite der Suchergebnisse Anzeigen von Airbnb auf. Blecharczyk und sein Marketingteam wurden Meister darin, die günstigsten und am häufigsten gesuchten Begriffe zu finden und dazu Anzeigen zu entwickeln, die knackig und auf den Punkt waren. „Besser als Couchsurfing.com!", posaunte beispielsweise eine frühe Airbnb-Suchmaschinenwerbung. Couchsurfing-Mitgründer Dan Hoffer schrieb Chesky sogar eine E-Mail, um sich über diese Methoden zu beschweren. Chesky hat sich Hoffer zufolge entschuldigt, die Kampagne eingestellt und ihm zwei Schachteln Obama O's als Friedensangebot geschickt.

Sehr gut wusste Blecharczyk auch die gerade entstehende Möglichkeit zu nutzen, bei Facebook Anzeigen zu schalten. Das soziale Netzwerk erlaubte es Firmen erstmals, ihre Anzeigen an die Interessen und die Hobbys anzupassen, die die Nutzer in ihrem Profil angegeben hatten. Schrieb ein Nutzer beispielsweise, dass er Yoga mochte, bekam er eine Anzeige zu sehen, in der „Vermiete dein Zimmer an einen Yogi" stand. Hatte er angegeben, Weintrinker zu sein, lautete der Text „Vermiete dein Zimmer an einen Wein-Liebhaber!" und so weiter.

Facebook-Anzeigen waren günstig und die Menschen neigten dazu, auf diese unheimlich genau auf sie zugeschnittenen Anzeigen zu reagieren. Natürlich umgab das Ganze ein Hauch von irreführender Werbung, denn Airbnb bot keine Möglichkeit an, speziell an Yogis oder Wein-Liebhaber vermieten zu können. Dennoch hätten die Anzeigen auf Facebook hervorragend funktioniert und die Expansion des Unternehmens vorangetrieben, sagt Blecharczyk. Die frühen Airbnb-Mitarbeiter waren voller Bewunderung dafür, über welche technischen Fähigkeiten Blecharczyk einerseits verfügte und wie gute Marketinginstinkte er andererseits besaß. Nathan Blecharczyk ist „einer der besten Online-Vermarkter, die die Welt je gesehen hat", sagt beispielsweise Michael Schaecher, der während des Sommers von 2010 in die Marketingabteilung von Airbnb kam.

Der Herbst 2010 kam und Airbnb war eine ganz heiße Sache. Das lag vor allem an den Growth Hacks, die Blecharczyk aus dem Ärmel zauberte, und daran, dass die Weltwirtschaftskrise viele Reisende nach günstigen Angeboten suchen ließ. 700.000 Übernachtungen in 8.000 Städten wurden auf der Website gebucht und Airbnb brachte eine schicke neue App für das iPhone auf den Markt. Man setzte voll und ganz auf die Smartphone-Revolution. [11]

Endlich sah Airbnb aus wie ein echtes Unternehmen, eine Firma mit Umsätzen und einem Minimum an unternehmerischen Anstandsregeln. In den Medien und auf der Website bezeichnete sich Chesky als CEO und formalisierte damit die Führungsposition, die er von Anfang an innegehabt hatte. Gebbia war als Chief Product Officer zuständig dafür, die „Airbnb-Nutzererfahrung" zu definieren, hieß es auf der Firmenwebsite. Blecharczyk firmierte als Chief Technology Officer. Das Unternehmen hatte sich sogar einige Straßenzüge von der Rausch Street entfernt neue Büroräume zugelegt, und zwar in einer zweistöckigen ehemaligen Werkstatt in der Tenth Street. Nach draußen ging es durch ein Garagentor, der Mobilfunkempfang war furchtbar schlecht und die örtliche Obdachlosenpopulation fühlte sich in der angrenzenden Nebenstraße ausgesprochen heimisch. Das Gebäude wies den Charme eines verstaubten Lagers auf, war jedoch ein echtes Büro, das Platz für weitere Mitarbeiter bot.

Die Gründer erkannten, dass sie dem Kundendienst Priorität einräumen mussten. McAdoo schlug ihnen vor, sie sollten sich mit dem Management von Zappos zusammensetzen. Zappos, ebenfalls ein Unternehmen, an dem Sequoia beteiligt war, hatte sich als unkonventioneller Einzelhändler zunächst ausschließlich auf Schuhe konzentriert und sich mit kostenlosem Versand und einer großzügigen Rückgabepolitik eine treue Kundschaft aufgebaut. Als McAdoo wenige Tage später noch einmal mit den Airbnb-Gründern sprach, stellte er fest, dass sie bereits auf ihn gehört hatten und im Zappos-Stammsitz in Las Vegas gewesen waren. Sie hatten die mit Schnickschnack übersäten Büros besucht, wo die Mitarbeiter aufstanden, um Besucher freundlich zu bejubeln, und sie hatten Zappos' CEO Tony Hsieh sowie dessen COO kennengelernt, Alfred Lin, der später bei Airbnb im Board sitzen sollte. Zwar war Zappos im Juni 2009 von Amazon übernommen worden, aber die leicht durchgeknallte Atmosphäre hatte darunter nicht gelitten.

Etwa zu der Zeit kehrte Airbnb in die Sand Hill Road und somit ins Epizentrum der Wagniskapitalgeber zurück, um weiteres Geld einzusammeln. Die Anzeigen, die Blecharczyk für Facebook und Google produziert hatte, waren ertragreich, aber kostspielig, und Chesky musste dafür sorgen, dass die Kasse gut gefüllt blieb. McAdoo erkannte das Potenzial des Unternehmens und wollte, dass Sequoia die gesamte Finanzierungsrunde allein stemmt, aber bei Y Combinator hatte Chesky gelernt, dass man es sich genau überlegen soll, ob man den Wagniskapitalgebern zu viel Kontrolle überlässt. Er bestand darauf, einen weiteren Geldgeber an Bord zu holen.

Chesky fand einen Investor, der gerne bereit war, in Airbnb zu investieren – Reid Hoffman, Mitgründer und Chairman von LinkedIn und Partner bei Greylock Capital. Zunächst sei er skeptisch gewesen, sagt Hoffman. Couchsurfing sei ja nun nicht gerade das spannendste Thema der Welt, habe er gedacht. Dann besuchte Chesky Hoffman an einem Wochenende in seinem Greylock-Büro an der Sand Hill Road. Er entwickelte eine faszinierende Vision eines Airbnbs, das als weltgrößte Hotelkette auftrat, ohne dabei die kostspieligen Belastungen durch den Unterhalt von Immobilien tragen zu müssen und ohne Geld für Personal wie Pagen und Zimmermädchen ausgeben zu müssen. „Im Leben der meisten von uns gibt es diesen gewaltigen illiquiden Vermögenswert – ein Zimmer, eine Wohnung, ein Haus, einen einzigartigen Raum. Die Idee, diesen Vermögenswert in etwas zu verwandeln, mit dem man auf einen Marktplatz gehen kann, der im Grunde Peer-to-Peer ist … das ist einfach eine mörderisch gute Idee", sagte Hoffman. „Ich sagte: ‚Okay, von mir aus kann es losgehen.'" [12]

Dass Hoffman die Gelegenheit beim Schopf ergreifen konnte, lag auch daran, dass die anderen Wagniskapitalgeber, an die sich Chesky gewandt hatte, das Konzept noch immer nicht begriffen. Außerdem gelang es ihnen nicht, über die offensichtlichen Risiken hinwegzublicken – das Risiko, dass sich jemand in einer Airbnb-Unterkunft verletzt, dass eine Wohnung verwüstet wird oder dass ein Gastgeber das Geschehen in der Unterkunft heimlich per Kamera überwacht. Sie sahen kein Unternehmen, das nicht nur Twens aus Europa gefallen könnte, sondern auch echten Erwachsenen, vielleicht sogar Rentner-Ehepaaren, die auf ihren Reisen authentischere Erfahrungen suchten.

Der Netscape-Gründer und Investor Marc Andreessen hatte gerade mit seinem Partner Ben Horowitz sein eigenes Wagniskapitalunternehmen ins Leben gerufen, als er bei der Serie-A-Finanzierungsrunde für Airbnb abwinkte. Ziel von Andreessen Horowitz sei es, jedes Jahr die wirklich wichtigen Technologie-Start-ups zu finden, das seien um die 15, und so viele wie möglich von ihnen zu unterstützen, sagte Andreessen. [13] Andreessen Horowitz sah sich Airbnb sehr lange an, dann rümpfte man die Nase. „Marc tat sich schwer mit der Vorstellung, dass dies mainstream werden könnte", sagt Chesky. Im Jahr darauf korrigierte Andreessen Horowitz seine Fehleinschätzung und übernahm die Führungsrolle in der Serie-B-Runde. Diese Investition war weniger lukrativ, aber immer noch immens rentabel.

Ebenfalls abgelehnt hatte ein Wagniskapitalgeber von der anderen Seite der Sand Hill Road, eine Firma namens August Capital. Howard Hartenbaum hatte in Skype investiert, den Anbieter von Online-Videoanrufen. Er traf sich in jenem Herbst wiederholt mit Chesky und führte die Gründer zu einem Abendessen in Alexander's Steakhouse aus, ein Restaurant in der Nähe des neuen Airbnb-

Büros in San Francisco. Chesky machte enorm Eindruck auf Hartenbaum – er schien über Selbstsicherheit, Intelligenz und den unbändigen Willen zu verfügen, sich durchzusetzen. Aber mit den Zahlen konnte sich Hartenbaum nicht anfreunden. Nach den ersten Erfolgen von Airbnb kühn geworden, bot Chesky ihm sechs Prozent der Anteile für eine Zahlung von 4,5 Millionen Dollar an.

Eine Bewertung von zwei oder drei Milliarden Dollar traute Hartenbaum Airbnb durchaus zu. Aber selbst wenn dieser Glücksfall eintreten sollte, würde das Aktienpaket den 500 Millionen Dollar schweren Fonds von August Capital nicht wesentlich beeinflussen. Die Gelegenheit war schlicht nicht groß genug, als dass sich für Hartenbaum der Versuch lohnen würde, bei einigen seiner skeptischeren Partner Überzeugungsarbeit zu leisten. Also winkte er ab. Jahre später machte er sich deswegen noch immer Vorhaltungen. Er habe unterschätzt, dass die Aufrührer bei den Investoren eine Welle der Euphorie auslösen könnten und dass er mit drei Milliarden Dollar die maximal mögliche Bewertung von Airbnb radikal zu niedrig angesetzt hatte. „Man kann den ganzen Tag lang kleine Fehler vom Typ eins machen", sagt er. „So etwas ist nicht fatal. Das hier war ein Fehler vom Typ zwei, also die Art Fehler, die man sich nicht erlauben kann. Ganze Fonds basieren zum Teil auf einem einzigen Deal. Wenn man da abwinkt, erledigt man seinen Job als Wagniskapitalgeber nicht."

August Capital war zwar kein Investor geworden, aber Chesky erinnerte sich gut an das Essen mit Hartenbaum. Bei dieser Verabredung hatte er zum ersten Mal von den Leuten gehört, bei deren Namen ihm bald Schauer den Rücken hinunterlaufen würden: von den Samwer-Brüdern.

„Ich sage euch mal, wie es wahrscheinlich kommen wird", sagte Hartenbaum den drei Gründern an jenem Abend, während sie ihre Steaks aßen. „Da sind diese deutschen Brüder. Sie werden schon bald erkennen – wenn sie es nicht schon längst getan haben –, dass sich Airbnb ausgesprochen gut entwickelt. Dann werden sie in kürzester Zeit eine Tonne Geld einsammeln und ein Unternehmen hochziehen, das euch kopiert. Dann werden sie versuchen, euch dazu zu bringen, sie zu kaufen. Und dann werden sie euch das Leben zur Hölle machen."

KAPITEL 5
BLUT, SCHWEISS UND RAMEN

WIE UBER SAN FRANCISCO EROBERTE

Ich bin besser als früher. Ich bin intensiver. Ich bin beeindruckender. Der Unterschied ist der, dass ich beim letzten (Start-up) Angst hatte zu scheitern. Jetzt habe ich keine Angst mehr. Jetzt kann ich einfach Spaß haben, hinausgehen und töten.

— *Travis Kalanick* [1]

B rian Chesky war nun also vor den Gebrüdern Samwer gewarnt. Gleichzeitig machte beim anderen aufsteigenden Stern der Stadt, Uber, jemand Travis Kalanick und seiner kleinen Truppe das Leben schwer – jemand, der geografisch deutlich dichter an ihnen dran war.

Als am 20. Oktober 2010 vier Zivilbeamte die Uber-Büroräume betraten und dem Unternehmen seine erste Unterlassungsanordnung aushändigten, sorgte das firmenintern für mächtig Aufregung. Austin Geidt schickte Bilder von der Anordnung per SMS an CEO Ryan Graves, der gerade bei First Round Capital im Board-Meeting saß. Graves verließ den Raum, um Austin anzurufen, dann kehrte er zurück, um sich mit Travis Kalanick, Garrett Camp und den Investoren Chris Sacca und Rob Hayes zu beraten. In der Unterlassungsanordnung wurden 5.000 Dollar Strafe pro Fahrt angedroht und 90 Tage

Gefängnis für jeden Tag, den das Unternehmen weiter in Betrieb blieb. Aber welche Gesetze hatten sie denn nun genau gebrochen? Und wer im gewaltigen und undurchdringlichen Bürokratieapparat San Franciscos steckte hinter den Bestrebungen, ein Unternehmen zu stoppen, das in der örtlichen Technologiegemeinde rasch viele Freunde gefunden hatte?

Ein paar Straßenzüge weiter, in der 1 South Van Ness Avenue, saß Christiane Hayashi im siebten Stockwerk eines ehemaligen Bankgebäudes und bereitete ihren nächsten Schachzug vor.

Hayashi war bei der Metropolitan Taxi Agency zuständig für Taxis und Barrierefreiheit. Innerhalb der in hohem Maß dysfunktionalen Taxibranche der Stadt war niemand so mächtig wie sie. Nach Abschluss ihres Jurastudiums hatte sie als stellvertretende Justiziarin der Stadt gearbeitet und sich mit Umweltrecht und dem Jahr-2000-Problem befasst. Sie war bestens vertraut mit der rauen Politikwelt von San Francisco, in der rivalisierende Fraktionen sich ständige Grabenkämpfe lieferten und Korruption kein Fremdwort war. Besonders aufreibend war ihre Zeit in der Wahlbehörde, wo sie die Abkehr von Wahlmaschinen mit Lochkarten verantwortete. Hayashi und zwei weiteren Anwälten wurde vorgeworfen, Mittel veruntreut zu haben und falsche Stundenabrechnungen unterschrieben zu haben. Ein Sonderausschuss untersuchte den Fall und sprach sie letztlich von den Vorwürfen frei. [2]

Der Vorfall „machte mich eine Zeit lang völlig fertig", sagt sie. Nachdem sie entlastet worden war, floh sie aus der Lokalpolitik und zog in den mexikanischen Bundesstaat Chiapas nach San Cristóbal de las Casas, wo sie ein paar Monate lang in einer örtlichen Disko als Sängerin der Hausband arbeitete. Aber sechs Nächte die Woche in einem Gebäude zu arbeiten, das sie als reinste Feuerfalle in Erinnerung hat, war dann doch keine Alternative zu einem sicheren Schreibtischjob und einer schönen staatlichen Rente. 2003 traf sie zufällig beim Wandern im Dschungel von Guatemala auf einen Stadtrat von San Francisco. Schon bald darauf wurde sie zurückgelockt. Zunächst vertrat sie die SFMTA, den kommunalen Verkehrsbetrieb von San Francisco, im Büro des Justiziars. Als wieder einmal der Bürokratieapparat neu geordnet wurde und die Taxi-Kommission in die SFMTA integriert wurde, übernahm sie die Leitung des Gremiums. Sich mit Taxen zu befassen, das war bestimmt eine spaßige und entspannte Angelegenheit, dachte sie sich. „Nach den Wahlen würden die Taxis bestimmt ein Kinderspiel", sagte sie sich. Sie sollte schnell eines Besseren belehrt werden.

Hayashi hatte einen uneingeschränkten Blick auf den Zustand, in dem sich das Taxensystem der Stadt befand – Wartezeiten von bis zu 15 Jahren für eine Konzession, eine streng gedeckelte Zahl an Taxen, dazu der Umstand, dass außerhalb von Innenstadt und Flughafen praktisch keine Taxen zu bekommen waren. Die Bestimmungen mussten geändert werden, darin waren sich alle einig, aber auf das Wie konnte sich niemand einigen. 2009 beauftragte Bürgermeister Gavin Newsom Hayashi damit, erstmals seit 32 Jahren das Konzessionssystem zu modernisieren. Wie in New York sollten Konzessionen künftig per Auktion versteigert werden, um der Stadt ordentlich Kapital zu bringen. Hayashi hatte Sorge, dass bei Auktionen die meisten Fahrer nicht würden mithalten können. Also entwickelte sie neue Bestimmungen: Der Preis einer Konzession stieg auf 250.000 Dollar, Fahrern wurden Darlehen zu niedrigen Zinsen angeboten, älteren Fahrern wurde es schmackhaft gemacht, weniger Stunden zu arbeiten.

Gegen viele Vorschläge dieser Zeit liefen die Fahrer Sturm. Es war dasselbe Prinzip wie bei den vielen anderen Dramen, die sich im Land und im Rest der Welt in der Taxibranche abspielten. Die Taxifahrer sperrten sich gegen Versuche, mehr Konzessionen auszugeben, denn sie fürchteten Einkommenseinbußen und noch stärker verstopfte Taxibereiche an Flughäfen und vor Touristenhotels. Vehement wehrten sie sich auch gegen Bemühungen, Lesegeräte für Kreditkarten zu einem verbindlichen Angebot zu machen, denn die Transaktionsgebühren müssten sie, die Fahrer, bezahlen, außerdem würden ihre Einkünfte dokumentiert und für den Staat einsehbar werden. Hayashi verwies darauf, dass dies sicherlich durch steigende Trinkgelder wettgemacht würde und dass die Passagiere eine Abwicklung per Kreditkarte dem Bargeschäft vorziehen würden. Die Taxifahrer umzingelten daraufhin das MTA-Gebäude und hupten lautstark, um ihrem Unmut Luft zu machen. Ein Fahrer hielt ein Plakat aus seinem Sonnendach, auf dem „Christiane verschwinde – lass uns in Ruhe" zu lesen war.

Hayashi setzte für den Umgang mit den übellaunigen Veteranen der Taxibranche, die sich vehement gegen jedwede Veränderung sperrten, auf ihren wachen Geist und ein gerüttelt Maß an Charme. Aber dennoch forderte der Kampf auch ihr Tribut ab. Das Gezänk um Kreditkarten und um Konzessionen habe sie „stark angeschlagen" und sie habe angefangen, ihre Aufgabe als undankbar anzusehen. „Ich habe immer gewitzelt, dass mein Job sicher ist – sonst will ihn ja keiner", sagt sie. „Die Fahrer hassen dich, weil ihre Frauen sie nicht lieben und ihre Kinder hässlich sind und es alles deine Schuld ist. Die Manager der Taxiflotten mögen dich nicht, weil sie kein Geld verdienen. Und jedes Maß an Regulierung ist zu viel."

Als wir über dieses Thema sprechen, sind Jahre vergangen. Wir sitzen bei einem Freund in Berkeley, der im Garten ein Grillfest veranstaltet. Hayashi ist inzwischen Anfang 50 und aus Las Vegas zu Besuch hier. In Las Vegas arbeitet sie in einem Bezirksgericht und lebt auf einer Farm mit Blick auf die Berge. Ihren Sinn für Humor hat sie wiedergefunden, aber dennoch ist es anfangs schwierig, sie dazu zu bringen, an die alte Zeit zurückzudenken – diese Jahre bei der Transportbehörde waren die schwierigste Phase ihres Lebens. „Dieser Job hat mich wahnsinnig gestresst. Das ist einer der Gründe, weshalb ich es so liebe, auf dem Land zu leben und keinerlei Verpflichtungen zu haben", sagt sie.

Im Sommer 2010 begann Hayashis Telefon, in einem fort zu klingeln. Die nächsten vier Jahre sollte es kaum einmal stumm bleiben. Die Taxifahrer liefen Sturm – eine neue App namens UberCab erlaubte es den Limousinenchauffeuren nämlich, wie Taxifahrer zu arbeiten.

Laut Gesetz dürfen nur Taxen Fahrgäste auf der Straße einsammeln und Taxen sind verpflichtet, mit staatlich geprüften und zertifizierten Taxametern den Fahrpreis zu ermitteln. Limousinen dagegen mussten von den Fahrgästen vorbestellt werden, üblicherweise per Anruf an einen Fahrer oder an eine zentrale Funkzentrale. Uber verwischte diese Grenzen nicht einfach, Uber pulverisierte sie, weil man sich mit Uber sein Fahrzeug elektronisch heranwinken konnte und weil das iPhone als Taxameter diente. Wann immer Hayashi ans Telefon ging, schrie sie ein weiterer Fahrer oder Taxibetreiber an: „Das ist illegal! Warum erlauben Sie das? Was unternehmen Sie deswegen?" Sie kannte viele dieser Fahrer und Betreiber persönlich und hatte versucht, ein gutes Gleichgewicht zwischen den Interessen dieser Gruppe und den Interessen der Öffentlichkeit zu finden. Das Ergebnis war jedoch ein System, das weder den Fahrgästen noch der

Stadt besonders nutzte. Dann kam Uber und veränderte den Status Quo radikal. Der Zorn der Taxifahrer sei berechtigt gewesen, sagt Hayashi: „Wir sitzen hier und regulieren die armen Kerle zu Tode und dann ignorieren wir einfach, was da passiert?"

Hayashi wusste sehr wohl um die Grenzen ihrer Kompetenzen. Für die Regulierung von Limousinen war der Staat verantwortlich, nicht die Stadt. Dennoch erkannte sie eine Möglichkeit: Dieses neue Start-up nannte sich UberCab und das sprach doch dafür, dass es sich selbst als Taxi-Unternehmen vermarktete. Hayashi sprach mit der Rechtsabteilung der kalifornischen Kommission für Versorgungsbetriebe (PUC), der für die Regulierung des Limousinengeschäfts zuständigen Behörde. Gemeinsam stimmten sie die Unterlassungsanordnung ab. Uber erhielt das bedrohliche Schreiben und bat umgehend um ein Treffen.

Am 1. November kamen Travis Kalanick, Ryan Graves und Dan Rockey, der externe Anwalt von Uber, mit Hayashi und anderen Vertretern von Stadt und Staat zusammen. Treffpunkt war ein Konferenzraum im siebten Stock von 1 South Van Ness. Es sollte der Auftakt für zahllose weitere Treffen zwischen Uber-Managern und Behördenvertretern sein, bei denen es um die Rechtmäßigkeit der Dienste des Unternehmens ging. Sie seien nervös gewesen, sagt Graves: „Wir wussten nicht, was uns erwartet", sagt er. Man habe sich im Vorfeld darauf verständigt, respektvoll, neugierig, kooperativ und zuversichtlich aufzutreten.

Leider lief der Termin nicht so gut. Kalanick sagte später, die PUC-Vertreter seien zurückhaltend aufgetreten und hätten um weitere Informationen geben, doch Hayashi habe „Gift und Galle gespuckt". Sie sei ausgesprochen zornig gewesen und habe geschrien.[3]

Das deckt sich nicht mit der Erinnerung von Hayashi. Sie sagt, sie habe scharfe Kritik geübt, aber nicht geschrien. Die Uber-Manager seien „widerlich" gewesen, vor allem Kalanick empfand sie als „arrogant". „Das können Sie nicht tun", sagte sie den Uber-Managern. „Sie können nicht einfach ein Restaurant eröffnen und sagen: ‚Mir doch egal, was das Gesundheitsamt sagt.'"

Bei dem Treffen sei nichts beschlossen worden, so Hayashi, es sei „komplett nutzlos" gewesen. Aber das stimmt so nicht ganz. Tatsächlich hat der erste Zusammenstoß von Uber mit den Regulierern der Stadt dieser Geschichte vermutlich eine völlig neue Richtung gegeben.

Fast zwei Jahre lang hatte Garrett Camp seinen Freund Travis Kalanick bekniet, sich doch stärker bei Uber einzubringen. Während sie am Morgen von Barack Obamas Amtseinführung wie Verrückte rannten, während sie in Austin Abenteuer beim South by Southwest erlebten, während der Lobby-Konferenz in Hawaii oder beim LeWeb in Paris – die ganze Zeit über hatte Camp gepredigt, dass die Welt bereit sei für die Möglichkeit, sich mit einem einzigen Tippen aufs Smartphone eine Luxus-Limousine heranzurufen. Mittlerweile arbeitete Kalanick ein paar Tage pro Woche bei Uber. Er nahm Limousinenflotten unter Vertrag, er führte zahlreiche Gespräche mit Investoren und bei dem so wichtigen Treffen mit Hayashi und den anderen Regulierern bestritt er einen Großteil des Gesprächs. Uber war für ihn noch immer ein Nebenprojekt. Ryan Graves war noch immer der CEO. Langsam, aber sicher begann Kalanick, an die Vision zu glauben.

Nach seinem letzten Vollzeitjob steckte Kalanick noch immer in seiner „Burnout-Phase", wie er selbst es nannte.[4] Er bereiste Europa und Südamerika und trug dabei einen albernen Cowboyhut. Nach seiner Rückkehr verwendete er seine Fähigkeit, sich wie ein Irrsinniger auf ein einziges Thema zu konzentrieren, darauf, Videospiele zu meistern, etwa Wii Tennis und Angry Birds. Wenn ihn wieder die chronische Ruhelosigkeit plagte, investierte er in diverse Start-ups und beriet sie. Gelegentlich hielt er auch Vorträge über seine früheren Misserfolge als Unternehmer.

Camp wusste, Kalanick wäre perfekt für Uber. Sein Freund liebte es, sich in die Einzelheiten komplizierter Geschäfte zu verbeißen und die Geheimwissenschaft vom erfolgreichen Gründen eines Unternehmens auszuloten. Camp hatte mit seinem neuerdings wieder eigenständigen ersten Unternehmen StumbleUpon alle Hände voll zu tun, deshalb bearbeitete er Kalanick weiter, doch die Führung von Uber zu übernehmen. „Ich bin wirklich der Meinung, Travis sollte es leiten", sagte Camp damals zu Steve Jang, einem der ersten Berater von Uber. „Er ist fast so weit. Er ist kurz davor."

Er sei jetzt wieder bereit, sich einen neuen Vollzeitjob zu suchen, sagte Kalanick Freunden zu dem Zeitpunkt, als das erste schicksalhafte Treffen mit Hayashi stattfand. Die Stelle musste nicht unbedingt bei Uber sein. Formspring schien damals auf dem Sprung zu sein, sich zum nächsten großen sozialen Netzwerk zu entwickeln, und auch dort war Kalanick als Berater involviert. Formspring, eine Frage-und-Antwort-Website, hatte 14 Millionen Dollar Kapital eingesammelt und verhandelte nun mit Kalanick über den Posten des Chief Operating Officers. Die Gespräche waren so weit vorangeschritten, dass man Kalanick die Stelle angeboten hatte und dass im Board über die mögliche Vergütung Kalanicks geredet wurde, sagt Formspring-Mitgründer Ade Olonoh. Es sei einer von mehreren Posten gewesen, die er damals in Betracht gezogen hatte, erklärte mir Kalanick.

Formspring zählte zu den insgesamt zehn Unternehmen, in die Kalanick als Business Angel investiert hatte. Er gab sich gegenüber jungen CEOs als praxisnaher Mentor, quasi eine Art Silicon-Valley-Version von Wolf aus dem Film *Pulp Fiction*, jemand, den man in kniffligen Situationen hinzuziehen konnte, etwa wenn es um Verhandlungen mit Geldgebern ging oder um das Aushandeln von Verträgen. [5] „Sein Talent bestand darin, ein vertracktes Problem zu nehmen und als Moderator zu agieren, der auch bereit war, selbst mal die Ärmel hochzukrempeln", sagt Olonoh. „Er war sehr stolz darauf, zu der Art Investoren zu zählen, die ihren Unternehmen helfen."

Über das Start-up CrowdFlower stolperte Kalanick, indem er von sich aus den Kundendienst der Firma anrief und sich mit dem Firmenchef Lukas Biewald anfreundete. CrowdFlower vergibt Hilfsarbeiten über das Internet an Freiberufler. Zwei Jahre lang unterhielten sich Kalanick und Biewald mehrmals die Woche und Biewald war regelmäßig zu Gast im „Jam Pad". „Er half mir, obwohl er dazu keinerlei Veranlassung hatte", sagt Biewald. Kalanick überschüttete ihn mit Tipps für den Umgang mit Investoren, für die Auswahl seines Managements und für Verhandlungen mit potenziellen Partnern. „Lukas, jeder wird dir Ratschläge geben", sagte ihm Kalanick. „Du musst nachhaken, was für eine Geschichte hinter dem Ratschlag steckt. Die Geschichte ist immer interessanter."

Geboren wurde Travis Kalanick in einem Mittelklasse-Vorort von Northridge im San Fernando Valley, das zu Los Angeles gehört. In Northridge wuchs er auch auf. Sein Vater Don diente zwei Jahre in der Armee und arbeitete dann als Bauingenieur für die Stadt Los Angeles. Seine Mutter Bonnie verkaufte Anzeigen für die *Los Angeles Daily News*.

An der Granada Hills High School betrieb Kalanick Leichtathletik, lief in der 4x400-Meter-Staffel und war Spezialist für

Weitsprung.[6] Ein Jahrbuch-Foto aus Highschool-Zeiten zeigt ihn mitten im Sprung, das rechte Bein nach vorne gestreckt, das Gesicht vor Konzentration ganz angespannt. „Ich habe alles gegeben", sagt er. „Ich habe immer 100 Prozent gegeben."[7] Einen Sommer lang fuhr er mit seinem 86er-Nissan Sentra in der Nachbarschaft herum und verkaufte für 20.000 Dollar Messer von Cutco, einem Küchenartikelhersteller, dessen Produkte häufig von Studenten vertrieben werden, die damit von Tür zu Tür ziehen. Gelegentlich spotteten seine Freunde über ihn und machten sich lustig über die „elegante" Art und Weise, wie er sich kleidete.[8]

Kalanick hatte eine Begabung für Zahlen und erzielte im mathematischen Teil des Hochschul-Zulassungstests die volle Punktzahl. Er gab zudem in der Nachbarschaft Mathematik-Nachhilfe. „Einen 30-minütigen Matheabschnitt konnte ich in acht Minuten erledigen", sagte er. „Aber steck' mich in den mündlichen Teil [der Zulassungsprüfung] und meine Schulter schmerzt, mein Hals schmerzt und ich brauche die vollen 30 Minuten und bin total gestresst. Mathe dagegen … das flutschte nur so."[9]

Im Sommer nach seinem Highschool-Abschluss eröffnete er mit dem Vater eines Klassenkameraden ein Unternehmen namens New Way Academy, bei dem man sich auf den Zulassungstest für die Universität vorbereiten konnte. Der Vater gehörte der örtlichen koreanischen Kirche an und dort betrieben sie auch Werbung. Hunderte Jugendliche meldeten sich an. In seinem ersten Studienjahr an der UCLA warf sich Kalanick jeden Samstagvormittag in ein weißes Hemd und band sich einen Schlips um, dann unterrichtete er einen Kurs namens „1500 und mehr", wobei 1500 für die Punktzahl steht, die erforderlich ist, um den Test zu bestehen. Der Name war natürlich gewählt worden, um den Kurs für Schüler und deren Eltern attraktiv zu machen. „Die erste Person, die ich betreute, legte um 400 Punkte zu", rühmte er sich zehn Jahre später.[10]

Während seines Informatikstudiums wohnte Kalanick zu Hause. Es waren die späten 1990er-Jahre und für Menschen, die Interesse an Unternehmertum und Computern hatten, war es schwer, den Verlockungen des Internets zu widerstehen. Kalanick brach sein Studium 1998 im letzten Studienjahr ab und schloss sich sechs Kommilitonen an, die mit Scour.net gerade eine der ersten Online-Suchmaschinen entwickelten. Die Seite startete in etwa zeitgleich mit

Google und ermöglichte es den Nutzern von Universitätsnetzen, Computer anderer Studierender nach Multimedia-Dateien zu durchsuchen, nach Filmen, Fernsehsendungen und Musik. Der Großteil dieser Dateien wurde damals natürlich illegal angeboten und heruntergeladen.

Scour.net war noch kein Jahr alt, da hatten die *Los Angeles Times*, das *Wall Street Journal* und zahlreiche andere Publikationen bereits darüber berichtet. Die Nutzerzahlen explodierten. Die sieben Kommilitonen belegten ein Apartment in der Nähe der Verbindungs-Wohnheime und sie arbeiteten, aßen und schliefen in dieser Wohnung. „Wer auch nur einen Mindestanspruch an Hygiene hatte, wäre über diesen Ort empört gewesen", sagt Jason Droege, einer der Mitgründer. Später sollte er Kalanick zu Uber folgen.

Scour entwickelte sich auf dem Uni-Campus zum Riesenerfolg. Im Juni 1999 verzeichnete die Scour-Website 1,5 Millionen Seitenaufrufe täglich. In den zwei Monaten zuvor hatten 900.000 Nutzer der Seite einen Besuch abgestattet. [11] Kalanick war das älteste Mitglied der Gruppe und der selbsternannte Geschäftsmann unter den Programmierern. Er war Vice President of Strategy, zuständig dafür, Investoren und Medienpartner zu gewinnen. Der 22-jährige Kalanick habe schon damals dazu tendiert, ständig auf und ab zu rennen, das Telefon ans Ohr gepresst, voll und ganz darauf fokussiert, jemanden zu finden, der dem jungen Start-up behilflich sein könnte, so Droege.

Wenn Kalanick später über seine ersten Erfahrungen im Start-up-Bereich sprach, bezeichnete er sich als „chronisch nicht vom Glück verfolgten" Unternehmer – jemand, der jahrelang vor sich hin werkelte, dem aber offenbar niemals der echte Durchbruch gelang. Seine Geschichte der Entbehrungen begann hier, in den Wildwest-Tagen der Online-Deals. 1999 stand Scour davor, eine millionenschwere Kapitalspritze zu bekommen, und zwar von niemand Geringerem als Michael Ovitz, dem berühmten Künstleragenten und ehemaligen Disney-Chef, sowie der Anlagefirma von Supermarkt-Mogul Ron Burkle. Grundsätzlich waren sich beide Seiten schon einig geworden, aber der für seine Aggressivität bekannte Ovitz, der sein Online-Handelsunternehmen Checkout.com um ein Netzwerk weiterer Internet-Vermögenswerte ergänzen wollte, versuchte, seinen Vorteil zu maximieren. Deshalb sorgte er dafür, dass sich die Verhandlungen weitere neun Monate hinzogen. Schließlich verloren die Gründer die Geduld und sahen sich nach anderen Investoren um. Ovitz zerrte Scour daraufhin wegen Vertragsbruch vor das Oberste Gericht von Los Angeles. [12]

Nachdem der Rauch sich gelegt hatte, besaßen Ovitz und Burkle 51 Prozent des Unternehmens und die jungen, manipulierbaren Scour-Gründer hatten schmerzhaft gelernt, mit welcher Gnadenlosigkeit bei den Profis gespielt wird. [13] Dennoch blühte Scour weiter … zunächst. Die Gründer zogen in Ovitz' schicke Büroräume in Beverly Hills. Sie hatten nun 70 Mitarbeiter, machten wertvolle Erfahrungen in der Geschäftswelt von Los Angeles und studierten die Bücher, die ihnen das Team Ovitz zu lesen gab, etwa Sunzis „Die Kunst des Krieges" oder „Die 48 Gesetze der Macht" von Robert Greene. Kalanick und seine Mitstreiter waren überzeugt, sie könnten gemeinsam mit den Rechteinhabern eine effizientere und wirtschaftlichere Methode entwickeln, über das Internet Medien zu vertreiben. Dann kam der Filesharing-Dienst Napster und führte die Scour-Technologie einen Schritt weiter. Jetzt konnten die Menschen nicht nur nach Dateien suchen, sondern diese auch nach Belieben hin und her tauschen. Schnell zog Scour nach und führte seine eigene Technologie ein, Scour Exchange. Dadurch wurde es noch leichter, Audio- und Videodateien zu handeln, ohne dafür zu bezahlen.

Irgendwann registrierte Hollywood, welche Folgen das Filesharing für das eigene Geschäft hatte, und handelte rasch. Kalanick und sein Team hatten sich mit allen führenden Musikfirmen und Filmstudios getroffen und eigentlich den Eindruck gewonnen, dass die Gespräche gut verlaufen seien. Dann verklagten im Juli 2000 insgesamt 33 Medienunternehmen, darunter die großen Film- und Musikkonzerne, Scour auf atemberaubende 250 Milliarden Dollar. „Bei dieser Klage geht es um Diebstahl", erklärte Jack Valenti, der legendäre Präsident der MPAA, des Verbands der großen Hollywood-Filmstudios. „Technologie mag es leichter machen zu stehlen, aber sie macht es nicht legal." [14]

Scours Verbündete suchten das Weite. Selbst Ovitz tauchte komplett ab. Kalanick behauptete später, Ovitz habe ihm durch einen Kollegen Gewalt androhen lassen für den Fall, dass Kalanick Ovitz' Namen noch weiter in die Sache hineinzöge. [15] Ovitz bestreitet das. Er habe Kalanick niemals bedroht, sagt er und bezeichnet ihn als jungen, aber beeindruckenden Unterhändler, der das große Ganze

nicht ganz erkannt habe, als sich die Branche gegen Filesharing zu-
sammenschloss. „Travis begriff nicht, dass wir (indem wir Scour un-
terstützten) einen Fehler gemacht hatten", sagte mir Ovitz 2015 auf
einer Messe der Technologiebranche. „Uns war nicht klar, dass wir
uns in der Welt des geistigen Eigentums Feinde schufen. Wenn uns
jedes wütende Musik- und Filmunternehmen und jeder in der Welt
mit einer IP-Adresse verklagt, dann sollte man doch merken, was
die Stunde geschlagen hat. Travis machte das nichts aus. Mich dagegen hat es sehr gestört."

Wie bei Napster glaubten auch bei Scour die Anwälte, dass das
Unternehmen durch den Digital Millennium Copyright Act ge-
schützt sei, ein Gesetz von 1998. Die sogenannte „Safe Harbor"-Re-
gelung in diesem Gesetz besagte, dass man Internetunternehmen
nicht für die Handlungen ihrer Nutzer zur Verantwortung ziehen
dürfe. Scour biete die Inhalte nicht an, sondern verweise nur auf den
Standort, so die Argumentation der Unternehmensanwälte. Aber
gegen die geballte Macht der gesamten Medienindustrie hatte das
Start-up keine Chance. Im Herbst 2000 entließ Scour den Großteil
seiner Belegschaft und stellte Konkursantrag, um der Klage zu entgehen.[16] „Damals haben wir wirklich gelernt, wie die Welt ticken
kann", sagt Droege. „Es geht nicht darum, ob du recht hast oder
unrecht."

Im Konkursgericht gingen Scours Vermögenswerte nach einer
15-minütigen Auktion für 9 Millionen Dollar an ein wenig bekann-
tes Unternehmen aus Oregon.[17] Kalanick, immer noch gerade erst
24, musste mitansehen, wie alles, wofür er gearbeitet hatte, und der
Traum, für den er das Studium abgebrochen hatte, unerbittlich von
mächtigen Unternehmen und deren teuren Anwälten niedergetram-
pelt wurde. Solche traumatischen Erfahrungen können sich für einen jungen Unternehmer als Stahlbad erweisen, aber es war auch
schlichtweg deprimierend. „Nachdem wir tatsächlich den Laden
dichtmachten, habe ich Nacht für Nacht bestimmt 14 Stunden geschlafen", sagte er.[18] In der Öffentlichkeit dagegen versuchte er, sich
nichts anmerken zu lassen. „Ich spielte ein Spiel – tu so, als hättest
du es geschafft, bis du es tatsächlich geschafft hast. Im Grunde habe
ich mich gegen die Realität gewehrt, aber wenn man das zu lange
betreibt, wenn man im Scheiter-Modus verharrt, dann wird es einen
früher oder später zerbrechen."

Es war ein Rückschlag, aber Kalanick war bereit, sich den Staub abzuklopfen und es erneut zu versuchen.[19] Mit einem seiner Scour-Mitgründer, Michael Todd, sprach er über die Möglichkeit, die Scour-Technologie umzuschreiben und sie Medienfirmen als Möglichkeit zu verkaufen, ihre Inhalte online an den Mann zu bringen. Damals war Bandbreite noch ein echter Kostenfaktor, Peer-to-Peer-Netze konnten dazu beitragen, diese Kosten zu senken.

Ihr neues Unternehmen nannten sie Red Swoosh („Rotes Rauschen") nach den zwei Halbmonden im ursprünglichen Scour-Logo. Es sei ein „Rache-Geschäft" gewesen, sagte Kalanick und verwies auf eine befriedigende Ironie: „Die Idee dahinter ist dieselbe Peer-to-Peer-Technology, aber ich nehme mir diese 33 Kläger, die mich verklagt haben, und mache sie zu meinen Kunden", sagte er. „Die Leute, die mich verklagt haben, bezahlen mich jetzt. Das klang gut."[20]

In der Praxis allerdings funktionierte es nicht so gut. Ausgerechnet 2001, also mitten während des Platzens der Internetblase, versuchte Kalanick, Geld für sein Vorhaben einzusammeln. Das Silicon Valley hatte sich in eine Geisterstadt verwandelt. In einer Bar in Palo Alto traf Kalanick einen Wagniskapitalgeber, der ihm erklärte, im Softwarebereich seien alle Innovationen getätigt worden, es bleibe nichts mehr zu erfinden.[21] Für den 11. September hatte er in Los Angeles ein Treffen mit Daniel Lewin vereinbart, einem der Gründer von Akamai, einem in Boston ansässigen Streaming-Dienst. Lewin war an Bord des American-Airlines-Flugs 11 und kam bei den Terroranschlägen ums Leben.

Red Swoosh verfügte über ein Büro in Westwood, sieben Voll- und Teilzeitkräfte (größtenteils Scour-Flüchtlinge) sowie einige zahlende Kunden. Aber selbst zu Beginn umgab ein starker Ruch des Scheiterns das Unterfangen. Todd und Kalanick konnten sich nicht auf eine Strategie verständigen und die Preise für Übertragungsbandbreite fielen, was dem Produkt seinen Reiz nahm. Kalanick sagte, er habe entdeckt, dass Todd die Lohnsteuern des Unternehmens nicht ordentlich abführte und dass er versuchte, hinter Kalanicks Rücken die Programmierer an ein anderes Unternehmen zu verkaufen.[22] Der Streit führte dazu, dass Todd Red Swoosh verließ. Er widerspricht Kalanicks Version der damaligen Ereignisse und sagte nur: „Travis ist ein großer Geschichtenerzähler."

Todd heuerte bei Google an und luchste Kalanick sofort seinen letzten verbliebenen Programmierer ab. Der 27-jährige Kalanick stand nun völlig allein da. Er hatte ein Jahr lang bei seinen Eltern gelebt und kein regelmäßiges Einkommen bezogen, während er mit Firmen wie Microsoft und AOL verhandelte. All diese Geschäfte waren jedoch geplatzt. „Stell dir vor, hundertmal am Tag ein Nein zu hören, und das sechs Jahre lang", sagte er mir Jahre später. „Irgendwann sagen dir sogar deine Freunde: ,Alter, du solltest es mit etwas anderem probieren.' Wenn man dann trotzdem weitermacht, das kann schon eine sehr einsame Existenz sein."

Er versuchte einige ungewöhnliche Dinge, um Aufmerksamkeit zu erregen. Als er 2003 in Hawthorne beim Amt war, um einen Reisepass zu beantragen, fiel ihm auf, dass vor dem Gebäude Wagen von TV-Nachrichtensendern parkten. Seine Neugier war geweckt und er fragte herum, warum die Medien da waren. Wie er herausfand, berichteten die Sender über Kandidaten für die Nachfolge von Kaliforniens Gouverneur Gray Davis. Kalanick war zu Highschool-Zeiten nach eigenem Bekunden süchtig nach dem Parlamentsfernsehen *C-SPAN* gewesen und nun war sein Interesse geweckt. Er meldete sich zur Wahl an. Die nächsten Tage verbrachte er unweit seines Elternhauses am Hermosa Beach, wo er den Sonnenanbetern von seiner Filesharing-Plattform erzählte und versuchte, die für eine Kandidatur erforderlichen 10.000 Unterschriften zu sammeln. Tatsächlich kam er auf ungefähr 15. „Ich hatte nur wenig zu sagen, weißt du? Da war nicht viel", erinnert sich Kalanick.

Als ernsthaften Anwärter auf das Amt des Gouverneurs hat sich Kalanick gewiss nicht gesehen, aber zumindest sein Glaube, Red Swoosh zum Laufen bringen zu können, war unerschütterlich. Der Internet-Mogul Mark Cuban hielt die Idee für vielversprechend und obwohl Kalanick nicht über einen einzigen festen Mitarbeiter verfügte, investierte Cuban 2005 eine Million Dollar in das Unternehmen. Das reichte aus, um erst einmal weiterzumachen. „Ich sage immer, das waren meine Blut-, Schweiß- und Ramen-Jahre", sagte Kalanick. „Ich war stets sehr überzeugt von dem, was wir taten." [23]

Frisches Kapital war nun vorhanden, jetzt blieb nur noch eine Sache zu erledigen – der Umzug ins Silicon Valley. Kalanick fand ein kleines Büro in San Mateo, 30 Kilometer südlich von San Francisco. Bewaffnet nur mit seiner Überzeugung und seinem Charisma gelang es ihm, vier Programmierer einzustellen. Als Erstes unterschrieb David Barrett, der später das Cloud-Software-Unternehmen Expensify gründen sollte. Kalanick sei „schonungslos offen" gewesen, was den Zustand des Unternehmens anging, und er sei „überzeugend, bestechend und aufrichtig" aufgetreten, so Barrett, der sich von Kalanicks Begeisterung anstecken ließ. „Wenn jemand einen Berg von Daten bewegen musste, gaben wir ihm eine Methode dafür an die Hand", sagt er. „Das Problem war, dass es in der ganzen großen Welt nur drei Unternehmen gab, die das tun wollten."

Angesichts dieses Hauchs von Rückenwind mietete Kalanick ein neues Büro in San Francisco. Bis zum Einzug musste er einen Monat überbrücken, aber anstatt die Zeit einfach untätig abzusitzen, zog er mit der ganzen Firma nach Thailand. Dort überarbeitete das Team den Softwarecode von Red Swoosh. Sie arbeiteten 18 Stunden täglich in Cafés und einem Haus mit Blick auf die felsige Küste von Rai Leh. Es war ein fruchtbarer „Firmenausflug" und der Startschuss für Aktionen, die Kalanick als „Workations" bezeichnete, halb Arbeit („Work") und halb „Urlaub" („Vacation"). Sowohl bei Red Swoosh als auch später bei Uber veranstaltete er diese Art Arbeitsurlaub.

Nachdem Red Swoosh in die Bay Area zurückgekehrt war, sammelte Kalanick mehr Kapital ein, dieses Mal von August Capital (dem Unternehmen, das später bei Airbnb abwinken sollte). Weiter ging es mit den Bemühungen, Red Swoosh einen anständigen Abgang zu verschaffen. Kalanick stellte erneut seine Fähigkeiten als Verkäufer unter Beweis: Es gelang ihm, das Satelliten-TV-Unternehmen EchoStar als Kunden zu gewinnen. 2007 verkaufte er das ganze Unternehmen an Akamai. Der Kaufpreis betrug 18,7 Millionen Dollar und es wurde eine Sonderzahlung für den Fall vereinbart, dass das Unternehmen bestimmte Ziele erreicht.[24] Gemessen am normalen Standard des Silicon Valleys war das ein mageres Ende, aber Kalanick brachte es immense Erleichterung. Nach sechs Jahren der Entbehrung und des Rumwurschtelns in der Anonymität sackte er nun mehrere Millionen Dollar ein. „Er hätte schon weit vor dem Verkauf aufgeben können und müssen", sagt David Hornik von August Capital. „Verdient hätte er es."

Kalanick hatte die zermürbendste Erfahrung seines Lebens überstanden und war abgehärtet daraus hervorgegangen und trotzig wie eh und je. Etwa zur selben Zeit war er eines Abends mit mehreren Freunden unterwegs, darunter Sean Parker, dem Mitgründer von Napster und Facebook-Investor. Am Ende des Abends wartete Kalanick angetrunken vor einem Nachtklub auf seine Freunde, als ein Türsteher ihn anherrschte und sagte, er solle von der Tür verschwinden. Kalanick machte einige Schritte zur Seite. „Noch weiter", wies ihn der Türsteher an. Kalanick machte einen Trippelschritt. „Noch weiter", sagte der Türsteher noch einmal drohend. „Ich verstoße nicht gegen das Gesetz. Sagen Sie mir, inwiefern ich gegen das Gesetz verstoße", erwiderte Kalanick.

Als ein Polizist eintraf, versuchte der Türsteher gerade gewaltsam, Kalanick von der Parkuhr wegzureißen, die er mit beiden Händen umklammerte. Kalanick wurde verhaftet, weil er den Bürgersteig blockiert hatte. Acht bis zehn Stunden saß er im Stadtgefängnis, bevor Parker klar wurde, was geschehen war, und er die geforderten 2.000 Dollar Kaution aufbrachte. [25]

„Angst ist die Krankheit, Beschäftigtsein das Gegenmittel", sagte er einige Jahre später in Chicago auf einer Veranstaltung zum Thema Start-ups. [26] „Du rufst dein Unternehmen im Jahr 2001 ins Leben. Guter Zeitpunkt, oder? Man kann nicht mit Finanzierung rechnen, man kann nicht mit Umsätzen rechnen. Man kann mit gar nichts rechnen außer damit, wie verrückt zu knüppeln und die Zähne zusammenzubeißen und sich Schritt für Schritt durchzukämpfen. Es gab keinen leichten Weg, dieses Ziel zu erreichen."

Um den Verkauf von Red Swoosh zu feiern, kaufte sich Kalanick ein Paar Socken, auf denen sein neues Motto eingeprägt war: „Blut, Schweiß und Ramen."

Jetzt musste er eine Entscheidung treffen. Sein Freund Garrett Camp wollte, dass er Uber leitete, aber 2010 war Uber noch ein Winzling von Unternehmen: ein halbes Dutzend Mitarbeiter, ein paar Dutzend Chauffeure aus San Francisco, die die Plattform nutzten, und auch in Sachen Expansionspläne sah es düster aus. Das Firmenmotto „Jedermanns Privatchauffeur" strahlte Luxus und Exklusivität aus, keine Massenmarkttauglichkeit. Zudem tat sich Kalanick schwer mit der Vorstellung, Ryan Graves zu verdrängen – oder zumindest war ihm klar, wie es im Zeitalter bewunderter Firmengründer wie Mark Zuckerberg im Silicon Valley aufgefasst würde, wenn Investoren den ursprünglichen Firmenchef ablösten.

Gleichzeitig fand er Uber spannend – spannender als Formspring, die viel größere Frage-und-Antwort-Website, die ebenfalls an ihm dran war. Uber entwickelte sich zu einem Unternehmen, in dessen Mittelpunkt komplexe mathematische Berechnungen standen. Die größte Herausforderung bestand darin, Wege zu finden, während Spitzenzeiten mehr Fahrer anbieten zu können und Wagen dorthin zu dirigieren, wo der Bedarf am größten war. In diesem Punkt war Kalanick schon jetzt gefrustet, wenn er sich ansah, wie Uber mit dieser Herausforderung umging. Uber verfügte durchaus über ausreichend Daten, um diese Art von Voraussagen treffen zu können. Tatsächlich wurde den Gründern und dem Board langsam klar, dass Uber mehr Daten über die Bewegungsprofile von Stadtmenschen besitzen würde als je zuvor ein Unternehmen in der Geschichte der Menschheit. „Ich bin im Grunde meines Herzens Informatiker. Bei Mathematik fängt mein Herz an, höher zu schlagen", sagte mir Kalanick einige Jahre später. „Am glücklichsten bin ich inmitten all dieser Komplexität."

Ein weiterer Pluspunkt: Ubers Zahlen sahen vielversprechend aus. Das Unternehmen zeigte ein seltenes Phänomen, nämlich eine negative Abwanderungsrate. Das bedeutete, es gab mehr Nutzer, die sich bei dem Dienst anmeldeten, länger dabeiblieben und ihre Nutzung ausweiteten, als solche, die sich wieder abmeldeten. Oder anders formuliert: Hatte sich jemand erst einmal bei Uber angemeldet, verwandelte er sich in eine Art hochverzinstes Sparbuch. Der Customer Lifetime Value war nicht zu schätzen, vielleicht war er sogar unbegrenzt. Eine frühe interne Schätzung besagte, dass eine Neuanmeldung 40 bis 50 Dollar Bruttoumsatz pro Monat bedeutete und 8 bis 10 Dollar Bruttogewinn – und zwar auf absehbare Zeit. „Das ist wie ein Perpetuum mobile und kann nicht ewig so weitergehen, aber es bedeutet, dass die Ausgaben der Fahrgäste in einem Tempo steigen, das das der Kundenabgangsrate übersteigt", schrieb Kalanick damals seinen Mit-Investoren in einer E-Mail.

Für ein Start-up-Unternehmen sind derartige Zahlen selten und es ist die Art von Kennzahl, die beträchtliche neue Finanzmittel anlocken und eine Expansion rasch vorantreiben kann. Vielleicht war Uber die Leinwand, auf der Kalanick all seine Talente, seine mühsam erarbeitete Erfahrung und seinen Ehrgeiz würde ausleben können.

Aber das allein gab noch nicht den entscheidenden Ausschlag. Bei öffentlichen Auftritten in jenem Herbst bezeichnete sich Kalanick noch immer als „Consigliere der Start-ups" und als „Der Wolf".[27] Und dann kam dieses explosive Treffen mit Christiane Hayashi.

Dieses Meeting stieß Kalanick wieder mitten hinein in den Kampf, den er so gut kannte, die Auseinandersetzung zwischen neuer Technologie und der alten, überholten Methode, Dinge zu tun. In den Wochen nach dem Treffen hielt er das Uber-Board auf dem Laufenden, was den Stand der Verhandlungen mit der Stadt anbelangte. Uber sollte aufhören, sich als Taxi-Unternehmen zu vermarkten, aber das war ein Kompromiss, der nicht schwerfiel. Als ihnen die Unterlassungsanordnung auf den Tisch flatterte, hatten die Gründer bereits beschlossen, das „Cab" aus dem Namen UberCab zu streichen. Investor Chris Sacca verhandelte mit dem Musikkonzern Universal Music Group (UMG) über den Kauf der UMG gehörenden Website Uber.com. Der Kaufpreis belief sich letztlich auf zwei Prozent der Uber-Anteile (ein Aktienpaket, das damals etwa 100.000 Dollar wert war). Universal Music handelte zudem das Versprechen aus, dass es bei einem Scheitern des Start-ups die Rechte an der Website zurückbekommen würde.

Kaliforniens Kommission für Versorgungsbetriebe (PUC) verlangte von Uber, sich als Limousinenunternehmen eintragen zu lassen oder, technisch gesprochen, als „Charter-Personenbeförderungsunternehmen". Ubers Anwälte vertraten allerdings die Ansicht, das Unternehmen sei kein tatsächlicher Flottenbetreiber, sondern agiere lediglich als Mittelsmann zwischen Fahrern und Fahrgästen. Uber war aus ihrer Sicht ebenso wenig ein Limousinendienst, wie Orbitz oder Expedia Fluggesellschaften waren. In einem weiteren Urteil von Ende 2010 stimmte die PUC dieser Einschätzung zu und Uber musste nicht für einen einzigen Tag den Betrieb einstellen. Uber hatte ein stichhaltiges Argument auf seiner Seite – sehr zur Bestürzung von Christiane Hayashi, die vergeblich versuchte, von der Stadt die Regulierungshoheit über dieses neue Unternehmen zu bekommen.

Dieser erste Kampf in San Francisco habe seinen Glauben an Uber zu einem Zeitpunkt gestärkt, als er sich gerade aktiver ins Management einbrachte, sagte Kalanick später. „Für mich war das der Augenblick, in dem ich – warum auch immer – wusste, dass es dieser Kampf wert war, ausgetragen zu werden", sagte er mir 2012. Die Auseinandersetzung mit der Transportbehörde habe ihn an all die Klagen und Konflikte erinnert, die er während seines Jahrzehnts in der Welt der Peer-to-Peer-Technologie erlebt hatte, sagte er später in einem Technologie-Podcast: „Das Tolle daran ist, dass ich all das schon gesehen habe", sagte er. „Ich dachte mir: ‚Oh Mann, das kann ich doch alles im Schlaf. Gehen wir es an.' Als das geschah, war es für mich, als wäre ich nach Hause gekommen."[28]

Nach dem ersten Treffen mit Hayashi setzte sich Kalanick mit Garrett Camp und den Business Angels Chris Sacca und Rob Hayes an einen Tisch. Wochenlang verhandelten sie darüber, wie Kalanick als CEO vergütet werden sollte. Als Gründer und Berater hielt er 12 Prozent der Uber-Anteile, nun hatte er sich ausgerechnet, dass er 23 Prozent brauchte. Wie er zu diesem Ergebnis gekommen war, wollte er nicht näher erläutern. Eigentlich hatten die anderen Board-Mitglieder ihre Beteiligung nicht verwässern wollen, aber letztlich lenkten sie ein. „Das Beste, was ich je für Uber getan habe, war, bei den Verhandlungen mit Travis einfach die Waffen zu strecken", sagt Rob Hayes.

Schließlich eröffnete Kalanick persönlich Ryan Graves die Nachricht. Er bewarb es als Partnerschaft und als Gelegenheit, enger zusammenzuarbeiten. Sollte Ubers erster CEO wütend oder aufgebracht über diese Degradierung gewesen sein, so hat er es gut verborgen. „Ich hielt mir noch einmal vor Augen, was ich mir ursprünglich für Ziele gesteckt hatte", sagt Graves, dessen Titel sich zu General Manager und später zu Vice President Operations änderte. Er erinnert sich, Kalanick gesagt zu haben: „Ich bin mit allem einverstanden, solange es eine Partnerschaft ist und es sich nicht wie ein Job anfühlt. Ich bin hier nicht hergekommen, um einen Job anzunehmen. Mich hat die Vorstellung überzeugt, ein Unternehmen zu leiten. Solange das der Fall ist, ist alles gut. Ich vertraue dir."

Die endgültigen Dokumente wurden am 23. November 2010 unterzeichnet, einen Monat später wurden IT-Blogs informiert.[29] Auf der Uber-Webseite schrieb Graves, er sei „superbegeistert" darüber, Kalanick in Vollzeit an Bord zu haben. Kalanick äußerte sich ebenfalls mit der angriffslustigen Begeisterung und Ambition, die er schon bei Scour und Red Swoosh eingebracht hatte:

„Unter dem Strich heißt das, dass ich mich mit Haut und Haaren Uber verschrieben habe", schrieb er. „Die Begeisterung und die Freude, bei Uber dabei zu sein, rinnt mir aus allen Poren. Ich werde alles Menschenmögliche versuchen, damit Uber in jeder amerikani-

schen Großstadt und in aller Welt vertreten ist. Was also steht als
Nächstes an? Jede Stadt, in die Uber einzieht, wird, wenn wir mit ihr
fertig sind, ein besserer Ort sein. Wenn ihr in dieser Stadt lebt: Eure
Welt der Personenbeförderung wird sich für immer verändern und
alles wird völlig Uber sein, wenn dieser Wandel kommt."

Der Streit zwischen Christiane Hayashi und Uber hatte noch
eine weitere ungewollte Auswirkung: Zuhauf berichteten IT-Blogs
aus dem Silicon Valley über das junge Start-up-Unternehmen. Zusammen mit der ohnehin schon starken Mundpropaganda führte
dies dazu, dass die Zahl der Uber-Fahrten jeden Monat um 30 Prozent anstieg.

Vorübergehend hatte sich Uber in der Filiale von First Round
Capital einquartiert und nahm dort gerne den Kickertisch und die
anderen Annehmlichkeiten in Anspruch, die die Welt der Wagniskapitalgeber mit sich brachte. Alle paar Tage platzte ein aufgeregter
Kalanick mit neuen Daten in das Büro von Rob Hayes. Einmal stürmte er herein und verkündete, innerhalb einer einzigen Stunde seien
55 Touren absolviert worden! Ein neuer Rekord! „Ich weiß noch,
dass ich Travis ansah und sagte: ‚Alter, ich glaube, ihr habt den Tiger
am Schwanz gepackt. Ich glaube, das wird was‘", sagt Hayes. „Er hat
mich einfach nur teuflisch angegrinst."

Inzwischen war Kalanick wieder willens, sich voll und ganz auf
ein unternehmerisches Abenteuer einzulassen. Er trat nicht mehr
als Business Angel auf, er fuhr seine Beratertätigkeit für andere Firmen zurück und er trennte sich sogar von seiner langjährigen Freundin. Einem verblüfften Kollegen erklärte er: „Mir wurde klar, dass
ich mehr Leidenschaft für dieses Unternehmen aufbrachte als für
sie. Ich sollte mir vielleicht jemanden suchen, den ich mindestens
genauso sehr mag wie meinen Job." Gleichzeitig waren bei ihm erste
Anwandlungen von Streitlust gegenüber Konkurrenten zu registrieren – ein Vorgeschmack auf die Konflikte, die noch kommen sollten.
„Die werden aus den völlig falschen Gründen heraus in eine der
komplexesten Branchen einsteigen, die ich je erlebt habe, und sie
werden massiv unterschätzen, was für eine Abreibung ihnen in
Form meiner bloßen Fäuste zuteilwerden wird", mailte er einem
Freund. Dieser hatte ihn auf einen Tweet eines potenziellen Wettbe-
werbers aufmerksam gemacht, der Kritik an Uber geäußert hatte.
Seine E-Mail unterschrieb Kalanick mit „Ich blute Uber-Blut".

Zunächst einmal musste Kalanick jedoch einige von Ubers Kinderkrankheiten ausmerzen. Damals zeigte die Uber-App den Nutzern, wie viele Fahrzeuge in ihrer Nachbarschaft zur Verfügung standen. Es kam immer wieder vor, dass ein Nutzer die App aufrief und keinerlei freie Fahrzeuge auf seiner Karte sah. Das war nicht die „Uber-Erfahrung", die ihnen vorschwebte, fanden Kalanick und Camp, die sich immer sehr geärgert hatten über diese „Nullen", wie sie die Fälle von leeren Karten nannten. Um dieses Problem aus der Welt zu schaffen, brauchte Uber weitere Fahrer und musste vorhersagen können, wann und wo es zu Stoßzeiten kommen würde. Weiter mussten Fahrer ermutigt werden, in größeren Mengen in diese Gegenden zu fahren.

Um das zu erreichen, musste das Unternehmen seine Identität von Grund auf verändern. Kalanick erkannte, dass Uber mit seinem Firmenmotto „Jedermanns Privatchauffeur" kein Lifestyle-Unternehmen war, das schicke Fahrdienste anbot – Uber war ein Technologieunternehmen und es musste all seine internen Erhebungen voll und ganz im Griff haben und begreifen. „Dieses Unternehmen muss mit Daten betrieben werden", sagte Kalanick Kollegen. Er stellte noch mehr Leute ein und nahm im Dezember mit Curtis Chambers einen neuen Leiter des Programmierbereichs unter Vertrag. Chambers hatte er bei Akamai kennengelernt. Nun begann er mit der Entwicklung eines neuen Dispositionssystems, denn das von Oscar Salazar erarbeitete Programm stieß mittlerweile doch an seine Grenzen. Programmierer Conrad Whelan konnte das Ganze nur noch mit Mühe und Not zusammenhalten.

Zum ersten Mal musste sich die Uber-Geschäftsführung auch damit auseinandersetzen, dass sich die Nachfrage je nach Jahreszeit veränderte. Langsam traten Rhythmen hervor, die täglich, wöchentlich und saisonal auf das Transportnetz der Stadt einwirkten. Halloween beispielsweise war sehr geschäftig gewesen, während an Thanksgiving das Geschäft alarmierend schlecht war – wie sich herausstellte, blieben die Menschen einfach zu Hause. In Vorbereitung auf einen Ansturm in der Silvesternacht machte man sich bei Uber nach den Weihnachtsfeiertagen erstmals an den Versuch, ein Gleichgewicht zwischen Angebot und Nachfrage herzustellen. Uber nahm alles, was es an Fahrern kriegen konnte, in seine Dienste und hob die üblichen Gebühren zum Teil auf das Doppelte an. Gleichzeitig veranstaltete Uber eine Verlosung: Eine Handvoll Nutzer gewann für die Silvesternacht VIP-Status. Das bedeutete, sie mussten nur die normalen Nutzungsgebühren bezahlen und bekamen dafür Zugriff auf einige Dutzend Wagen, die ihnen exklusiv zur Verfügung standen. Dann zogen sich Kalanick und einige Programmierer nach Marina del Rey in Los Angeles zurück, um von dort aus zu verfolgen, wie sich die Dinge entwickeln. Es war der erste Uber-„Arbeitsurlaub".

Das erste Neujahrsexperiment war nicht gerade ein Erfolg – die Server waren überlastet, der Service sporadisch und die sperrige App musste dringend überarbeitet werden. Aber es war für Uber der erste Schritt auf einem Weg, der sich als kontrovers erweisen sollte – erstmals hatte Uber am Preis gedreht, um Schwankungen in der Nachfrage auszugleichen.

Nun schrieb man 2011 und Kalanick dachte über seinen nächsten großen Zug nach: Es war an der Zeit für Ubers erste große Finanzierungsrunde, die sogenannte Serie A. Er hatte es dabei vor allem auf einen Investor abgesehen – Bill Gurley von Benchmark, der schon zuvor bei der Seed-Finanzierung Interesse bekundet hatte.

Neun Monate waren seitdem vergangen und Gurley hatte sehr genau mitverfolgt, wie sich Uber inzwischen entwickelt hatte. Er hatte „in der Nähe des Korbs herumgehangen", sagte Gurley, der für die Florida Gators, die Basketballmannschaft der University of Florida, gespielt hatte. Er sah in Uber die Möglichkeit, die Branche der Personenbeförderung online zu führen, so wie es OpenTable mit Tischreservierungen in Restaurants und wie es Zillow mit Immobilienanzeigen getan hatte. Weil er dem Unternehmen so viel zutraute, ging er aggressiv vor. In Truckee machte er eine Radtour mit Chris Sacca, bei der er über Uber sprach, und eines Abends fuhr er nach San Francisco, um sich zwei Stunden lang mit Travis Kalanick an die Bar im W Hotel zu setzen und über Geschäftsmöglichkeiten zu sprechen.

Gurley hatte eine hervorragende Geschäftsmöglichkeit ausgemacht, aber ihm war auch das Schicksal gewogen. Mit Taxi Magic und Cabulous hatte er es versucht und war auf die Nase gefallen – zum Glück, wie man im Nachhinein sagen muss, denn Beteiligungen an Uber-Konkurrenten hätten einen Einstieg bei Uber ansonsten unmöglich gemacht. Nun erkannte er, dass Uber, das nicht an die Regulierung und die Preisvorgaben gebunden war, mit denen der Staat den Taxenbetrieb überzog, in Wahrheit der größere Gewinn war.

Beinahe wäre das Geschäft aber doch noch geplatzt, nachdem sich Benchmark einen Streich erlaubt hatte. Kalanick war in Menlo Park in der Sand Hill Road. Er war mit den Benchmark-Partnern verabredet, besuchte aber vorher noch Benchmarks Wettbewerber Sequoia Capital. Während sie auf Kalanick warteten, riefen Gurley und sein Partner Matt Cohler die Uber-App auf. Sie sahen, dass 1,5 Kilometer entfernt von ihnen ein einziges verlorenes Uber-Auto vor dem Sequoia-Büro stand. Da Uber zu diesem Zeitpunkt noch nicht im Silicon Valley agierte, musste es sich um den Wagen von Kalanick handeln, schlussfolgerten Gurley und Cohler. Cohler rief den Wagen heran und als Kalanick sein Meeting verließ, stand er auf einer leeren Straße. In seinen Abendschuhen musste er zu Benchmark rennen und kam dort verschwitzt und zu spät an. Noch am selben Abend ließ Benchmark Kalanick ein paar Laufschuhe zukommen. „Ich weiß nicht mehr, warum wir das für eine gute Idee hielten", sagt Gurley rückblickend.

Kalanick nahm die Sache sportlich und Benchmark war der größte Geldgeber in einer elf Millionen Dollar schweren Finanzierungsrunde, bei der Uber mit 60 Millionen Dollar bewertet wurde. Wettbewerber wie Sequoia und Battery Ventures hatten erwogen, sich zu beteiligen, sich dann aber dagegen entschieden. Nun konnten sie ihre Namen der langen Liste derer zufügen, die das potenzielle Wachstum des Unternehmens oder die Stärke des neuen Uber-CEOs unterschätzt haben. „Scour und Red Swoosh waren hart", sagt Gurley. „Ganz plötzlich hatte Travis etwas Rückenwind. Man hatte häufig das Gefühl, dass er sich gegenüber dem Weltunternehmerverband verpflichtet fühlte, aus Uber alles herauszuholen, was herauszuholen ging."

Es war eine mächtige Kombination: Auf der einen Seite Kalanick, der kampflustige CEO, der nach seinen gescheiterten Unternehmungen etwas zu beweisen hatte. Auf der anderen Seite Gurley, der erfahrene Investor, der ganz genau wusste, welche Vorteile und Nachteile es mit sich bringt, einen Online-Marktplatz aufzubauen. Jetzt, wo sie frisches Kapital zur Verfügung hatten, waren sie sich einig in der Frage, wie es weitergehen sollte: Uber musste sofort expandieren, über die Grenzen von San Francisco hinaus in jede Großstadt auf diesem Planeten.

TEIL 2
EIN IMPERIUM ENTSTEHT

KAPITEL 6

DER KRIEGS-CEO

AIRBNB KÄMPFT AN ZWEI FRONTEN

*Der Friedens-CEO weist keinerlei Ähnlichkeit zum
Kriegs-CEO auf.*

— *Ben Horowitz,* Ben's Blog[1]

M it dem Ausbruch der Finanzkrise fiel ein Schatten auf das Silicon Valley, der sich erst 2011 langsam wieder hob. Die Wende zum Besseren wurde eingeläutet von Facebook, das im Januar 2011 eine halbe Milliarde Dollar von einer Investorengruppe um Goldman Sachs einsammelte. Zuvor hatte das soziale Netzwerk mitgeteilt, jetzt mehr als 500 Millionen Nutzer zu haben. Im Mai ging das für berufliche Kontakte ausgelegte soziale Netzwerk LinkedIn an die Börse und erreichte eine Bewertung von vier Milliarden Dollar. Es sollte noch einige Jahre dauern, bis der Begriff geprägt wurde, aber das Zeitalter des Unicorns war angebrochen – gemeint ist nicht die weiße Lincoln-Limousine, mit der Sofiane Ouali in San Francisco herumfuhr, es geht vielmehr um Technologie-Start-ups, die einen Börsenwert von über einer Milliarde Dollar erreichen.[2] Ein exklusiver Klub, in den jeder hinein möchte. Die nächsten, die in jenem Jahr folgten, waren der Musik-Streamingdienst Spotify, das Cloud-Speicherunternehmen Dropbox und der Online-Bezahldienst Square.[3]

Ein Hauch Optimismus lag wieder in der Luft, zusätzlich machte sich der Glaube breit, dass ein Internet-Start-up, das den richtigen Zeitpunkt erwischte, auf einer Riesenwelle sich überlappender Trends würde dahingleiten können.

Das Schmiermittel bei diesem Stimmungswechsel war Kapital. Der Anleihemarkt trat auf der Stelle, an der Börse passierte nichts, aber die Wagniskapitalgeber konnten bei den Investoren noch Interesse wecken. Sie verwiesen auf Renditen, die bei der vorigen Generation Start-ups erzielt wurden, und lockten mit fantastischen Träumen von raschem Wachstum und enormen Gewinnzuwächsen. Was hatte man einige Jahre zuvor über Yuri Milner gespottet, den russischen Wagniskapitalgeber von Digital Sky Technologies (DST), als er für eine 2-Prozent-Beteiligung an Facebook 200 Millionen Dollar auf den Tisch legte. Im März 2011 kaufte er sich ein Haus in Los Altos Hills, ein Anwesen im Stile eines französischen Chateaus aus dem 18. Jahrhundert mit Panoramablick über die San Francisco Bay. Wer zuletzt lacht …

Auf den ersten Blick sprach wenig dafür, dass ausgerechnet Airbnb, ein Anbieter von Übernachtungsmöglichkeiten, auf dieser Riesenwelle würde reiten können, ganz zu schweigen davon, dass Airbnb zum Sinnbild dieses Aufschwungs werden könnte. Zu Jahresbeginn drängte sich die Belegschaft immer noch in den Büroräumen auf der Tenth Street in South of Market, wo der Handyempfang noch immer schlecht war und wo noch immer Obdachlose vor dem Gebäude zelteten. Geleitet wurde das junge Unternehmen nahezu ausschließlich von seiner Gründer-Troika – zwei Männer mit einem Abschluss in Design und einer mit Informatik-Abschluss.

Hinter den Kulissen boomte Airbnb allerdings. Growth Hacker Nate Blecharczyk hatte die Dinge ins Rollen gebracht. In zahllosen Medien durften Brian Chesky und Joe Gebbia noch einmal voller Charisma erzählen, wie es das Unternehmen so weit gebracht hatte, und die Berichterstattung tat ein Übriges, das Tempo noch zu erhöhen. Gastgeber stellten eine Vielzahl ausgefallener Immobilien zum Angebot, seien es Unterkünfte im damals gerade extrem angesagten Venice Beach, Schlösser in Südfrankreich, Baumhäuser in Nordkalifornien oder der Rumpf einer stillgelegten Boeing 727 in Costa Rica.[4] Hier machte sich positiv bemerkbar, dass die Gäste *Reisende* waren. Die Mundpropaganda breitete sich rasch und rund um den Globus aus wie eine Grippe-Epidemie.

Für Airbnb-CEO Chesky öffnete sich durch den Erfolg seines Unternehmens die Tür zur Wirtschaftselite. Für den März lud ihn die Investmentbank Allen & Company ein, auf einer Technologiekonferenz in Arizona eine Rede zu halten. Dort faszinierte er das Publikum mit der Geschichte von der mühsamen Geburt seines Unternehmens, von der Designkonferenz bis zu dem Wagnis mit den Frühstücksflocken. Einige Monate danach lud ihn die Investmentbank zu ihrem Jahrestreffen der Reichen und Prominenten nach Sun Valley in Idaho. Hier stand er neben großen Namen wie Oprah Winfrey, Warren Buffett und Bill Gates. Irgendwann erklärte er der Schauspielerin Candice Bergen die Idee hinter dem Homesharing und dachte im Stillen: „Murphy Brown ist zu mir gekommen. Murphy Brown kennt Airbnb", sagt Chesky. „Es war ein Crescendo. Es war ein Flugzeug, das höher und immer höher stieg."

Im Mai lernte Chesky Travis Kalanick kennen. Die beiden sollten auf der Konferenz TechCrunch Disrupt in New York City an einer Podiumsdiskussion teilnehmen. Das Thema: „Disruptive Störungen von Offline-Firmen." Seit Ryan Graves ihn 2010 auf einen Kaffee eingeladen hatte und nach Ratschlägen für die Leitung eines Start-ups gefragt hatte, war Chesky Uber-Fan. Er hatte dafür gesorgt, dass seine Belegschaft Uber eifrig nutzte. Kalanick wiederum hatte darüber nachgedacht, mit Pad Pass ein eigenes Homesharing-Unternehmen auf die Beine zu stellen. Die beiden hatten also reichlich Gesprächsstoff. Am Abend vor der Konferenz schrieb Kalanick Chesky überraschend an und schlug vor, „sich zu treffen und zu jammen". Sie kamen in Midtown Manhattan zum Abendessen zusammen. Chesky empfand den Uber-CEO als entspannt und umgänglich. Am nächsten Tag allerdings tauchte zu ihrem ersten gemeinsamen Interview ein provokanter gestimmter, anmaßend auftretender Kalanick in pinkfarbenen Socken auf. Moderator Erick Schonfeld von *TechCrunch* befragte Chesky zu Medienberichten, denen zufolge Airbnb eine enorme Finanzierungsrunde angestoßen habe, bei der das Unternehmen mit einer Milliarde Dollar bewertet werden könnte – das Tor zum Reich der Einhörner! „Ich kann dazu – leider – nichts sagen", erklärte Chesky.

„Warum würdest du denn eine Bewertung von einer Milliarde Dollar dementieren?", mischte sich Kalanick ein, während er mit seinem Daumen auf sein Bein trommelte (Ubers Bewertung lag damals bei gerade einmal 60 Millionen Dollar.) „Lass dich einfach treiben."

Chesky warf ihm einen Blick zu, aus dem pure Ungläubigkeit zu triefen schien.

Beide CEOs hätten erste Reibereien mit kommunalen Verwaltungen hinter sich, sagte Schonfeld. Die Unterlassungsordnung, die die Stadt San Francisco gegen Uber verhängt hatte, war inzwischen vom Tisch, aber um der Theatralik willen übertrieb Kalanick den ganzen Vorfall noch einmal: „Ich glaube, ich habe so ungefähr 20.000 Jahre Knast vor mir", sagte er unter lautem Applaus. Chesky dachte möglicherweise über den Konferenzrahmen hinaus, als er erklärte: „Vom Geist her unterstützen die Kommunalverwaltungen Airbnb durchaus."[5] Dass der Bundesstaat New York kürzlich ein Gesetz verabschiedet hatte, das es den Einwohnern von New York City untersagte, für weniger als 30 Tage zu vermieten, spielte er herunter.

Chesky und Kalanick hatten viel gemeinsam. Der damals 34-jährige Kalanick und der 29-jährige Chesky waren junge Firmenlenker, die an vorderster Front des Optimismus standen, der wieder ins Silicon Valley eingezogen war. Sie waren selbstbewusst, charismatisch und ahnten nicht, welche Auseinandersetzungen mit Konkurrenten und Regulierern auf sie zurollten. Die Welt öffnete sich ihnen und beide verfolgten ihre Ziele aggressiv, gelegentlich sogar rücksichtslos, und mit einem unterschiedlichen Maß an moralischer Rechtschaffenheit. Die Zeit war gekommen, Imperien zu errichten.

Chesky wollte sich damals nicht äußern, aber er war in der Tat gerade dabei, eine monströse Finanzierungsrunde in trockene Tücher zu bringen. Im Frühjahr hatte er begonnen, sich nach frischem Kapital umzusehen, und dabei festgestellt, dass er überall offene Türen einrannte. Angesichts einer Buchungsrate, die jeden Monat um 40 bis 50 Prozent zulegte, sprach *TechCrunch* von Airbnb als „heimlichem Hit der Start-up-Welt".[6] Andreessen Horowitz war bei der Serie A außen vor geblieben, nun schlug es nach heißem Kampf ein ganzes Rudel anderer großer Wagniskapitalgeber aus dem Rennen und führte die Serie-B-Finanzierungsrunde an. Ebenfalls beteiligt waren Yuri Milners Unternehmen DST sowie der Fonds, der für Amazon-Gründer Jeff Bezos die privaten Investitionen tätigte, und der Schauspieler Ashton Kutcher. Insgesamt stellten die Geldgeber 112 Millionen Dollar bereit, Airbnb wurde bei dem Geschäft mit 1,3 Milliarden Dollar bewertet.

Federführend war Jeff Jordan, früher President von eBay, mittlerweile bei Andreessen Horowitz. „Das ist die dümmste Idee, die ich je gehört habe", war Jordans erster Eindruck gewesen, aber als ihm bei der Konferenz von Allen & Company die Ähnlichkeiten zwischen Airbnb und seinem alten Arbeitgeber auffielen, riss es ihn nahezu aus seinem Stuhl.

„Die Gemeinschaft hatte eine kleine Idee genommen und in eine gewaltige Idee verwandelt, ganz so wie bei eBay", sagt Jordan.

Doch bei allem Optimismus machten Jordan und seine Partner auch vier Risiken aus, die ihrer Investition drohen konnten:

Sicherheit – was, wenn ein Gast ein Haus oder eine Wohnung verwüstet?

Internationaler Wettbewerb – was, wenn ausländische Unternehmer die Website einfach abkupfern?

Regulierung – würden die Städte es den Gastgebern auch künftig erlauben, ihr Zuhause ohne Einschränkung zu vermieten?

Management – bislang führten Chesky, Gebbia und Blecharczyk das Unternehmen als Triumvirat, als Gremium von Gleichgestellten. Dieses Arrangement konnte nicht von Dauer sein. Könnten sie neue Manager finden, denen sie vertrauten?

All diese wichtigen Bedenken würden schon bald Realität werden. „Nichts, was wir tun, ist ohne Risiko. Deshalb nennt man es auch Risikokapital", sagt Jordan. „Diese Sache hatte ganz offensichtlich sehr interessante Aspekte an sich, aber es gab auch Schattenseiten. Brian wusste, welche das waren." Würde er bereit sein, wenn es hart auf hart kam? Das war die dringlichste Frage von allen.

Im Frühjahr 2011 registrierten die Airbnb-Programmierer ungewöhnliche Aktivitäten auf ihrer Website und bei ihren Mobilfunk-Apps. Automatisierte Softwareprogramme besuchten die Seite und griffen alles an persönlichen Daten ab, was die Gastgeber hinterlassen hatten. Kurz darauf kam dem Unternehmen zu Ohren, dass Gastgeber in Europa telefonisch, per E-Mail und teilweise sogar persönlich von Vertriebsmitarbeitern anderer Homesharing-Angebote kontaktiert worden waren. Airbnb brauchte nicht lange, um eins und eins zusammenzuzählen – die Klone waren im Anmarsch.

Die meisten erfolgreichen Internet-Start-ups werden rund um den Globus von opportunistischen Unternehmern kopiert und Airbnb war da keine Ausnahme. Der erste Klon – 9flats – tauchte im Februar 2011 auf. Gegründet wurde er von Stephan Uhrenbacher aus Hamburg. Uhrenbacher hatte zuvor das Unternehmen Qype ins Leben gerufen, eine Kopie des amerikanischen Verbraucherdienstes Yelp. Uhrenbacher sammelte etwa zehn Millionen Dollar für 9Flats (Motto: „Fühl dich zu Hause auf deinen Reisen") ein und kündigte an, ebenfalls ein Global Player in der Online-Reisebranche werden zu wollen.[7]

Im April folgte ein weiterer Abklatsch, aber der sorgte bei Airbnb für deutlich mehr Wellen – Wimdu aus Berlin, finanziert und betrieben von den Samwers, dem furchteinflößenden Brüder-Gespann, vor dem Brian Chesky gewarnt worden war. Wimdu ähnelte Airbnb bis hin zur hellblauen Farbgebung und dem Suchfeld, in dem die Frage „Wo möchtest du hin?" stand, eine nur minimale Abweichung vom „Wo fährst du hin?" bei Airbnb. Als schamloses Detail am Rande warb Wimdu unten auf seiner Website damit, dass „die Grundidee" hinter der Webseite bei *CNN* und der *New York Times* besprochen worden war. Natürlich hatten diese Medien über Airbnb berichtet, nicht über Wimdu.

Marc, Oliver und Alexander Samwer wuchsen in Köln als Kinder zweier Rechtsanwälte mit eigener Kanzlei auf. Die drei Brüder (2011 waren sie zwischen 36 und 41 Jahren alt) standen sich schon in frühen Jahren sehr nahe und suchten nach Wegen, ihre jeweiligen Fähigkeiten bestmöglich zu kombinieren. Nachdem sie ihre Abschlüsse in Recht (Marc), Betriebswirtschaft (Oliver) und Volkswirtschaft (Alexander) erlangt hatten, zogen sie ins Silicon Valley und fanden dort Arbeit in der ersten Generation der Internetfirmen. Ihr Ziel war es jedoch nicht, Karriere in der amerikanischen IT-Industrie zu machen, sondern zuzusehen und zu lernen. 1999 kehrten sie nach Deutschland zurück und eröffneten eine deutschsprachige Auktionswebsite namens Alando, die wie eBay aussah und wie eBay funktionierte. Alando baute sich eine Marktpräsenz in Deutschland auf und wurde nach vier Monaten für 43 Millionen Dollar von eBay geschluckt. Die Samwers waren nun Millionäre. Das war doch schon mal ein Anfang.

Im Verlauf der nächsten zehn Jahre gründeten und investierten die Samwer-Brüder in Firmen, die Facebook, eHarmony, Twitter, Yelp, Zappos und YouTube nachahmten. Dann verkauften sie diese Firmen wieder, nicht selten an das Unternehmen, das sie kopiert hatten. Auf diese Weise verdienten sie Milliarden. Sie sahen keinen Anlass dafür, sich für ihre Methoden zu entschuldigen. „BMW hat auch nicht das Auto erfunden", sagten sie und verwiesen darauf, dass es letztlich vor allem auf die Umsetzung ankam, also darauf, wie man sein Start-up aufbaute und betrieb.[8] Sie alle arbeiteten rund um die Uhr, jagten kreuz und quer über den Globus und vollzogen in atemberaubendem Tempo einen Abschluss nach dem anderen. Zahlreiche Legenden rankten sich um ihre angeblichen Schrullen. Kollegen berichteten, wenn Marc Samwer Langstrecke flog, würde er seinen Sitz vollständig zurückklappen und eine halbe Stunde lang Scherenschläge in der Luft machen. Oliver, so hieß es, würde die Welt mit extrem leichtem Gepäck bereisen – eine schmale Aktentasche mit einem Satz Unterwäsche und einem sauberen Hemd. Angeblich wusch er die Sachen, die er nicht trug, jeden Morgen im Hotel-Badezimmer und hängte sie dort zum Trocknen auf.

Die Samwers verschmolzen die Kunst, Internet-Start-ups zu gründen, mit militärischem Schneid und martialischer Terminologie. 2011 schickte Oliver Samwer den bei Rocket Internet, dem Start-up-Inkubator der Brüder, mit der Entwicklung einer Möbel-Verkaufswebsite befassten Mitarbeitern eine E-Mail. In seiner üblich gestelzt klingenden Art hieß es dort: „Die Zeit für den Blitzkrieg muss gut gewählt sein, deshalb teilt mir jedes Land mit Blut mit, wann der Zeitpunkt gekommen ist. [...] Jetzt ist der Zeitpunkt zu entscheiden, ob wir gewinnen werden oder ob wir aufgeben. [...] Ich akzeptiere keine Überraschung. Ich will, dass diese Planungen von euch drei bestätigt werden. Unterschreibt mit eurem Blut."[9]

Jemand leitete die E-Mail weiter an *TechCrunch*. Samwer entschuldigte sich für die Wortwahl und dass er mit „Blitzkrieg" einen Begriff verwendet hatte, der aus der deutschen Militärgeschichte vorbelastet war.

Tauchten die Samwers in ihrer Nachbarschaft auf, reagierten die meisten amerikanischen Start-ups mit Angst und dem Gefühl, es sei ja doch alles vergebens. Es sei einfacher einzulenken als sich gegen die Brüder zur Wehr zu setzen. Ein Jahr vor der Gründung von Wimdu hatten die Samwers einen Groupon-Klon namens CityDeal aufgesetzt. Sie pumpten 20 Millionen Euro von Rocket Internets Kapital in das Unternehmen und bauten es rasch zu Europas führender Schnäppchen-Seite auf. CityDeal lieferte sich einen heftigen Wettbewerb mit DailyDeal, einem weiteren europäischen Klon. Zwischenzeitlich versuchten die Samwers sogar, mit Beförderungen und Gehaltserhöhungen viele DailyDeal-Mitarbeiter zum Überlaufen zu bewegen, schrieb Caroline Winter von *Bloomberg Businessweek* in einem Porträt der Brüder.[10] Gleichzeitig streuten sie das Gerücht, DailyDeal stehe kurz vor dem Bankrott. Bedauern über diese Methoden wollte sich Oliver Samwer nicht abringen: „Ich denke, es war alles im Rahmen dessen, was das Wettbewerbsrecht erlaubt", sagte er Winter.

2010 schluckte Groupon CityDeal für etwa 126 Millionen Dollar und beauftragte die Brüder damit, das Unternehmen auch weiterhin zu leiten. Das stellte sich als gewaltiger Fehler heraus. Groupon ging 2011 an die Börse und die von den Samwers geführte Europa-Sparte wurde von chronischen Technikproblemen befallen. Zur Verwirrung bei den Kunden führte auch, dass es statt eines täglichen Sonderangebots auf einmal zwei E-Mails am Tag gab. Oliver Samwer und Groupon-CEO Andrew Mason hätten sich ständig darum gestritten, ob es eine gute Idee sei, mehrere Nachrichten pro Tag zu verschicken, berichtete ein ehemaliger Groupon-Manager. Zwei Tagesangebote erhöhten den Umsatz, verwässerten aber die Neuartigkeit und die Qualität der Schnäppchen. 2013 wurde Mason als CEO von Groupon entlassen, was auch an den anhaltenden Problemen des Europageschäfts lag.

So viel zum Ausmaß des Problems, mit dem sich Brian Chesky 2011 befassen musste, als er von der Existenz Wimdus erfuhr. Wenige Wochen, nachdem ihm erstmals die neue Konkurrenz aufgefallen war, rief ihn Guy Oseary an. Oseary hatte zusammen mit Ashton Kutcher in Airbnb investiert und arbeitete als Manager für Musiker wie Madonna und U2. Oseary informierte Chesky, dass Oliver Samwer reden wolle. Airbnb werde sich wohl auf eine Einigung einlassen müssen, erklärte er ganz pragmatisch.

Chesky rief Samwer daraufhin an. Der wirkte am Telefon gleichgültig und sagte, ihm liege daran, Wimdu selber aufzubauen. Dennoch bot er an, schnellstmöglich nach San Francisco zu kommen, damit man sich persönlich treffen könne.

Das Ganze lief in einem Tempo ab, dass einem schwindelig werden konnte. Schon wenige Tage später trafen sich Chesky, Gebbia und Blecharczyk in Begleitung der Investoren Greg McAdoo und Reid Hoffman mit Oliver Samwer in den Büroräumen der Kanzlei Fenwick & West. (Das Airbnb-Büro auf der Tenth Street war zu unscheinbar und der sogenannte Sitzungssaal auch nicht schalldicht.) Chesky war verblüfft: Samwer kam direkt vom Flughafen, sein Gepäck bestand einzig aus einer Laptop-Tasche. „Ich weiß noch, wie ich gedacht habe: ‚Ich habe noch nie jemanden gesehen, der ohne einen Satz frische Wäsche das Land verlässt‘“, erinnert er sich.

Voller Selbstvertrauen führte Samwer die Wimdu-Website sowie eine für den chinesischen Markt gedachte Schwesterseite namens Airizu vor. Er erzählte von aggressiven Plänen, rund um die Welt 400 Mitarbeiter und neue Manager einzustellen. Bei Airbnb führten zu diesem Zeitpunkt noch die Gründer alle Bewerbungsgespräche und diskutierten bei jedem aussichtsreichen Kandidaten ausführlich, ob die Person zur Firmenkultur passen könnte. Airbnb hatte rund 20 Mitarbeiter in San Francisco und einige Dutzend weitere in aller Welt, die sich um den Kundendienst kümmerten und dafür größtenteils von zu Hause arbeiteten. Samwer schlug vor, dass sich Airbnb und Wimdu „verpartnern“. Der Subtext jedoch war eindeutig ein anderer: Er hielt Airbnb eine geladene Waffe an den Kopf. Das Lösegeld war eine Fusion, ansonsten würde man Airbnb durch Wettbewerb das Leben schwermachen. „Wir alle blickten uns nur an und sagten: ‚O-oh‘“, so Chesky. „Das war schon sehr beeindruckend.“

Nach dem Treffen tranken sie noch bei Starbucks mit Samwer einen Kaffee, dann setzten sich die Firmengründer zusammen und redeten über ihre Möglichkeiten. Chesky bat Gebbia und Blecharczyk um ihre Meinung. Er selbst war an einer Einigung interessiert, aber die anderen beiden waren gespalten. Ihnen war klar: Ein wirklich dominanter Homesharing-Dienst würde global auftreten und Reisenden ganz unabhängig davon, wohin sie unterwegs waren, die größtmögliche Menge an Unterkünften anbieten müssen. Sie wussten zudem, dass Samwer ihre Werte nicht teilte, dass er ihre Wertschätzung für Design nicht teilte und auch nicht ihren Wunsch, eine eng verzahnte Gemeinschaft aufzubauen. Samwer trat so hart auf und so unerbittlich, dass die drei Gründer insgeheim vom „General“ sprachen.

Sie brauchten mehr Informationen über diesen schwierigen Widersacher, also flogen die Gründer und das Board-Mitglied Greg McAdoo einige Wochen später nach Berlin, um sich die Büroräume von Wimdu anzusehen. Was er dort zu sehen bekam, erstaunte Chesky: In einer ehemaligen Fabrik in Berlin-Mitte saßen zahllose, zumeist sehr junge Mitarbeiter Schulter an Schulter und Reihe um Reihe an ihren Schreibtischen. Trotz der brütenden Hitze gab es keine Ventilatoren – es war buchstäblich ein Sweatshop.

Samwer führte die Gründer herum. Auf vielen PCs waren parallel die Websites von Wimdu und Airbnb geöffnet. „Das machen wir nun mal", erklärte Samwer seinen Besuchern ungerührt. „Ihr Amerikaner seid kreativ. Ich und meine Armee von Ameisen reagieren schnell und bauen einen großen Betrieb auf." Er erklärte ihnen, dass Wimdu von Rocket Internet und anderen europäischen Wagniskapitalgebern 90 Millionen Dollar an Kapital eingesammelt habe und in Deutschland bereits neunmal so groß wie Airbnb sei. [11]

Die Gründer und McAdoo gingen im Anschluss essen, dann blieben sie in ihrer Airbnb-Unterkunft die ganze Nacht auf und erörterten ihre Möglichkeiten. Erneut jagte Chesky einem nicht näher definierten Konsens und der Beteuerung nach, dass alles schon gut ausgehen werde. Aber sie steckten in der Klemme: Machten sie gemeinsame Sache mit den Samwers, würden sie ihren Werten nicht länger treu bleiben können. Andererseits konnten sie auch nicht zum Kampf gegen die Brüder blasen, ohne rasch in Europa Mitarbeiter für den Aufbau eines regionalen Geschäfts einzustellen und ihrerseits aggressiver aufzutreten. Aber einfach die Hände in den Schoß zu legen und abzuwarten war auch keine Option. McAdoo sagte, er habe den anderen erklärt: „Wenn wir Berlin verlassen, werden wir etwas unternehmen, das wir nicht geplant hatten, als wir uns auf diese Reise gemacht haben."

Eine Möglichkeit bestand darin, jemanden zu finden, der rasch ein europaweites Geschäft aufbauen und Wimdu und den anderen Klonen entgegentreten konnte. Am nächsten Tag trafen sie sich deshalb in einem Café am Berliner Flughafen mit einem Kandidaten – dem deutschen Unternehmer Oliver Jung, den ihnen der Künstleragent Guy Oseary empfohlen hatte.

Jung – groß, Brillenträger – hatte sich ähnlich wie die Samwers mit dem Klonen von Erfolgsfirmen einen Namen gemacht. So hatte er die LinkedIn-Kopie Xing unterstützt, den privaten Shopping-Klub

Beyond the Rack, der erstaunliche Ähnlichkeit zu Gilt aufweist, und die Schweizer Schnäppchenseite DeinDeal. Er war genauso ein Typ wie der „General". Als ihm die Gründer erklärten, in welcher Zwickmühle sie sich befanden, begann er, in dem Café auf und ab zu laufen und, Bluetooth-Clip am Ohr, Kollegen in Barcelona, Paris und sonst wo in Gang zu setzen. Sie sollten sich ins Flugzeug schwingen und anfangen, Gegenmaßnahmen abzustimmen. Er kannte die Samwers gut, sie hatten gemeinsam in mehrere Start-ups investiert. „Ich weiß, wie verrückt Oliver Samwer ist", sagt Jung. „Ich hatte dermaßen viel Respekt vor ihm, dass ich Angst hatte."

Die Gründer kehrten nach San Francisco zurück und Chesky war sich halbwegs sicher, dass Airbnb nicht gemeinsame Sache mit den Samwers machen würde. Aber konnten sie mit Oliver Jung arbeiten? Der schien genauso ein Söldner zu sein. Chesky war unentschlossen. Das Unternehmen stand vor seiner bislang größten Herausforderung und es war unklar, wer bei Airbnb die Abwehrmaßnahmen leiten würde. Chesky und McAdoo trafen sich in jener Woche in einem thailändischen Restaurant zum Abendessen und McAdoo war unbeirrbar – Chesky höchstpersönlich würde das Heft in die Hand nehmen müssen. Der 29-jährige CEO hatte zu diesem Zeitpunkt kaum Auslandserfahrung und wusste so gut wie gar nichts darüber, was es bedeutet, ein großes, weltweit agierendes Unternehmen aufzubauen, oder auch nur, wie man ein Unternehmen führt. Ehrlich gesagt wusste er noch nicht einmal, wie man eigenständig Entscheidungen fällt, ohne zeitaufwendig einen Konsens mit den Mitgründern herbeizuführen. Und dennoch: Chesky würde sich der Herausforderung stellen und endlich die Verantwortung übernehmen müssen, die sein Titel mit sich brachte.

„Von den Gründern bist du der einzige, der intuitiv weiß, wie die Antwort jetzt aussehen muss, und der über den Antrieb und die Leidenschaft verfügt, das Ganze anzuführen", sagte ihm McAdoo. „Also: Ja, lass uns Oliver Jung einstellen. Und ja, wir müssen Führungskräfte an Bord holen. Aber du wirst viel Zeit in Flugzeugen verbringen und lernen, wie man ein großes, globales Unternehmen aufbaut und führt. Bist du dem gewachsen?"

Chesky hatte kaum Gelegenheit, diese Frage zu beantworten, da brach einige Wochen später an einer völlig anderen Front eine ganz neue Krise aus.

Vor drei schwierigen Tagen bin ich nach einer anstrengenden einwöchigen Geschäftsreise in eine Wohnung zurückgekehrt, die ich nicht mehr wiedererkannte. Eine Wohnung, die geplündert worden war.

Eine Gastgeberin mit den Initialen „EJ" hatte auf WordPress in ihrem Blog geschrieben, dass ein Gast, der ihr Zuhause in San Francisco für eine Woche gebucht hatte, die Wohnung ausgeräumt und verwüstet hatte.[12]

Sie schlugen ein Loch in die verschlossene Schranktür, fanden den Reisepass, Bargeld, Kreditkarte und den Schmuck meiner Großmutter, den ich dort versteckt hatte … Sie durchwühlten sämtliche Schubladen, probierten meine Schuhe und Kleidung an und ließen meine Kleidung zerknüllt in einem Haufen feuchter, schimmelnder Handtücher auf dem Schrankboden liegen … Obwohl es so warm war, benutzten sie meinen Kamin und mehrere Duraflame Firelogs dazu, um einen Haufen Sa chen (meine Sachen?) zu Asche zu verbrennen … Die Küche war eine Katastrophe – in der Spüle türmten sich schmutzige Teller, Töpfe und Pfannen, die angebrannt und zu nichts mehr zu gebrauchen sind … Aus dem Badezimmer kam ein todesähnlicher Gestank herüber, der einem Angst machte.[13]

EJ hatte alles verloren.

Nun griff sie Airbnb vehement an. Das Unternehmen habe eine Illusion gegenseitigen Vertrauens zwischen Gastgeber und Gästen präsentiert, doch sein Glaube an das Gute im Menschen sei offensichtlich völlig deplatziert gewesen. Lob räumte sie dem Unternehmen allerdings für seine Reaktion ein. Der Kundendienst sei „wunderbar gewesen und habe diesem Verbrechen seine ganze Aufmerksamkeit gewidmet", schrieb sie zunächst. Doch schon bald sollte auch das ganz anders klingen.

Einen Monat lang blieb der Blogeintrag von EJ praktisch unbeachtet, dann entwickelte er sich Ende Juli (der Einstieg von Andreessen Horowitz war gerade publik geworden) zu einem heißen Diskussionsthema bei *Hacker News*, einem beliebten schwarzen Brett im Internet. Betrieben wird *Hacker News* von Y Combinator, dem ersten Wohltäter Airbnbs. In den Nachrichtenforen wurde rege über den Vorfall und davon ausgehend grundsätzlich über die Ehrlichkeit der Menschen debattiert. [14] Dann fiel Michael Arrington die Diskussion auf. Der herrische Gründer und Chef-Blogger von *TechCrunch* verfasste einen Artikel unter der Überschrift „Stunde der Wahrheit für Airbnb, nachdem Wohnung einer Gastgeberin gründlich verwüstet wird." [15]

Arrington sprach für den Artikel mit Chesky, der ihm sagte, das Unternehmen wisse von dem Vorfall und habe EJ finanzielle Unterstützung zugesagt. Man habe angeboten, ein neues Zuhause zu finden und „alles Weitere zu unternehmen, was ihr ihrer Meinung nach das Leben erleichtern könnte". Zur Schadensbegrenzung schrieb Chesky geschwind seinen eigenen Artikel für die IT-Nachrichtenwebsite. Er unterstrich, dass das Airbnb-Management „am Boden zerstört" sei wegen des Vorfalls, dass man jedoch von Anfang „in engem Kontakt" mit EJ gestanden habe.

Nun war wirklich die Kacke am Dampfen.

Einen Tag, nachdem Cheskys Artikel veröffentlicht wurde, kehrte EJ wutschnaubend zu ihrem Blog zurück. Wie sich herausstellte, hatte Airbnb keineswegs die versprochene Entschädigung überwiesen oder eine alternative Unterbringung angeboten. (Ich habe mehrere widersprüchliche Gespräche mit damaligen und heutigen Mitarbeitern geführt. Demnach ist das Geld entweder nie genehmigt worden oder es wurde nie überwiesen.) EJ hatte bei Airbnb in erster Linie mit dem aufgeweckten Blecharczyk gesprochen, der eingesprungen war, weil die Leitung des Kundendienstes kürzlich das Unternehmen verlassen hatte. Chesky unterhielt sich unterdessen mit zahlreichen potenziellen Nachfolgern für den Posten. Blecharczyk habe, so EJ, „seine Bedenken über meinen Blogeintrag geäußert und über die potenziell negativen Folgen, die dies auf das Wachstum seines Unternehmens haben könnte und auf die aktuelle Finanzierungsrunde." Der Chief Technical Officer habe dann vorgeschlagen, dass EJ ihren Blog schließe oder ihn mit ein paar guten Nachrichten „aufpeppe". [16]

EJ beschrieb sich als im Grunde obdachlos, verängstigt und angesichts ihrer Lage „gebrochen". Einige Leser boten an, ihr Geld zu schicken, aber sie lehnte ab. „Behaltet euer Geld", schrieb sie, und „bucht euch, wenn ihr das nächste Mal reist, lieber ein nettes, sicheres Hotelzimmer." [17]

Es war eine Rüge mit verheerender Wirkung. Angefacht von Twitter brach ein Mediensturm über Airbnb herein, der fünf Tage rund um die Uhr tobte und einfach nicht abebben wollte. Die Technologie-Nachrichtenseiten fachten die Flammen immer wieder an – Airbnb bringe Fremde in Privatunterkünften zusammen, ohne dass dabei die Sicherheit garantiert sei. Dieser Gastgeberin war das Zuhause ganz methodisch zerstört worden, was könne dann wohl anderen Leuten noch zustoßen? In Blogs forderten Kommentatoren auf, vor den Häusern der Gründer zu demonstrieren. #Ransackgate (etwa: „Plündergate") schaffte es unter die meistgetwitterten Stichwörter auf Twitter und große Medien wie *CNN*, *USA Today* und *San Francisco Chronicle* griffen die Geschichte auf. Chesky, Gebbia und Blecharczyk hatten den Silicon-Valley-Kritikern gerade neue Munition geliefert. Der Vorfall zeige doch, dass die Technologie-Start-ups genauso habgierig und rücksichtslos seien wie all die Milliardenkonzerne vor ihnen, oder etwa nicht?

Es war gerade einmal ein Jahr her, da bestand das Start-up noch aus seinen drei Gründern und einer Handvoll Mitarbeiter, die sich in der Wohnung auf der Rausch Street einen Tisch teilten. „Wir wurden wie ein Erwachsener behandelt, dabei waren wir in Wirklichkeit noch gar nicht erwachsen", sagt Chesky. Aber auch ihm war klar, dass das als Entschuldigung nicht ausreichte. Jeder kluge Investor, dem er das Konzept vorgestellt hatte, hatte im Zusammenhang mit dem Thema Homesharing über die Möglichkeit gesprochen, dass es zu Diebstählen und anderen Verbrechen kommt. Dennoch war Airbnb nicht bereit gewesen für das Thema und hatte aus Nachlässigkeit Fehler begangen, die unverzeihlich waren für ein Unternehmen, das gerade erst mit 1,3 Milliarden Dollar bewertet wurde. „Wir mussten uns eine Menge sehr guter Fragen anhören, zum Beispiel: Wie zur Hölle kann es angehen, dass ein milliardenschweres Unternehmen seinen Scheiß nicht auf die Reihe kriegt", sagt Chesky.

EJ hatte zudem auf ihrer Website grundlegende Fragen zur Sicherheit der Nutzer angesprochen und zur Rolle von Airbnb als Mittelsmann zwischen Gastgeber und Gast. Bis zu diesem Vorfall hatte Chesky den Standpunkt der Puristen vertreten, wenn es um Online-Marktplätze ging: Die Nutzer sollten sich gegenseitig reglementieren, indem sie ihre Erfahrungen bewerteten. Unzuverlässige Akteure würden durch schlechte Bewertungen von der Plattform verjagt, quasi abgestoßen vom natürlichen Immunsystem des Internets.

Das war eine sehr libertäre Haltung gegenüber dem Internet und roch ein wenig nach Silicon-Valley-Zaubertricks. Wird massiv gegen die Etikette verstoßen – oder ein krimineller Akt begangen –, ist eine negative Bewertung keine Drohung mehr. Aber weil Chesky und seine Kollegen an die selbstregulierende Kraft des Marktes glaubten, hatten sie weder in Kundendienst noch in Kundensicherheit ernsthaft investiert. Es war schon bezeichnend, dass bei einem Unternehmen mit mittlerweile mehr als 130 Mitarbeitern Blecharczyk und der Controller Stanley Kong den Kundendienst führten, während die anderen Gründer nach einer Leitung für die Abteilung suchten. „Wir sahen uns als Produkt- und Technologieunternehmen. Gefühlt passte Kundendienst da nicht rein", sagt Chesky.

Die Woche nach Veröffentlichung von EJs zweitem Blogeintrag sei die schwierigste ihrer Laufbahn gewesen, sagen die drei Gründer. Sie hatten jedem erzählt (und sich selbst eingeredet), dass Airbnb Menschen zusammenbringe und die Welt in einen besseren Ort verwandele. Jetzt hatte das Unternehmen ein ernsthaftes Verbrechen ermöglicht und sich bei der Aufarbeitung stümperhaft angestellt. Während dieser verrückten Woche fuhren die Gründer eines Abends 45 Minuten nach Süden, um ihren ersten Mentor Paul Graham aufzusuchen. Er hatte sie noch nie so verzweifelt erlebt. „Die wollen euch bloß leiden sehen", sagte ihnen Graham, während sie alle in seiner Küche waren. „Sie wollen Blut sehen. Stürzt euch einfach ins Schwert, handelt verantwortungsvoll und alles wird wieder seinen Gang gehen."

Während der nächsten Tage verbarrikadierte sich Chesky mit seinen Investoren und Beratern und erarbeitete eine angemessen reuevolle Entschuldigung. Das Unternehmen kündigte an, eine rund um die Uhr besetzte Kundendienst-Hotline ins Leben zu rufen und die Belegschaft im Kundendienst zu verdoppeln. Außerdem würde eine interne Abteilung ins Leben gerufen, die für Vertrauensbildung und Sicherheit zuständig sein und unabhängig vom Kundendienst arbeiten würde. Aufgabenschwerpunkt dieser Abteilung würde es sein, Betrugsversuche zu unterbinden und Methoden zu erarbeiten, die Identität der Nutzer zu bestätigen. Zum Beispiel sollte deutlicher gekennzeichnet werden, ob Nutzer ihre Telefonnummern manuell bestätigt hatten oder sich über ihren Facebook-Account angemeldet hatten.

Im Mittelpunkt des Plans stand die sogenannte Airbnb-Garantie. Jeff Jordan, Partner bei Andreessen Horowitz und Mitglied im Board of Directors von Airbnb, hatte bei eBay ein ähnliches, Käuferschutz genanntes Programm eingeführt. Hier wurde über Streitigkeiten zwischen Käufer und Verkäufer entschieden und unzufriedene Kunden konnten auf diesem Weg Rückzahlungen erhalten. Bei Airbnb könne dieses Prinzip ebenfalls greifen, meinte Jordan. Chesky wollte die Garantie bei bescheidenen 5.000 Dollar ansetzen, aber eines Abends tauchte Marc Andreessen in den Airbnb-Geschäftsräumen auf, um die im Kreuzfeuer stehenden Gründer zu unterstützen. Er schlug vor, die Summe um eine Null zu ergänzen und für Summen von bis zu 50.000 Dollar geradezustehen. Zum damaligen Zeitpunkt war das ein beträchtliches Risiko, denn das Unternehmen hatte keine Versicherung und würde anfallende Kosten entsprechend aus eigener Tasche zahlen müssen.

Im Grunde verwettete Airbnb also die gewaltige Menge an Wagniskapital, die es gerade eingesammelt hatte, darauf, dass tragische Fälle wie der von EJ die absolute Ausnahme bleiben würden. (Im folgenden Jahr erhöhte Airbnb seine Garantie auf eine Million Dollar, versichert von Lloyd's of London.) [18] „Es war ein wenig so wie bei Butch Cassidy und Sundance Kid, als sie von der Klippe springen", sagt Jeff Jordan. „Sie waren überzeugt, dass die Menschen im Grunde ihres Herzens gut sind und dass nahezu alle Reisen positive Reisen sind."

Airbnb zog zudem Brunswick hinzu, eine auf Krisenkommunikation spezialisierte Firma. Die empfahl Chesky, einen Brief an die Kunden aufzusetzen. Sie erstellte auch einen Entwurf, aber Chesky hielt den für zu stark mit Jargon befrachtet und zu ausweichend. Die widersprüchlichen Ratschläge verwirrten ihn und vernebelten ihm den Blick auf seine eigenen Instinkte, fand er, denn seine bisherigen Maßnahmen hatten die Lage nur verschlimmert. Letztlich entschied er sich dafür, ganz offen mit seiner Kundschaft zu sprechen, und überarbeitete das Schreiben mit der Hilfe von Ligaya Tichy, damals Managerin im Marketing.

Ganz wie Graham es empfohlen hatte, stürzte sich Chesky ins Schwert. „Während der vergangenen vier Wochen haben wir es wirklich verbockt", schrieb er. „Ich hoffe, für andere Unternehmen ist das eine wertvolle Lektion und sie lernen, was man während einer Krise *nicht* tun sollte und warum man stets zu seinen Werten stehen und seinen Instinkten vertrauen sollte."[19] Er schloss den Brief mit seiner persönlichen E-Mail-Adresse – eine weitere Empfehlung, die ihm Andreessen gegeben hatte.

Chesky telefonierte an jenem Wochenende mit dem Board of Directors und kündigte sein Vorhaben an. Am Morgen des 1. August verschickte er den Brief per E-Mail an die eine Million Airbnb-Nutzer und an die Presse, die ihn gründlich sezierte. Die Dinge entwickelten sich wie von Paul Graham vorhergesagt: Der Aufruhr im Internet legte sich, der Mob zog weiter. Einige Beobachter äußerten sich enttäuscht deswegen, denn für sie war es aufregend und unterhaltsam, mitzuerleben, wie ein gerade angesagtes Start-up-Unternehmen in Flammen aufging.

Aus der Öffentlichkeit mochte die EJ-Saga verschwunden sein, aber hinter verschlossenen Türen ging sie weiter. Im Sommer wurde die 19-jährige Faith Clifton verhaftet, EJs zerstörungswütiger Gast. Die Anklage lautete auf Besitz gestohlenen Eigentums, Besitz von Methamphetamin sowie auf Betrug. Aus einer anderen Stadt war zudem ebenfalls noch ein Haftbefehl gegen sie offen.[20]

EJ – eine Eventmanagerin Ende 30 namens Emily – führte ihre Beschwerden gegen das Unternehmen fort. Wie ein ehemaliger Airbnb-Mitarbeiter sagte, haben die Parteien in jenem Jahr einen Schlichter eingeschaltet. Airbnb habe sich bereit erklärt, ihr im Austausch gegen eine Geheimhaltungsvereinbarung eine anständige Summe zu bezahlen. Sie weigerte sich später, mit mir zu reden, und schrieb mir per E-Mail: „Dieses Kapitel in meinem Leben habe ich vor langer Zeit abgeschlossen und möchte mich damit nicht mehr befassen." Auch Chesky und Airbnb wollten sich nicht dazu äußern, wie die EJ-Angelegenheit letztlich ausging.

Das Unternehmen hatte die Wogen glätten können, eine seiner größten Herausforderungen gemeistert und neue Maßnahmen zum Schutz seiner Kundschaft eingeführt. Letztlich konnte jedoch auch Airbnb die Natur des Menschen nicht ändern. Wie der ehemalige Airbnb-Mitarbeiter sagte, war die außergerichtliche Zahlung an EJ nur der Auftakt für zahlreiche Zahlungen, die das Unternehmen an Kunden leistete, die furchtbare und manchmal sogar tragische Erfahrungen machen mussten.

Als ob die ganze nervenzehrende Saga überhaupt nicht stattgefunden hätte, zog Airbnb in jenem Sommer um. Das Unternehmen bezog neue Büroräume in der 99 Rhode Island Street, am Fuß von San Franciscos exklusivem Potrero Hill District. Erstmals konnten Chesky und Gebbia nun bei der Gestaltung der Flächen ihre Design-vorstellungen einfließen lassen. Es gab lange, schicke Schreibtische, Eames-Stühle, Sitzsäcke und ein Baumhaus, in das sich Mitarbeiter für ein Nickerchen zurückziehen konnten. Auf der Toilette hing ein Antilopenkopf. Drei Konferenzräume wurden Zimmern nachempfunden, die man über Airbnb mieten konnte, die Wände wurden mit inspirierenden Sprüchen („Das Leben ist wunderbar") bedruckt. [21]

Im August weihte Airbnb seine neue Bude mit einer Party ein. Auf dem Dach agierte MC Hammer als DJ. Die Menschen tanzten, spielten Skee-Ball, schlürften Cocktails. Irgendwann stellten sich die Gründer auf Stühle und sprachen zur Menge. Joe Gebbia trug ein weißes Smokinghemd mit weißen und blauen Rüschen an der Vorderseite, dazu einen Panama-Hut. „Klarer Beweis für eine weitere zum Platzen verurteilte IT-Blase", schlussfolgerte die Technologie-Presse einhellig angesichts der ausgelassenen Feier. Doch in diesem Sommer 2011 kamen die Dinge überhaupt erst ins Rollen. [22]

Hinter der verspielten Fassade befand sich Airbnb weiterhin im Krieg. Nach dem spontanen Meeting am Berliner Flughafen verging ein Monat, bis Oliver Jung etwas von Brian Chesky hörte. Für die lange Pause gab es einen guten Grund – Chesky hatte alle Hände voll mit der EJ-Geschichte zu tun. Je länger er wartete, desto geringer schätzte Jung seine Chancen ein, mit dem Start-up arbeiten zu können. Gleichzeitig wuchs seine Begeisterung für das Projekt. Zufällig traf er sich mit einem alten Freund aus Madrid zum Kaffee. Der hatte seine Wohnung sechs Monate lang über Airbnb vermietet und von den Erlösen seine Reisen bezahlt. Airbnb hatte nicht einmal Werbung schalten müssen, um diesen Freund zum Portal zu locken – ihn hatte allein schon die Berichterstattung in der Presse überzeugt. Airbnb könnte sich zu einem Unternehmen mit globaler Reichweite auswachsen, das nur wenig Geld für die Kundenakquise in die Hand nehmen muss, glaubte Jung.

Im Spätsommer hakte Jung endlich bei Chesky nach und bekam dabei interessante Neuigkeiten zu hören: Er habe beschlossen, keine Partnerschaft mit den Samwers und deren Airbnb-Klon Wimdu einzugehen, sagte Chesky. Er hatte seinen Mut zusammengenommen und Mitgründer, Belegschaft und Investoren informiert. Laut Alfred Lin, einem Partner bei Sequoia, erklärte Chesky: „Ich möchte lieber nicht mit einem Terroristen verhandeln. Ich lasse mich lieber auf einen Kampf ein und verliere, als dass ich einlenke." In einem knapp angebundenen Telefonat hatte Chesky einen stoischen Oliver Samwer, der praktisch gar nichts sagte, unverblümt über seine Entscheidung in Kenntnis gesetzt. Chesky war jetzt bereit, die Gegenmaßnahmen zu koordinieren, und er lud Jung nach Amerika ein, um mit ihm darüber zu reden.

Einen Tag später saß Jung in der Maschine nach San Francisco. Was ihn in den Büroräumen in der Rhode Island Street erwartete, verblüffte ihn komplett – all die schrägen Rituale, die Yoga-Stunden in der Mittagspause und das wöchentliche Kickball-Spiel mit der gesamten Belegschaft. Er hatte gehört, wie hektisch es bei Wimdu und seiner „Armee von Ameisen" zuging, und hier fand er das genaue Gegenteil vor. „Es kam mir so vor, als ob hier gerade mal 30 Leute zugange waren und alle sehr entspannt waren", sagt Jung. „Einige spielten Tischtennis. Dann holte jemand seinen Hund und der hatte Geburtstag. Also feierten alle den Geburtstag dieses Hundes!"

Jung geriet in Panik. „Oh mein Gott, Wimdu schlachtet die doch ab", dachte er sich. Dann kam Chesky und begrüßte ihn, anschließend stellte er Jung jedem einzelnen Mitarbeiter vor. Jung verbrachte den Tag in einer Abfolge von Interviews, dann telefonierte er mit McAdoo, der ihn mit Fragen löcherte: Wen würde er als Ländermanager einstellen, wie würde er ein globales Team aufbauen? Am frühen Abend waren Chesky und seine Partner offenbar zufrieden. Jung unterschrieb einen Vertrag, der vorsah, dass er persönlich in Airbnb investiert und die Auslandsexpansion leiten wird. Chesky sagte ihm: „Das wird das beste Geschäft deines Lebens." Jung hatte zwar bereits mit Start-up-Firmen in Europa und Israel Millionen verdient, aber Chesky sollte recht behalten: Es war das mit großem Abstand beste Geschäft seines Lebens.

Chesky schrieb den Businessplan für die internationale Expansion. Jedes neue Regionalbüro, das Oliver Jung aufbaute, würde dafür verantwortlich sein, das Angebot an Wohnimmobilien zu betreuen und die Gemeinde der Gastgeber zu unterstützen. Das Team aus San Francisco stellte das technische Grundgerüst bereit und steuerte die Marketing- und Werbeaktivitäten. Ziel war es, die Dinge zu exportieren, über die Wimdu nicht verfügte und die Wimdu auch nicht abkupfern wollte – also Airbnbs Leitbild und die Art und Weise, wie das Unternehmen unter seinen Nutzern für ein starkes Gefühl der Zusammengehörigkeit sorgte. Chesky stellte für die Zusammenarbeit mit Jung Lisa Dubost ab, eine seiner ersten Mitarbeiterinnen. Martin Reiter, neuer Leiter des internationalen Geschäfts, wurde damit beauftragt, die Neueinstellungen zu überprüfen und zu gewährleisten, dass alle neuen Länderchefs die Firmenwerte von Airbnb verkörperten und zum Mitarbeiterprofil passten.

Nachdem er Nadeln in eine große, an der Wand hängende Landkarte gestochen und darüber nachgedacht hatte, wie man den Samwers am besten den Wind aus den Segeln nehmen konnte, eröffnete Jung in jenem Herbst neue Büros in Berlin, London, Barcelona, Kopenhagen, Mailand, Moskau, Paris, Delhi und São Paulo. Im Juni übernahm Airbnb Accoleo, einen der kleineren deutschen Klone, und eröffnete ein Büro in Hamburg.[23] Jung reiste kreuz und quer durch Europa und Asien und führte jeden Tag Dutzende Bewerbungsgespräche mit potenziellen Ländermanagern. Es war wie eine Art Speeddating. Am Ende jeden Gesprächs fragte er den Bewerber: „Was hast du für ein Gefühl?" War die Person von den Möglichkeiten begeistert und machte einen guten Eindruck, schickte Jung sie nach San Francisco, wo Chesky dann die endgültige Entscheidung fällte.

Jeder neue Manager wurde von Airbnb mit einem Satz Online-Werkzeuge ausgerüstet, mit deren Hilfe sich der Zustand des Geschäfts ermessen ließ. Außerdem gab es ein „Office in a box", ein „Büro in der Kiste", wie Chesky es nannte. Darin enthalten waren ein Leitfaden, wie man ein Arbeitsumfeld wie bei Airbnb erschafft, sowie verschiedene Requisiten wie eine tragbare Tischtennisplatte und die Bücher „Delivering Happiness: Wie konsequente Kunden- und Mitarbeiterorientierung einzigartige Unternehmen schaffen" von Zappos-Gründer Tony Hsieh und „Wie schön! So viel wirst du sehn" von Dr. Seuss. „Brian zerbrach sich ständig den Kopf darüber, wie wir unsere Kultur skalieren können – wie fühlt sich jedes Airbnb-Büro an?", sagt Dubost, die schließlich den Bereich Geschäftsreisen leitete und 2016 aus dem Unternehmen ausschied.

Einige der neuen Regionalleiter eiferten Chesky nach. In Moskau nahm Jung den ehemaligen Groupon-Manager Eugen Miropolski unter Vertrag. Miropolski begann sofort damit, sein Zuhause zu vermieten und in Airbnbs überall in der Stadt abzusteigen, ganz so, wie es Chesky in San Francisco gemacht hatte. In Paris rief der ehemalige McKinsey-Berater Olivier Grémillon Gemeindetreffen ins Leben, um Gastgeber zu begrüßen. Außerdem baute er eine Hotline auf, die rund um die Uhr mit Französisch sprechendem Personal besetzt war. Jetzt hatten Gastgeber und Gäste jederzeit jemanden, an den sie sich wenden konnten.

Im Januar 2012 ging Airbnb mit der Eröffnung seiner Auslandsbüros an die Öffentlichkeit. Die drei Gründer machten sich auf den Weg. Jeder von ihnen besuchte eine Eröffnungsparty in einer anderen Stadt, abschließend trafen sie sich in Paris und Berlin und ließen es noch einmal richtig krachen. Chesky sagt, er habe 18 Tage lang so gut wie gar nicht geschlafen.

Sie lernten ihre neuen Mitarbeiter an, hielten Reden über die Herzlichkeit und das Potenzial der Airbnb-Gemeinschaft, lernten Hunderte Gastgeber kennen und verteilten zahllose Umarmungen. „Man bekam das Gefühl, es sei nicht geschäftsorientiert", sagt Nalin Jha, der sich in jenem Jahr als einer der ersten Gastgeber in Delhi anmeldete. Er war beim ersten Kennenlerntreffen des Unternehmens dabei und erinnert sich daran, dass er von dem Geschäftsführer, den Jung eingestellt hatte, sofort umarmt wurde. „Es war nur eine kleine Umarmung, aber es schien so, als habe dieses Geschäft auch eine Seele. Das war ein sehr attraktiver Aspekt, dass ich Teil einer Gemeinschaft wurde."

Außerhalb der USA hatten die Samwers ungefähr ein Jahr Vorsprung, schätzte Jung. Aber Wimdu war kein Projekt von Dauer. Wie auch der Groupon-Klon der Brüder war Wimdu ein hohles Konstrukt, dessen Schwung einzig auf einer Flut an unpersönlichen, geschäftsorientierten Anrufen basierte – nicht auf Treffen und schon gar nicht auf Umarmungen. Dank Blecharczyk und seiner Programmierertruppe in San Francisco wies Airbnb die robustere Technik auf, hinzu kam der Nutzen eines globalen Netzwerks. Wer aus den USA nach Europa reiste, schien nichts auf die Dominanz von Wimdu zu geben, und wer aus Europa in die USA reiste und eine alternative Unterkunft suchte, der musste sich an Airbnb wenden.

Wimdu machte weiter, versank aber auf dem Markt für Homesharing immer weiter in der Bedeutungslosigkeit. 2013 wurde der chinesische Ableger Airizu geschlossen und die Pläne für eine Expansion über die Grenzen Europas hinaus wurden beschnitten. Airbnb hatte dem Silicon Valley gezeigt, dass es besser sei, die Klone zu bekämpfen als ihnen ihren Willen zu erfüllen. „Man kann einem Kloner nichts Schlimmeres antun, als ihm sein Baby zu lassen", witzelte Chesky Oliver Jung gegenüber. „Er will sein Baby doch gar nicht. Er hat das doch nur gebaut, um es loszuwerden."

Airbnb gewann unterdessen weiter an Flughöhe. Im Januar 2012 teilte es mit, seit Start des Unternehmens habe es fünf Millionen Übernachtungen vermittelt. Im Juni wurde diese Zahl bereits auf zehn Millionen korrigiert. [24]

Auch die Expansion im Ausland war ein Erfolg. Jung eröffnete in jenem Jahr noch Standorte in Singapur und Hongkong. Ende 2012 war Europa bereits der größte Markt von Airbnb und Paris die drittwichtigste Stadt.

Dennoch war nicht alles perfekt. Die Personalfluktuation in den neuen Büros war hoch und auch Jung verließ Airbnb schließlich Anfang 2013. Einige der Büros wurden zusammengelegt, einige setzten Gastgeber mit mehreren Einträgen zu stark unter Druck (das Unternehmen wollte lieber auf Menschen setzen, die ihren ersten Wohnsitz anboten). Und daheim am Stammsitz in den USA sorgte die rasche Auslandsexpansion für ganz eigene Ängste. Bis eben war man noch Mitarbeiter eines kleinen Unternehmens gewesen, in dem jeder jeden kannte. Nun waren praktisch über Nacht rund um den Globus Hunderte neuer Kollegen und Kolleginnen hinzugekommen, die sie nie zuvor gesehen hatten. „Jeder schien über alles, was so passierte, Bescheid zu wissen, und plötzlich wussten sie über überhaupt nichts mehr Bescheid", erinnert sich Chesky. „Das war sehr kontrovers. Es gefiel den Leuten nicht."

Chesky war nicht glücklich über die internen Reibereien, aber er lernte, damit zu leben. Die Aufregungen von 2011 hatten ihm geholfen, seinen Weg zu finden und seine Aufgabe als höchster Entscheider des Unternehmens anzunehmen. Er hatte vorgegeben, wie man mit der EJ-Katastrophe umgehen würde, und er hatte beschlossen, gegenüber den Samwers nicht den leichten Weg zu wählen und mit ihnen zu kooperieren, sondern gegen sie anzukämpfen. Er hörte weiterhin auf seine Kollegen und Mitgründer, aber nach diesem Jahr war er nicht mehr bestrebt, für alles einen Konsens zu finden. Er prüfte die ihm zur Verfügung stehenden Optionen und verließ sich darauf, dass ihm seine Instinkte helfen würden, die richtige Entscheidung zu fällen.

„Damals wurde ich ein echter CEO", sagte er mir Jahre später. „Ich änderte meinen Stil und kann nur hoffen, dass ‚Arschloch' nicht das erste Wort ist, das anderen dazu einfällt. Aber 2011 war das Jahr, in dem ich tatsächlich CEO werden musste, in dem ich erster Vorkämpfer für Airbnb werden musste. Ich musste die Leute dazu bringen, daran zu glauben, ich musste Geld besorgen und uns aus einer echten Krise herausführen. Wir standen nach EJ und den Samwers stärker da als vorher."

Schon bald sollte noch weiter geprüft werden, aus welchem Holz Chesky geschnitzt war, denn immer mehr Städte wurden sich der Probleme bewusst, die es mit sich brachte, wenn Menschen ihr Zuhause kurz mal in ein Hotel verwandeln. Chesky würde argwöhnischen Gesetzgebern und Regulierern zeigen müssen, dass sein Unternehmen nur gute Absichten verfolgte und etwas Konstruktives zum Leben in der Stadt beisteuerte. Es würde die ernsteste Prüfung sein, der er sich bis dahin hatte stellen müssen. Sein neuer Freund Travis Kalanick, ein weiterer Akteur dieser aufblühenden Bewegung namens „Sharing-Economy", stand vor einer ähnlich gearteten Herausforderung. Nur war diese deutlich gefährlicher.

KAPITEL 7
DAS TAKTIKBUCH

UBER EXPANDIERT

Mir ist noch nie ein Unternehmer untergekommen, der dermaßen hart arbeitet. Er lebt, isst und atmet Uber.
— *Shervin Pishevar in einer E-Mail an seine Partner bei Menlo Ventures*

Für Travis Kalanick war Uber nicht einfach nur eine fruchtbare Anlagemöglichkeit oder ein vielversprechendes Start-up-Unternehmen, dessen erste Zahlen Anlass zu großer Hoffnung gaben. Er beschrieb es Anfang 2011 Freunden und Kollegen gegenüber vielmehr als aufblühende Leidenschaft – hier hatte er das unternehmerische Juwel, das er während seiner beruflichen Karriere immer begehrt hatte.

Kalanick war bereit, seine gesamte Energie in den neuen Gegenstand seiner Begeisterung zu stecken, und er erwartete von seinen Mitarbeitern, dass sie genauso hart arbeiten. Ubers offensichtliche Bestimmung war es, über die Enklave San Francisco hinaus zu wachsen und die Welt zu erobern. Jeden, der dieser Bestimmung im Weg stehen könnte, ging Kalanick aggressiv an und verbannte ihn aus seinem engsten Kreis.

Anders als Airbnb hatte Uber noch viel Arbeit vor sich, bevor es sich international ausbreiten konnte. Airbnb war vom Start weg sofort international gewesen. Angespornt durch die Konkurrenz der Samwer-Brüder hatten Chesky und seine Kollegen das Thema frontal angepackt. Uber dagegen musste jeden Markt methodisch angehen und in jeder Stadt Mitarbeiter finden, die Fahrer rekrutieren, den Dienst bei den Fahrgästen bewerben und sich mit den Regulierern auseinandersetzen. Cheskys Weg war anders und auf gewisse Weise einfacher. Wenn Kalanick ein globales Imperium aufbauen wollte, würde er im Vergleich dazu deutlich mehr Arbeit investieren müssen.

Kalanicks erstes Ziel war New York City, wo die Hälfte aller Taxifahrten innerhalb der Vereinigten Staaten absolviert wird. Seine Heimatstadt, das weit ausgedehnte Los Angeles, hing trotz ständiger Monsterstaus unerschütterlich am Auto, ganz anders der Big Apple. Keine andere Metropolregion der USA ist dermaßen dicht besiedelt und die meisten Einwohner vermeiden es, sich ein Auto zuzulegen. Wenn Uber es dort schaffte, würde es sich vielleicht überall durchsetzen können.

Uber stellte den jugendlich frischen Cornell-Absolventen Matthew Kochman für die Aufgabe ein, die Expansion nach New York anzuführen. Als Student hatte Kochman MESS Express („Move Every Student Safely", frei: „Jeden Studierenden sicher transportieren") ins Leben gerufen. Studentinnen- und Studentenvereinigungen konnten bei diesem Dienst online Charterbusse auf den Campus bestellen. Das sollte dazu beitragen, dass weniger Betrunkene ins Auto stiegen. Das Unternehmen entwickelte sich zu einem vollen Erfolg und bei vielen Fahrten saß der große, attraktive Kochman vorne im Bus und unterhielt mit dem Mikro in der Hand seine mitreisenden Kommilitonen.

Nach seinem Abschluss zog Kochman nach New York, wo er ein Unternehmen ins Leben rief, mit dessen Hilfe Eltern ihren Kindern per SMS Taxigeld zukommen lassen konnten. Er testete das Angebot mit einem Taxiunternehmen in Ithaca und beauftragte Entwickler in Uganda, den Dienst zu programmieren. Aber das Team aus Uganda lieferte nicht. Kochman hatte mittlerweile Zweifel bekommen, ob seine Geschäftsidee überhaupt eine Zukunft habe, da nahm er in San Francisco an einer Technologie-Konferenz teil und las einen Artikel über Uber. Er schrieb Ryan Graves an und traf sich mit ihm auf ei-

nen Kaffee. Graves war offensichtlich ganz beeindruckt von Kochmans Erfahrung und davon, was er trotz seiner Jugend schon alles
auf die Beine gestellt hatte. Einige Wochen später sandte ihm Graves
eine E-Mail: Wäre er interessiert daran, Ubers erster Geschäftsführer außerhalb San Franciscos zu werden?

Sein erstes Uber-Büro bezog Kochman in einem Coworking-Spa-
ce an der Ecke Broadway und Grand Street in Lower Manhattan. Die
ersten Monate verbrachte er mit der mühsamen Aufgabe, Uber in
New York City zu etablieren. „Verdient richtig Geld, anstatt irgendwo herumzuhocken und auf Fahrgäste zu warten" – bei San Franciscos Limousinenfahrern hatte diese Verkaufsmasche bestens funktioniert, aber in New York lief dieser Ansatz ins Leere. Das hing mit einer überholten, aber wichtigen Regulierungsauflage zusammen. New
Yorks schwer durchschaubare Taxi-Bestimmungen sahen vor, dass
Fahrer von Limousinen (beziehungsweise „Mietwagen mit Chauffeur", wie es in der Sprache der Regulierer heißt) eine Art Basis haben
mussten. Sie mussten entweder Teil einer professionellen Fahrzeugflotte sein oder einer kleinen örtlichen Organisation angehören, die
als zentrale Dispositionsstelle fungierte, Fahrten zuwies und dafür
sorgte, dass die Lizenzen der Fahrzeuge in Ordnung waren. Aber Kalanick weigerte sich, Uber in New York als Basis eintragen zu lassen.
Nach seiner Einschätzung würde das Unternehmen dadurch verantwortlich für diverse Gebühren und Lizenzierungsanforderungen,
und zwar nicht nur in New York, sondern entsprechend dann auch in
anderen Städten, in die es expandieren wollte. Uber sollte sich aus
dem Morast der Bestimmungen und Vorschriften heraushalten, fand
Kalanick. Die Auflage mit der Basis wird zwar nur selten angewendet, aber wenn Uber Chauffeure unter Vertrag nehmen wollte, stifte-
te es sie rein formell dazu an, gegen diese Bestimmung zu verstoßen.

Bis zum April trieb Kochman einige Chauffeure auf, die abenteu-
erlustig waren und Lust hatten, die tote Zeit zwischen den Fahrten
anders zu nutzen. Sie testeten den Dienst in allen fünf Stadtbezirken.[1] Der Dienst wurde still und heimlich im darauffolgenden Monat bei einem Treffen der örtlichen Technologiegemeinschaft gestartet, aber zunächst nur mit einigen wenigen Wagen. Kochman stand
unter immensem Druck. Kalanick wollte auf der TechCrunch Disrupt im Juni der breiten Öffentlichkeit mitteilen, dass Uber nun in
einer zweiten Stadt vertreten sei. Kalanick wollte dort gemeinsam

mit Brian Chesky auftreten. Kochman stellte zwei Personen ein, eine für alle Angelegenheiten rund um die Fahrer, eine für die Aufgabe, weitere Fahrer anzuwerben. Um die Dinge ins Rollen zu bringen, boten sie dieselben Vergünstigungen, die in San Francisco so gut funktioniert hatten: Die Fahrer bekamen iPhones mit der Uber-App und es wurden ihnen 25 bis 35 Dollar pro Stunde Minimum garantiert. Probierte jemand die App aus, hatte aber keine Fahrzeuge auf seiner Karte, erhielt er eine Gutschrift über zehn Dollar. Es dauerte nicht lange und Uber verlor Geld in großem Stil.

Da die Zahl der Uber-Fahrzeuge begrenzt war, erreichten die Wartezeiten in New York ein Ausmaß, das nicht zu tolerieren war. Am Tag der Disrupt-Konferenz hatte Uber etwa 100 Fahrzeuge auf den New Yorker Straßen, erinnert sich Kochman. (Zum Vergleich: 2016 gab es in New York City über 35.000 aktive Uber-Fahrer.)[2] Wenn in New York, dem weltgrößten Medienmarkt, Nutzer die App einschalteten, sahen sie entweder keine freien Fahrzeuge („Nullen") oder sie mussten länger als zehn Minuten auf ihre Mitfahrgelegenheit warten. Kalanick war nicht glücklich. „Solange die Nachfrage die Qualität des Dienstes übersteigt, sind die Eintreffzeiten und andere Aspekte noch nicht da, wo wir sie gerne hätten", sagte er auf der Bühne.

Für Kochman sollten sich die nächsten paar Monate als Phase des Dauerstresses und des Dauerarbeitens erweisen. „Wir brauchen verdammt noch mal mehr Fahrzeuge!", bellte ihn Kalanick am Telefon an, erinnert sich Kochman.

„Du musst dich einfach mehr ins Zeug legen", gab ihm Graves einen wenig hilfreichen Rat. „Streng dich an."

Bei vielen brisanten Themen, die in New York anstanden, waren Kochman und Kalanick nicht einer Meinung. Noch immer empört über seine Auseinandersetzung mit Christiane Hayashi und der Transportbehörde von San Francisco wies Kalanick Kochman an, die Taxi- und Limousinenkommission von New York (TLC) und ihre Regeln zu ignorieren. Im Gewand des Verbraucherschutzes daherkommend, seien diese Bestimmungen in erster Linie dazu gedacht, althergebrachte Interessen der Taxi-Industrie zu schützen, argumentierte Kalanick.

Kochman war nicht komplett anderer Meinung, aber er hatte beim Stadtrat von Ithaca erfolgreich eine Genehmigung für den Betrieb von MESS Express beantragt. Ohnehin hatte er in der Vergangenheit wiederholt erfolgreich mit den Behörden zusammengearbeitet. Also ließ er Kalanicks Anweisung außer Acht und vereinbarte ein Treffen mit einem Vertreter der TLC. „Ich wollte mir nicht den Hintern aufreißen und etwas ins Rollen bringen, was die Stadt gleich wieder dichtmacht", sagt er.

Kalanick reagierte wütend, als er von dem Treffen erfuhr. „Er war auf 180 und warf mir Ungehorsam vor", erinnert sich Kochman. Nachdem sich sein Zorn gelegt hatte, flog Kalanick nach New York und sie nahmen gemeinsam den Termin bei der TLC wahr. Es war das erste Treffen von Uber und der TLC und es verlief positiv. Kochman und Kalanick betonten, dass man die Uber-Wagen nicht an der Straße heranwinken und auch nicht elektronisch wie ein Taxi rufen konnte, dass die Fahrzeuge also der rechtlichen Definition von Mietwagen mit Chauffeuren entsprachen und die Fahrten im Vorfeld arrangiert werden mussten. Es war halt nur so, dass die Vorplanung nicht 60 Minuten, sondern fünf Minuten vor Fahrtantritt stattfand. Ihr Gesprächspartner bei der TLC war Ashwini Chhabra, der drei Jahre später zu Uber wechselte, um dort die politische Planung zu leiten. Beim ersten Treffen forderte er Uber lediglich auf, die App so anzupassen, dass die Lizenznummer eines Chauffeurs angegeben wurde und die Information, wo seine Basis war.

Der Regulierer mochte Ubers Betrieb zunächst einmal abgenickt haben, aber noch immer hatte das Unternehmen nicht ausreichend Fahrer zusammen. Auf der Suche nach dem Königsweg setzte Kochman auf dieselbe Methode wie Kalanick und Graves seinerzeit in San Francisco – er klapperte die mittelgroßen Limousinendienste ab. Dabei kam er auch nach Brooklyn in ein Büro, das einen Straßenzug vom Gowanus-Kanal entfernt liegt. Dort traf er Eduard Slinin, den ukrainischen Gründer der Corporate Transportation Group, einem Dachunternehmen für ein gutes Dutzend Limousinen-Flotten und damit Herr über Tausende Fahrzeuge. Konnte Kochman Slinin gewinnen, würde er mit einem einzigen Handschlag alle Angebotsprobleme lösen können, die Uber plagten.

Zwei Stunden lang bewarb er das Uber-Konzept, während ihm Slinin und sieben seiner Kollegen in Nadelstreifenanzügen gegenübersaßen, ihre Mienen völlig versteinert. Im Anschluss musste er sich ein Trommelfeuer an Gründen anhören, warum Uber in New York City niemals funktionieren würde: Die Regulierer würden

Einwände haben; die Fahrer waren zu beschäftigt, um ihre Smartphones kontrollieren zu können; die großen Banken und Kanzleien pflegten doch alle bereits gute Beziehungen zu Limousinen-Flotten. „Hören Sie, ich mag Sie", habe Slinin ihm am Ende des Gesprächs gesagt, so Kochman. „Aber ich würde Ihnen raten, mit Uber nicht in New York zu starten. Das wäre nicht gut für Sie."

Aufgebracht verließ Kochman das Treffen, denn er fasste das als Gewaltandrohung auf. (Slinin bestritt in einem Interview, Kochman je gedroht zu haben.) Kalanick dagegen blieb unbeeindruckt, als er von dem Vorfall hörte. „Hey, hast du eine Ahnung, wie viel Presse wir bekommen, wenn man dich umlegt?", scherzte er. Kochman fand das gar nicht lustig. Wie Jason Finger von Seamless zuvor fragte er sich nun, ob er nun Todesangst haben müsste, wann immer eine Limousine auf der Straße an ihm vorbeifuhr.

Kalanicks ausgeprägte Kampfeslust war möglicherweise zum Schaden von Uber, fand Kochman. Er verhandelte mit der Executive Transportation Group (ETG), die in New York eine Flotte von etwa 2.000 Fahrzeugen betrieb, und die Gespräche gingen gut voran. Dann jedoch brachte er zu einem Treffen mit der Geschäftsführung Kalanick mit, woraufhin die Manager argwöhnisch wurden – und zwar aus gutem Grund. Nach dem Treffen fuhren Kalanick und Kochman in einer Uber-Limousine davon und Kalanick drehte sich zu dem hinter ihm sitzenden Kochman um und sagte: „Wir werden diesen Kerlen das Messer in den Rücken rammen." Kalanick hat andere Erinnerungen an das Treffen. Er sagt, er sei damals wirklich „im Partnermodus" gewesen.

Wie auch immer: Die Bündnisse von Uber mit Betreibern großer Limousinenflotten waren zum Scheitern verurteilt. Uber würde letztlich in direkte Konkurrenz zu den Flotten treten, indem es den Fahrern eine stetige Versorgung mit Fahrgästen bot. Der Vorteil für die Fahrer: Der beträchtliche Anteil, den sie sonst bei Flottenbetreibern wie CTG und ETG ablieferten, fiel weg.

Und an noch etwas, was sein Boss auf der Rückfahrt vom ETG-Treffen sagte, erinnert sich Kochman: Kalanick sprach voller Bewunderung und Neid über Jack Dorsey, der 2008 bei Twitter gefeuert worden war, dann aber vor Kurzem mit ganz neuem Image bei Square reüssiert hatte, einem Online-Bezahldienst. Offenbar war es so, dass ein Erfolg im Internet auch als Plattform dafür dienen konnte, sich persönlich neu zu erfinden – ein Weg, all den Ballast der Vergangenheit abzuschütteln.

„Ich erinnere mich daran, dass mir Travis auf dieser Fahrt erklärte, dass Jack zu Beginn seiner Laufbahn ein ganz anderer Mensch gewesen sei", sagt Kochman. „Nach Twitter ging er weg, verschwand völlig von der Bildfläche und ging in sich. Dann kam er als völlig neue Person zurück."

Der Frühling kam und das Verhältnis zwischen Kalanick und Kochman trübte sich sehr rasch ein. Kalanick forderte schnellere Wachstumsraten in New York. Er wollte mit den Zahlen bei den Wagniskapitalgebern hausieren gehen, um neues Kapital für eine Expansion in weitere amerikanische Großstädte einzusammeln.

Kochman wiederum sah seinen Chef als Unruhestifter an, der sich in der Stadt mit Investoren traf und dann mit Träumen von scheinbar völlig belanglosen Projekten im Büro in Lower Manhattan aufschlug, etwa von Uber-Wagen, die Mahlzeiten auslieferten. Kochman war es zudem von der Uni gewohnt, dass er stets derjenige war, der im Rampenlicht stand, insofern nagte es insgeheim an ihm, dass es Travis war und immer nur Travis, der all die Aufmerksamkeit der Medien auf sich zog.

Dann ging alles vor die Hunde. Kochman hatte geglaubt, als erstem Uber-Geschäftsführer außerhalb San Franciscos gehöre ihm ein beträchtlicher Anteil der Firma. Als er neue Mitarbeiter für New York einstellte, stellte er allerdings fest, dass sein Aktienpaket *vor* der Serie-A-Runde zugeteilt worden war und nicht, wie er ursprünglich geglaubt hatte, *danach*. Das wiederum bedeutete, dass sein Prozentanteil deutlich geringer war als gedacht, denn der Einstieg neuer Investoren verwässert die Beteiligung der Altaktionäre. Kochman hatte das Gefühl, vorsätzlich hinters Licht geführt worden zu sein. Er schäumte. Er und Kalanick führten im Mondrian Hotel in SoHo ein angespanntes Gespräch, im Verlauf dessen er andeutete, Kalanick habe sich unverständlich und unaufrichtig ausgedrückt, als sie Kochmans Vergütung aushandelten.

Kalanick war überhaupt nicht in der Stimmung, sich so etwas anzuhören: „Du bist ein Angestellter. Wir bezahlen dir Gehalt. Mach deinen Scheiß-Job!", erwiderte er.

Daraufhin entwickelte Kochman einen üblen Plan. Er schickte eine E-Mail an Bill Trenchard, einen der Partner bei First Round Capital, den er von seiner Zeit an der Uni Cornell kannte. In der Mail führte er eine ganze Litanei von Beschwerdepunkten über Kalanick und Graves auf. Es fehle dem Personal in der Uber-Führungsebene an allen Ecken und Enden an Vertrauen und Zuversicht, mindestens fünf wichtige Mitarbeiter seien auf dem Absprung und „das Management ist eine Katastrophe, was das Zuhören anbelangt". Er schloss mit der Empfehlung, „die Geschäftsführung neu zu ordnen", und bat Trenchard, sein Memo auch den anderen Uber-Investoren zukommen zu lassen.

Ein paar Wochen vergingen, ohne dass etwas geschah, deshalb lud der noch immer aufgebrachte Kochman Kalanick erneut zum Essen ein. Kalanick entschuldigte sich für die Wortwahl bei ihrem vorigen Treffen, aber Kochman teilte ihm dennoch mit, er werde das Unternehmen verlassen. Er kündigte mit einer Frist von drei Monaten und schied im September aus. Er war damit kein Jahr im Unternehmen gewesen und er beanspruchte auch seine 50.000 Aktien nicht. Was er damals nicht wissen konnte – schon in wenigen Jahren würde dieses Paket über 100 Millionen Dollar wert sein.

Ich traf Kochman Anfang 2015. Damals war er immer noch empört darüber, wie Kalanick mit ihm umgegangen war und mit welchen Methoden Uber bei Wettbewerbern und Fahrern arbeitete. Wenige Monate darauf trafen wir uns ein weiteres Mal. Zu meiner Überraschung hatte sich da seine Wut deutlich gelegt und er klang viel gemäßigter. Er konnte endlich einen Schlussstrich unter seine eigene schreckliche Jugendsünde ziehen.

„Das 23-jährige Ich fabulierte sich einen Plan zusammen, der dazu führen sollte, dass Travis gestürzt und ich an seine Stelle gehievt werde. Das war mein rechtmäßiges Ansinnen", sagte er mir in einem Café in Williamsburg. Ganz in der Nähe war das kleine Büro von Buster, seinem neuen, mit Charterbussen befassten Start-up (das kurz darauf pleitegehen sollte). Wie er mir erzählte, habe er nach seinem Ausstieg bei Uber mit den Medien über Probleme innerhalb des Unternehmens geredet, er habe potenziellen Mitarbeitern empfohlen, dort nicht anzuheuern, und er habe Wagniskapitalgebern geraten, Abstand von einer Investition zu nehmen. Er war auch als Berater für Lyft und Hailo tätig, den britischen Anbieter einer Taxi-Bestell-App. [3]

„Ich habe ganz ohne Frage meinen Teil an überzogenem Mist geredet", sagte Kochman. „Auch wenn wir bei einer Reihe von Themen anderer Meinung sind, ist es letztlich doch so, dass Travis Kalanick ein brillanter Kopf ist, der ein gewaltiges Unternehmen aufgebaut hat. Ich bin stolz, ein Teil davon gewesen zu sein."

Er hat versucht, Kontakt zu Kalanick aufzunehmen, macht ihm aber keine Vorhaltungen dafür, sich nicht gemeldet zu haben. Kürzlich habe er einen sehr realistischen Traum gehabt, wie die beiden im Stadion der New York Mets saßen und über die alten Zeiten redeten. „Aber dazu wird es nie kommen", seufzte Kochman. „Er hasst mich."

Als sie anfing, bei Uber zu arbeiten, hatte Austin Geidt keinen festen Halt im Leben. Sie war die erste Praktikantin des Unternehmens, war zuvor als Barista abgelehnt worden und tat sich schwer damit, irgendeine bedeutsame Aufgabe zu finden. Während des ersten, schwierigen Jahres wurde ihr langsam aber eines klar: Auch alle anderen um sie herum improvisierten doch die ganze Zeit bloß.

Nach dieser Erleuchtung erlaubte es Geidt sich, konstruktiver an Probleme heranzugehen. Als Ryan Graves im März Stefan Schmeisser feuerte, ebenfalls einer der ersten Mitarbeiter des Unternehmens, und anschließend sie beauftragte, für die Belange der Fahrer verantwortlich zu sein, eröffneten sich ihr zahlreiche Gelegenheiten, etwas zu bewirken. Eines Tages hatte sie im Büro in San Francisco gerade die Einweisung eines Fahrers abgeschlossen und ging nach draußen, um sich einen Kaffee zu holen. Dabei sah sie, dass der Mann in einen pinkfarbenen Minivan einstieg. Da wurde ihr klar, dass das Unternehmen Fahrzeugkontrollen durchführen sollte, um zu gewährleisten, dass die Wagen auch tatsächlich den hohen Maßstäben entsprachen, die Uber damals einforderte.

Später entschied sie, dass Uber testen solle, ob die Fahrer zumindest die wichtigsten Adressen innerhalb der Stadt kennen (damals mussten die Fahrer ihr Ziel noch nicht in die Uber-App eingeben). Sie bat Sofiane Ouali, den als „Einhorn" bekannten Fahrer des weißen 2003er Lincoln Town Cars, ihr die Prüfungsunterlagen für den Personenbeförderungsschein zu besorgen. Mit Hilfe von Ouali und anderen Fahrern überarbeitete sie dann einige Fragen so, dass sie zu den Erwartungen passten, die die exklusive, mit Smartphones bewaffnete Klientel des Unternehmens hatte. Uber fragte die Fahrer beispielsweise nicht nach dem Weg zum Gefängnis, sondern nach dem Weg zum Ritz-Carlton.

Telefonisch arbeitete Geidt in jenem Jahr auch eng mit Kochman in New York zusammen und musste sich dabei seine ständigen Beschwerden über Kalanick anhören. Im Juli begann Kalanick ernsthaft mit der landesweiten Expansion des Unternehmens und bestimmte, dass Seattle Ubers dritter Standort werden sollte. Er schickte Geidt und Graves nach Seattle, um dort ein Büro zu eröffnen und Personal für den Start einzustellen. Geidt hatte gerade einen Mietvertrag für ein Apartment in San Francisco unterschrieben, verbrachte dort aber nicht eine einzige Nacht. Die nächsten anderthalb Jahre war sie nur noch unterwegs.

Für Seattle orientierten sich Geidt und Graves an der Dreierteam-Struktur von New York. Der Geschäftsführer hatte die Aufsicht über das Gesamtgeschäft in der jeweiligen Stadt und war verantwortlich dafür, dass das Geschäft wächst. Er oder sie musste unternehmerisch veranlagt sein, kampflustig und bei Gesprächen mit Regulierern aggressiv auftreten. Der Operations-Manager – meistens jemand mit analytischen Fähigkeiten, beispielsweise ein Unternehmensberater oder Investmentbanker – hatte die Aufgabe, Fahrer zu überzeugen und zu gewährleisten, dass, wann immer Fahrgäste die App aufriefen, Wagen zur Verfügung standen. Schließlich gab es noch den Community-Manager, ein kreativer Mensch mit Marketing-Einschlag, der bei den Fahrgästen die Nachfrage anheizen sollte.

Diese Struktur wurde in der Frühphase des Unternehmens zur Blaupause für Regionalbüros, praktisch die Uber-Variante eines mobilen Einsatzkommandos, imstande, in eine Stadt einzufallen und rasch etwas Neues aufzubauen. „Für ein Technologieunternehmen ist das etwas völlig Neuartiges", sagte mir Kalanick in einem Interview, das wir während dieser Expansionsphase führten. „Bei Technologiefirmen ging es früher immer um Produkt- und Software-Entwicklung, während man in der Zentrale saß. Skalieren bedeutete bloß, einen weiteren Rechner anzuwerfen. Wenn wir skalieren, müssen wir mehr Fahrzeuge vor Ort haben und gewährleisten, dass wir Fahrer an Bord nehmen, die eine qualitativ hochwertige Erfahrung bieten können."

Gemeinsam mit Kalanick und Graves entwickelte Geidt noch weitere Aspekte des Modells. Sie trug alles in einem online abrufbaren Google-Dokument zusammen, das als Handbuch für Ubers Markteintritt in neuen Städten diente. Fahrer sollten angeworben werden, indem man die Limousinen-Einträge im Onlineverzeichnis Yelp durchging oder die Haltestellen der Limousinen an den Flughäfen abklapperte. Bei einer Einweihungsfeier sollten örtliche Medien und Technologie-Promis zusammengebracht werden, als erster Fahrgast in der Stadt sollte ein örtlicher Promi den Dienst nutzen und das Ganze würde in einem Blogeintrag beworben.

Auch zur Gewinnung von Chauffeuren und Fahrgästen wurden spezielle Strategien entwickelt. So lockte Uber mit Vergünstigungen und Guthaben. Eine einfache, aber wichtige Maßnahme: In jeder neuen Stadt wurde auch ein Uber-Twitter-Konto eröffnet. Das Google-Dokument entwickelte sich zur Firmenbibel, die Bezeichnung „Taktikbuch" bürgerte sich bei der Belegschaft ein. In Seattle sei das Taktikbuch erstmals zur Anwendung gekommen, sagt Geidt.

Sie verbrachte die nächsten Wochen dort, setzte aus, als im September Standort Nummer vier, Chicago, eröffnet wurde, war dann aber einige Wochen später dabei, als Boston als Nummer fünf an den Start ging. Für ein Unternehmen, das drei Jahre lang vor sich hingedümpelt hatte, entwickelten sich die Dinge nun blitzartig. In der Firmenzentrale – ein halbes Dutzend Schreibtische beim Coworking-Space-Anbieter RocketSpace in der Innenstadt von San Francisco – kontrollierte Kalanick die Tagesergebnisse jedes Marktes und verglich sie mit den Zahlen aus der Frühphase des San-Francisco-Geschäfts. Jeder Geschäftsführer war dafür verantwortlich, oberhalb der damaligen Trendkurve zu bleiben. Bill Gurley sah sich das Ganze von außen an und war schwer beeindruckt: „Ich habe Hunderte Unternehmer dabei erlebt, wie sie rasch in andere Städte gehen und dabei das ganze Schiff auf die Klippen setzen", sagt er. „Bei Uber habe ich diese Sorge nie verspürt. Da steckte System dahinter. In die Entscheidungsprozesse floss eine gewaltige Menge Mathematik mit ein."

Einen Tag nach dem Start in Boston erhielt Geidt einen Anruf von Graves: Das Unternehmen wollte, dass sie sich um New York City kümmerte. Matthew Kochman war gegangen und seine Stellvertreter schlossen sich an. Auf dem größten und wichtigsten Taximarkt des gesamten Landes benötigte Uber verzweifelt Hilfe. Die Zahl der Fahrer nahm nur langsam zu, aber nicht nur das: In Scharen beschwerten sich Taxifahrer und Limousinen-Chauffeure bei der TLC, ganz so, wie es die MTA in San Francisco erlebt hatte. Mittlerweile waren von offizieller Seite erste Bedenken zu hören, inwieweit Uber tatsächlich alle Auflagen einhielt. Die Drohung einer Unterlassungsanordnung stand im Raum.

Geidt war es leid, in Hotels abzusteigen, und buchte sich eine Airbnb-Unterkunft im East Village. Fünf Monate sollte sie dort leben. Gleich zu Beginn stellte sie fest, dass es Glückssache war, ob sie von ihrer Wohnung aus einen Uber-Wagen kriegen konnte, der sie zum neu in Greenpoint, Brooklyn, eröffneten New Yorker Büro brachte. Es gab nur wenige Wagen und die Wartezeiten waren lang. Die großen Limousinenflotten hatten alle Trümpfe in der Hand und verlangten absurde Mindestzahlungen im Gegenzug dafür, ihre Fahrer mit der Uber-App auszustatten. Uber musste seine Strategie völlig neu überdenken und Kalanick würde bei einer seiner unumstößlichsten Überzeugungen einen Kompromiss eingehen müssen.

Schritt eins: ausführliche Gespräche mit der Taxi-Kommission. Also nahm Kalanick Bradley Tusk unter Vertrag, seinen ersten Lobbyisten. Tusk, ehemaliger Berater und Wahlkampfmanager des damaligen New Yorker Bürgermeisters Michael Bloomberg, sollte die Dinge in New York vorantreiben und die Flut an regulatorischen Problemen abwenden, die dem Unternehmen in jeder Stadt drohten. Kalanick traf Tusk in seinem Büro in Midtown und fragte ihn, wie hoch denn sein Vorschuss sei. 25.000 im Monat, erwiderte Tusk.

„In bar? Das ist aber ein gutes Geschäft", sinnierte Kalanick. „Wie wäre es denn stattdessen mit einigen Aktien?"

Tusk stimmte zu und erhielt 50.000 Aktien – genau die Menge, von der sich Matthew Kochman gerade abgewendet hatte. In der Geschichte dieses unwürdigen Berufs dürfte es wohl der lukrativste Lobbyisten-Vertrag aller Zeiten gewesen sein.

Jetzt, wo Tusk als Berater mit an Bord war, trafen sich die Uber-Manager regelmäßig mit Ashwini Chhabra und dessen Boss, dem TLC-Chairman David Yassky. Wie sich herausstellte, war die Stadtverwaltung unter Bloomberg offen für Interessen der Wirtschaft und stand einem Technologie-Start-up, das versuchte, die verkrustete Taxenindustrie der Stadt aufzubrechen, positiv gegenüber. Die Taxibranche hatte sich dagegen gesperrt, ihre Fahrzeuge zu modernisieren und elektronische Kreditkartenleser einzubauen.[4] Aber zunächst einmal musste sich Uber an die Regeln halten. Um für New Yorker Chauffeure wirklich interessant zu sein, musste sich Uber also in New York registrieren lassen.

All seiner ausgeprägten Kampfeslust zum Trotz war Kalanick damals noch nicht ganz der vollendete Regelbrecher, als der er später in der Öffentlichkeit auftrat. Er erkannte jetzt, dass es im besten Interesse des Unternehmens war, sich in New York registrieren zu lassen. Die Statuten der TLC sehen vor, dass jeder Anteilseigner mit einer Beteiligung von mindestens zehn Prozent seine Fingerabdrücke abgeben und den Antrag persönlich unterschreiben muss. Also kamen am 19. Oktober 2011 Garrett Camp, Bill Gurley und Travis Kalanick vor einem schmucklosen, von Leuchtstofflampen erhellten TLC-Büro zusammen, wo sie eine Stunde lang Schlange stehen mussten. „Das war eines der ersten Male, dass Gurley etwas tun musste, das er für bescheuert hielt", sagt Camp.

Die Registrierung war nur der erste Schritt beim Neuausrichten der New-York-Strategie. Als sich das Uber-Management die Daten der ersten sieben Monate in der Stadt genauer ansah, wurde den Führungskräften klar, dass sie mit dem jetzigen Stamm an Fahrern viel zu knapp aufgestellt waren für die rund 790 Quadratkilometer große Stadt. Gelang es ihnen nicht, die Zahl der Fahrer schneller aufzustocken, müssten sie die Fahrer, die sie hatten, dann nicht in die geschäftigsten Viertel abkommandieren? Geidt und das improvisierte New Yorker Team begannen damit, die Fahrer an Stellen zu schicken, wo die Wahrscheinlichkeit am größten war, dass die Menschen eine exklusive, 35 Dollar teure Fahrt buchen würden, also Orte wie die Wall Street, die Upper East Side und SoHo.

Uber unterteilte New York City im Grunde in eine Reihe maßgeschneiderter Mikrostädte. Als „SoHo-Strategie" bezeichneten es die Manager und sie sollte sich als wichtiger Baustein der bevorstehenden globalen Expansionspläne erweisen. Indem man Fahrer an die Orte schickte, wo sie am dringendsten benötigt wurden, sorgte man dafür, dass die sozialen Gruppen, die Uber am wahrscheinlichsten nutzen würden, gute Erfahrungen machten. Die Fahrgäste würden dann ihren Freunden von ihren Erlebnissen erzählen und so neue Nachfrage generieren. Das wiederum würde den Dienst lukrativer für die Fahrer machen. „Was wir gelernt haben, ist, dass man eine San-Francisco-Lösung nicht auf New York übertragen und erwarten kann, dass sie funktioniert", sagt Ryan Graves.

Die SoHo-Strategie machte sich umgehend bezahlt. Ubers Programmierer wurden sehr gut darin, den Dienst zu überwachen und zu erkennen, wo sich die Anfragen häuften. Die Wartezeiten wurden kürzer, Uber wurde für New Yorks Fahrer immer attraktiver. Und weil das Unternehmen inzwischen in New York registriert war, liefen Chauffeure, die eine Tour via Smartphone-App akzeptierten, nicht mehr Gefahr, gegen das Gesetz zu verstoßen. Diese beiden Veränderungen waren entscheidend, jetzt fing Ubers Limousinendienst an, in New York genauso schnell zu wachsen, wie es zuvor in San Francisco der Fall gewesen war.

Travis Kalanick war ohnehin bereits ein getriebener Mann, aber der Erfolg in New York ermutigte ihn noch weiter. Er hatte das Gefühl, er müsse sich beeilen, um schneller als eventuelle Nachahmer in den größten Städten rund um den Globus etwas aufzubauen. Also wies er seine Programmierer an, den Dienst für seinen sechsten Standort vorzubereiten – Paris. Um wieder Kapital aus der Aufmerksamkeit zu schlagen, die die Bühnenpräsenz bei einem Branchentreff mit sich brachte, wollte Kalanick Ubers ersten Auslandsauftritt auf LeWeb bekannt geben, der europäischen Internetkonferenz. Drei Jahre zuvor hatten er und Camp dort über Plänen für einen hypothetischen Dienst gebrütet, bei dem man sich nach Bedarf eine Limousine ordern konnte.

Inzwischen hatte das Start-up-Unternehmen endlich sein eigenes Büro bezogen, und zwar im siebten Stock des Gebäudes in der 800 Market Street. Es gab einen runden Konferenzraum mit großzügigen Fenstern, von denen aus man auf die Market Street blickte, wo das kommerzielle Herz der Stadt schlägt. 20 Mitarbeiter bezogen die neuen Räume, in erster Linie Programmierer und Daten-Analysten, ein weiteres Dutzend arbeitete im Außendienst. Als bekannt wurde, dass der Sprung ins Ausland geplant war, liefen die Programmierer Sturm. Zu früh, klagten sie. Um in Paris starten zu können, müsste man darauf eingestellt sein, ausländische Kreditkarten zu akzeptieren, es müssten Euro in Dollar konvertiert werden, die App müsste ins Französische übersetzt werden und, und, und.

Kalanicks Antwort fiel simpel aus: Arbeitet härter! „Stellt niemals die Frage: ‚Kann das getan werden?', sondern fragt bloß, wie es getan werden kann", habe Kalanick damals gerne gesagt, so ein Mitarbeiter.

Kalanick reiste zu LeWeb, blieb aber per Skype-Videochat von seinem Hotelzimmer aus in Kontakt. Sein körperloser Kopf war als laute, fordernde Präsenz weiterhin im Büro spürbar. Jeder arbeitete rund um die Uhr, es wurde kaum geschlafen und allen ging die Geduld aus. Als Kalanick schimpfte, weil der Dienst nicht rechtzeitig für Paris fertig würde, rief die neue Produktchefin, die ehemalige Google-Managerin Mina Radhakrishnan: „Stell' doch mal jemand Travis ab!"

Er habe drei Wochen lang jeden Tag von halb acht in der Frühe bis um Mitternacht im Büro verbracht, auch die Wochenenden, erinnert sich Conrad Whelan, Ubers erster Programmierer. Jahre nach dem Paris-Start sagte er mir: „Travis kam zu uns und sagte: ‚Hört mal, wir expandieren ins Ausland und beginnen in Paris‘, woraufhin jeder einzelne Programmierer sagte: ‚Das ist unmöglich, dafür ist viel zu viel zu leisten, das schaffen wir niemals.‘ Aber wir haben es geschafft. Es war nicht perfekt, aber es war einer dieser Augenblicke, in denen ich sagte: ‚Dieser Travis, der zeigt uns wirklich, was alles möglich ist.‘"

Wie geplant präsentierte Kalanick den Dienst bei LeWeb auf der Bühne. Die Uber-Investoren waren sprachlos und ein wenig beklommen. In Paris an den Start zu gehen „ergab keinen Sinn, überhaupt keinen", sagt Chris Sacca, der Business Angel im Cowboyhemd, der damals zu den engsten Beratern Kalanicks zählte. „Wir hatten noch nicht einmal Los Angeles oder Houston oder einen der anderen großen Limousinenmärkte angepackt. Es war die reine Zurschaustellung von Mumm – ein Augenblick, der den Unterschied zwischen Investoren und einem der größten Unternehmer der Welt demonstriert. Wir sahen all die Gründe, warum dieser Schritt nicht zu empfehlen war, und Travis wusste einfach, dass es trotzdem funktionieren würde."

Das ganze Jahr 2011 über sinnierte Kalanick darüber, welche Lektionen man aus den Preisexperimenten des vergangenen Jahres ziehen könnte. Um mehr Fahrer zu überzeugen und während einer extrem betriebsamen Nacht am Ball zu bleiben, hatte Uber am Silvesterabend in San Francisco die Preise verdoppelt. Wenn man in Spitzenzeiten Angebot und Nachfrage ins Gleichgewicht bringen wollte, müsste man versuchen, mit der Aussicht auf höhere Einnahmen zusätzliche Fahrer auf die Straße zu locken. Möglicherweise lag hier auch der Schlüssel für die Lösung eines der größten Probleme, das die Taxibranche plagte – dass nämlich zu den Zeiten, zu denen Taxen am dringendsten benötigt werden, also an Wochenenden abends, während der Feiertage oder bei schlechtem Wetter, grundsätzlich zu wenig Taxen zur Verfügung stehen.

„An Silvester, an Halloween oder während eines großen Musikfestivals spielt die Nachfrage völlig verrückt", sagte Kalanick im August 2011 im Podcast *This Week in Startups*. Damals gab es in der Uber-App so etwas wie „Surge Pricing" noch gar nicht, also die Anpassung der Preise an den Bedarf. „Es kann vorkommen, dass die Leute den Bestellknopf drücken und das 20-mal wiederholen müssen, bevor sie einen Wagen kriegen. Also erhöht man die Preise, um die Nachfrage wieder einzufangen. Das ist klassische Ökonomie."[5]

Uber plante, mit den Möglichkeiten einer breiter gesteckten dynamischen Preispolitik zu experimentieren. Nicht jeder im Unternehmen teilte Kalanicks Logik und nicht jeder befürwortete die Pläne. Indem man die Preise vorübergehend anhebe, verprelle man möglicherweise Kunden und es trage nichts zur Motivation der Fahrer bei, glaubten viele Mitarbeiter. Wie sich Ryan Graves erinnert, wurde auch darüber diskutiert, wie man diese angedachten Preisschwankungen nennen sollte. „Dynamische Preise" traf es nicht ganz, weil die Preise niemals unter den Grundtarif absinken würden, argumentierte Kalanick. Er hielt den Begriff „Surge Pricing" [„Surge" bedeutet so viel wie „Woge, Anschwellen, plötzlicher Anstieg"] für zutreffender, außerdem klang es ein wenig düster und exakt darum ging es ihm. „Es sollte ein klein wenig angsteinflößend sein", sagt Graves. Schließlich wolle man doch einige Fahrgäste dazu bringen, sich nach anderen Beförderungsmöglichkeiten umzusehen.

An Halloween testete Uber erneut das Surge-Pricing-Modell und deckelte den Anstieg wiederum beim Doppelten des normalen Satzes.[6] Der Prozess verlief manuell – die Geschäftsführer der sechs Regionalbüros kamen in jener Nacht in einem Skype-Chatroom zusammen und sahen sich an, wie es auf den Straßen ihrer Städte zuging. Wurden die Wagen knapp und die Manager wollten die Preise erhöhen, beantragten sie den höheren Satz. In San Francisco saß Kalanick und passte die Software entsprechend an.

Doch um in derart hektischen Nächten tatsächlich ein Gleichgewicht zwischen Angebot und Nachfrage erzielen zu können, müsste Uber die Deckelung aufheben und den Preis von der allmächtigen Hand des Markts regeln lassen, überlegte sich Kalanick und überstimmte alle internen Einwände. Das allumfassende Ziel des Unternehmens war es, zu jeder Zeit, egal ob Tag oder Nacht, Fahrzeuge anbieten zu können. „Surge Pricing" konnte Uber helfen, dieses Ziel zu erreichen.

Zu Silvester zogen Kalanick und die meisten Programmierer nach Costa Rica um, es stand wieder einmal ein „Arbeitsurlaub" an. Inzwischen hatte ein Programmiererteam unter der Führung von Kevin Novak, einem ehemaligen Nuklearphysiker der Michigan State University, einen Algorithmus entwickelt, der die Gebühren automatisch anpasste, je nachdem, wie knapp die Fahrzeuge wurden. Vom Strand aus verfolgten Kalanick und seine Kollegen in Echtzeit das erste Experiment in algorithmischem „Surge Pricing". Es war eine einzige Katastrophe. „Wir wussten, dass es hart wird, aber wir wussten nicht, dass es dermaßen hart werden wird", sagt Kalanick. „Ich hatte 72 Stunden lang nur …" Er verstummt, während er an diese Zeit zurückdenkt.

Nach Mitternacht betrugen die Preise in New York und San Francisco das Siebenfache des normalen Satzes. Für relativ kurze Strecken mussten die Passagiere über 100 Dollar berappen. Aufgebrachte Kunden strömten in die sozialen Netzwerke, um sich dort zu beschweren. Zwar zeigte die Uber-App über Symbole wie „1,8x" oder „2,5x" an, um welchen Faktor die Tarife gestiegen waren, aber einige Kunden sahen diese Symbole nicht, andere begriffen nicht, was damit gemeint war. Uber hatte seine erste ernste PR-Krise. „Ich bin froh, dass ich sicher nach Hause gekommen bin, aber die 107$, die ich @Uber vergangene Nacht für eine Strecke von 1,5 Meilen bezahlt habe, erscheinen mir komplett überzogen", tweetete ein New Yorker.[7]

Kalanick verfolgte all das von Costa Rica aus und gab seinem ersten Instinkt nach – er sprang seiner geliebten Marke zur Seite und ging in die Offensive: „Der Preis steht doch da, bevor man bestellt … es ist schlicht eine Option … wer sie anwählt, trifft eine Entscheidung, wie er sein Geld ausgibt", antwortete er einem User auf Twitter.[8] Ein anderer Kunde beklagte, er habe für eine dreiminütige Fahrt 63 Dollar ausgeben müssen. Kalanick schrieb ihm: „Der Preis mag harsch erscheinen, aber unsere Unterlagen zeigen, dass du die Benachrichtigung zur Preiserhöhung viermal gesehen hast, bevor du die Tour bestellt hast."[9]

Den Kunden die Schuld zuzuschieben war der Sache natürlich nicht sonderlich zuträglich. Geschichten über die vermeintlichen

Wucherpreise tauchten in Technologie-Blogs und in großen Medien wie der *New York Times* und dem *Boston Globe* auf. Kalanick wies darauf hin, dass Benzinpreise schon in der Vergangenheit immer abhängig vom Angebot schwankten. Die Menschen müssten sich daran gewöhnen und vergessen, dass im Bodentransport 70 Jahre lang mit festen Preisen gearbeitet worden war.

Insgeheim wussten die Uber-Manager, dass sie mit der Situation nicht gut umgegangen waren. Das Unternehmen sei immer noch dabei, zu lernen, wie sich der Algorithmus auf Preise auswirkt und wie die Kundenreaktionen ausfallen, sagte Allen Penn, Manager im Büro Chicago und ein Studienfreund von Ryan Graves: „Unsere Kommunikation war nicht sonderlich toll", sagt er. „Wir haben es nicht gut hinbekommen, den Menschen zu vermitteln, was es kosten würde." Selbst Kalanick wirkte nach dem Medienaufruhr zerknirscht. Wenige Monate später sagte er mir, Einzelheiten wie die Schriftgröße und die Wortwahl seien sehr wichtig, wenn es darum gehe, Preiserhöhungen zu kommunizieren: „Wir haben in einer einzigen Nacht versucht, Jahrzehnte der Festpreise in der Personenbeförderung über Bord zu werfen", sagte er. „Das ging mit ein wenig Angst einher."

Mindestens ein Investor schäumte angesichts der Art und Weise, wie Kalanick mit der Medienschelte umgegangen war – Chris Sacca. Er verglich das Vorgehen mit der Erwiderung, die Mark Zuckerberg den Facebook-Nutzern gab, die 2006 nach Einführung des Newsfeeds Sturm gelaufen waren. „Beruhigt euch", hatte Zuckerberg seinen Blogeintrag begonnen. „Man kann sich doch nicht öffentlich hinstellen und sagen: ‚Gewöhnt euch dran'", sagt Sacca. „Man sagt: ‚Wir arbeiten daran, danke für die Rückmeldung, wir werden die App verbessern.'"

Damals schien Kalanick noch überzeugt, dass „Surge Pricing" nur als Werkzeug für besondere Anlässe gedacht sei. „Preise, die sich ständig verändern, scheinen mir nicht zwingend der Weg zu sein, den wir einschlagen wollen", sagte er der *New York Times*. „Aber an Halloween und Silvester wird es dabei bleiben."[10]

Doch dann brachte ihn einer seiner Kollegen dazu, seine Meinung zu ändern. Michael Pao hatte kürzlich an der Harvard Business School abgeschlossen und es war ihm gelungen, Kalanicks Allergie gegen Menschen mit MBA zu überwinden. Er war für Ryan

Graves im operativen Geschäft tätig, verbrachte einige Wochen in Chicago und wechselte dann im Oktober nach Boston, wo er Austin Geidt traf und versuchte, ein Regionalteam aufzubauen. Als sich kein geeigneter Geschäftsführer fand, übernahm Pao selbst die Stelle.

Pao hatte sechs Jahre lang in Boston gelebt und war gut vertraut mit den Unannehmlichkeiten, die die Wochenendrhythmen der Stadt mit sich brachten. Die meisten Bars in Boston schließen um ein Uhr in der Frühe, was bedeutet, dass am Freitagabend und Samstagabend die betrunkene Gästeschar geschlossen aus den Kneipen auf die Straße stolpert. Taxifahrer hatten keine Lust auf dieses Ritual und fuhren um diese Zeit nach Hause – weniger Drama und weniger Erbrochenes auf den Rücksitzen.

Den Uber-Chauffeuren ging es natürlich ähnlich. Pao kaute an diesem Problem herum. Wenn er das Problem der Sperrstunde nicht lösen konnte, würde es ihm nie gelingen, Ubers Geschäft in Boston zum Blühen zu bringen, dachte er sich und fing an zu experimentieren. Eine Woche lang blieben die Gebühren für die Passagiere unverändert, aber die Fahrer bekamen in den Nächten mehr. Das führte dazu, dass mehr Fahrer sich die Nase zuhielten und auch zur Sperrstunde noch im Dienst blieben. Es erwies sich, dass die Chauffeure ausgesprochen flexibel und gut durch Preiserhöhungen zu motivieren waren. In einer zweiten Woche stellte Pao seine Theorie auf die Probe: Er teilte die Uber-Fahrer in Boston in zwei Gruppen auf. Die einen bekamen nachts höhere Sätze, die anderen nicht. Es bestätigte sich: Die Fahrer, die während Stoßzeiten höhere Tarife bekamen, blieben länger im System und absolvierten mehr Fahrten.

Pao hielt nun etwas in Händen, was die vorherigen, nicht fokussierten Testläufe mit „Surge Pricing" nicht erbracht hatten – schlüssige Zahlen. Er legte seine Ergebnisse Kalanick vor und zeigte, dass das Angebot an Fahrzeugen um 70 bis 80 Prozent stieg und die Zahl der negativen Anfragen um zwei Drittel sank, bot man Fahrern zu bestimmten Zeiten mehr Geld.[11] Die Zahlen überzeugten Kalanick und „Surge Pricing" wurde Uber-weit eingeführt, obwohl die Reaktionen auf den Versuch in der Silvesternacht so negativ ausgefallen waren. Trotz der massiven Medienschelte, der feindseligen Reaktion der Regulierer und der Unbeliebtheit des „Surge Pricings" bei den Fahrgästen hielt Kalanick künftig daran fest. Er wusste die Zahlen auf seiner Seite.

„Unsere Prinzipien sind klar", sagte er mir 2012. „Nummer eins: Uber ist stets eine zuverlässige Beförderungsmöglichkeit. Das lässt sich über einige alternative Transportsysteme in der Stadt nicht behaupten, möglicherweise sogar über keines."

„Zweitens: Wir wenden dynamische Preise oder ‚Surge Pricing' nur an, wenn es die Zahl der Fahrten erhöht. Steigen die Preise, sind mehr Fahrer auf der Straße. Sind mehr Fahrer auf der Straße, finden mehr Fahrten statt. Das bedeutet, weniger Menschen hängen fest und mehr Menschen haben eine Möglichkeit."

Das war natürlich nur ein Teil der Geschichte. In Stoßzeiten kam es zu einer chronischen Verknappung an Fahrzeugen und Uber schnitt den Dienst auf eine Kundschaft zu, die es sich leisten konnte, mehr zu bezahlen. Hier war eine Art grausamer Ökonomie am Werk und die Passagiere wehrten sich weiterhin leidenschaftlich gegen den Ansatz, dass ein und dieselbe Fahrt zu unterschiedlichen Zeiten unterschiedlich teuer sein kann. Einige Beobachter meinten, einen Zusammenhang zwischen der Taktik und Kalanicks Twitter-Avatar zu erkennen, zum damaligen Zeitpunkt das Titelbild des Ayn-Rand-Romans „The Fountainhead" [Deutsche Originalübersetzung von 1946: „Der ewige Quell", 2000 neu übersetzt als „Der Ursprung"]. Als ihn ein Reporter der *Washington Post* 2012 befragte, sagte Kalanick: „Es ist weniger eine politische Aussage, es ist einfach nur eines meiner persönlichen Lieblingsbücher. Ich bin Architektur-Fan."

Dass Kalanick so hartnäckig das „Surge Pricing" verteidigte, beeindruckte mindestens einen Beobachter. „Travis ist ein echter Unternehmer", habe ihm Amazon-CEO Jeff Bezos einmal gesagt, erzählt Bill Gurley. „Die meisten CEOs wären eingeknickt."

Im Herbst 2011 machte sich Travis Kalanick erneut daran, Kapital einzusammeln. Was an Groll rund um das Thema „Surge Pricing" hochgekocht war, sollte nur ein Vorgeschmack auf das Ausmaß an Feindseligkeit sein, das nun hinter den Kulissen losbrach.

Uber war noch klein, entwickelte sich aber durchaus vielversprechend. Im September generierte es Fahrten im Wert von 9 Millionen Dollar und behielt 1,8 Millionen Dollar an Vermittlungsgebühren ein, geht aus Daten hervor, die damals den Investoren präsentiert wurden. 9.000 Kunden nutzten die App, davon 80 Prozent in San Francisco, allerdings verzeichneten die anderen Standorte hohe Zuwachsraten. Kalanick erwies sich bei den Treffen mit Investoren als verführerischer Verkäufer und unterbreitete ihnen eine reizvolle Vision: Uber könne eine globale Marke werden, so wie FedEx, und könne neue Fahrzeugdienstleistungen zu günstigen Preisen anbieten. „Die Zahlen in diesen Tabellen hauten mich allesamt um", sagt Goldman-Sachs-President Gary Cohn. Er hatte sich mit Kalanick im Uber-Büro in der Market Street getroffen und anschließend sein Unternehmen überzeugt, fünf Millionen Dollar zu investieren. Es war der Auftakt für ein enges Verhältnis zwischen der Investmentbank und dem Start-up.

Die Begeisterung war jedoch nicht einhellig. Wagniskapitalgeber wie Yuri Milners DST sahen sich das Ganze an, winkten dann aber ab, weil Kalanick ihrer Einschätzung nach mit introvertierten Konzernlenkern wie denen bei Facebook und Google nicht zu vergleichen sei. Einige andere Firmen zeigten Interesse, aber Kalanicks eindeutiger Favorit war der neueste Sugar Daddy, den die Sand Hill Road in Menlo Park vorzuweisen hatte – Andreessen Horowitz. Der zwei Jahre alte Wagniskapitalgeber hatte einige Monate zuvor die Serie-B-Finanzierungsrunde bei Airbnb angeführt und den Homesharing-Dienst zu einem Einhorn gemacht.

Kalanick hatte dieselben Gründe wie Brian Chesky, Andreessen Horowitz attraktiv zu finden: Die von den Unternehmern Marc Andreessen und Ben Horowitz geführte Firma war bekannt dafür, günstige Konditionen bei hohen Bewertungen anzubieten. Wie auch Chesky wollte Kalanick gerne mit Jeff Jordan zusammenarbeiten, dem neuesten Partner bei Andreessen Horowitz und ein Spezialist für die ungewöhnliche Dynamik von Online-Marktplätzen.

Zunächst war Andreessen Horowitz der aggressivste Interessent. Das Unternehmen bot an, das Start-up mit über 300 Millionen Dollar zu bewerten. Aber dann änderte Marc Andreessen – der als Mitgründer von Netscape berühmt geworden war – seine Meinung. Bei einem Abendessen erklärte er Kalanick, Ubers finanzielle Kennzahlen würden eine derart hohe Bewertung nicht rechtfertigen. Er korrigierte die Bewertung auf 220 Millionen Dollar nach unten. So zumindest berichtet es *Vanity Fair*.[12]

Kalanick war enttäuscht, stimmte aber den neuen Bedingungen unter Zögern zu. Doch als er das Kleingedruckte las, fühlte er sich noch weiter überrumpelt, denn in Erwartung zahlreicher neuer

Mitarbeiter wollte Andreessen Horowitz, dass Uber einen großen Optionspool ins Leben rufe (für die Aktien, die an neue Führungskräfte und Mitarbeiter ausgegeben würden). Das bedeutete, die Anteile alter Investoren und Mitarbeiter würden noch weiter verwässert. Mit diesem Vorschlag war Andreessen Horowitz ein schwerer Fehler unterlaufen: Kalanick fühlte sich über den Tisch gezogen. Zum Glück hatte er einen Plan B in der Tasche.

Auch Shervin Pishevar hatte seinen Hut in den Ring geworfen. Der gebürtige Iraner war Partner bei Menlo Ventures, einem der ältesten Wagniskapitalgeber im Silicon Valley. Pishevar, ein Bär von einem Mann, bärtig, immer für eine Umarmung zu haben und immer wieder von Sentimentalitätsanfällen geplagt, hatte als Gründer eine durchwachsene Bilanz, aber als Wagniskapitalgeber stand er im Silicon Valley für eine neue Klasse. Seine Stärke waren nicht mühsam erarbeitete Einsichten und unternehmerische Weisheiten, sondern seine gute Vernetzung und sein Charisma. Er war zu gleichen Teilen Vordenker und Cheerleader, bereit, sich auf angesagte neue Ideen einzulassen und öffentlich lauthals seine Unterstützung kundzutun, sei es per Twitter oder optisch (er ließ sich zweimal Logos von Unternehmen aus seinem Portfolio in die Haare rasieren). Als vollendeter Netzwerker, der an beiden Küsten der USA wirbelte, konnte er zudem etwas bieten, was Marc Andreessen fehlte – Zugang zu Stars und Politikern. Das würde Uber noch sehr gut zupasskommen.

Kalanick mochte Pishevar und hatte ihm ganz schonend beigebracht, dass er sich für Andreessen Horowitz entschieden hatte. Pishevar nahm es gut auf und sagte Kalanick, er solle ihn doch anrufen, sollte vor Abschluss der Finanzierungsrunde etwas schieflaufen. Als der Fall tatsächlich eintrat, griff Kalanick am Rande einer Technologie-Konferenz in Dublin zum Telefon und rief an. Sei Menlo Ventures noch immer interessiert? Pishevar war als Sprecher auf einer Veranstaltung in Tunesien und litt unter Rückenschmerzen, dennoch stieg er schnellstmöglich ins Flugzeug.

In Dublin spazierten Kalanick und Pishevar durch kopfsteingepflasterte Straßen, tranken Bier zusammen und redeten über die Zukunft von Uber. Pishevar witterte eine gewaltige Möglichkeit und bot eine Kapitalspritze in Höhe von 25 Millionen Dollar bei einer Bewertung von 290 Millionen Dollar. Er forderte noch nicht einmal einen Sitz im Board, was für Kalanick bedeutete, er würde den unvermeidlichen Zeitpunkt, an dem das Kräfteverhältnis im Board zugunsten der Investoren kippt, noch hinauszögern können. Beeindruckt hätten ihn damals die verrückte Hingabe, die Kalanick seinem Unternehmen entgegenbrachte, und die Suchtgefahr des Dienstes, sagt Pishevar. Damals habe jeder Uber-Nutzer den Dienst 3,5-mal pro Monat genutzt und die App sieben Bekannten gezeigt, erinnert er sich: „Angesichts dieser Zahlen dachte ich, sie würden in einem Jahr bei 100 Millionen Dollar Bruttoumsatz sein. Sie schafften es innerhalb von sechs Monaten."

Angesichts der großen Entscheidung, vor der er stand, suchte sich Kalanick Hilfe. Michael Robertson, ein Musik-Unternehmer aus San Diego, der Kalanick noch aus Scour-Zeiten kannte, erinnert sich daran, dass Kalanick ihn in jener Woche anrief. Der Uber-CEO erklärte ihm, er habe ein gutes Angebot von einem praktischen unbekannten Investor (Pishevar) auf dem Tisch und ein weniger gutes von einem deutlich berühmteren (Andreessen). Was solle er tun? „Du brauchst keine Bestätigung von einem Wagniskapitalgeber, über diese Phase bist du hinaus", sagte ihm Robertson. „Jetzt geht es darum, so günstig wie möglich an Kapital zu kommen. Kapital ist Macht. Je mehr Kapital du hast, desto mehr Möglichkeiten stehen dir offen."

Kalanick nahm sich den Rat zu Herzen und unterschrieb noch in Dublin vor seinem Zimmer im Hotel Shelbourne ein Term Sheet, also eine Absichtserklärung, in der die Eckdaten der Übereinkunft festgehalten waren. Am Freitag, dem 28. Oktober, informierte er per E-Mail Garrett Camp, die anderen Mitglieder des Uber-Boards und die Anwälte der Kanzlei Fenwick & West von dem Geschäft. „Falls wir uns in den vergangenen 24 Stunden nicht gesprochen haben sollten, wundern Sie sich möglicherweise, was aus Andreessen Horowitz geworden ist", schrieb er in seiner Mail. „Nun, sie versuchten, uns mit einem großen Optionspool bei einer ohnehin niedrig angesetzten Runde (220 Mio. $ prä) zu überraschen. Wenn man das durchrechnet, sieht man, dass die Zahlen nicht aufgehen. Also stehen wir jetzt da, wo wir jetzt stehen. Die nächste Phase von Uber beginnt."

Der Investorenaustausch sollte auf vielen Ebenen Folgen für Uber haben und später auch für einen Wettbewerber. Als Andreessen Horowitz das Ausmaß seines Fehlers erkannte, übernahm es die Führung bei einer der ersten Finanzierungsrunden von Lyft.

Dass sich Uber für Pishevar entschied, sollte zudem indirekt dazu führen, dass eine von Kalanicks engsten Freundschaften zerbrach.

Während der nächsten Monate bearbeitete Pishevar sein viel gepriesenes Netzwerk und gewann große Namen aus Hollywood und dem Silicon Valley für Uber. Zu den neuen Investoren bei Uber zählten Schauspieler wie Sophia Bush, Olivia Munn, Edward Norton, Ashton Kutcher und Jared Leto, Persönlichkeiten aus der Musikwelt wie Jay Z, Jay Brown und Britney Spears sowie ihr ehemaliger Manager Adam Leber. Auch die Künstleragentur William Morris und der Musikmanager Troy Carter waren an Bord. Aus der Hightech-Welt konnte Pishevar Jeff Bezos und Google-CEO Eric Schmidt gewinnen. Sie alle investierten jeweils zwischen 50.000 und 350.000 Dollar – 2016 hatte sich der Wert ihrer Beteiligung verzwanzigfacht.

Und noch jemand griff zum Portemonnaie – Brian Chesky. Der Airbnb-Gründer sagt, Kalanick selbst habe ihn eingeladen, sich an der Finanzierungsrunde zu beteiligen: „Ich wusste, das Unternehmen würde ein gewaltiger Erfolg werden. Allerdings wusste ich nicht, wie gewaltig."

Einige frühe Uber-Investoren reagierten verschnupft auf den Investorenwechsel, auf die ständigen Finanzierungsrunden und vor allem darauf, dass man den Stars noch lange nach Abschluss der aktuellen Runde dieselben Konditionen anbot. Zum damaligen Zeitpunkt nahm Ubers Wachstum in den neuen Städten weiter Fahrt auf. Uber würde sich zu etwas ganz Großem entwickeln, das war absehbar, deshalb hob jetzt auch erstmals die alte Todsünde Gier ihr Haupt.

Früher als die meisten erkannte Chris Sacca, was sich hier für ein gewaltiges Potenzial auftat. Ubers erster Business Angel hatte als Investor unglaublich viel erreicht. Er hatte diverse Start-up-Firmen sehr früh unterstützt und bei ausgewählten Unternehmen dann Investoren ausgekauft, wenn diese ihre Anteile versilbern wollten oder nicht länger bereit waren, das Risiko zu tragen. Bei Twitter hatte er damit einen sensationellen Reibach gemacht, auch deshalb, weil er sich stets eng an Twitter-Mitgründer Ev Williams gehalten hatte.

Jetzt verfolgte er bei Uber dieselbe Strategie. Kalanick schien zunächst folgsam zu sein, dann aber seine Meinung zu ändern. Sacca versuchte, die Anteile zu erwerben, die Uber 2010 im Austausch für die Namensrechte an Uber.com an Universal Music abgetreten hatte, musste jedoch feststellen, dass Kalanick schneller gewesen war. Er hatte die Anteile bereits für das Unternehmen zurückgekauft. Mit einigen frühen Investoren einigte sich Sacca auf den Kauf eines Teils ihrer Aktienpakete, aber er benötigte die Zustimmung Ubers, um die Transaktion abzuschließen. Kalanick weigerte sich, sein Okay zu geben. Ihn plagte die Sorge, dass dies den Marktpreis beeinflussen würde, zu dem das Unternehmen seiner Belegschaft Aktienoptionen zuteilen konnte. Außerdem glaubte Kalanick, Sacca bereite einen *Verkauf* von Uber-Aktien vor. Sacca dementierte das vehement.

Jahrelang waren die beiden enge Freunde gewesen, zahlreiche Stunden hatten sie mit Brainstormings im „Jam Pad" verbracht, hatten sich in Saccas Whirlpool in San Francisco geaalt oder in Saccas Haus in Tahoe Urlaub gemacht. Es war Sacca gewesen, der Kalanick und Garrett Camp zur Amtseinführung Obamas nach Washington geholt hatte. Aber jetzt gab es nur noch Uber. Für Kalanick standen das Unternehmen und sein gewaltiges Potenzial an allererster Stelle. Sacca dagegen schien sein eigenes Wohl allem voranzustellen, so erschien es Kalanick.

Die Spannungen zwischen den beiden nahmen im Verlauf des Jahres 2011 weiter zu, vollends zur Explosion kam es nach Abschluss der Finanzierungsrunde mit Shervin Pishevar und dessen berühmten Freunden. Kalanick benötigte Saccas Unterschrift für eine Reihe von Schlussdokumenten. Er habe damals die Nächte schlaflos an der Seite seines neugeborenen Kinds verbracht und die Papiere unterzeichnet, ohne sie vollständig gelesen zu haben, sagt Sacca. Wie sich herausstellte, enthielten die Dokumente eine Vereinbarung, die die Rechte von First Round Capital im Uber-Board beschnitt.

Als er feststellte, was er da unterschrieben hatte, sei er wütend geworden, sagt Sacca. Rob Hayes' Partner, Josh Kopelman von First Round, hatte Sacca damals geholfen, seine ersten Schritte als Business Angel zu machen, und jetzt hatte er ihn hintergangen, zumindest fühlte es sich für Sacca so an. Frühe Investoren verzichten oftmals auf Rechte wie einen Sitz im Board und die Möglichkeit, bei künftigen Runden erneut zu investieren, aber das tun sie dann freiwillig. Und sie hassen es, wenn man ihnen diese Rechte wegnimmt. „Alter, ich muss auch künftig noch in dieser Branche leben!", beschwerte sich Sacca bei Kalanick.

Kurz darauf blieb Kalanick über Nacht in Saccas Haus in Santa Monica. Sacca brachte das Gespräch erneut auf das Thema, während sie sich unterhielten. Kalanick erwiderte bloß frostig: „Du solltest lernen, dir durchzulesen, was du unterschreibst." Daraufhin warfen Sacca und seine Frau Kalanick aus dem Haus.

Als Beobachter nahm Sacca auch weiterhin an Board-Meetings teil, aber das Ende nahte. Die Berichte über das tatsächliche Ende variieren leicht, aber sie alle beginnen im September 2012 mit einem Gespräch zwischen Sacca und Pishevar. Laut Sacca sprachen sie darüber, wie man Kalanicks Wachstum als CEO fördern könne. Dabei habe er laut sinniert, dass eine andere Art von Investor möglicherweise wegen einer Geschichte wie der mit den Unterschriften geklagt hätte.

In Pishevars Schilderung war Sacca unverblümter. Er habe gesagt, er habe sich unter Druck gesetzt gefühlt, die Dokumente zu unterzeichnen. Situationen wie diese würden ihm möglicherweise keine andere Wahl lassen, als Uber zu verklagen. Alle Berichte sind sich darin einig, was dann geschah: Pishevar rief sofort Kalanick an und berichtete ihm von der realen/fiktiven Klagedrohung. Kalanick rief Sacca an. „Er schrie und brüllte", erinnert sich Sacca. „„Du willst mich verdammt noch mal verklagen! Fick dich'."

Einige Wochen später bereitete sich Sacca auf seine Teilnahme an einem geplanten Board-Meeting bei Uber vor, als Kalanick ihm unverblümt erkläre, er sei nicht willkommen. Sacca erwiderte, er werde trotzdem kommen und wolle „über alles reden". Kalanick sagte, wenn er auftauche, werde er vom Sicherheitsdienst rausgeworfen. Die Kanzlei Fenwick & West informierte Sacca dann schriftlich, dass er nicht länger als Beobachter an Ubers Board-Meetings teilnehmen dürfe und dass er keinerlei Anspruch mehr auf private Informationen über das Unternehmen habe.

Im Laufe der nächsten Jahre entschuldigte sich Sacca wiederholt per E-Mail und unternahm zahllose Versuche, eine Versöhnung herbeizuführen. In einem Profil für das Magazin *Forbes* wich er sogar von der Wahrheit ab und erklärte, der Bruch sei einzig darauf zurückzuführen, dass er mehr Uber-Aktien habe kaufen wollen.[13] Dennoch haben Kalanick und Sacca zum Zeitpunkt, als diese Zeilen niedergeschrieben werden, ihre Streitigkeiten noch nicht beigelegt.

Austin Geidt kehrte Anfang 2012 endlich für ein paar Wochen nach San Francisco zurück. Zuvor hatte Josh Mohrer als neuer Geschäftsführer für New York City und damit als Nachfolger von Matthew Kochman unterschrieben. Mohrer hatte davor das Marketing bei einem Online-Weinhandel verantwortet. In der Erwartung, nun erst mal eine Weile daheim bleiben zu können, schaffte sich Geidt einen Hund an, einen Mischling namens Dewey. Aber ehe sie sich's versah, war sie sich schon wieder auf Achse – sie schob den Start in Los Angeles und Philadelphia an. Ihren Hund schleppte sie überall mit hin, immer auf der Suche nach einem Hotel, in dem Hunde zugelassen waren. Gleichzeitig versuchte sie – erfolglos –, das Tier an eine Hundebox zu gewöhnen. „Es war nicht der perfekte Zeitpunkt, sich einen Hund zuzulegen", sagt sie.

Eine große, weitläufige Stadt wie Los Angeles war ideal dafür geeignet, Ubers Taktikbuch zur Anwendung zu bringen. Das Unternehmen veranstaltete eine Auftaktparty im SmogShoppe, einer ehemaligen Werkstatt, die zu einem Restaurant umfunktioniert worden war. Zu den Promigästen zählten Olivia Munn, Ashton Kutcher, der Profi-Footballer Reggie Bush und das Model Amber Arbucci. Eine der ersten Fahrten unternahm der Schauspieler Edward Norton, ein Freund von Pishevar, und das Ganze wurde in einem Blogeintrag beworben. Es dauerte nicht lange und die Stadt redete über das heiße neue Start-up-Unternehmen und seine berühmten Anhänger. Uber arbeitete mit der SoHo-Strategie und begann zunächst in Hollywood und Santa Monica. Die Fahrer erhielten eine garantierte Mindestsumme pro Tag. Als die Nachfrage Fahrt aufnahm, stellte Uber seine Strategie um: 20 Prozent Kommission auf alle Fahrten in den genannten Vierteln, in weiteren Nachbarschaften von Los Angeles die garantierten Mindestsummen. Auf diese Weise finanzierte Uber das Wachstum aus der eigenen Brieftasche heraus, aber: „Hätten wir versucht, ganz Los Angeles ab Tag 1 abzudecken, wären wir böse auf der Nase gelandet", sagt Geidt.

Mittlerweile breitete sich Uber rasant über Nordamerika aus. Anfang 2012 war es in einem Dutzend Städten präsent und hatte 50 Mitarbeiter, etwa die Hälfte davon im Außendienst. Auf dem Bankkonto lag reichlich Wagniskapital und auf dem Radarschirm bemerkte Kalanick plötzlich ein Rudel möglicher Konkurrenten. Egal, denn er war bereit, aufs Gaspedal zu treten. Geidt: „Ich habe darauf gewartet, dass Geidt sagt: ‚Mach langsamer.' Aber dazu ist es nie gekommen."

KAPITEL 8

DAS GESETZ VON TRAVIS

AUFSTIEG DES RIDESHARINGS

Ich bin Idealist. Das war von jeher eines meiner Probleme,
deshalb möchte ich mich schon im Vorfeld entschuldigen.
— *Travis Kalanick in einem offenen Brief an*
Washingtons Stadträte[1]

Bis zu diesem Punkt in seiner kurzen, aber ausgesprochen ereignisreichen Historie war Uber in neuen Städten verhältnismäßig vorsichtig vorgegangen. Den Regularien für das Taxigeschäft misstrauten Travis Kalanick und seine Kollegen. Für sie waren das nur Methoden, die Platzhirsche und deren lausige Qualität vor Konkurrenz zu schützen. Dennoch überprüften sie die jeweilige Gesetzeslage vor Ort gründlich und zeigten sich, wenn erforderlich, auch flexibel. Im Großen und Ganzen war Uber ein Unternehmen, das sich an Gesetze hielt und das Recht nicht beugte. Während der kommenden zwei Jahre sollte sich das ändern. Die Gründe dafür waren überraschend.

2012 stand dem Unternehmen einiges bevor: Unerbittliche Regulierer, ein internationaler Konkurrent, der aggressive Expansionspläne verfolgte, und – am überraschendsten – eine mögliche Disruption von zwei anderen Aufrührern aus dem Silicon Valley, die bereit waren, die Taxi-Bestimmungen voll und ganz zu ignorieren. Diese Ereignisse sollten Kalanicks erstaunliches Talent dafür, sich auf neue Gegebenheiten einzustellen, ebenso beflügeln wie sein unerbittliches Konkurrenzdenken. Die Folgen würden aufregend sein – für das Unternehmen, für amerikanische Städte … und sogar für die Welt.

Es begann alles mit einem Tweet.

Am 11. Januar 2002 um 10:35 Uhr verschickte DC Taxi Watch, eine Organisation, die sich für die Rechte von Fahrgästen stark macht, einen Tweet. Die Botschaft war kurz und kryptisch und sie zitierte den landesweit höchsten Vertreter der Taxi-Industrie: *Chairman Linton: @uber DC operiert illegal.*

Verschickt wurde der Tweet aus Anacostia, wo die DC Taxicab Commission in einem Nachkriegsgebäude ihren tristen Hauptsitz hat. Taxifahrer der Stadt hatten die normalerweise stinklangweilige Anhörung in Scharen gestürmt, um ihrem Unmut Luft zu machen. Die Limousinenfahrer von Uber, die in der Hauptstadt seit zwei Monaten aktiv waren, würden illegal agieren, so die Taxifahrer.

Ron Linton tendierte dazu, den Beschwerden zuzustimmen. Er war erst sechs Monate zuvor von Washingtons Bürgermeister Vincent C. Gray mit dem Vorsitz der Kommission für Taxen beauftragt worden. Linton, Anfang 80, war ein onkelhafter politischer Planer und langjähriger Reserveoffizier der städtischen Polizei. In der Öffentlichkeit trat er zumeist mit einem strengen Ausdruck im Gesicht auf, dazu trug er ganz offensichtlich ein Toupet. So wie Christiane Hayashi in San Francisco gab sich auch Linton als jemand, der Wandel herbeiführt. Die Taxi-Szene in Washington war auf geradezu peinliche Weise antiquiert. Viertel, die vor allem von Minderheiten bewohnt wurden, blieben links liegen und Kreditkarten akzeptierten die Fahrer nicht. Es gab keine Taxischilder und auch farblich hoben sich die Autos nicht von anderen Wagen ab. Linton war fest entschlossen, eine Modernisierung zu erzwingen, aber auch für ihn kam nur ein Wandel von innen heraus infrage. Außerdem sollten die Arbeitsplätze der 850 zugelassenen Fahrer nicht gefährdet werden. „Uber agiert illegal und wir haben vor, Schritte dagegen zu ergreifen", beteuerte er bei dem Treffen gegenüber den aufgebrachten Fahrern. [2]

Ubers Geschäftsführerin für Washington, Rachel Holt, richtete sich gerade in ihrem neuen Büro ein, als sie den Tweet von der Anhörung zu sehen bekam. Uber war inzwischen in einigen Städten aktiv und wie dort auch schienen in Washington die undurchdringlichen Bestimmungen zur Regulierung der Taxibranche das Angebot von Uber nicht ausdrücklich zu verbieten. In Washington mussten Funktaxen Taxameter zur Berechnung des Fahrpreises verwenden, während Limousinen einen im Vorfeld vereinbarten Preis abrechnen durften. Aber im Abschnitt 1299.1 der Stadtverordnung für den District of Columbia gab es eine dritte Bestimmung. Diese schien den anderen beiden Regeln zu widersprechen, legte sie doch fest, dass Limousinen, die bis zu sechs Fahrgäste befördern, ihren Fahrpreis als Mischung aus Zeit und Strecke berechnen dürfen.[3] Das traf ganz eindeutig auf Uber zu.

Holt hatte bei der Unternehmensberatung Bain gearbeitet und in Oakland beim Konsumgüterhersteller Clorox. Ihr Verlobter arbeitete in Washington und als sie begann, sich in der Hauptstadt nach einem Job umzusehen, gab es für sie nur eine wichtige Einschränkung: „Ich wusste, ich wollte nichts mit Politik zu tun haben", sagt sie. Jemand aus ihrem Freundeskreis zeigte ihr die Stellenanzeige von Uber, die nach einem Manager für die Markteinführung in Washington suchte. Sie traf sich mit Graves und Kalanick und war anschließend ganz aufgeregt. Der Posten als „CEO einer Stadt" würde ihr viel Handlungsfreiraum ermöglichen und die Arbeit für ein junges, vielversprechendes Start-up-Unternehmen klang auch gut. Zum Einarbeiten verbrachte sie ihren ersten Monat bei Uber in San Francisco, dann ging es für einen Monat nach New York, wo sie Graves und Geidt beim Feinschliff für die New-York-Strategie half. Danach zog sie nach Washington. Die ersten Angebote dort startete Uber im November 2011, offizieller Beginn war im Dezember. Es dauerte nicht lange und die verhätschelten und Konkurrenz überhaupt nicht gewöhnten Taxifahrer der Region kochten vor Wut.

Nachdem sie den Tweet aus der Anhörung der Taxikommission gelesen hatte, schrieb Holt Lintons Büro an und bat um eine Klarstellung. Sie würde innerhalb von 48 Stunden etwas hören, sagte man ihr. Das war am Mittwoch und Ron Linton sollte Wort halten. Am Freitag gab sein Büro den lokalen Medien den Tipp, jemandem zum Mayflower Hotel auf der Connecticut Avenue zu schicken. Der

Kommissionsvorsitzende bestellte dann eine Uber-Limousine ins Viertel Cleveland Park und fuhr mit dem Wagen zum Hotel, wo fünf Inspektoren der DC Taxicab Commission warteten.

Vor den Augen von drei Reportern wurden dem verblüfften Fahrer 1.650 Dollar Bußgeld aufgebrummt, weil er im District of Columbia ein nicht lizenziertes Fahrzeug gefahren sei und weil er keinen Versicherungsnachweise dabeihabe. Sie führten noch weitere Verstöße an, dann konfiszierten sie den Wagen – ausgerechnet am Freitag vor dem Martin Luther King Day, also einem langen Wochenende. Linton trat vor die Presse und attackierte Uber dafür, ein Regulierungschaos in der Stadt losgetreten zu haben: „Sie versuchen, gleichzeitig Taxi und Limousine zu sein", sagte Linton. „So, wie die Gesetze geschrieben sind, geht so etwas schlicht nicht."[4]

Holt war vom Fahrer informiert worden, dass es Probleme gab, und hatte sich auf den Weg gemacht, kam aber drei Minuten zu spät. Sie war verdutzt: Linton setzte nicht Uber zu, sondern dem Fahrer selbst, einem Mann aus Virginia. Und er griff dabei auf eine der ausgefalleneren und sinnloseren Bestimmungen der Stadt zurück – dass nämlich Fahrer einer Limousine ihren Fahrgästen vor Fahrtantritt den Preis nennen müssen und nicht mit einem Taxameter arbeiten dürfen, das Zeit und Entfernung misst. Die Strafzahlungen hatten keinerlei Einfluss darauf, ob Uber weiter in der Stadt würde operieren können. Hauptsinn und -zweck schien darin zu bestehen, den Fahrern Angst einzujagen und sie davon abzuhalten, überhaupt erst für Uber zu arbeiten.

Der Streit verlagerte sich ins Internet. Ryan Graves veröffentlichte auf der Uber-Website einen Blogeintrag zu dem Vorfall. Er erklärte, man werde die Strafzahlung des Fahrers übernehmen und ihn für den Verdienstausfall am Wochenende entschädigen. „Wir sind überrascht, dass ein offizieller Vertreter öffentlich erklärt, Uber verstoße gegen das Gesetz, ohne dass das Unternehmen im Vorfeld darüber informiert wird, um welche Verstöße im Einzelnen es sich handeln soll", schrieb Graves.[5] Weiter lud er die Nutzer ein, Uber auf Twitter Rückendeckung zu geben oder sich direkt telefonisch oder per E-Mail an die DC Taxicab Commission zu wenden. Es war der erste Schritt auf einem Weg, der in diesem Jahr immens an Bedeutung gewinnen sollte – Uber mobilisierte seine Kunden, im Auftrag des Unternehmens zu kämpfen.

Der 2015 verstorbene Linton erklärte, er schütze die bestehenden Taxifirmen und sorge gleichzeitig dafür, dass die Gesetze eingehalten werden. „Ich bekomme immensen Druck von Taxenfirmen wegen der Art und Weise, wie Uber funktioniert", sagte er einige Tage nach dem Zwischenfall dem lokalen Blog *DCist*.[6] „Regulierer mag niemand. Wir haben Regeln, wir haben Bestimmungen, wir haben Gesetze." Möglicherweise war ihm klar, in was für einen regulatorischen Sumpf er da gewatet war, denn er reichte das Thema weiter an Irvin B. Nathan, den Generalstaatsanwalt der Stadt, und bat ihn, Ubers Rechtsstatus zu prüfen. Im Frühjahr kamen Holt, Nathan und dessen Stab zusammen. Vertreter der Stadt spekulierten, dass der gesamte Abschnitt 1299.1 – der doch angeblich Uber schützte – nur ein Tippfehler war. Für den Augenblick durfte Uber weiter in Washington aktiv bleiben, aber der Kampf hatte gerade erst begonnen.

Als Travis Kalanick in Europa unterwegs war, fiel ihm ein junger neuer Wettbewerber ganz besonders auf – Hailo. Das Start-up entwickelte eine Smartphone-App für die Fahrer von Londons legendären schwarzen Taxen, seine Büroräume lagen im Unterdeck eines umgebauten und auf der Themse geparkten Frachtschiffs.

Hinter Hailo stand Jay Bregman, ein Amerikaner, der an der London School of Economics Medien und Kommunikation studiert hatte. 2003 begann Bregman, Fahrradkuriere mit GPS-Geräten auszustatten, um ihre Routen effizienter gestalten zu können. Sein Unternehmen eCourier war seiner Zeit voraus und wurde 2009 von der Finanzkrise in den Abgrund gerissen. Die Vermögenswerte von eCourier gingen an einen größeren Wettbewerber. Nun stand Bregman da und verfolgte den Aufstieg von Uber in den USA. Er erkannte die Möglichkeit, Londons Taxifahrern mithilfe des iPhones zu helfen. Die Taxibranche sah sich massivem Wettbewerb durch Minicabs ausgesetzt, Privattaxen und Chauffeurdienste, die man telefonisch vorbestellen musste oder im Büro einer Minicab-Flotte. „Die Idee dahinter war, diese Jungs in die Neuzeit zu führen und ihnen Mittel an die Hand zu geben, die sie aufrütteln und ihnen helfen würden, Kunden zurückzugewinnen", sagt Ron Zeghibe. Der Investmentbanker hatte Bregman beim Verkauf von eCourier geholfen, nun stieg er bei Hailo als Mitgründer und Chairman ein.

Für die Gründung von Hailo gewann Bregman drei Londoner Taxifahrer, dann begann er, den angegrauten Fahrern der Metropole seinen neuen Dienst schmackhaft zu machen. Weil die schwarzen Taxen im Vergleich zu den Minicabs ohnehin bereits vergleichsweise teuer waren, berechnete das Unternehmen den Fahrgästen die Nutzung der Hailo-App nicht. Stattdessen ermutigte es die Passagiere, beim Trinkgeld nicht zu knausern, und behielt zehn Prozent vom Fahrpreis ein. Zunächst beschwerten sich die Fahrer, aber dann brachte ihnen die App neue Fahrgäste – Fahrgäste, die sie beim Herumfahren in den Straßen niemals bekommen hätten. Anfang 2012 verzeichnete Hailo 200.000 Downloads und war bei 2000 Fahrern im Einsatz. [7] Es war der erste von mehreren schlagkräftigen internationalen Rivalen, die schon bald groß auf Ubers Radarschirm auftauchen sollten.

Dann beging Jay Bregman seinen ersten schweren Fehler. Hailo hatte bei den Wagniskapitalgebern Accel Partners und Atomico 17 Millionen Dollar Kapital eingesammelt. In einer schlecht kalkulierten Zurschaustellung von Schneid kündigte das Unternehmen am 29. März 2012 auf der Technologie-Webseite *TechCrunch* an, künftig mit lizenzierten Taxenflotten in Chicago, Boston, Washington und New York zu arbeiten – Städten also, in denen Uber bereits aktiv war. „Hailo hat bereits einen Geschäftsführer für Chicago eingestellt und bereitet eine schnelle Expansion in den kommenden Monaten vor", endete der Artikel auf *TechCrunch*. [8]

Hailos Expansionspläne schlugen rund um den Globus Wellen. Die Nachricht wurde sogar im weit entfernten China gelesen. Wie wir später sehen werden, wurde dort Unternehmern und Wagniskapitalgebern schlagartig klar, dass die Idee, Taxen und Limousinen per Mobilfunk-App mit Passagieren zusammenzubringen, über Kontinente hinweg Gültigkeit hatte. Das Problem bei der Sache war, dass Hailo noch Monate davon entfernt war, in den genannten Städten an den Start zu gehen. Bei Uber hatte das Management den Artikel sehr gründlich gelesen und vor allem der Satz über Chicago ließ die Alarmglocken erklingen. Allen Penn aus dem Uber-Büro in Chicago schaltete sofort in den Kriegsmodus um. Noch am selben Abend bestellte er die Kollegen zu einer Telefonkonferenz ein, um eine Reaktion abzustimmen. Die naheliegende Lösung bestand darin, schneller als Hailo zu handeln und Chicagos Funktaxenflotte für die Uber-App zu gewinnen.

Das war kein leichter Schritt und die Folgen betrafen nicht nur die Arbeitsweise von Uber, sondern auch die Außendarstellung des

Unternehmens gegenüber der Öffentlichkeit. Bis dahin galt: Wenn man sich einen Uber-Wagen bestellt, dann soll es stilvoll sein, exklusiv und kostspielig. Eine Tour mit Uber war zu diesem Zeitpunkt 50 Prozent teurer als die Fahrt in einem regulären Taxi. Nach Meinung von Uber-Gründer Garrett Camp stand der Name Uber für etwas Bedeutsames – aus einem schwarzen BMW zu steigen, um seine vor einem Nachtklub wartenden Freunde zu begrüßen, so etwas war „echt uber". Aber war es auch uber, an der Ecke Michigan Avenue und Wacker Drive zu stehen und sich ein Funktaxi zu bestellen, dessen Rückbank seltsame Gerüche ausströmte?

In den nächsten Tagen wurde im Unternehmen heftig debattiert, ob man traditionelle Taxen integrieren solle. Uber müsste die vorgegebenen Gebühren und die strengen Lizenzauflagen berücksichtigen. Außerdem müsste ein Großteil der Provision beim Fahrer verbleiben, um die Trinkgelder auszugleichen. Das bedeutete, die 20-Prozent-Marge, die Uber normalerweise ansetzte, würde deutlich beschnitten werden. Viele Mitarbeiter und Führungskräfte von Uber lehnten den Schritt ab. „Wir haben das als Luxus-Ding angefangen, als ‚Chauffeur für jedermann'", sagte Ryan McKillen, einer der ersten Programmierer von Uber. „Wir wollten, dass es Luxus bleibt und ein tolles Erlebnis. Taxen fühlten sich wie das genaue Gegenteil an."

Schließlich sorgte Kalanick für ein abruptes Ende der Diskussionen, als er punktgenau anmerkte, warum Uber überhaupt so erfolgreich sei: „Wenn noch einmal jemand sagt, er sei besorgt, wir könnten die Marke zerstören, schmeiße ich diesen Tisch hier um", sagte er Penn zufolge in einem Meeting. „Was den Luxus bei Uber ausmacht, sind die Faktoren Zeit und Bequemlichkeit. Es geht nicht um die Autos."

Board-Mitglied Bill Gurley war besorgt, dass jemand Uber beim Preis unterbieten könnte. Mit seiner Hilfe gelangte Kalanick zu einer wichtigen Schlussfolgerung: Uber musste nicht zwingend eine Luxusmarke sein. Wenn man in jeder Preisklasse die effizienteste und luxuriöseste Option anbot, konnte man mit sämtlichen Formen von alternativen Beförderungsmethoden konkurrieren.

Eine Woche nach Erscheinen des *TechCrunch*-Artikels war Allen Penn bei seiner Familie in Kentucky zu Besuch, als er einen Anruf von Kalanick erhielt: Könnte er innerhalb einer Woche einen neuen Dienst namens Uber Taxi auf die Beine stellen? Letztlich sollte es drei Wochen dauern. In San Francisco nahmen sich die Programmierer eine Software, die kürzlich als Marketing-Gag bei der Konferenz South by Southwest zum Einsatz gekommen war und die es den Teilnehmern erlaubte, Fahrradrikschas und Barbecues zu bestellen. Diese Software rüsteten sie so um, dass die Kunden in Chicago künftig die Wahl hatten, eine Limousine oder ein Taxi zu bestellen. Penn und sein Team begannen, in Chicago ausgiebig Taxi zu fahren. Sie luden die Fahrer ins Uber-Büro ein, wo sie ihnen die App vorführten.

Am 18. April 2012 startete Uber seinen Taxendienst. Noch war Kalanick unsicher, wie die Reaktionen darauf ausfallen würden, deshalb stellte er Uber Taxi als Nebenprodukt dar, das eine Abteilung des immer noch winzigen Start-ups entwickelt hatte – Uber Garage, eine Unternehmenssparte, die nur in der Fantasie Kalanicks existierte.[9] „Google hat Google X und wir haben Uber Garage", sagte er mir damals. „Wenn wir eine Idee haben, die uns nicht gefällt, packen wir sie auf den Parkplatz."

In Chicago war Uber Lichtjahre schneller als Hailo. Das Start-up aus London würde weitere fünf Monate benötigen, bis es an den Start gehen konnte. Aber das war nicht der einzige Grund, weshalb Uber seinen ersten größeren internationalen Wettbewerber locker deklassierte. Es gab auch deutliche Unterschiede in der Strategie, was sich bereits wenige Wochen später zeigte. Da standen Kalanick und Jay Bregman in Londons Westminster Central Hall gemeinsam auf der LeWeb-Bühne. Von der Podiumsdiskussion erwarteten sich die Veranstalter einen schönen Schlagabtausch zwischen den CEOs der Taxi-App-Anbieter und ihren Unterstützern. Bregman hatte Adam Valkin von Accel an seiner Seite, einen seiner Investoren. Und Kalanick? Er hatte Shervin Pishevar mitgebracht, der sich als Allererstes das Uber-Logo auf den Hinterkopf rasieren ließ.

Beide Unternehmer legten ganz höflich dar, wo ihre jeweiligen Unterschiede lagen. Hailo arbeitete mit dem Bestand an zugelassenen Taxen und versuchte, die Taxifahrer produktiver zu machen und ihre Standzeiten zu reduzieren. Uber dagegen war (ausgenommen das Uber-Taxi-Experiment) ein völlig neues Netzwerk von Berufsfahrern mit Luxusfahrzeugen. Hailo-Wagen konnten halten, wenn auf dem Bürgersteig ein Fahrgast stand und sie heranwinkte. Uber-Fahrer durften das nicht, sofern sie sich an das Gesetz hielten.

Dann flogen erstmals rhetorisch die Fäuste. „Wir haben unser Produkt nicht rund um einen Markt herum aufgebaut, wir haben eine Erfahrung rund um einen Wunsch der Kunden gebaut", sagte Kalanick, der nicht gemerkt hatte, dass noch das Preisschild an seinem neuen Sakko hing. „Das ist vermutlich der grundlegende Unterschied."

Bregman machte sich für die Vorteile stark, die es mit sich brachte, zugelassene Taxen zu nutzen, und er verwies auf die Hürden, mit denen Uber in New York zu kämpfen hatte. Dort konnten die Wartezeiten noch immer mehr als fünf Minuten betragen. Indem man Taxifahrer mit der App versorge, könne Hailo „zunächst ein Überangebot herstellen und vom Start weg einen großartigen Service bieten. Wenn dann die Zahlen unserer Taxen steigen und die Zahl der Kunden, dann wird alles nur noch besser", so Bregman.

Ruhig erwiderte Kalanick, dass die Zahl der Taxifahrer, die sich an Orten wie New York zu einem beliebigen Zeitpunkt auf der Straße befanden, durch zahlreiche Faktoren eingeschränkt war, etwa durch die begrenzte Zahl an Konzessionen, durch Schichtwechsel und Nachfragespitzen. „Benötigt wird ein flexibles Angebot und manchmal kann da ein neues Netzwerk von entscheidender Bedeutung sein", sagte er.

Die Podiumsdiskussion endete, ohne dass es eine klare Entscheidung gab, welcher Ansatz denn nun besser sei. Einige Jahre später sprach ich mit Bregman in einem Café im West Village darüber. Er hatte Hailo verlassen, nachdem er mit dem Unternehmen nach Nordamerika expandiert und dort von Uber ordentlich versohlt worden war.

„Wir hatten darauf gesetzt, Umsteiger zu bekommen – Leute, die keine Taxen mehr an der Straße heranriefen, sondern anfingen, die App zu nutzen", sagte er mir. „Was geschah stattdessen? Die Leute fuhren ihre Wagen nicht mehr und holten sich bei Reisen keine Mietwagen mehr. Stattdessen nutzten sie Ridesharing-Apps." Als die Nachfrage anzog, konnten die Funktaxen die Nachfrage nicht mehr bedienen – ganz so, wie Kalanick es prognostiziert hatte.

Später versuchte Hailo es in London mit einer Kehrtwende und erweiterte seine App um eine Minicab-Option, gerade so, wie Uber in Chicago eine Taxi-Option eingeführt hatte. Aber es funktionierte nicht. Hackneys Taxifahrer fühlten sich betrogen und stürmten das Hailo-Büro. Die drei Taxifahrer, die Hailo mitgegründet hatten, wurden in den sozialen Medien angefeindet und als Verräter be-schimpft. [10] Hailo musste sich dann auch aus dem Minicab-Geschäft zurückziehen. „Das Problem ist, dass man sich wirklich für eine Sei-te entscheiden muss", sagte mir Bregman wehmütig.

In jenem Sommer wog Uber die Lektionen aus dem Experiment mit Uber Taxi sehr gründlich ab. In Chicago hatte man einem kost-spieligeren Angebot ein günstigeres zur Seite gestellt und den inter-nen Zahlen zufolge entwickelten sich beide gut. Wenig überraschend reagierten die Fahrgäste positiv auf günstigere Touren.

Die Uber-Marke war also flexibel genug, um auch die keimver-seuchten Rücksitze von Funktaxen zu verkraften. Wenn dem so war, was ging dann noch? Kalanick und seine Kollegen entwickelten zwei Antworten. Die eine war eine Flotte Luxus-Geländewagen. Diese würden von größeren Gruppen genutzt werden und mehr als die normalen Uber-Limousinen kosten. Die zweite war eine Flotte vier-türiger Hybridmodelle, die günstiger sein würden als das ursprüng-liche Uber-Angebot. Als Name stand UberX im Raum, um zu signa-lisieren, dass es schlichtweg das Beste sei, was das Unternehmen anbieten könne. „Es war ein Platzhalter. Wir nannten es UberX, weil uns kein Name dafür einfiel", sagt die damalige Uber-Produktchefin Mina Radhakrishnan. Man habe kurz über Uber Green und Uber Eco nachgedacht, die Namen dann aber verworfen.

An dieser Stelle eine wichtige Klarstellung: Anders als Lyft und Sidecar, die sogenannten Ridesharing-Firmen, die zu dieser Zeit in San Francisco an den Start gingen, kamen beim ursprünglichen UberX ausschließlich Berufsfahrer zum Einsatz, die über einen Per-sonenbeförderungsschein verfügten. Was Kalanick vorschwebte, war eine Flotte schwarzer Toyota Prius, am Steuer dieselben zugelas-senen Chauffeure, die auch die anderen Uber-Fahrzeuge fuhren.

Mit einem Blogeintrag, der „Auswahl ist eine schöne Sache" kon-statierte, stellte Uber am 4. Juli 2012 diese Optionen der Öffentlichkeit vor. [11] Kalanick sagte der *New York Times* am selben Tag: „Das ist der erste große Schritt, den Uber ergreift, um die Massen zu erreichen." [12] Geplant waren die SUVs und Hybridmodelle für San Francisco, New York, kurz darauf sollte Chicago folgen – und auch Washington, D.C.

In Washington legte Uber monatlich um 30 bis 40 Prozent zu, ein Tempo, von dem selbst das Management überrascht wurde. [13] Als Rachel Holt in Washington anfing, trug Graves ihr auf, das Vo-

Ein junger Brian Chesky mit seinen Eltern Bob und Deb in Niskayuna, New York. (Airbnb)

Nathan Blecharczyk als Teenager in seinem Zuhause in Boston. Schon in jungen Jahren ist er als Internet-Unternehmer erfolgreich. (Airbnb)

Der erste Internetauftritt von AirBed & Breakfast, Oktober 2007. (Airbnb)

Die Airbnb-Gründer (von links: Nathan Blecharczyk, Brian Chesky (sitzend) und Joe Gebbia in ihrer Wohnung in der Rausch Street). (Airbnb)

Airbnb-Mitgründer Joe Gebbia mit dem von ihm entwickelten „ultimativen Sitzmöbel", dem CritBuns. (Airbnb)

Die Airbnb-Gründer vor dem Gründerzentrum Y Combinator in Mountain View, Kalifornien. (Airbnb)

Die Airbnb-Gründer (von links: Blecharczyk, Chesky und Gebbia) 2010 in ihren ersten Büroräumen. (Airbnb)

Ein junger Travis Kalanick (rechts) mit seinem Vater Don, seiner Mutter Bonnie und Bruder Cory. (Uber)

Travis Kalanick beim Weitsprung. Das Foto stammt aus
dem 1994er-Jahrbuch der
Granada Hills High School.
(Autor)

Travis Kalanicks
Jahrbuch von 1994 an der
Granada Hills High
School. (Autor)

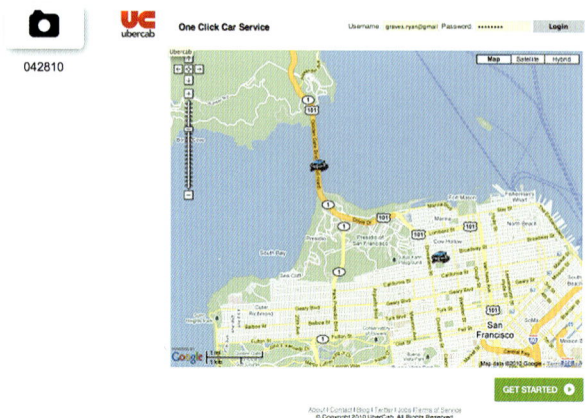

Someone is taking a nice cruise across the Golden Gate Bridge today. I'm jealous!

Ein Screenshot der UberCab-Webseite von 2010. (Autor)

Die junge Uber-Truppe. Von links nach rechts: Curtis Chambers, Travis Kalanick, Stefan Schmeisser, Conrad Whelan, Jordan Bonnet, Austin Geidt, Ryan Graves und Ryan McKillen. (Uber)

Aus Ubers frühen Tagen: Die Manager Ryan Graves und Austin Geidt wägen die nächsten Schritte ab. (Uber)

Airbnb-Kritiker versammeln sich am 20. Januar 2015 vor dem New Yorker Rathaus, wo eine Anhörung zu Zwischenvermietungen stattfinden soll. (Shannon Stapleton/*Reuters*)

Airbnb-Kritiker versammeln sich am 20. Januar 2015 vor dem New Yorker Rathaus, wo eine Anhörung zu Zwischenvermietungen stattfinden soll. (Shannon Stapleton/*Reuters*)

Die Airbnb-Gründer bei einer Firmenveranstaltung im Februar 2015 auf der Bühne. (Airbnb)

Allison Chesky, Brian Chesky und ihre Eltern Bob und Deb im November 2016 in Paris auf der Konferenz Airbnb Open. (Aaron Ke)

In Bordeaux demonstrieren am 26. Januar 2016 Taxifahrer gegen Uber, indem sie Reifen anzünden und Straßen blockieren. (Georges Gobet/*AFP/Getty Images*)

Vor einem Uber-Büro in New York protestieren Uber-Fahrer und ihre Anhänger am 1. Februar 2016 gegen eine Tarifsenkung. (Seth Wenig/*AP Photo*)

In Kolumbiens Hauptstadt Bogotá demonstrieren am 14. März 2016 Taxifahrer gegen Uber. (Fernando Vergara/*AP Photo*)

Im kolumbianischen Cali demonstrieren Taxifahrer am 28. Juni 2016 gegen Uber. (Luis Robayo/*AFP/Getty Images*)

Die Uber-Gründer Garrett Camp und Travis Kalanick vor dem Eiffelturm in Paris. (Uber)

Lyft-President John Zimmer bewirbt 2011 in einem Froschkostüm seinen Ridesharing-Dienst Zimride. (Lyft)

John Zimmer (links), Mitgründer und COO von Lyft, und Logan Green, Mitgründer und CEO von Lyft, haben am 9. September 2013 Spaß auf der Konferenz TechCrunch Disrupt SF. Die Konferenz fand vom 9. bis 11. September in San Francisco statt. Es waren große Namen aus diversen Technologiebereichen anwesend und in einem Wettbewerb wurde das beste neue Start-up-Unternehmen prämiert. (David Paul Morris/*Bloomberg*)

Didi-Gründer und -Chef Cheng Wei in Didis Büroräumen in Peking. (Ka Xiaoxi)

Didi-CEO Cheng Wei und Didi-Präsidentin Jean Liu im Februar 2016 auf einer Firmenfeier. (Zhang Wei/Didi)

Brian Chesky und Travis Kalanick gemeinsam mit Moderator Erick Schonfeld im Mai 2011 auf der Bühne bei der Konferenz TechCrunch Disrupt. (Joe Corrigan/*Getty Images* für AOL)

Brian Chesky und Travis Kalanick im Mai 2011 gemeinsam auf der Konferenz TechCrunch Disrupt. (Charles Eshelman/*Getty Images* für AOL)

lumen der Brutto-Buchungen bis Jahresende auf sieben Millionen Dollar zu steigern. Dieses Ziel wurde im April erreicht. „Ich dachte: ‚Wow, läuft das gut‘", sagt sie. Aber das Fest währte nicht lange. Ubers wachsende Beliebtheit und die geplante Einführung von UberX sollten dafür sorgen, dass in den nächsten fünf Monaten politische Kämpfe ausgetragen werden mussten, bei denen es bis aufs Blut ging.

Die Gespräche zwischen Uber-Management und Washingtons Generalstaatsanwalt waren ergebnislos verlaufen. Die Frage, wie Uber reguliert werden solle, fiel nun Mary Cheh vom Washingtoner Stadtrat in den Schoß. Cheh leitete den Ausschuss für Transport und Umwelt. Die 62-jährige Demokratin hatte in Harvard Jura studiert und bemühte sich seit Jahren darum, die verstaubte Taxibranche der US-Hauptstadt ins Hier und Jetzt zu zerren. „Als Uber auftauchte, war ich mit dem Versuch beschäftigt, eine Taxibranche zu reformieren, die noch im 20., vielleicht sogar noch im 19. Jahrhundert feststeckte", sagt sie. Cheh war Pragmatikerin, deshalb versuchte sie, bei diesem Thema, das sich immer mehr in eine tickende Zeitbombe verwandelte, möglichst viele der einflussreichen Interessengruppen der Taxibranche unter einen Hut zu bekommen. Im Frühjahr schrieb sie an Ron Linton und die DC Taxicab Commission und bat sie, Uber-Fahrzeuge nicht länger abzuschleppen. Dann begann sie mit der Arbeit an einem Kompromiss. Gleichzeitig reagierten immer mehr Parteien immer aufgebrachter über die Erfolge, die Uber feierte.

Man bräuchte eine völlig unzweideutige Klärung von Ubers Rechtsstatus, überlegte sie sich. Dieses Urteil würde den Knoten widersprüchlicher Regulierungen durchschlagen und es Uber ermöglichen, in welcher Form auch immer in der Stadt aktiv zu sein. Die Woche nach dem Memorial Day 2012 verbrachte Cheh in Verhandlungen mit Rachel Holt und Marcus Reese, einem Kollegen des Uber-Lobbyisten Bradley Tusk. Ebenfalls dabei war Claude Bailey, ein stadtbekannter Anwalt und Lobbyist, den Uber unter Vertrag genommen hatte, damit er das Unternehmen in Washington vertrete. Cheh traf sich auch mit Jim Graham, einem Fliege tragenden Stadtrat, der sich lautstark wie niemand sonst für die Funktaxen der Stadt und deren Fahrer stark machte (und dessen Stabschef sich 2011 schuldig bekannte, eine „illegale Vergütung" akzeptiert zu haben, um im Gegenzug taxenfreundliche Gesetze zu bewerben).[14]

Das Ergebnis dieser Gespräche war ein eleganter, auf kurze Zeit angelegter Kompromiss, fand Cheh. Sie nannte die Einigung die „Uber-Zusätze". Die Bestimmungen sollten einem umfassenderen Transportgesetz hinzugefügt werden und Uber eine legale Betriebsgrundlage verschaffen. Gleichzeitig wurde ein Mindestpreis eingezogen, der bedeutete, dass eine Uber-Fahrt das Mehrfache einer Taxenfahrt kosten würde. Claude Bailey mochte derartige Kompromisse gewohnt sein und deutete Bereitschaft an, die Vereinbarung zu akzeptieren. Was er jedoch nicht gewohnt war, war Travis Kalanicks leidenschaftlicher Idealismus. Cheh setzte die Abstimmung des Stadtrats über das Gesetz für den 10. Juli auf die Tagesordnung und versprach, dass die Auflagen nur vorübergehender Natur sein würden. Man werde alles im darauffolgenden Jahr erneut auf den Prüfstand stellen. „Ich habe versucht, ihnen deutlich zu machen, dass das alles nur ein Platzhalter war. Was ich brauchte, war Bewegungsfreiheit", sagt sie.

Was dann geschah, sollte als Vorbild für künftige politische Manöver Ubers dienen, aber nicht nur das: Auch viele Technologie-Start-ups würden in den kommenden Jahren diese Methode abkupfern.

Kalanick hatte einem Mindestpreis nie uneingeschränkt zugestimmt. Angesichts der aufziehenden Konkurrenz durch Firmen wie Hailo und angesichts der Erkenntnis, dass er mit aggressiven Preissenkungen würde arbeiten müssen, um Dienste wie UberX erfolgreich zu machen, beschloss er, es auf einen Kampf ankommen zu lassen. Seine Lobbyisten, die der Vereinbarung mit Cheh bereits zugestimmt hatten, waren bestürzt.

Damit nicht genug: Kalanick begann, mit rhetorischen Handgranaten um sich zu werfen. Chehs Vorschlag sei ein „Plan zur Preisabsprache", erklärte er auf Twitter und warf der Stadträtin vor, alles in ihrer Macht Stehende zu tun, um die Taxibranche zu schützen. [15]

Doch es wäre mehr als ein paar Tweets nötig, um den Stadtrat von Washington in die Knie zu zwingen. Wie sich Kollegen erinnern, wandte sich Kalanick an die Technologie-Szene der Stadt und bat um Unterstützung, dann klopfte er bei Living Social an, einem in Virginia ansässigen Anbieter von Online-Schnäppchen. Als die nicht reagierten, beschloss Kalanick, sich direkt an den Kundenstamm zu wenden. Er verfasste einen leidenschaftlichen Brief an Tausende Uber-Nutzer in Washington und beschwerte sich darüber, dass es der Stadtrat dem Unternehmen unmöglich mache, die Preise zu senken und einen verlässlichen Service anzubieten. „Im Grunde genommen besteht das Ziel (der Uber-Zusätze) darin, eine Taxi-Industrie zu schützen, die reichlich Erfahrung darin hat, Einfluss auf die Lokalpolitik zu nehmen", schrieb er und warf damit Cheh und ihren Kollegen indirekt Bestechlichkeit vor. [16] Dann listete er die Telefonnummern, E-Mail-Adressen und Twitter-Konten aller zwölf Washingtoner Stadträte auf und drängte seine Kunden, ihrem Unmut Luft zu machen.

Am nächsten Tag legte er mit einem offenen Brief an die Ratsmitglieder nach. In dem Schreiben hieß es ominös: „Warum stellen Sie so eindeutig ein Sonderinteresse über die Interessen derer, die Sie gewählt haben? Die Augen der Nation sind auf Sie gerichtet und werden verfolgen, wofür Washingtons gewählte Vertreter stehen."

Mary Cheh war völlig vor den Kopf geschlagen von der Heftigkeit der Reaktion. Innerhalb von 24 Stunden erhielten die Stadträte 50.000 E-Mails und 37.000 Tweets mit dem Hashtag #UberDCLove. [17] Als sie am 10. Juli zur letzten Sitzung vor der Sommerpause zusammenkamen, wandten sich alle Stadträte verwirrt und verängstigt an Cheh. Jahre später sagte sie mir, die Zusätze seien ein Brocken gewesen, den sie Jim Graham und den Taxifahrern zugeworfen hatte. Jetzt, wo das Internet über die Stadträte herfiel, waren die Zusätze ganz offensichtlich all den Aufstand nicht wert.

„Ich wollte niemanden wegen dieses Zusatzes verlieren, wenn es daran ging, über das eigentliche Gesetz abzustimmen", sagte sie. Noch im Laufe des Vormittags war die Idee vom Mindestpreis vom Tisch und ein alternativer Zusatz im Gespräch. Dieser sah vor, dass Uber legal in Washington agieren könne, bis man sich im September erneut mit dem Thema befassen würde.

Später verglich Cheh Ubers Reaktion mit der Hartnäckigkeit der Waffenlobby, die nicht bereit war, auch nur einen Millimeter nachzugeben. Aber was sie erlebt hatte, war erst der Anfang gewesen! Bis zu diesem Zeitpunkt hatte sie mit Travis Kalanick nur aus der Ferne zu tun gehabt.

Nach dieser ersten Auseinandersetzung begann Kalanick, mehr Zeit in Washington zu verbringen. Der Lobbyist Marcus Reese sagt, wenn sich der Uber-Chef mit einzelnen Stadträten im historischen Wilson Building auf der Pennsylvania Avenue zu Gesprächen getroffen habe, sei er charmant und überzeugend aufgetreten. Im September dann wurde Kalanick aufgefordert, bei der ganztägigen Sitzung von Chehs Ausschuss zu Umwelt, öffentlichen Bauprojekten und Transport auszusagen. Ron Lintons Taxicab Commission hatte erneut eine ganze Reihe Einschränkungen gefordert, unter anderem ein Verbot von Limousinenflotten mit einem Fuhrpark von weniger als 20 Fahrzeugen. Auch das war vermutlich wieder ein Pfeil, der vorsätzlich auf die unabhängigen Fahrer abzielte, die für Uber arbeiteten.

Seine Lobbyisten hatten Kalanick reichlich Ratschläge für seinen Auftritt mit auf den Weg gegeben: „Sei aufrichtig", „Halte dich einfach an die Stichpunkte und brich keine philosophischen Debatten vom Zaun", „Die echte Arbeit findet in anderen Foren statt", „Bei öffentlichen Anhörungen tritt man am besten gutmütig und respektvoll auf".

Kalanicks Aussage begann um 13:15 Uhr, nachdem am Vormittag unter anderem Ron Linton, diverse Chauffeure und Jay Bregman aufgetreten waren. Bregman kam in Schlips und Anzug und erklärte, dass Hailo in London und Dublin sehr freundschaftlich mit den Regulierern zusammenarbeite und dass man das auch in Washington vorhabe. Kalanick jedoch war nicht danach, jemandem Honig ums Maul zu schmieren. Seine Waffen waren Fakten und intellektuelle Argumente, für Charme war da kein Platz. Und im Gegensatz zu Bregman war er auch nicht bereit, einem politischen Entscheider den Ring zu küssen. Kalanick, blauer Blazer und weißes Hemd, unterbrach Cheh bereits bei der ersten Frage: „Dieser Beschreibung würde ich nicht zustimmen." Von da an ging es nur noch bergab.

„Sie wollten für einen Mindestpreis bei unseren Diensten sorgen. Das diente dazu, dass nur reiche Menschen Uber nutzen können, aber nicht Menschen mit mittleren Einkommen", sagte Kalanick zu Cheh.

Cheh wies darauf hin, dass der angeregte und dann gestrichene Mindestpreis dafür gedacht gewesen sei, einen friedlichen Übergang herbeizuführen, bis man eine dauerhaftere Vereinbarung erzielt habe. „Ich weiß, Sie stellen das hier gerne als eine Art Kampf hin", sagte sie. „Aber verstehen Sie: Ich führe keinen Kampf gegen Sie."

„Wenn Sie uns sagen, wie wir unser Geschäft führen sollen, wenn Sie uns sagen, wir dürfen keine niedrigeren Gebühren erheben und einen qualitativ hochwertigen Dienst zum bestmöglichen Preis anbieten, dann kämpfen Sie gegen uns", erwiderte Kalanick.

„Sie wollen noch immer kämpfen?", sagte eine verzweifelte Cheh. Das Gespräch kam auf „Surge Pricing". „Ich bin neugierig: Ist das eine Form von Preistreiberei?", sagte sie. „Warum sollte der Fahrgast mehr Geld bezahlen müssen, wenn die Nachfrage höher ist?"

Kalanick begann, das Wirtschaftssystem des kommunistischen Russlands zu erklären, und schilderte, wie sich für Alltagsdinge wie Toilettenpapier lange Schlangen vor den Geschäften bildeten. „Das liegt daran, dass der Preis für Toilettenpapier zu niedrig war", sagte er. „Es gab nicht ausreichend Angebot. Jeder konnte sich Toilettenpapier leisten, aber niemand bekam welches, weil es zu viele Menschen gab, die es wollten, und zu wenige, die bereit waren, es anzubieten. Das ist die Art Situation, die entsteht, wenn man die Preise nicht ändern kann."

„Also hatten sie kein Toilettenpapier", sagte Cheh mit gespieltem Erstaunen.

„Es war eine harte Zeit", erwiderte Kalanick. „Wissen Sie, Preiskontrollen durch die Regierung ... das geht nicht immer gut. Ich würde sogar sagen, dass 99 Prozent der bekannten Fälle nicht gut verliefen."

„Was ich versuche zu begreifen, ist, warum Sie den Vorteil haben sollten", sagte Cheh. Sie erinnerte sich, wie sie 1968 in glühender Hitze in einer langen Schlange gestanden hatte, weil sie den nach seiner Ermordung aufgebahrten Robert Kennedy sehen wollte. Damals erlebte sie zu ihrem großen Schrecken mit, wie Händler die Preise für Wasser gnadenlos in die Höhe trieben. „Ich kann nicht behaupten, dass ich voll und ganz Ihrer Meinung bin, dass es sich hier um einen Wirtschaftsmechanismus handelt, der alle glücklich macht!"

In San Francisco saß Ubers vergleichsweise neue Chefjuristin Salle Yoo vor dem Rechner und verfolgte die Internetübertragung der Anhörung. Laut Marcus Reese begann Yoo etwa zu diesem Zeitpunkt, ihm SMS zu schicken: Er solle Kalanick schnellstmöglich aus dem Zeugenstand holen. Er sei mitten in einer öffentlichen Anhörung, schrieb Reese zurück: „Ich kann nicht einfach zu ihm hingehen und ihm sagen, er müsse da verschwinden."

Rechts von Cheh saß Stadtrat Jim Graham, 67 Jahre alt, taupefarbener Anzug, goldene Fliege, aus dem Taxi-Lager. „Ich versuche, etwas zu verdeutlichen", schalt er Kalanick. „Was ich versuche zu verdeutlichen, ist, wenn Sie unreguliert bleiben und die Taxen immer stärker reguliert bleiben, dann gibt es eine grundlegende Ungerechtigkeit." Er drängte Kalanick, noch einmal über einen Mindesttarif nachzudenken. „Ich will nicht, dass diese Stadt [völlig] Uber wird. Das will ich wirklich nicht, dafür hat unsere Taxi-Industrie viel zu viel Geschichte."

„Wenn Sie Konkurrenz zulassen, werden Sie eine bessere Taxi-Industrie erhalten", sagte Kalanick.

„Es ist kein Wettbewerb, wenn die eine Seite völlig frei agieren kann, wenn sie wann immer sie möchte tun kann, was sie möchte, während die andere Seite an Händen und Füßen gefesselt ist", sagte Graham. „Das ist kein Wettbewerb."

„Es bedeutet, die Fahrer verdienen einen besseren Lebensunterhalt und die Passagiere erhalten einen besseren Service", erwiderte Kalanick. „Für mich klingt das nicht schlecht."

Viele Taxi-Unternehmen in Washington seien kleine Unternehmen, so Graham: „Und das ist eine gute Sache. Das ist etwas, was wir schützen und fördern möchten. Es ist nichts, was wir zugunsten einer Form von Konsolidierung zu einem großen Unternehmen zerstören wollen." Kalanick versuchte, ihn zu unterbrechen, aber Graham fuhr ihn an: „Darf ich bitte ein Mitglied dieses Ausschusses sein? Hätten Sie etwas dagegen?"

Kalanick lachte: „Nur zu."

Nachdem Kalanick den Zeugenstand verlassen hatte, stellte der sichtlich immer noch aufgebrachte Graham den Antrag, den Mindesttarif wieder aufzunehmen und ihn sogar zu erhöhen. Janene D. Jackson, stellvertretende Stabschefin von Bürgermeister Vincent Gray, ging zu Marcus Reese und Claude Bailey hinüber und teilte ihnen völlig unverblümt mit, was sie von Kalanicks Aussage hielt: „Schleppen Sie diesen Typen hier nie wieder an", sagte sie Reese zufolge. Jackson erklärte später, an den genauen Wortlaut erinnere sie sich nicht. „Die Anhörung verlief vermutlich schlecht, denn ich erinnere mich nicht mehr daran. Nur noch daran, dass er nahezu alle gegen sich aufbrachte", sagte sie mir.

Und dennoch: Es wurde Dezember und Uber breitete sich weiterhin wie ein Flächenbrand in der Hauptstadt aus. Da sie wussten, dass die Uber-Nutzer willens und fähig waren, für ihren Dienst in die Bresche zu springen, war Cheh und ihren Amtskollegen klar, wie der Hase lief. Am 4. Dezember wurde im *Public Vehicle-for-Hire In-*

novation Amendment Act ganz unzweideutig eine neue Limousinenklasse festgelegt, deren Disposition über eine Smartphone-App laufen konnte und bei der die Gebühren nach Zeit und Strecke berechnet werden konnten. Washingtons Stadtrat stimmte einstimmig und ohne Diskussionen dafür, sogar mit Zustimmung von Jim Graham. [18] „Das eigentliche Thema ist, wie empfänglich die Regierung für den Fortschritt der Menschen ist", sagte mir Kalanick einige Jahre später. „Es geht nicht um die Stadtverwaltung oder die Regierung, es geht vielmehr darum, wie die alteingesessene Industrie sie überzeugt, das zu tun, was ich als das Falsche ansehen würde." Letztlich sei Washington dafür sehr empfänglich gewesen, sagte er: „Aber es brauchte seine Zeit, bis sie es sahen und fühlten." Uber hatte erstmals seine politischen Muskeln spielen lassen und es hatte gewonnen.

So wurde das Taktikbuch um einen neuen Spielzug ergänzt: Sollte die normale Lobbyarbeit nicht zum Erfolg führen, konnte Uber seine Nutzer mobilisieren und ihre Leidenschaft auf gewählte Behördenvertreter richten. Uber hat diese Taktik nicht erfunden, perfektionierte sie aber rasch. In der ersten Welle politischer Auseinandersetzungen, die an Orten wie Cambridge (Massachusetts), Philadelphia und Chicago folgen sollten, griff Uber auf die Unterstützung seiner Kunden zurück. Normalerweise führte das zum Erfolg.

Kalanick hatte jede Regel im Handbuch der Lobbyarbeit gebrochen, und dennoch: Ubers Anwälte und Lobbyisten, die Menschen, die ihn vergeblich gebeten hatten, auf einen Kompromiss hinzuarbeiten und bei Aussagen bescheiden aufzutreten, diese Menschen also begannen nun, voller Ehrfurcht von einem neuen politischen Diktum zu tuscheln, das all ihre alten Annahmen über den Haufen warf: Das Gesetz von Travis. Es lautete in etwa so:

Unser Produkt ist um so vieles besser als der Status quo, dass an allen Orten, an denen die Obrigkeit zumindest etwas auf die Bevölkerung eingehen muss, die Menschen, sofern sie die Möglichkeit bekommen, dieses Produkt zu sehen oder auszuprobieren, dieses Produkt fordern werden und sein Recht zu existieren verteidigen werden.

In jenem Herbst gab es reichlich Grund zu feiern: Uber hatte Hailo abfangen können, bevor der Dienst in den USA startete. Uber hatte sich in Washington durchgesetzt und die Gültigkeit des Gesetzes von Travis bestätigt. Das Unternehmen hatte inzwischen über 100 Mitarbeiter und wuchs rasch. Es zog nun in den fünften Stock von 405 Howard Street in South of Market. Es waren bescheidene Büroräume: drei Konferenzräume, keine Küche und ständig zum Bersten volle Fahrstühle. Regelmäßig versammelten sich Fahrer im Foyer und warteten darauf, die vom Unternehmen bereitgestellten iPhones abzuholen. Von vormittags bis spät in die Nacht waren die Programmierer zugange und wenn sie mal Stress abbauen mussten, dann wurde rund um die vollgestopften Bürozellen Hockey gespielt. Inmitten des ganzen Tumults war Kalanick höchstpersönlich. Da er nicht stillsitzen konnte, sah man ihn zumeist in den Fluren herumlaufen.

Das Unternehmen war auf einem guten Weg, in einem Zeitraum von zwölf Monaten 100 Millionen Dollar Umsatz zu generieren. Um das zu feiern, mietete Kalanick einige nebeneinanderliegende Häuser im vier Fahrstunden entfernten Tahoe. Das ganze Unternehmen zog dort für eine Woche hin. Er erinnere sich daran, wie er mit Conrad Whelan auf einer Veranda mit Blick auf den See gesessen habe, sagt Ryan McKillen, einer der damaligen Programmierer: „In späteren Jahren werden die Leute sagen: ‚Ich war bei Uber Tahoe dabei', meinte Whelan zu mir."

Der Augenblick habe ihn überwältigt, sagt McKillen. Die Vorstellung, dass das winzige Start-up-Unternehmen, dessen Mitarbeiter sich früher alle in einen Konferenzraum gedrängt hatten, nun dabei war, die Welt zu verändern… „Das war verrückt", sagt er. Dabei hatte der eigentliche Wahnsinn noch gar nicht begonnen.

Zu Hause entwickelten sich unterdessen noch monumentalere Ereignisse. Es lag etwas in der Luft – eine Idee, die möglicherweise für alle auf der Hand lag, die das Uber-Phänomen gründlich studierten und es zu seiner logischen Schlussfolgerung durchgespielt hatten. Die Idee war reizvoll, sowohl für die Risikobereiten, die willens waren, jahrzehntealte Bestimmungen der Personenbeförderung über Bord zu werfen, als auch für die Idealisten, die der Meinung waren, diese Idee sei mächtig und so notwendig, dass den politischen Entscheidern keine Wahl bleiben würde. Sie würden die Gesetze anpassen müssen, um diese Idee Realität werden zu lassen.

Um welche Idee ging es? Bis zu diesem Zeitpunkt hatte Uber sein System ausschließlich für zugelassene Chauffeure und Taxifahrer geöffnet. Aber was, wenn man das System für jeden öffnet, der ein Auto besitzt? Wenn jeder Fahrer Passagiere einsammeln kann, die per Smartphone-App eine Mitfahrgelegenheit suchen? Man würde die Auslastung von Fahrzeugen verbessern, die chronisch verstopften Highways entlasten und es Menschen ermöglichen, nebenbei etwas dazuzuverdienen. Fahrgemeinschaften in großem Stil – eine digitale Manifestation organisierter Programme wie 511.org in Kalifornien oder Sluglines in Washington. Dort hielten Fahrer an bestimmten Punkten und sammelten Mitfahrer ein, damit sie die Fahrspuren benutzen konnten, die ausschließlich Wagen mit mindestens zwei Insassen vorbehalten waren.

Ein Jahrzehnt zuvor wäre so etwas vielleicht „mobiles Trampen" genannt worden, aber die Urheber achteten sorgfältig darauf, dem Konzept den legalen Schutz zu garantieren, den die staatlichen Gesetze für gelegentliche Fahrgemeinschaften vorsahen. Also ließen sie sich einen harmloseren Begriff einfallen – Ridesharing, das Teilen von Mitfahrgelegenheiten.

Ridesharing per Internet existierte bereits in einer gestaltlosen und bedeutungslosen Form, und zwar lange bevor es sich zu einer gewaltigen Geschäftsmöglichkeit entwickelte. Bei Craigslist gab es in vielen Städten populäre eigene Kategorien für Mitfahrgelegenheiten. Leah Busque, die 2008 TaskRabbit gründete, sagt, in den Anfangszeiten ihres Dienstleistungsmarktplatzes seien zehn Prozent des Internetverkehrs auf der Website auf die Suche nach Mitfahrgelegenheiten zum Flugplatz entfallen. Der in Indien geborene Sunil Paul, Gründer des Antispam-Unternehmens Brightmail, hatte 1997 eine Eingebung: Eines Tages könnten Telefone dazu dienen, dass sich Menschen zusammentun, die in dieselbe Richtung fahren. 2002 erteilte ihm das amerikanische Patentamt ein Patent für sein „System und Methode zur Bestimmung einer effizienten Transportstrecke".[19] Im Jahr 2004 verkaufte Paul Brightmail an Symantec, einen Hersteller von Sicherheitssoftware, und arbeitete einige Jahre lang als Wagniskapitalgeber. Inspiriert vom Erfolg Ubers beteiligte er sich dann in San Francisco an der Gründung eines Unternehmens namens Sidecar.

Ab Februar 2012 bot Sidecar die Möglichkeit an, über iPhone- und Android-Apps Mitfahrgelegenheiten anzubieten. 2016 stellte das Unternehmen sein Geschäft ein, weil es von Uber und Lyft ausmanövriert und finanziell erdrückt worden war, aber Sidecar kann trotzdem für sich in Anspruch nehmen, zu den Pionieren des

Ridesharings zu gehören. [20] Jeder konnte daran teilnehmen – nicht nur Taxifahrer oder Limousinenchauffeure, sondern auch Onkel Frank in seinem rostigen Honda Accord 2008 mit dem abgeplatzten Lack. Wer fahren wollte, musste nur eine Zuverlässigkeitsprüfung über sich ergehen lassen, Führerschein und Versicherungsnachweis vorlegen – und positive Bewertungen von den Fahrgästen bekommen. Anfangs mussten die Sidecar-Nutzer keine Gebühren zahlen, sie wurden nur gebeten, dem Fahrer etwas zu spenden. Sidecar behielt davon 20 Prozent ein. Das geschah in der Absicht, den Dienst eher als ungezwungene Fahrgemeinschaft zu positionieren anstatt als Dienst, der Mietfahrzeuge mit Fahrer anbot. „In unserer Vision wird das Smartphone genauso wichtig wie das Auto, wenn es darum geht, sich von A nach B zu bewegen", sagte mir Paul in jenem Jahr.

Langfristig jedoch stand kein Unternehmen so sehr für die Idee des Ridesharings (und wurde kein Unternehmen von Kalanick und seinen Kollegen so sehr als heraufziehende Bedrohung erachtet) wie Zimride, der Pionier der Sharing-Economy. Um ein Haar hätte es das Unternehmen von Logan Green und John Zimmer gar nicht gegeben, aber nach vier Jahren Plackerei konnte der Vermittler von Langstrecken-Mitfahrgelegenheiten Verträge mit Dutzenden Universitäten und diversen Firmen vorweisen. Sie alle arbeiteten mit maßgeschneiderten Versionen der Website, außerdem betrieb Zimride einen Busdienst zwischen einigen Großstädten. „Wir hatten uns ein rentables, Millionen Dollar schweres Unternehmen erschaffen", sagt Zimmer.

Aber Zimride wuchs nur langsam und erfüllte Logans idealistische Träume, die auf seiner Reise nach Simbabwe entstanden waren, nicht. Er hatte davon geträumt, die leeren Sitze in den vielen Wagen zu füllen, die die Schnellstraßen weltweit verstopften. Hinzu kam: Zimride war nicht Uber. Uber hatte gezeigt, was für ein mächtiges Werkzeug das Smartphone sein konnte, wenn es darum ging, die Personenbeförderung innerhalb von Städten effizienter und zuverlässiger zu machen.

Frühjahr 2012. Uber eroberte Städte wie Chicago und Washington im Sturm. Die Zimride-Gründer und einige Mitarbeiter hielten Brainstormings ab, um neue Produktideen zu entwickeln. Eine bestand darin, Fotos von Geschäftsreisen teilen zu können. Eine andere sah vor, dass die Menschen mithilfe ihres Telefons ihren Freunden und ihrer Familie ihren Aufenthaltsort mitteilen konnten. Doch es war die dritte Idee, Arbeitsname Zimride Instant, die die Fantasie aller Beteiligten beflügelte: Mithilfe der Zimride-App sollten die Fahrer überall Mitfahrer einsammeln können, nicht nur auf dem Weg von einer Stadt zur anderen, sondern auch innerhalb der Städte.

Bei einem Board-Meeting in der Zimride-Firmenzentrale in der 568 Brannan Street wurde die Idee diskutiert. Die Board-Mitglieder wollten wissen, ob das Ganze überhaupt legal sei. Kristin Sverchek war damals Partnerin bei der Kanzlei Silicon Legal Strategy und fungierte als externe Rechtsberaterin von Zimride (wechselte aber einige Monate später ins Unternehmen). Sie hätte die ganze Sache stoppen können, aber das tat sie nicht. Sie verwies vielmehr darauf, dass die Taxi-Bestimmungen Jahrzehnte vor Erfindung des Smartphones und der Entwicklung von Online-Bewertungssystem entstanden waren. „Ich für meinen Teil habe stets die Philosophie vertreten, dass die großartigen Unternehmen, die PayPals der Welt, sich von Regulierung nicht haben abschrecken lassen", sagte sie mir. „Ich wollte nie die Art Anwältin sein, die einfach nur Nein sagt."

Die Programmierer machten sich an die Arbeit. Inzwischen hatte das Projekt einen neuen Namen – Lyft, ein Vorschlag des Design-Praktikanten Harrison Bowden. Lyft würde grundsätzlich dieselben Eigenschaften aufweisen wie Sidecar – die Aufforderung, etwas zu spenden, Fahrer und Fahrgast bewerteten sich gegenseitig, die Fahrer mussten ihre Zuverlässigkeit überprüfen lassen. Drei Monate nach Sidecar begannen die öffentlichen Tests in San Francisco. Lyft hätte sehr leicht als reiner Abklatsch abgetan werden können, stattdessen wurde der Dienst als etwas Neuartiges begrüßt. Das lag daran, dass sich Zimmer und Green im Vorfeld viele Gedanken gemacht hatten und einige neue Rituale entwarfen, die aus ihrer Sicht erforderlich waren, um eine Fahrt mit einem Fremden in eine entspannte und sichere Erfahrung zu verwandeln.

Die Lyft-Gründer entwickelten für die Fremden, die sich ein Auto teilten, eine Art Balztanz. So wurden Mitfahrer aufgefordert, sich nicht nach hinten zu setzen, sondern auf den Beifahrersitz. Sie sollten den Fahrer per Ghettofaust begrüßen. Alle Beteiligten wurden ausdrücklich aufgefordert, sich zu unterhalten – jeder hier war Mitreisender in einer neuen Internetwelle, die durch überlegene Transportalternativen Menschen und Gemeinschaften miteinander verband, so der Gedanke von Zimmer und Green. „Bei jemand Wildfremdem in den Honda Accord zu steigen, war nichts völlig Normales", sagt Zimmer. „Es war genau das, wovor einen die eigenen Eltern immer gewarnt hatten. Wir mussten über die gesamte Erfahrung nachdenken."

Um das Ganze zu krönen, beschloss Zimmer, dass jeder Lyft-Fahrer einen großen pinkfarbenen Schnurrbart am Kühlergrill seines Autos anbringen sollte – den „Carstache". Diesen „Auto-Schnauzer" hatte kurz zuvor ein anderes Unternehmen aus San Francisco als ausgefallenes Auto-Zubehör populär gemacht und der „Carstache" hatte sich zu einem Insiderwitz bei Zimride entwickelt. Mitarbeiter verschenkten die Dinger bei Marketingveranstaltungen oder schmückten damit die Wände ihrer Bürozellen. Zimmer fand, der Schnurrbart habe das Zeug zur Markenbildung und könne ein ansonsten unheimliches, weil fremdes Fahrzeug in eine warme und einladende Lyft-Mitfahrgelegenheit verwandeln. Außerdem sorgten die „Carstaches" für Aufmerksamkeit. Wer 2012 in San Francisco lebte, fragte sich mit wachsender Neugier, warum diese verrückten pinkfarbenen Riesenschnurrbärte auf einmal überall auftauchten.

Selbst unter härtester Folter hätten die Zimride-Gründer wohl nicht zugegeben, dass die Benutzeroberfläche des Erzrivalen Uber als Vorbild für das eigene Design gedient hat (oder andersherum, denn beide Firmen bedienten sich ganz offensichtlich großzügig bei den Produkteigenschaften und der Rhetorik der anderen). Für die Zimride-Gründer waren Uber und Lyft zwei völlig unterschiedliche Paar Schuhe: „Wir waren nicht der Meinung, dass sie uns ähnelten", sagte mir Zimmer. „Unsere Vision lautete stets ‚Jedes Auto, jeder Fahrer' und nicht ‚Jedermanns Chauffeur'. Wir wollten nicht das bessere Taxi sein, wir wollten es überflüssig machen, ein Auto besitzen zu müssen."

Aber Kalanick ließ sich davon nicht täuschen. Er wusste sofort, dass die Dienste miteinander konkurrierten. Und Lyft hatte durchaus gute Ideen – so rüstete Uber seine Fahrer erst mit einem Uber-Aufkleber für die Windschutzscheibe aus, nachdem immer mehr „Carstaches" in der Stadt auftauchten.

Es entbehrt nicht einer gewissen Ironie, aber Kalanick war fest davon überzeugt, dass Dienste, die mit nicht lizenzierten Fahrern arbeiteten, gegen das Gesetz verstießen – und geschlossen werden würden. „So etwas wäre illegal", sagte er im Gespräch mit dem Podcast *This Week in Startups*, und zwar zu einem Zeitpunkt, als Lyft und Sidecar noch gar nicht am Start waren. „Das ginge nur, wenn der Fahrer eine in Kalifornien als TCP bezeichnete Lizenz und eine Versicherung hätte."[21]

„Und Sie wollen in diese Art von Geschäft nicht einsteigen", fragte der Moderator Jason Calacanis, der gleichzeitig Business Angel von Uber war.

„Unter dem Strich steht, dass wir versuchen, in eine Stadt zu gehen und dabei voll und ganz und absolut legal zu sein", erwiderte Kalanick.

Kalanick steckte in einer Zwickmühle. Angenommen, er konterte mit seinem eigenen, nicht lizenzierten Ridesharing-Dienst und dieser würde für illegal erklärt, dann könnte dem größeren, älteren Uber eine deutlich saftigere Strafzahlung drohen. Tat er dagegen gar nichts, lief er Gefahr, dass Lyft und Sidecar unbehelligt wuchsen und ihn bei den Preisen unterboten. „Wir haben für das Limousinengeschäft dermaßen viel Druck bekommen, dabei war es ganz offensichtlich legal. Als wir deshalb etwas sahen, was ich als Verstoß gegen die Auflagen bewertete, waren wir der Auffassung, die würden damit nicht durchkommen", sagte er mir in jenem Jahr.

Abwarten und schauen, was passiert, das schien das Motto der Stunde zu sein. Etwa zu dem Zeitpunkt traf Zimride-Mitgründer Matt Van Horn, der als Highschool-Freund Green nach Simbabwe begleitet hatte, Kalanick zufällig in der U-Bahn. Der nahezu leere Waggon war auf dem Weg in die Innenstadt. Van Horn fragte Kalanick, was er von Lyft halte.

„Nicht legal", habe Kalanick gemurmelt, so Van Horn. „Falls es legal ist, machen wir das auch."

Der Herbst kam und Kaliforniens Behörden schienen Kalanicks Verdacht zu bestätigen. Die California Public Utilities Commission (CPUC) stellte Lyft, Sidecar und TickenGo, einem französischen Unternehmen, das gerade erst seine eigene Ridesharing-iPhone-App für San Francisco vorgestellt hatte, Unterlassungsanordnungen zu.[22] Die Firmen durften den Betrieb aufrechterhalten, wurden aber zu Gesprächen mit der CPUC einbestellt. Die Behörde reguliert Transportmittel wie Limousinen, Flughafen-Shuttlebusse und andere Dienste sowie die Versorgungsbetriebe im Bundesstaat.

Um sich auf die bevorstehenden Auseinandersetzungen vorzubereiten, nahm Lyft Susan Kennedy unter Vertrag, die durchsetzungsstarke und extrem gut vernetzte ehemalige Stabschefin von Gouverneur Arnold Schwarzenegger – und davor eines der fünf Mitglieder der CPUC. Kennedy kannte die Behörde in- und auswendig und wusste über alle internen Rivalitäten Bescheid. Die CPUC, gelegen in einem Gebäude mit eleganter kreisrunder Steinfassade an der Kreuzung McAllister Street und Van Ness Avenue, war zuletzt unter Beschuss geraten, nachdem 2010 im nahegelegenen San Bruno eine Gaspipeline explodierte und acht Menschen starben, darunter eine CPUC-Mitarbeiterin und ihre minderjährige Tochter. Kennedy wusste, die Unterlassungsanordnung kam aus der im zweiten Stock sitzenden Vollzugsabteilung, die unter dem Kommando von Brigadegeneral Jack Hagan stand, der dafür bekannt war, am Knöchel ein Holster mit einer Schusswaffe zu tragen. Sie wusste aber auch, dass die eigentlichen Entscheidungen im fünften Stock getroffen wurden, und zwar im Büro von CPUC-Präsident Michael Peevey, ihrem ehemaligen Chef. Im zweiten Stock saßen die Agenten, im fünften Stock die Anwälte. Sie unterschieden sich häufig sehr stark in ihrem Charakter und in den Zielen, die sie verfolgten.

Dass Kennedy so ein familiäres Verhältnis zu den politischen Entscheidern im fünften Stock hatte, dürfte den weiteren Verlauf dieser Geschichte stark geprägt haben.

Kalifornien war das Epizentrum der Ridesharing-Bewegung. Der US-Bundesstaat regulierte als erster die neuen Dienste und es wurde sehr genau darauf geachtet, welche Entscheidungen die Behörden trafen. Nicht nur Travis Kalanick bei Uber verfolgte das sehr aufmerksam, sondern auch andere Bundesstaaten, denn sie wussten, dass das Ridesharing-Phänomen auch sie bald erreichen würde. Fast als erste Amtshandlung stapfte Kennedy voller Selbstbewusstsein in Peeveys Büro. Dort traf sie zu ihrer Überraschung Jerry Hallisey an, einen örtlichen Anwalt, der Uber vertrat. „Wann werden Sie diese Kerle dichtmachen? Wann?", fragte Hallisey gerade Peevey, der sich ebenfalls an dieses Gespräch erinnert.

Kennedy ließ sich in einen Sessel sinken und hörte zu. Nachdem Hallisey gegangen war, begann sie, auf Peevey einzureden. Die folgenden Wochen würde sie damit gar nicht mehr aufhören. „Das ist eine monumentale Verschiebung, eine völlig neue Branche", sagte sie Peevey. „Das ist die Wiege und Sie sind entweder der Kerl, der sich in den Weg gestellt hat und eine Industrie zerschmetterte, oder der Kerl, der die Geburt einer völlig neuen Welt ermöglichte."

Sie setzten ihren Austausch per E-Mail fort und Kennedy gewährte mir später Einblick in die Konversation. Sie plädierte dafür, dass die CPUC einen formellen Prozess zur Festlegung von Regeln in die Wege leite und Richtlinien für etwas entwickle, das völlig neu war. „Es ist falsch, mit Unterlassungsanordnungen zu arbeiten", schrieb sie und verwies darauf, dass Lyft und Sidecar keine Fahrer beschäftigten, deswegen formell gar nicht unter Peeveys Autorität fielen und gegen jede Anordnung vor Gericht vorgehen könnten. „Welche Art von Problem versuchen Sie – vor allem in einem wettbewerbsintensiven, aufstrebenden Markt –, per Regulierung zu lösen? Schutz der Taxibranche? Sicherheit der Fahrgäste? Regulierung um des Regulierens willen? Diese Frage müssen Sie klären, bevor Sie versuchen, diese Dienste zu schließen … Können wir darüber noch mal reden, bevor das Personal anfängt, vollends am Rad zu drehen?"

„Sie haben da einige gute Argumente", antwortete Peevey Kennedy. „Dennoch plagt mich dieses nagende Gefühl, dass, unterstützt von der Technologie, der Bereich Ridesharing wachsen und wachsen wird, dass es furchtbare Unfälle geben wird und die Fahrer nur minimal versichert sind."

Peevey war vorausschauend, aber Kennedy verglich diese Besorgnis mit absurden lokalen Bemühungen, die Ausweitung von Mobilfunkangeboten zu verhindern. Die Anstrengungen waren damit begründet wurden, dass die Menschen Angst hätten, keinen Zugriff auf Notrufe zu haben, sobald der Handyakku leer ist. Sie verwies darauf, dass Lyft und Sidecar zusätzlich zur persönlichen Versicherung eines Fahrers noch Haftpflichtschutz in Höhe von einer Million Dollar zugesagt hatten. Ganz abgesehen davon sei der Vormarsch des Ridesharings unaufhaltsam, sagte sie und setzte den Trend in einen Kontext mit organisierten Mitfahrgemeinschaften. „Sie bekommen den Geist nicht wieder in die Flasche", so ihr Argument.

Peevey war Mitte 70, Ökonom und sein Leben lang Beamter gewesen. Er trug eine altmodische Brille und hatte als Andenken an seinen Kampf mit Hautkrebs eine Nasenprothese. 2014 verließ er die CPUC, nachdem strafrechtliche Ermittlungen gegen ihn aufgenommen worden waren, weil er angeblich Kaliforniens staatliche

Energieversorger PG&E und Southern California Edison unter Druck gesetzt hatte, Mittel für von ihm unterstützte Forschungsgruppen bereitzustellen.²³ (Stand Ende 2016 war noch keine offizielle Anklage erhoben worden.) Peevey war jedoch auch sehr stolz darauf, pro Innovation zu sein, zudem hatte er als langjähriger Einwohner San Franciscos reichlich persönliche Erfahrungen mit den offensichtlichen Schwächen der örtlichen Taxenbranche gemacht.

„Ich habe mich häufiger mit Taxifahrern herumgestritten", erinnerte sich Peevey, als wir uns 2015 in einem Starbucks in der Nähe seines Hauses in Los Angeles trafen. „Ihr wollt immer nur, dass diese Leute verdammt werden, aber selber anbieten tut ihr nichts. Ihr wollt überhaupt nichts Neues anbieten. Das einzige, was ihr wollt, ist aus Protest unser Gebäude mit euren Taxen einzukreisen und zu hupen."'

Falls Peevey jemals ernsthaft darüber nachgedacht haben sollte, Lyft und Sidecar zu schließen, so hat Kennedy ihn rasch umgestimmt. Im Herbst wies er seine Strategie-Direktorin Marzia Zafar an, den Ridesharing-Firmen freie Hand zu geben, aber sich etwas zu überlegen, wie man die Sicherheit der Fahrgäste gewährleisten könne.

Zafar leitete den folgenden Entscheidungsprozess und schrieb die eigentlichen Bestimmungen. Für eine Regulierungsbeamtin war sie eine ungewöhnliche Figur – eine afghanische Einwanderin mit Irokesenschnitt, die als Kind in die USA gekommen und früher für ihren Onkel im San Bernardino County selbst mal Taxi gefahren war. Zafar und ihre Kollegen luden Vertreter sämtlicher interessierter Parteien zu Gesprächen ein. Dabei lernte sie, welch weitreichende Unterschiede die entstehenden Märkte aufwiesen.

Die Taxenfirmen und Limousinendienste kamen alle unabhängig voneinander und trugen ihre Klagen vor – über Lyft, über Sidecar, aber auch über Uber und lustigerweise auch über einander, denn hier konnten sie ihrem teilweise seit Jahrzehnten schwelenden Hass endlich einmal Gehör verschaffen. Auch Travis Kalanick suchte in jenem Herbst den CPUC-Konferenzraum im fünften Stock auf. Er wurde begleitet von seinem Rechtsbeistand Hallisey und der Firmenjustiziarin Salle Yoo. Kalanick hinterließ einen bleibenden Eindruck. „Das war ausgesprochen merkwürdig, daran erinnere ich mich noch", erzählt Zafar von dem Treffen. „Er hat seinen Stuhl einfach in Richtung Wand herumgedreht. Er wandte uns den Rücken zu, in voller Absicht." Zafar weiß noch, was Kalanick als Erstes sagte: „Warum nehmen Sie nicht Lyft vom Markt? Die halten sich nicht an Ihre Auflagen!"

Zafars Kollege, CPUC-Generaldirektor Paul Clanon, sagte rückblickend: „Der Typ ist ein Idiot, aber ich muss sagen, irgendwie mag ich ihn auch. Vielleicht muss man, um ein so erfolgreiches Unternehmen wie Uber aufbauen zu können, einen Scheiß darauf geben, was die Regulierer von einem halten."

Begleitet von Susan Kennedy wurden auch Logan Green und John Zimmer im fünften Stock vorstellig. Sie traten ernsthaft und verbindlich auf und legten mit ihrem üblichen missionarischen Eifer dar, dass es ihr Ziel sei, leere Plätze in den Autos zu füllen.

„Sie wirkten immer wie Chorknaben", so Kennedy. Wenn es darum ging, neue Bestimmungen zu formulieren, musste die CPUC jemandem vertrauen können, sagt sie: „Man kann sie nicht im luftleeren Raum schreiben, man muss auf die Branche hören." Wäre Uber der ursprüngliche Befürworter des Ridesharings gewesen, dann hätte es möglicherweise Dinge wie Drogentests für neue Fahrer gegeben, vermutet Kennedy. Dadurch hätte man nur langsamer neue Fahrer gewinnen können und das Wachstum der Branche wäre nicht so schnell verlaufen. „Ich frage mich, ob Uber klar ist, was die für es getan haben", sagt Kennedy.

Im Januar 2013 erreichte die CPUC mit Zimride und Sidecar eine Konsensvereinbarung.[24] Man verständigte sich darauf, dass die Firmen grundlegende Sicherheitsauflagen erfüllen würden. So würden die Fahrer einen Versicherungsnachweis vorlegen und eine Unbedenklichkeitsprüfung bestehen müssen – Dinge also, die bereits existierten. Neu war, dass die Firmen das Verkehrsregister der Fahrer kontrollieren mussten. Hielten sich die Firmen daran, würden sie bis zur Verabschiedung neuer Regeln operieren können. Diese sollten nach Ablauf eines Kommentierungszeitraums und einer öffentlichen Anhörung im Frühjahr formuliert werden.

Wenige Wochen später nahm Lyft in Los Angeles den Dienst auf, während Sidecar aggressiver vorging – das Unternehmen expandierte nach Los Angeles, Philadelphia, Boston, Chicago, Austin, Brooklyn und Washington.

Der Krieg der Ridesharing-Dienste hatte begonnen.

Travis Kalanick hatte abgewartet, zugesehen und sich sogar still und heimlich dafür starkgemacht, dass Lyft und Sidecar geschlossen werden. Stattdessen jedoch breitete sich die Konkurrenz aus und unterbot Uber bei den Preisen. Nachdem ihr Vorgehen nun von offizieller Seite abgenickt worden war, blieb Kalanick keine andere Wahl: Er musste seinen Widerstand aufgeben und es ihnen gleichtun. Im Januar 2013 unterzeichnete Uber dieselbe Konsensvereinbarung mit der CPUC und machte aus UberX einen kalifornischen Ridesharing-Dienst. Es ging nicht mehr ausschließlich um Berufsfahrer. Praktisch jede Person mit Führerschein und Versicherungsnachweis war nun eingeladen, ihr Auto für zahlende Mitfahrer zur Verfügung zu stellen. [25]

Kalanick verkündete dann seine grundsätzliche Absicht, landesweit mit den Ridesharing-Firmen in Konkurrenz zu treten. Als Form dafür wählte er ein White Paper, das auf der Uber-Website veröffentlicht wurde und einen hochtrabenden Titel trug: „Prinzipientreue Innovation: Über den Umgang mit der regulatorischen Doppeldeutigkeit gegenüber Ridesharing-Apps".

„Während des vergangenen Jahres haben wir uns aus den Ridesharing-Auseinandersetzungen herausgehalten, weil wir mit regulatorischen Risiken rechneten. Wir haben mitangesehen, wie zwei Wettbewerber in einigen wenigen Städten an den Start gingen, in denen wir bereits operieren. Diese Firmen hatten nicht einmal ansatzweise dasselbe Ausmaß an Einschränkungen oder Kosten zu tragen und bieten ein deutlich günstigeres Produkt", schrieb Kalanick. „Uber hätte entscheiden können, diese Herausforderung einfach auszusitzen. Wir hätten entscheiden können, die Pläne unserer Wettbewerber von den Regulierern vereiteln zu lassen. Stattdessen haben wir uns für den Weg entschieden, der dem Kern unseres Unternehmens entspricht – wir haben beschlossen, den Wettbewerb anzunehmen." Uber werde landesweit UberX um die Möglichkeit des Ridesharings erweitern und in den Städten einführen, in denen es stillschweigende Zustimmung, regulatorische Doppeldeutigkeit oder eine fehlende Umsetzung gebe, so Kalanick weiter. Die Fahrer würden sich überprüfen lassen müssen und wären durch eine Haftpflichtversicherung über eine Million Dollar abgedeckt. Verantwortlich dafür war eine 100-prozentige Uber-Tochter mit einem „deutschen" Namen – Rasier.

Anders gesagt: Uber hatte es auf Lyfts Schnurrbart abgesehen. Zwischen den beiden Unternehmen und ihren eigensinnigen Bossen gab es reichlich Feindseligkeit. Etwa zu der Zeit brach auf Twitter ein hitziger und kindischer Streit zwischen Kalanick und John Zimmer aus. Jeder warf dem anderen vor, nicht ausreichend Versicherungsschutz zu bieten und bei der Überprüfung der Zuverlässigkeit nicht gründlich genug zu sein. „@Johnzimmer, du musst noch sehr viel lernen … #Klon", schrieb Kalanick, der unbedingt das letzte Wort behalten musste.[26]

Beim öffentlichen Workshop der CPUC im April jedoch standen die beiden grundsätzlich auf derselben Seite. Bei dem Treffen ging es darum, Erkenntnisse für die neuen Bestimmungen zu gewinnen, die das Ridesharing regulieren würden. Die öffentlichen Anhörungen am 10. und 11. April 2013 fanden im Auditorium der CPUC statt. Es war genau die Art Zirkus, die in den kommenden Jahren in dieser oder ähnlicher Form in zahlreichen Städten, Staaten und Ländern rund um den Globus stattfinden würde: Wütende Taxifahrer, deren Gewerkschaftsvertreter, Manager von Uber und den anderen Anbietern, Interessengruppen für Behinderte und Blinde drängten sich im Auditorium des Gebäudes in 505 Van Ness, um ihre Bedenken lautstark vorzutragen.

„Man spricht nicht gerne über die Tatsache, dass dieser Wettbewerb unsere Taxenindustrie töten wird", wetterte eine der ersten Sprecherinnen – Christiane Hayashi, die Leiterin von San Franciscos Transportbehörde MTA und seinerzeit Ubers Widerpart bei der ersten regulatorischen Auseinandersetzung. Der Applaus aller anwesenden Taxifahrer war ihr gewiss. „Aber wenn diese unregulierte und gesetzeswidrige Konkurrenz die Landschaft verwüstet hat, wird es niemanden mehr geben, der den Menschen dieser Stadt universell zugängliche Tür-zu-Tür-Beförderungsdienstleistungen bietet. Sollten sie wie Taxen reguliert werden? Ja!"

Hayashi war zuvor zweimal mit Lyft gefahren, hatte die vorgeschlagene Spende nicht bezahlt und sich dann gewundert, dass andere Lyft-Fahrer sie nicht mehr mitnehmen wollten. Bei einem Frühstück fragte sie John Zimmer, woran das liegen könnte. Er rief auf seinem Smartphone ihre Historie auf und stellte fest, dass sie nichts bezahlt hatte. Hayashi war empört über diesen, wie sie es nannte, Verstoß gegen ihre Privatsphäre.

Marzia Zafar versuchte, die Dinge am Laufen und den Ton gemäßigt zu halten, war damit aber nur beschränkt erfolgreich. Die

Ridesharing-Unternehmen sagten eines nach dem anderen aus, oftmals begleitet von Buhrufen und spöttischen Zwischenrufen der anwesenden Taxifahrer. Nach dem Debakel in Washington hatten Ubers Anwälte dafür gesorgt, dass Kalanick gar nicht erst in die Nähe der Anhörungen kommen konnte. Stattdessen betrat der Geschäftsführer für San Francisco, Ilya Abyzov, die Bühne. Er beteuerte, bei Uber handele es sich um ein Software-Unternehmen. „In unseren Büros sitzen Programmierer, keine Fahrer", sagte er. „Uber ist Agnostiker, was das Ridesharing angeht. Egal, wie die Entscheidung ausfällt, wir werden sie befolgen." Als Zafar die Fragerunde einleitete, stand ein Fahrer, ein Einwanderer, auf und hieb Ubers sorgfältig ausformulierte Unterscheidung in Stücke: „Früher oder später werden Sie sich dem Thema stellen müssen, dass sie ein Fahrzeugdienst sind", rief er.

Noch hitziger wurde es, als Lyfts Anwältin Kristin Sverchek sprach. Als die Rede auf das Thema Versicherung kam, begann ein Fahrer, ein örtlicher Besitzer einer Taxikonzession, sie mit Schimpfwörtern zu überschütten. „Einen Moment, einen Moment! Er hat mich gerade als dumme Schlampe bezeichnet", protestierte Sverchek. „Das halte ich für komplett unangemessen." Zafar war ihrer Meinung und ließ den Fahrer aus dem Saal entfernen.

Letztlich fiel die Entscheidung der fünf Mitglieder der PUC-Kommission zu den Ridesharing-Firmen einstimmig aus. San Franciscos Bürgermeister Ed Lee und Los Angeles' Bürgermeister Eric Garcetti hatten sich schriftlich zugunsten der Firmen ausgesprochen und auch Michael Peevey warf seinen Einfluss für sie in die Waagschale. Also stimmten Peevey und die anderen vier Mitglieder dafür, das Ridesharing zu legalisieren und die Firmen als „Transportnetzwerkbetriebe" zu kategorisieren. Man werde die Entscheidung in einem Jahr auf den Prüfstand stellen, teilte die CPUC mit. Gemäß den neuen Bestimmungen mussten die Firmen unter anderem mitteilen, wie viele Stunden die Fahrer jedes Jahr durchschnittlich auf der Straße verbrachten und wie viele Kilometer sie dabei zurücklegten. Uber ignorierte diese Anordnung und häufte deswegen Bußgeldzahlungen in Millionenhöhe an. [27] Noch einmal bekräftigt wurde, dass die Firmen eine Million Dollar an zusätzlicher Versicherung bereitstellen mussten, allerdings nur für die Zeiten, zu denen sich Fahrgäste im Wagen befanden – schon bald sollte sich diese Regelung auf tragische Weise als nicht ausreichend erweisen. [28]

Und dennoch: Das Urteil gab den „Transportnetzwerkbetrieben" eine rechtliche Grundlage und lieferte ihnen Munition für die kommenden rechtlichen Kämpfe in anderen Staaten und Ländern. Und es verschob die Machtverhältnisse zugunsten von Uber, das über mehr Ressourcen in mehr Städten verfügte. Ryan Graves, Austin Geidt und ihre Teams konnten nun in jeder neuen Stadt den Markt analysieren und festlegen, wann sie an den Start gehen würden und ob sie das mit Uber Black, UberX oder Uber Taxi tun würden.

Das Urteil hatte auch einige unbeabsichtigte Auswirkungen: Nachdem Marzia Zafar eingestanden hatte, dass sie die neuen Auflagen formuliert hatte, sprach ihr Onkel, der Besitzer eines Taxenbetriebs in San Bernardino, ein Jahr lang nicht mehr mit ihr.

Zudem gerieten einige von Ubers frühesten und größten Fans unter Druck – die Fahrer der schwarzen Limousinen. Sofiane Ouali, der es als Fahrer eines weißen 2003er Lincoln Town Cars unter dem Spitznamen „Das Einhorn" zu lokaler Prominenz gebracht hatte, hatte seine Ersparnisse dafür genutzt, ein halbes Dutzend Wagen zu leasen und auf der Uber-Plattform einen Leasingdienst aufzubauen. Ein Jahr lang entwickelte sich sein Unternehmen Global Way Limousine prächtig, sodass er zwischenzeitlich 16 Fahrer in Schichten auf die Straße schickte. Doch dann kam das Ridesharing auf und Ouali wusste, dass ihm Ärger drohte. Die Preise sanken und die Fahrer hatten keinerlei Veranlassung mehr, ihre Provision mit einem Flottenbetreiber zu teilen – sie konnten einfach ihre eigenen Wagen fahren und direkt für Uber arbeiten. „Ich bin deswegen nie wütend geworden", sagt Ouali, der weiterhin fuhr, aber seine zusätzlichen Wagen zurückgab. „Ich habe begriffen, dass Uber sein Geschäft nicht riskieren konnte."

Es hat etwas von kosmischer Ironie: Am St. Patrick's Day fuhr ein betrunkener Fahrer bei Rot über die Ampel und verursachte an Oualis Wagen einen Totalschaden (zum Glück wurde niemand schwer verletzt). Ouali entschied, den Wagen nicht reparieren zu lassen: „Letztlich glaube ich, es war richtig so", sagt er. „So arbeiten Einhörner: Sie verschwinden und vielleicht tauchen sie eines Tages auf magische Weise wieder auf."

Uber hatte seine bislang schwierigste Herausforderung gemeistert, einen Kurswechsel vorgenommen (wenn auch zunächst zögerlich) und damit die Tür zu etwas aufgestoßen, das sich als deutlich größeres Geschäftsfeld erweisen sollte, außerdem hatte es sich als flexibler Akteur erwiesen, der keineswegs bereit war, seine Führungsposition bei Personenbeförderung-Apps aufzugeben. Dafür konnte es sich bei Sidecar und Lyft bedanken und wenn er guter Laune war, räumte Kalanick das auch ein: „Das einzige Gebiet, auf dem sie etwas bewegt haben, war bei dieser Regulierungsgeschichte", sagte er mir 2014. „Unternehmertum ist für mich Risikoarbitrage. Im Grunde sieht man sich ein Risiko an und sagt: ,Ich glaube, die Menschen verstehen das falsch. Ich werde mich darauf einlassen.'" Kalanick gehörte zu denjenigen, die das Risiko überschätzten, sich verzockten und sich eine blutige Nase holten. Sieben Monate lang hatte sich Uber, was Ridesharing angeht, an der Seitenlinie herumgedrückt und in dieser Zeit hatten neue Konkurrenten entscheidend an Fahrt aufgenommen. Das Vorgehen von Lyft und Sidecar sei ambitioniert gewesen, räumte Kalanick ein und versprach: „Wir werden das nicht noch einmal zulassen."

Sidecar ging zu aggressiv vor. In New York, Austin und Philadelphia wurden Wagen von Sidecar-Fahrern konfisziert. [29] Lyft ging umsichtiger vor und baute sich eine unverwechselbare Marke auf. Das Unternehmen sollte sich zu Ubers hartnäckigstem Widersacher in den Vereinigten Staaten entwickeln.

Im Rückblick liegen die Lehren aus diesem Jahr auf der Hand: Es war ein kostspieliger Fehler gewesen, bedachtsam vorzugehen und sich an die Regeln zu halten. Überall auf der Welt forderten Menschen diese neuen Transportmöglichkeiten und das Gesetz von Travis besagte, dass ihr Eifer die politische Rückendeckung für eine rasche Expansion liefern könnte. Sollten sich die Taxi-Lobby und ihre politischen Handlanger ruhig gegen die Zukunft sperren – wie so etwas ausging, hatte Travis Kalanick schon einmal miterlebt, nämlich mit der Musikindustrie in seinen Filesharing-Zeiten. Wenn Uber auch künftig zur Speerspitze des Wandels im Personenbeförderungswesen gehören wollte, dann musste der ohnehin schon aggressive und entschlossene Kalanick noch aggressiver und entschlossener agieren – und vielleicht auch ein wenig rücksichtslos.

Diese Haltung würde das Bild verändern, das die Welt von Uber hatte. Und es würde auf einen anderen Aufrührer abfärben (auch wenn man das dort vehement bestreitet) – auf Airbnb.

KAPITEL 9
TOO BIG TO REGULATE

AIRBNBS KAMPF IN NEW YORK

*An wen vermieten Sie meine Wohnung? Was zur Hölle ist
da los?*
— *Vermieter Abe Carrey zu Mieter Nigel Warren,
September 2012*

Im Frühjahr 2012 begann Belinda Johnson, die erste interne Anwältin, die Airbnb beschäftigte, sich mit politischen Entscheidern
zu treffen. Airbnb wuchs schnell und warb damit, dass Gastgeber auf
diese Weise ihre Finanzen aufbessern konnten und dass Gemeinden
wirtschaftlich davon profitieren würden, wenn mehr Touristen kämen.
Aber Nachbarschaftsgruppen und auch einige Regulierer sahen das
Ganze skeptischer. Für sie gab Airbnb eher fadenscheinigen Vermietern eine Möglichkeit an die Hand, Mieter vor die Tür zu setzen und
im Anschluss ihre Immobilien in Luxusappartements oder illegale
Hotels umzuwandeln. Johnson fiel nun die Aufgabe zu, Überzeugungsarbeit zu leisten.

Johnson hatte zuvor bei Yahoo gearbeitet und sich dort mit Themen wie Schutz der Privatsphäre und Kinderschutz im Internet

befasst. Die gebildete Mittvierzigerin konnte dabei reichlich Erfahrung im Umgang mit Regulierern und Gesetzeshütern sammeln. Transparenz, Zusammenarbeit und Kompromissbereitschaft – das würden die Prinzipien sein, mit denen die Rechtsabteilung und das Team für Public Policy bei Airbnb arbeiten würde, versprach sie.

Aber schon die ersten Treffen, die sie im Namen von Airbnb abhielt, verliefen nicht gut. Entweder hatten die Gesetzgeber noch nie etwas von der Homesharing-Website gehört oder sie begriffen das Prinzip nicht: Müssen die Gastgeber ihr Zuhause verlassen? Schlafen sie tatsächlich unter einem Dach mit völlig Fremden? Bei einem Gespräch in New York City führte ein Vertreter der Stadt Daumen und Zeigefinger zum Mund und machte laute Inhalationsgeräusche – er wollte wohl andeuten, dass Johnson und ihre Kollegen bekifft sein müssten, wenn sie glaubten, dass sich ein derartiges Vorhaben durchsetzen könne. „Wir waren damals noch so klein, dass uns niemand auf dem Radarschirm hatte", sagte sie mir. „Es kam ein wenig hippiemäßig rüber. Insofern: Ja, wir mussten an unserer Story feilen."

Wie sich herausstellte, war die Kiffergeste noch eine der freundlicheren Reaktionen, die die Regulierer im Bundesstaat New York der jungen Homesharing-Webseite entgegenbrachten.

Johnson hatte ihre berufliche Laufbahn in den 1990er-Jahren als Junior-Anwältin begonnen und sechs Jahre bei einer Reihe todlangweiliger Kanzleien verbracht. Eines Tages traf sie in ihrem Fitnessstudio den bekannten örtlichen Unternehmer Mark Cuban und fragte ihn, wie sie ihm mit AudioNet helfen könne, seinem jungen Internet-Radio, damals ein Start-up mit 30 Mitarbeitern. Man schrieb 1996 und AudioNet operierte von einem 280 Quadratmeter großen Lagerhaus in der Innenstadt von Dallas aus, komplett mit Mäusen in den Toiletten und nicht genügend Stühlen für alle Mitarbeiter. Johnson wurde erste Anwältin des Unternehmens, das inzwischen als broadcast.com firmierte. Sie überzeugte Colleges aus Texas, ihre Sportübertragungen online zu stellen, und befasste sich mit den daraus resultierenden völlig neuen Aspekten des Urheberrechts.

Cuban, der später Eigentümer des Basketball-Profiteams Dallas Mavericks und Dauergast in der TV-Show *Shark Tank* [Vorbild der deutschen Show *Die Höhle der Löwen*] wurde, war ein Visionär. Er sah voraus, dass Sportevents und andere Programme eines Tages live über das Internet gestreamt werden würden und dass das herkömmliche Fernsehen seine Dominanz über das Mediengeschäft einbüßen würde. Cuban und sein Mitgründer Todd Wagner waren ihrer Zeit voraus und damals sprach wenig dafür, dass das Unternehmen irgendwann einmal das gelobte Land der Rentabilität erreichen würde. Das hielt Yahoo, dessen Sinne damals von der Droge „Anteile an Internetunternehmen" benebelt waren, nicht davon ab, broadcast.com 1999 zu kaufen und den Kaufpreis mit seinen ebenfalls überbewerteten Aktien zu begleichen. Wert des Geschäfts: 5,7 Milliarden Dollar.

Johnson zog nach San Francisco und arbeitete dort die nächsten zehn Jahre als stellvertretende Chef-Justiziarin von Yahoo. Das immer stärker unter Druck geratende Internetportal verschliss während ihrer Zeit dort vier CEOs und 2011 war Johnson so weit, dass sie Lust hatte, sich für eine andere Unternehmenssache starkzumachen. Damals las sie in der Technologiepresse verstärkt von Airbnb.

Das Wachstum des Start-ups beeindruckte sie, also fing sie an, still und heimlich dafür zu sorgen, dass man sie einstellte. Anstatt von sich aus Brian Chesky eine E-Mail zu schicken, bat sie den im Silicon Valley sehr bekannten Investor Ron Conway, eine Verbindung herzustellen. Anstatt gleich eine Vollzeitbeschäftigung einzufordern, bot sie zunächst ihre Dienste als Beraterin an. Sie erarbeitete sich Cheskys Vertrauen – unter anderem, indem sie begeistert Airbnbs Eigenwahrnehmung verinnerlichte, diese nahezu religiöse Haltung, dass das Unternehmen an der Spitze einer historischen neuen Ökonomie des Teilens steht, die die Welt zum Besseren verändern kann.

Das Airbnb, dem sich Johnson im Dezember 2011 als vollzeitbeschäftigte Justiziarin anschloss, war auf geradezu irrationale Weise mit seiner eigenen Identität beschäftigt. Die Belegschaft verschlang eifrig das gerade erschienene Buch „What's Mine Is Yours: The Rise of Collaborative Consumption" von Rachel Botsman und Roo Rogers und diskutierte leidenschaftlich über den Inhalt. In dem Buch wird die These aufgestellt, dass es im 21. Jahrhundert nicht um das Kaufverhalten des Einzelnen gehen wird oder um herkömmliche Besitzvorstellungen, sondern um Internetgemeinschaften, um den Online-Ruf und das effiziente Teilen zu wenig genutzter Ressourcen.

Monatelang brüteten die Manager darüber, sechs Kernwerte des Unternehmens zu formulieren: „Werde Gastgeber", „Jeder Rahmen zählt", „Vereinfache", „Beginne ein Abenteuer", „Werde

Müsli-Unternehmer" und „Engagier dich für die Mission". Bei letzterem Punkt hieß es etwas sperrig: „Die Mission lautet, in dieser Welt zu leben, in der du eines Tages das Gefühl haben kannst, überall zu Hause zu sein, nicht nur in *einem* Zuhause, sondern wirklich in *dem* Zuhause, dem Ort, an den du gehörst."

Chesky stellte diese Werte bei einem Firmenausflug vor, der aufs Anwesen von Lucia Eames und Llisa Demetrios in Sonoma führte. Die Bildhauerinnen waren die Tochter beziehungsweise Enkelin des berühmten Möbeldesigners Charles Eames, den Chesky als Designstudent sehr verehrt hatte. Die sechs Werte wurden herangezogen, um über Neueinstellungen und Leistungsbewertungen zu entscheiden und um der Welt mitzuteilen, wie Airbnb sich selbst sah.

Während dieser langen Phase der Selbstreflexion sprach die Firmenleitung auch über die Idee, in andere Bereiche der Sharing-Economy zu expandieren. Zum Beispiel könnten Nutzer sich doch untereinander Autos leihen oder Büroräume. Letztlich entschied Chesky jedoch, diese Form der Expansion zunächst einmal aufzuschieben. Wichtiger war es aus seiner Sicht, das Homesharing noch gründlicher zu studieren und das Vermieten und Mieten über die Website im Feinschliff zu perfektionieren. Chesky war von allem besessen, was mit Disney zu tun hatte, deshalb nannte er diese interne Revision auch „Schneewittchen" nach dem legendären Disney-Zeichentrickfilm. Vom Filmstudio Pixar holte er sich einen Fachmann für Computeranimation, um ein Storyboard der „emotionalen Momente" von Airbnb-Kunden zu illustrieren.[1] Die Tafeln zeigten die Airbnb-Erfahrung aus der Sichtweise von Gastgebern, die darüber nachdachten, was sie mit dem zusätzlichen Einkommen würden anfangen können, und aus der Sicht von Gästen, die aufgeregt herumerzählen, wie toll der Dienst ist. Sie hingen im Airbnb-Büro in der Rhode Island Street an der Wand von „Air Crew", dem größten Konferenzraum.

Nachdem sie gerade das dezentrale und chaotische Yahoo verlassen hatte, war Belinda Johnson beeindruckt davon, wie bei Airbnb die Dinge liefen. „Die Kreativität habe ich geliebt", sagt sie. „Verfügt man über derart viele Möglichkeiten, ist es wichtig, Nein sagen zu können. Das unterscheidet ein Unternehmen, das sich gut entwickelt, von einem, das vom Weg abkommen könnte." Ihr formeller Titel bei Airbnb war Chefjustiziarin, aber als erste Neueinstellung, die Chesky im oberen Management vornahm, spielte Johnson eher die Rolle eines Consigliere. Sie half Chesky, mit Andrew Swain seinen ersten Finanzvorstand einzustellen. Swain kam von Intuit, einem Hersteller von Buchhaltungssoftware. Auch in die Personalie Mike Curtis war sie eingebunden. Curtis kam von Facebook und wurde als Vice President of Engineering eingestellt, um Nate Blecharczyk bei der Leitung der großen Programmierertruppe und beim Betreiben einer globalen, rasch skalierenden Internetpräsenz zu unterstützen. Chesky traute Johnson und freundete sich mit ihr an. Zweimal waren sie zusammen mit Freunden und Kollegen auf dem „Burning Man"-Festival in der Wüste Nevadas und sie sprachen „mehrmals pro Tag, jeden Tag" miteinander, wie er sagte.[2]

Chesky tat gut daran, als erste größere Neueinstellung eine erfahrene Anwältin zu holen. Rund um den Globus mehrten sich die regulatorischen Herausforderungen, denn die Selbstwahrnehmung als unbedingt rechtschaffenes Unterfangen prallte auf ein zusehends feindseliger werdendes Klima in Städten wie San Francisco, Barcelona und Amsterdam. Ganz besonders galt das für den damals wichtigsten Markt von Airbnb – New York City.

2012 erlebte Johnson mit, wie Travis Kalanick in Washington, San Francisco und andernorts in heftige Scharmützel verwickelt wurde. Airbnb müsse anders vorgehen als Uber, davon war sie überzeugt.

Sie sprach von ätherischen Konzepten wie Airbnbs „reguliererfreundlicher Marke" und erklärte: „Sie muss authentisch zu dem sein, was das Unternehmen ist" und müsse widerspiegeln, dass Airbnb „aus einer Überzeugung heraus agiert". Der erste Schritt bestand für sie darin, bei einflussreichen politischen Entscheidern vorstellig zu werden und sich persönlich mit ihnen zu unterhalten. „Wir wollten bei den Städten eine Form positiver Glaubwürdigkeit aufbauen", sagt sie. „Auf lange Sicht ist das besser, aber wichtiger noch: Es steht im Einklang mit dem, wer unsere Gründer sind."

Doch gerade einmal ein Jahr, nachdem man ihr vorgeworfen hatte, sie müsse high sein, um ernsthaft an derartige Geschäftspläne glauben zu können, zeigte die Reaktion eines anderen Politikers aus New York, dass ein deutlich kampfeslustigerer Ansatz gefragt sein würde. Mittlerweile hatte sie David Hantman an Bord geholt, der ebenfalls von Yahoo geflohen war und nun für die Politikkontaktarbeit (Public Policy) zuständig war. Hantman und sein Team bearbeiteten New York City und versuchten, die Botschaft zu verbreiten, dass Airbnb positiv für die Allgemeinheit sein werde. Dann trafen sie auf Liz Krueger, die im Senat von New York saß. Seit Jahren kämpfte die aus Manhattan stammende Krueger mit großem Eifer gegen illegale Hotels in der Stadt. Wie sich herausstellte, wurde ihr Büro mit Beschwerden über Airbnb überflutet. Es beklagten sich wütende Nachbarn genauso wie Gastgeber, die ihre Wohnung im Internet zur kurzfristigen Zwischenmiete angeboten hatten und nun Räumungsklagen ihrer Vermieter am Hals hatten, denn viele Mietverträge der Stadt New York enthielten ausdrücklich das Verbot, in irgendeiner Form Untervermietung zu betreiben.

Krueger schien nicht an den Auftrag von Airbnb zu glauben, an die „reguliererfreundliche Marke", an die Unternehmenswerte, an Schneewittchen oder an das unbefleckte Herz der drei Firmengründer. Sie schleuderte Hantman und seiner Truppe ein vernichtendes Urteil entgegen: „Ich hatte noch nie mit einem Unternehmen zu tun, das wieder und wieder und wieder so verschlagen agierte wie Airbnb", sagte sie.

Warum stand die Eigenwahrnehmung von Airbnb in einem derart krassen Widerspruch zur Einschätzung einiger Politiker? Um das zu verstehen, müssen wir erneut in die Vergangenheit zurückspringen. Wir verlassen also die schicken Büroräume an der Rhode Island Street, passieren die Werkstatt an der Tenth Street und landen schließlich wieder in der ursprünglichen Wohnung in der 19 Rausch Street. Wir schreiben wieder Anfang 2009. Belinda Johnson wird erst in zwei Jahren zu dem Unternehmen stoßen, das aktuell noch Airbedandbreakfast.com heißt.

Brian Chesky und Joe Gebbia sind voller Ehrgeiz und haben während eines Jahres im Schützengraben der Start-up-Szene einige Narben davongetragen. Sie waren gerade an der Start-up-Schule von Y Combinator, als sie eine E-Mail erhielten. Absender war ein Gelegenheits-Schauspieler, berühmter New Yorker Partyveranstalter und Vermieter. Seine Handlungen sollten dafür sorgen, dass Airbnb in New York City einen ganz schweren Start haben würde. Der Name dieses Mannes: Robert „Toshi" Chan.

Der in San Francisco als Sohn chinesischer Emigranten geborene Chan studierte Mathematik an der Uni Columbia und verdiente dann Millionen, indem er für die Citibank an der Wall Street mit

Staatsanleihen handelte. Nach sieben Jahren reichte es ihm. Dieses Leben war zwar lukrativ, aber zu einschränkend und zu anonym. Er erfand sich also neu, und zwar auf eine Art und Weise, wie es wohl nur in New York möglich ist. Aus Robert wurde Toshi (so hieß der beliebteste Junge in seiner Highschool-Klasse) und er begann eine Karriere als Schauspieler. „Ich war 25 Jahre alt und hatte das Ego eines *Master of the Universe*. Ich dachte mir: ‚Wenn ich milliardenschwere Werte handeln kann, wie schwer kann es da schon sein, einen Oscar zu gewinnen?'", sagte er mir. Chan verfügte über Charisma und betrieb bei jeder Gelegenheit Eigenwerbung. Er ergatterte kleinere Rollen in *Law and Order*, *Late Night with Conan O'Brien* und dem Martin-Scorsese-Film *Departed – Unter Feinden*, wo er einen nervösen Mafioso spielte. Bekannt wurde er allerdings vor allem dadurch, dass er mehrmals pro Jahr völlig durchgedrehte Partys veranstaltete, inklusive Oben-Ohne-Models (der „Toshettes"), die nur mit Körperfarbe bedeckt waren.[3] Der Eintritt kostete 1.500 Dollar und die Gratiszeitung *AM New York* bezeichnete ihn als „König der Stadt, die niemals schläft".[4] Mit den Gewinnen von der Wall Street kaufte er sich eine ehemalige jüdische Hochschule, ein vierstöckiges Gebäude in einer ruhigen Straße im Süden Williamsburgs. Er renovierte das gesamte Gebäude und ergänzte es um ein luxuriös ausgestattetes zweistöckiges Penthaus mit 5,5 Meter hohen Decken.

2007 setzten Ereignisse ein, die deutlichen Einfluss auf die Wohnungsbaugesetze des Staates New York und die Zukunft Airbnbs haben sollten. Die Schauspielerei entwickelte sich nur schleppend für Chan und es wurde immer schwieriger, Schanklizenzen und passende Veranstaltungsorte für seine Partys zu finden. Im Grunde war er also arbeitslos. Seine damalige Verlobte Cha Chang erinnert sich, dass er damals einem Freund aus Schweden für einige Wochen eines der Gästezimmer in seiner Penthaus-Suite überließ. Nachdem der Freund wieder abgereist war, inserierte Chan das Zimmer für 150 Dollar die Nacht bei Craigslist.

Toshi Chan ist ein kluger Kopf und opportunistisch veranlagt. Ihm dürfte sehr schnell klargeworden sein, wie lukrativ das Geschäft mit kurzfristigen Untervermietungen ist. Die Wohnungen in seinem Gebäude konnte er für 1.500 Dollar monatlich vermieten. Über das Internet konnte er Touristen 150 Dollar die Nacht berechnen und wenn er 20 Tage pro Monat vermietete, machte das 3.000 Dollar im

Monat – für ein einziges Zimmer! Schon bald begann Chan, Wohnungen im sechsstöckigen Nachbargebäude zu günstigen Konditionen anzumieten und zu inserieren. In Scharen strömten die Touristen direkt vom Flughafen zu ihm, um sich die Schlüssel für ihre Wohnung abzuholen. Cha Chang entwickelte eine Frühstückskarte (fünf Dollar für ein Ei) oder schickte die Gäste zu umliegenden Restaurants.

2008 verschlimmerten sich die Probleme des New Yorker Immobilienmarkts weiter. Vermieter blieben auf Wohnungen sitzen und zahlreiche Mieter hatten Schwierigkeiten, ihre Miete zu bezahlen. Für Chan bedeutete diese Entwicklung den großen Durchbruch. Er mietete in der Nachbarschaft ein Dutzend günstiger Wohnungen mit zwei Schlafzimmern für ein Jahr und stellte auch die auf Craigslist. Irgendwann erwies sich das Schwarze Brett als zu unhandlich für die Zahl seiner Einträge, also expandierte Chan und baute sich seine eigene Website auf (HotelToshi.com). Außerdem wurde er bei Tourismusdienstleistern wie dem in Europa beliebten FeelNYC.com aktiv und bei Roomorama, einem neu eröffneten Appartementanbieter mit Schwerpunkt New York. Cha Chang las einen Artikel über AirBed & Breakfast und ergänzte die Liste der Anbieter um diesen Dienst.

Anfang 2009, Airbnb war noch bei Y Combinator, schrieben Chan und seine Assistenten Chesky an. Der junge CEO empfahl Chan, die Premium-Mitgliedschaft für 29 Dollar im Jahr abzuschließen. Dieses kurzlebige Angebot erlaubte es Gastgebern, Immobilien anzubieten, die für über 300 Dollar die Nacht weggingen. „Viele unserer Premium-Anbieter sind unsere besten Gastgeber", schrieb Chesky Chan im Februar. Chan zeigte mir später die E-Mail. „Sehr gerne spreche ich mit Ihnen darüber und bin sicher, dass wir etwas finden, was für Sie funktioniert. Wie viele Einträge wollen Sie denn posten?" Später distanzierte sich Airbnb von Gastgebern, die mehrere Immobilien anboten, aber zumindest damals waren sie bei Chesky und seinen Mitgründern noch willkommen.

Chan entsinnt sich, dass Chesky und Joe Gebbia in einem seiner Appartements in Brooklyn übernachtet haben und dass sie bei einer anderen Gelegenheit zusammen in Tribeca Sushi essen waren. Neben Chesky und Gebbia war auch der Investor Greg McAdoo anwesend und sie sprachen unter anderem darüber, wie man das Einchecken vereinfachen könnte. Im Juni 2009 hatte das junge Unternehmen Airbnb für ganz New York City gerade einmal 800 Angebote und mindestens 50 davon entfielen auf Toshi Chan. [5]

Die Finanzkrise wurde heftiger und Chan trieb seine Pläne noch schneller voran. Er suchte sich einen Mit-Investor und unterzeichnete Mietverträge für rund 200 Apartments in Brooklyn und auf der Upper West Side in Manhattan. Er stellte sogar ein Zelt und ein Queensize-Bett auf das Dach seines Penthauses und vermietete es über Airbnb für 100 Dollar die Nacht. „Die Gäste können das Bad in seiner Wohnung mit nutzen", schrieb ein Reporter der *Daily News*, der dort übernachtet hatte. [6]

Das Geschäft florierte und Chan verlegte sein Büro aus seiner Wohnung in den Keller eines nahegelegenen Gebäudes in Williamsburg. In dem Haus hatte er ungefähr die Hälfte der 35 Wohneinheiten gemietet. Die Touristen mussten nicht mehr zu ihm kommen, um die Schlüssel abzuholen, stattdessen schickte Hotel Toshi zunächst Fahrradkuriere und später einen Van, um die Gäste an den Wohnungen in Empfang zu nehmen. Auf dem Van war ein Cartoon-Logo von Toshi abgebildet – Toshis Kopf auf einem Kissen liegend. Die Koordination war das reinste Chaos, erinnert sich Cha Chang, die inzwischen Mitarbeiterin von Hotel Toshi geworden war. Es war der reinste Albtraum, das Einchecken pünktlich hinzubekommen und jeden Tag ausreichend sauberes Bettzeug zu haben. Am allerschlimmsten jedoch waren die nahezu pausenlosen Anrufe der Langzeitmieter aus den Häusern, in denen Toshi vermietete. Verständlicherweise waren sie sehr aufgebracht über den ständigen Strom an Touristen und die mitternächtlichen Partys der Gäste.

Zu seiner Hochzeit hatte Hotel Toshi über 100 Mitarbeiter und jeder von ihnen zweifelte an der Rechtmäßigkeit des Ganzen. Entsprechend lebten sie in ständiger Panik, dass das Unternehmen dichtgemacht und sie verhaftet würden. Cha Chang sagt, Toshi habe in zwei Fällen Erpressern Geld gegeben, die gedroht hatten, Hotel Toshi bei den Behörden anzuschwärzen. „Das waren Geschäftskosten", sagt Chan auf die Frage nach den Erpressungsversuchen. „Wenn ich nicht gezahlt hätte, wären die Konsequenzen viel schlimmer gewesen."

Aber wie sich herausstellte, hatte die Stadt Hotel Toshi und ähnliche Akteure längst im Visier. Seit fünf Jahren – also deutlich vor Gründung von Airbnb – suchte die Stadtverwaltung um Bürgermeister Michael Bloomberg nach Möglichkeiten, habgierige Vermieter an die

Leine zu legen. Diese Vermieter drangsalierten Mieter, die nur geringe Mieten zahlten, und überzogen sie mit Räumungsklagen. Ziel war es, Wohnungen in illegale Hotels oder Ferienwohnungen umzuwandeln und in der Nähe der Touristenziele die Nachfrage nach günstigen Übernachtungsmöglichkeiten mit Küche bedienen zu können.

Um das Jahr 2006 herum kamen erstmals Wohnraumaktivisten und Vertreter einer ganzen Reihe städtischer und bundesstaatlicher Behörden zusammen, um das Thema zu erörtern. Die Gruppe schlug schließlich Ergänzungen zu der 1968 verabschiedeten Verordnung *Multiple Dwelling Law* vor. In den neuen Bestimmungen hieß es, dass Langzeitmieter eines Appartementgebäudes ihr Zuhause nicht für weniger als 30 Tage untervermieten dürften. Das Gesetz, das kurzfristiges Homesharing und Zwischenmieten in New York City praktisch illegal machte, kam im Sommer 2010 im Parlament des Staates New York zur Abstimmung – gerade zu der Zeit, als die Klagen über Hotel Toshi und Airbnb einen Höhepunkt erreichten.

Er habe erst wenige Tage vor der Abstimmung von dem Gesetz gehört, sagt Chesky. Er handelte unverzüglich und sicherte sich erstmals die Dienste einer Lobbyistin, der bekannten Anwältin Emily Giske aus Albany. Die begann, mit Parlamentariern zu sprechen. Unterdessen traf sich Toshi Chan in den Büroräumen der Kanzlei Fried Frank mit einigen der größten Vermieter in ganz New York, um das weitere Vorgehen zu beraten. Um Widerstand gegen das Vorhaben der Stadt zu mobilisieren, gründeten sie schließlich die Lobbygruppe „Save Sublets".

Die Vermieter und eine Gruppe Websites, die zu mietende Appartements anboten, organisierten für den 21. Juli eine Demonstration vor dem Rathaus. Airbnb-Mitgründer Joe Gebbia flog nach New York, um an der Veranstaltung teilzunehmen. Er rief seine Twitter-Anhänger auf, sich ihm anzuschließen und „Untervermietungen zu retten".[7] Chan schildert, wie er mit Gebbia zu der Protestaktion ging, Schilder schwenkte und Leute aufforderte, die Petitionen zu unterschreiben. Gebbia habe ihn dann beiseite genommen und gesagt: „Toshi, vielleicht solltest du dich nicht nach ganz vorne stellen. Die Leute hassen dich irgendwie."

Während Chan das erzählt, sitzt er im Penthaus des Flatiron Hotels an der Ecke 26th Street und Broadway in Manhattan. 2011 investierte er in das Boutique-Hotel, 2014 wurde er zum Haupteigner. Angeschlossen an das Foyer ist ein Nachtklub namens „Toshi's Living Room", wo an den meisten Abenden der Woche ein Jazzquartett spielt. Im Penthaus gibt es die Möglichkeit, Partys zu feiern, und die Veranda trägt Toshis Cartoongesicht. Chan lehnt sich, während er von den alten Zeiten erzählt, auf dem Sofa zurück und streichelt seinen weißen Malteser-Yorkshire-Mix Ponzu. „Eben noch verdiente ich 5.000 im Monat, einige Jahre später waren es schon zwölf Millionen", sagt er. „Es war verrückt."

Aber eben nicht von Dauer. „Hotel Toshi war unglaubliches Gift. Jeder Nachbar hasste mich. Ich war der Antichrist, in ihren Augen war ich schlimmer als Hitler", sagt er und lächelt vielleicht ein klein wenig zu schelmisch. „Die Vermieter setzten Leute vor die Tür, um mir ihre Wohnung vermieten zu können. Das war nicht gut. Rückblickend gibt es eine gewisse soziale Verantwortung, die man lernt, während man älter wird."

Die Erleuchtung überkam Chan nicht schlagartig. Das *Multiple Dwelling Law* wurde verabschiedet und auch von Gouverneur David A. Paterson unterzeichnet, aber es trat offiziell erst im Mai 2011 in Kraft.[8] Anstatt seinen Laden dichtzumachen, bezahlte Chan seine Strafen und änderte den Namen seines Unternehmens in Smart Apartments. Das hing auch damit zusammen, dass Hotel Toshi mittlerweile zu viele vernichtende Urteile bekommen hatte. Er versuchte auch weiterhin, auf Airbnb anzubieten, aber nach Verabschiedung des Gesetzes habe das Unternehmen seine Einträge gestrichen, sagt Chan: „Sie ließen mich wie eine heiße Kartoffel fallen. Ich habe das verstanden. Es war der richtige Schritt."

Für Chesky und Gebbia kam die Erkenntnis, dass man gemeinsame Sache mit einem fragwürdigen Charakter gemacht hatte, allerdings möglicherweise zu spät, denn in den Augen der Gesetzeshüter und der Medien hingen die Marken Toshi und Airbnb nun eng zusammen. Im Oktober 2011 wurde Chan vom Office of Special Enforcement verklagt. Diese Unterabteilung des Bürgermeisterbüros ist damit beauftragt, Probleme der Lebensqualität zu lösen, also beispielsweise auch illegale Hotels zu bekämpfen.[9] Die Stadt warf Chan eine lange Litanei von Verstößen gegen die Feuerschutzbestimmungen vor und dass er unsichere und unrechtmäßige Unterkünfte betrieben habe. Die Klage hatte „die Macht von Thors Hammer", so

Chan. Nun fiel dieser Hammer auf ihn, also einigte er sich außergerichtlich auf die Zahlung von einer Million Dollar und schloss Smart
Apartments. Der *New York Observer* überschrieb seinen entspre-
chenden Bericht: „Berüchtigter Airbnb-Hotelier Toshi muss New
York 1 Million Dollar zahlen". [10]

Brian Chesky und Joe Gebbia waren mit Toshi Chan befreundet
gewesen. Sie hatten in einer seiner Wohnungen übernachtet, waren
mit ihm essen gegangen und hatten ihm beim Geschäftemachen geholfen, insofern konnten sie die Verbindungen zu ihm nicht ganz so
einfach abschütteln. Airbnb würde nun mit den Folgen einer strengen Gesetzgebung leben müssen, die Toshi Chan und andere wie er
über New York City gebracht hatten.

2012 brach an und Belinda Johnson und ihre Kollegen wussten,
dass ihnen massive Probleme ins Haus standen – unter den besten
Airbnb-Kunden in New York City waren viele, die im Grunde illegal
agierten. Schlimmer noch: Airbnb konnte gegen dieses zusehends
restriktiv wirkende Gesetz nichts unternehmen. Als es zur Abstimmung kam, hatte Gebbia versucht, Anhänger zusammenzutrom-
meln und vor dem Rathaus zu demonstrieren. Doch Airbnb war ein
so kleines Unternehmen, dass es nicht allzu viele Menschen mobilisieren konnte. Das Gesetz von Travis galt damals noch nicht.

Eine Lösung lag auf der Hand, auch wenn das bedeutete, die eigenen Gastgeber rechtlich in Gefahr zu bringen: Airbnb informierte
seine Gastgeber nicht, dass sie gegen das Gesetz verstießen. Das Unternehmen versuchte damals noch, sich in New York einen Markt
aufzubauen und sich bei seinen Nutzern einzuschmeicheln, damit
diese dann versuchten, sich bei der Stadtverwaltung für Airbnb
starkzumachen. „Wir mussten so groß werden, dass wir gewinnen
konnten", sagt ein Anwalt, der damals mit Airbnb arbeitete.

Das *Multiple Dwelling Law* war sehr breit formuliert, aber Airbnb glaubte, Zusagen von Vertretern der Stadt und des Staates zu
haben, dass die Bestimmungen nur auf Bürger angewendet würden,
die ihr Zuhause verließen und ihre Wohnung für weniger als 30
Tage an Touristen vermieteten. Diese Art unbetreuter Aufenthalt
war mit einer kurzzeitigen Zwischenvermietung gleichzusetzen und
verstieß somit gegen das Gesetz. Derartige Gastgeber würden wie
Hotelbesitzer handeln und nicht wie die Eigner eines Bed & Breakfast, argumentierten Vertreter des Staats New York. Wer vor Ort blieb

und ein ungenutztes Zimmer oder eine Schlafcouch vermietete –
quasi der vielbeschworene Airbnb-Nutzer, der den Dienst dafür
nutzte, Leute kennenzulernen und sich etwas dazuzuverdienen –,
der handele zweifellos im Rahmen der Bestimmungen, glaubte man
bei Airbnb. Und dennoch mehrten sich die bedenklichen Signale,
denen zufolge die Stadt derartige Aktivitäten vollständig unterbinden wollte. Staatsvertreter bekamen 2012 einen steten Strom an wütenden Beschwerden von Nachbarn über Airbnb und andere Dienste
zur Kurzzeitvermietung auf den Tisch. Der Stadtrat erhöhte daraufhin das Bußgeld für wiederholte Verstöße gegen das *Multiple Dwelling Law* auf 25.000 Dollar. Ursprünglich lag die Strafe bei weniger
als 3.000 Dollar. [11]

Airbnb schlug eine Welle der Feindseligkeit vonseiten der Gesetzgeber entgegen und das Unternehmen schien zunächst keine
rechte Antwort darauf zu finden: Wie konnte man sich dem entge-
genstellen, wie sollte man für sich oder seine Gastgeber eintreten?
Und dann kam im September 2012 der 33-jährige Nigel Warren aus
dem East Village eines Nachmittags nach Hause und erhielt einen
Anruf. Am anderen Ende war Abe Carrey, sein Vermieter, ein normalerweise friedfertiger Mensch. Nun aber schrie der ältere Mann
aus Queens ihn an: „An wen vermieten Sie meine Wohnung? Was
zur Hölle ist da los?" Warren drehte sich der Magen um.

Warren ist ein modischer Typ, freundlich, sanft, Webdesigner –
ein typischer Bewohner des East Village, könnte man sagen. Er war
2011 dreimal verreist und hatte diese Zeit genutzt und sein Zimmer
über Airbnb vermietet.

Seine Mitbewohnerin Julia hatte ihr Zimmer sogar nur einmal
vermietet. Sie hatten positive Erfahrungen damit gemacht und ganz
gut verdient – etwas über 100 Dollar pro Nacht, ein bescheidener
Beitrag zu den 3.000 Dollar, die sie monatlich an Miete für ihre
Wohnung (zwei Schlafzimmer, ein Bad, sechster Stock ohne Auf-
zug) berappen mussten. Eine Woche vor Abes Anruf war Warren
mit Freunden für fünf Tage nach Colorado gefahren und hatte das
Zimmer über Airbnb an einen Touristen aus Russland vermietet,
der nur wenig Englisch sprach. Julia war vor Ort gewesen und alles
war völlig reibungslos verlaufen. Der Gast hatte nur vage etwas von
Polizisten auf dem Flur berichtet. „Es gab keine Gruselgeschichten",
sagt Warren. „Alles war in bester Ordnung."

War es nur leider nicht. Das Office of Special Enforcement hatte, möglicherweise von genervten Nachbarn, einen Hinweis erhalten, dass Warren und seine Mitbewohnerin in ihrer Wohung zwischenvermieten würden. (Ein ehemaliger Mitarbeiter der Abteilung sagte mir später, sie hätten – fälschlicherweise, wie sich herausstellen sollte – Grund zu der Annahme gehabt, dass es sich bei Nigel Warren um einen zweiten Toshi Chan handele.) Während Julia außer Haus war, tauchten Bauinspektoren auf, befragten auf dem Flur den Gast aus Russland, stellten einige Sicherheitsverstöße im Gebäude fest und gingen wieder. Dann schrieben sie Abe in Queens an und teilten ihm mit, dass die Mieter in Wohnung 5G vermutlich ein illegales Hotel für Durchreisende betrieben und gegen Sicherheitsbestimmungen verstießen. Die Bußgeldzahlungen könnten sich auf über 40.000 Dollar belaufen. Warren erklärte dem empörten Abe, dass er die Verantwortung übernehmen und sich darum kümmern werde, aber er war damals Freiberufler ohne festes Einkommen. „Das war der Auftakt für viele stressige Monate", sagt er.

Sein Zorn richtete sich in großen Teilen gegen Airbnb. Nigel Warren setzte sich hin und recherchierte, gegen welche Bestimmungen er angeblich verstoßen hatte. Dabei stieß er auf Artikel über das Gesetz von 2010 – auf das die Website ihre Kunden nicht hingewiesen hatte. Irgendwo in den über 12.000 Worte langen Allgemeinen Geschäftsbedingungen versteckt wies Airbnb Gastgeber darauf hin, dass sie dafür verantwortlich seien, sich mit den örtlich geltenden Bestimmungen vertraut zu machen, aber natürlich hatte Warren sich das Dokument nicht durchgelesen.

Warrens Schwester riet ihm, sich einen Anwalt zu besorgen. Der kam zu dem Schluss, dass Warren eigentlich nichts passieren dürfte, da Julia während des Aufenthalt des Gastes präsent gewesen war. Und dennoch: Bei einem Stundensatz von 415 Dollar trug die Rechnung des Anwalts auch nicht dazu bei, Warrens Stimmung aufzuhellen. Um Geld zu sparen, beschloss Warren, sich selbst zu vertreten. Die erste Anhörung wurde wegen Hurrikan „Sandy" abgesagt. Dann geschah eine ganze Zeit lang nichts, was Warren zu der irrigen Annahme verleitete, der Fall sei vom Tisch. Dann wurde er erneut ins Gericht bestellt. Die Stadt schoss mit allem, was sie hatte, auf Warren. Sie wollte an ihm ein Exempel statuieren, um die Nutzung von Airbnb zurückzudrängen.

Damals bekam Airbnb gerade jede Menge positiver Presse für seine neuen Möglichkeiten. Eine Finanzierungsrunde unter Führung von Wagniskapitalgeber Peter Thiel, Mitgründer von PayPal und einer der ersten Investoren bei Facebook, brachte eine Kapitalspritze in Höhe von 200 Millionen Dollar. Warren kochte: Alle Welt überschüttete das Unternehmen mit Bewunderung, während Gastgeber wie er auf den rechtlichen Problemen sitzen blieben. Schließlich beschloss er, tätig zu werden, und überlegte sich zwei Schritte.

Schritt eins bestand darin, Airbnb anzuschreiben und sich zu beschweren: „Diese ganze Situation kam völlig überraschend für mich. Ich hatte keine Ahnung, dass es in den meisten Bereichen New York Citys illegal ist, als Airbnb-Gastgeber aufzutreten."

Fünf Tage später reagierte das Unternehmen auf die E-Mail mit einer eigenen E-Mail. Maria C. aus dem Kundendienst schrieb: „Es tut mir leid zu hören, dass Sie eine stressige Situation durchmachen. Wir empfehlen Ihnen, sich mit allen Vereinbarungen zum Leasen, Mieten oder Mitwohnen vertraut zu machen sowie mit den jeweils gültigen örtlichen, bundesstaatlichen, nationalen und internationalen Vorschriften. Wenn Sie vermieten, könnten auch besondere örtliche und bundesstaatliche Abgaben anfallen. Es obliegt der Verantwortung der Gastgeber, alle betreffenden Regulierungen einzuhalten und Steuern zu begleichen." Wenig hilfreich schloss Maria C.: „Es freut uns zu sehen, dass Sie sich informieren und auf Stand bringen!"

Schritt zwei zeitigte bessere Ergebnisse. Ein Freund Warrens stellte eine Verbindung zu Ron Lieber her, dem Kolumnisten der „Your Money"-Kolumne der *New York Times*. Warren erzählte Lieber seine Geschichte und am 30. November 2012 veröffentlichte die Zeitung einen Artikel namens „Eine Warnung für Gastgeber von Airbnb-Reisenden". Lieber schrieb: „Viele Leute glauben, weil sie im Internet leben, würden sie einer exklusiven Kaste angehören, für die alte Gesetze schlichtweg nicht gelten könnten. Diese Art von Arroganz ist atemberaubend, bis einem bewusst wird, was für eine geniale Firmenstrategie dahintersteckt. Würde man sich die Mühe machen, jede 80 Jahre alte Bebauungsvorschrift einzuhalten oder zu versuchen, diejenigen zu ändern, von denen man weiß, dass die eigenen Kunden dagegen verstoßen könnten, würde man sein Geschäft nie eröffnen können."[12]

Liebers Geschichte war erst wenige Stunden veröffentlicht, da erhielt Warren einen zerknirschten Anruf eines anderen Kundendienstmitarbeiters von Airbnb. Und als er zu seiner nächsten Anhörung eintraf – weiterhin ohne einen kostspieligen Anwalt, aber begleitet von einem Radiojournalisten, der Warrens Geschichte aufzeichnete –, fand er dort zu seiner Überraschung David Hantman und zwei Anwälte vor. Wie sie Warren erklärten, könne Airbnb wie jedes Internetunternehmen keine Rechtsberatung oder finanzielle Unterstützung bieten. Dies könnte als Präzedenzfall ausgelegt werden und dazu führen, dass man jedem Nutzer des Dienstes zur Seite stehen müsse. Was sie allerdings gemacht hatten, war, in Warrens Namen ein unabhängiges Rechtsgutachten zu erstellen. Außerdem wollten sie als Zuschauer der Verhandlung beiwohnen.

Für Airbnb war das ein wegweisender Fall. Das Unternehmen vertrat die Auffassung, Nutzer in New York City sollten ihr Zuhause zumindest teilen können, also während der Vermietung anwesend sein. Ein negatives Urteil hätte „einen furchtbaren Präzedenzfall setzen können", sagte mir ein Anwalt, der an der Verhandlung beteiligt war. „Es wäre ein großes Problem, sollte sich das Gesetz wegen irgendeines Gerichtsurteils ändern."

Nach weiteren vorläufigen Anhörungen und Verzögerungen wurde schließlich bestimmt, dass Warrens Fall im Mai 2013 zur Verhandlung kommen solle. Warren war noch immer darauf aus, Geld zu sparen, also verteidigte er sich selbst im Verhandlungssaal des Environmental Control Boards, einer trostlosen und einer Kfz-Zulassungsbehörde nicht unähnlichen Bürolandschaft im zehnten Stockwerk eines Gebäudes in Lower Manhattan. Airbnbs Schicksal in New York City stand auf dem Spiel, aber Warren verpfuschte das Verfahren, vermasselte Kreuzverhöre mit Zeugen (unter anderem mit dem Bauinspektor, der den russischen Gast befragt hatte) und wurde ständig gebeten, Fragen umzuformulieren. Die hochbezahlten Airbnb-Anwälte saßen die ganze Zeit über schweigend im Publikum. „Das Ganze war so offensichtlich mehrere Nummern zu groß für mich, es war einfach nur lächerlich", sagt Warren.

Fünf Tage nach der Anhörung rief das Gericht bei Warren an: Der Richter hatte die Sicherheitsverstöße abgewiesen, ebenso den Anklagepunkt, dass Warren ein Hotel für Durchreisende betreibe. Aber in einer merkwürdigen rechtlichen Logik befand der Richter, dass Warren tatsächlich gegen das Gesetz verstoßen habe, denn der russische Tourist und Julia seien „Fremde" und der Tourist habe nicht zu sämtlichen Räumlichkeiten der Wohnung freien Zugang gehabt – in diesem Fall zu Julias Schlafzimmer. Das bedeute, technisch betrachtet habe der Tourist nicht „im Haushalt des dauerhaften Bewohners gelebt".[13] Das Bußgeld für den Verstoß belief sich auf 2.400 Dollar. Warren war froh: Die ganze Angelegenheit hatte endlich ein Ende, insofern bezahlte er das Bußgeld gerne. „Aus meiner Sicht war das ein Sieg", sagt er.

Nicht so für Airbnb. Wenn Nigel Warren gegen das Gesetz verstieß, dann galt das für alle Airbnb-Gastgeber in New York City. Und wenn das der Fall war, hatte das Unternehmen ein gewaltiges Problem am Hals, denn dann verfügte es über keinerlei rechtmäßige Geschäftsaktivitäten in der Stadt mehr und würde niemals so groß werden, dass es die Regeln beeinflussen könnte.

Intern brachen hitzige Diskussionen los. Belinda Johnson und David Hantman waren beide der Ansicht, Airbnb dürfe diesen Präzedenzfall nicht einfach so stehen lassen. Das wäre ein furchtbares Signal gegenüber anderen Städten, die darüber nachdachten, die rasch wachsende Sharing-Economy zu beschneiden. Andere Anwälte warnten: Wenn sich Airbnb in diesen Fall einmische, werde man möglicherweise gezwungen sein, sich auch in andere Fälle rund um Airbnb-Gastgeber einzumischen.

Schließlich traf Chesky eine Entscheidung: Natürlich müsse sich Airbnb für seine Gastgeber einsetzen. „Wir mussten uns für unsere Gemeinschaft starkmachen", sagt Belinda Johnson. „Uns war klar, dass dies die falsche Auslegung des Gesetzes war." Airbnb nahm nun die New Yorker Kanzlei Gibson Dunn unter Vertrag, um in Nigel Warrens Fall in Revision zu gehen. Wie auch bei EJ hatte Airbnb einen wichtigen Schritt unternommen – weg davon, eine über allem stehende neutrale Plattform zu sein, und hin zu einem Dienst, der seinen Gastgebern zur Seite steht und bereit ist, sich in sie hineinzuversetzen.

Der Berufungsprozess nahm weitere drei Monate in Anspruch. Jetzt, wo Airbnb juristische Schwergewichte auf seiner Seite hatte, stellte das Environmental Control Board fest, dass das *Multiple Dwelling Law* doch keine persönliche Beziehung zwischen einem Kurzzeitgast und einem dauerhaften Bewohner voraussetze. Der Fall wurde fallengelassen und Warren endlich von allen Vorwürfen freigesprochen. „Dieses Urteil war ein Sieg für die Sharing-Economy und die zahllosen New Yorker, die die Airbnb-Gemeinde so lebendig und stark machen", schrieb Hantman im Anschluss in Airbnbs Blog für Public Policy. [14] Auf Technologienachrichten-Websites wie *TechCrunch* und *Verge* wurde der Sieg bejubelt.

Die möglicherweise einzige Person, die nicht feierte, war Nigel Warren selbst. „Ich war glücklich, aber nicht dankbar", sagt er, als wir die gesamte merkwürdige Geschichte Revue passieren lassen. Wir sitzen dabei in einem ruhigen Konferenzraum im Brooklyner Büro der Crowdfunding-Website Kickstarter, für die Warren seit 2014 als Produktmanager arbeitet. Habe sich Airbnb in seinem Fall ehrenhaft verhalten, frage ich ihn. Er erwidert: „Ich glaube, Ehre hat nicht wirklich eine Rolle gespielt", sagt er. „Es gibt bestimmte Unternehmen, die zu bestimmten Zeiten ehrenhaft jenseits dessen handeln, was der Markt von ihnen verlangt. In diesem Fall war ihr Handeln rein pragmatisch, glaube ich." Airbnb sei „so weit gegangen, wie es gehen musste. Das nehme ich ihnen nicht übel. Es war ganz klar, was die Logik dahinter war. Sie mussten ihr Geschäft in New York schützen."

Ein paar Tage nach dem Urteil griff Chesky das Warren-Urteil in einem triumphierenden Essay auf der Airbnb-Website auf. Das Urteil stehe für das rechtschaffene Bild, das das Unternehmen von sich selbst habe, hieß es in dem „Wer wir sind, wofür wir stehen" überschriebenen Schlachtaufruf: „Wir sind uns alle einig darin, dass illegale Hotels schlecht sind für New York, aber das ist auch nicht unsere Gemeinschaft", schrieb er unter das Foto einer Gruppe junger Menschen, die über den East River hinweg in die untergehende Sonne blicken. [15] „Unsere Gemeinschaft besteht aus Tausenden fantastischer Menschen mit gutem Herzen."

Und weiter: „Wir stellen uns ein leichter zugängliches New York vor, das zu besuchen sich noch mehr Menschen leisten können. Wo leer stehender Raum im Zuhause der Menschen nicht verschwendet wird und wo Millionen Besucher die kleinen Nachbarschaftsgeschäfte sämtlicher fünf Bezirke aufsuchen werden", schrieb Chesky. „Um dieses florierende neue Ökosystem zu unterstützen, werden in dieser Stadt Zehntausende Arbeitsplätze für Menschen wie Fotografen, Reiseführer und Köche entstehen."

Er wolle New York City dabei helfen, für Airbnb-Vermietungen Hotelsteuern einzusammeln und er sei sehr gerne bereit, der Stadt dabei zu helfen, schwarze Schafe auszumerzen, die in Wohngegenden den Frieden stören. Erreichen wolle er das in erster Linie dadurch, dass er eine rund um die Uhr besetzte Beschwerde-Hotline einrichte.

Bei den Vertretern der Stadtverwaltung und des Staates kam Cheskys Traktat schlecht an. In ihrem Büro hätten die Wähler damals praktisch Schlange gestanden, um sich über Airbnb zu beschweren, sagt die New Yorker Senatorin Liz Krueger, die Airbnb als verschlagen gescholten hatte. Die Immobilienpreise erholten sich langsam wieder von der Rezession und den Vermietern war jeder Vorwand recht, Wohnungen mit Mietpreisbindung zu räumen und sie dann zu höheren Preisen wieder am Markt anzubieten.

Krueger traf sich mit Airbnb-Vertretern und riet ihnen, die Gastgeber direkt auf der Website in verständlicher Sprache zu warnen, dass sie möglicherweise gegen Staatsgesetze und gegen ihre Mietverträge verstoßen, wenn sie über Airbnb Räumlichkeiten anbieten. Airbnb habe mit einer Vielzahl von Erklärungen reagiert, warum das zu komplex sei oder warum das Unternehmen dadurch in rechtliche Schwierigkeiten geraten könnte, sagt sie. (Noch ein Jahr später, so ergab eine Prüfung durch den Nachrichtenblog *Gawker*, wurden Kunden aus New York nicht ausreichend auf rechtliche Probleme hingewiesen.) [16] Krueger – lebenslange New Yorker Demokratin mit trockenem Humor und wenig Toleranz für Silicon-Valley-Start-ups, die sich ihre Regeln selbst schreiben wollen – vermutete, dass die Gründe ganz woanders lagen: Airbnb wollte sein rasches Wachstum in New York nicht bremsen. Die Idee mit der Beschwerde-Hotline für Nachbarn fand sie so albern, darüber konnte sie bloß lachen. Was wollte das Unternehmen denn von Kalifornien aus groß unternehmen, wenn sich mitten in der Nacht oder am Wochenende jemand beschwerte?

Die Anwälte im Büro des New Yorker Generalstaatsanwalts Eric Schneiderman waren grundsätzlich mit Krueger einer Meinung. Für sie stellte es sich so dar: Airbnb hatte zwar beteuert, aufseiten der Stadt zu kämpfen, tatsächlich jedoch verweigerte das Unternehmen Hilfe im Kampf gegen illegale Hoteliers. Auch die Bemühungen, die 14,75 Prozent Tourismussteuer einzutreiben, waren nicht allzu weit gediehen. [17]

Noch war es nicht öffentlich, aber der Generalstaatsanwalt hatte vor, Chesky beim Wort zu nehmen. Im August 2013 erhielt Airbnb eine Vorladung: Das Unternehmen sollte die Namen, Adressen und Kontaktinformationen aller Airbnb-Gastgeber im Staat New York herausgeben und mitteilen, was sie seit Anfang 2010 verdient hatten. In privaten Treffen weigerte sich Airbnb. Nach dem Nigel-Warren-Urteil erließ Schneiderman die Vorladung erneut, dieses Mal mit leicht verändertem Inhalt.[18] Er ließ nicht locker. Airbnb behauptete, seine Gastgeber seien wohlwollende Pioniere der Sharing-Economy, und Schneiderman wollte wissen, auf wie viele der 15.000 New Yorker, die auf Airbnb inserierten, diese Beschreibung zutraf und wie viele schlicht gegen das *Multiple Dwelling Law* von 2010 verstießen, um illegal ein wenig nebenbei zu verdienen und dem Markt dadurch Wohnraum vorzuenthalten. Anders formuliert: Er wollte wissen, ob die Airbnb-Gastgeber in New York City eher der Typ Toshi Chan waren oder der Typ Nigel Warren. Handelte es sich um Hoteliers oder um Bed-&-Breakfast-Gastgeber?

Seit seinem Kampf gegen die Brüder Samwer und der EJ-Krise hatte Chesky nicht mehr vor einer derart schwierigen Entscheidung gestanden. Wie sollte Airbnb auf die Vorladung reagieren? Und was würden die nackten Zahlen der Welt darüber verraten, wie es um das Geschäft tatsächlich bestellt war?

Eigentlich war man in San Francisco zufrieden, denn das Geschäft entwickelte sich gut. Nach „Schneewittchen" hatte man die Mobilfunk-Apps überarbeitet und neue Versionen auf den Markt gebracht. Außerdem gab es nun die Möglichkeit des Sofort-Buchens. Bestimmte Airbnb-Immobilien ließen sich wie ein Hotelzimmer mit einem Klick buchen, ohne dass man zuvor erst eine zeitaufwendige E-Mail-Konversation mit dem Anbieter einleiten musste.[19]

Diese neuen Produkte kurbelten den Boom an. Airbnb legte ein strukturelles Wachstum an den Tag, wie es viele der Investoren und Manager des Unternehmens noch nie gesehen hatten. Antrieb waren ein praktisch unbegrenzter Pool an verfügbaren Zimmern, Wohnungen und Häusern rund um den Globus, gepaart mit einem wachsenden Interesse der Menschen, sich bequem über das Internet eine neue, authentische Art zu reisen zusammenzustellen. Das Unternehmen war zu diesem Zeitpunkt wie ein Schwungrad, das sich schneller und schneller drehte: Neue Gastgeber lockten neue Gäste an, neue Gäste wiederum lockten im Gegenzug neue Gastgeber an und ein steter Strom an Schlagzeilen über die Neuartigkeit dieser

Idee befeuerte diesen Zyklus noch zusätzlich. Die Probleme in New York sorgten unterdessen für eine Vielzahl kostenloser, ironiegetränkter Publicity.

Chesky genoss diese Zeit. Sein lächelndes Antlitz zierte im Januar 2013 das Titelblatt des Magazins *Forbes*. Die Überschrift lautete: „Wer möchte Milliardär sein?" Gerade einmal fünf Jahre zuvor hatten den jungen CEO noch starke Selbstzweifel geplagt, nun scharte er prominente Mentoren wie Warren Buffett, Jeff Bezos und den Disney-Chef Bob Iger um sich. Ein halbes Dutzend ehemaliger Mitarbeiter aus dieser chaotischen Phase in der Geschichte Airbnbs sagten, Chesky sei entschlossen gewesen, größer und kühner zu denken als seine Kollegen und Wettbewerber. Airbnb war auf einem guten Weg, 2013 rund 250 Millionen Dollar Umsatz zu erzielen, Chesky jedoch dachte bereits in einer Größenordnung von zwei Milliarden Dollar. Zehn Millionen Übernachtungen waren über die Website bislang insgesamt gebucht worden, aber Chesky trieb sein Personal weiter an – nächstes Jahr sollte die 20-Millionen-Grenze durchbrochen werden. Für ihn arbeiteten etwa 500 Mitarbeiter, aber in seinen Gedanken sah er einige Jahre in die Zukunft und da würde das Unternehmen mit ziemlicher Gewissheit um die 2.000 Mitarbeiter haben. Ein ranghoher Mitarbeiter, der nicht namentlich genannt werden will, sagte: „Wenn Airbnb ein Körper war, war Nate das Gehirn, Joe das Herz und Brian die Eier."

Noch immer lebte Chesky vorwiegend in Airbnbs im Großraum San Francisco, aber er genoss auch den Glamour, den der Erfolg mit sich brachte. Ende 2012 reiste er gemeinsam mit seinem Investor Ashton Kutcher und dessen künftiger Frau, der Schauspielerin Mila Kunis, nach Asien und Australien. Er flog auch nach Japan, um dort die japanische Ausgabe von Airbnb.com zu starten, und im Anschluss hatte das Unternehmen zwei zueinander passende Samuraischwerter für 15.000 Dollar an den Hacken. Chesky und Kutcher hätten sie gekauft und später erfolglos versucht, sie zurückzugeben, sagt ein ehemaliger Mitarbeiter. Das Unternehmen wiederum erklärte, Chesky habe damals von dem Kauf gar nichts gewusst.

Im Januar 2013 stellte Chesky einen neuen Head of Community ein, der sich der Sache ebenso sehr verschrieben hatte wie Chesky selbst – Douglas Atkin, ehemaliger Manager einer Werbeagentur und Autor von „The Culting of Brands: Turn Your Customers into

True Believers", einem Buch, das sich für seine unternehmerischen Lektionen unter anderem bei Sekten wie den Hare Krishnas bediente. „Noch nie war die Gelegenheit, Kultmarken zu erschaffen, so günstig", schrieb Atkin im Vorwort des Buches. „Zu viele Vermarkter gehen in Defensivhaltung, obwohl sie kurz davor stehen, ausgesprochen starke Verbindungen zwischen ihren Marken und den Verbrauchern zu erschaffen." Atkin war voll und ganz davon überzeugt, dass es sich bei Airbnb nicht einfach nur um ein Unternehmen handelte, sondern um eine Ideologie und eine globale Bewegung, die in einem Reich jenseits kleinkarierter, in einem völlig anderen Zeitalter geschmiedeter Gesetze existierte.

Als eine seiner ersten Maßnahmen bei Airbnb gründete Atkin die „Peers", eine unabhängige Gruppe, die Mitglieder der Sharing-Economy fördern sollte und finanziell von Airbnb unterstützt wurde. In Städten, in denen Airbnb und ähnliche aufstrebende Jungunternehmen mit politischen Blockaden zu kämpfen hatten, trafen sich die Peers und organisierten, wie sie Einfluss auf politische Entscheider nehmen könnten. Entsprechend klar war Atkins Rat an Chesky zum weiteren Vorgehen in New York: Airbnb muss sich Schneiderman stellen und den Kampf annehmen. Nicht jeder hielt es für einen klugen Schachzug, sich mit einem Generalstaatsanwalt anzulegen, aber letztlich stimmten auch Belinda Johnson und die anderen Airbnb-Anwälte zu: Daten über alle Nutzer einzufordern sei schon arg übergriffig und aufdringlich. „Firmen bekommen ständig Vorladungen wegen irgendwelcher Informationen. Einige geben sie heraus, andere verhandeln hinter den Kulissen", sagte mir Johnson später. „Wir gelangten zu der Einschätzung, dass dies zu weit gesteckt war und wir uns für die Privatsphäre unserer Gastgeber und unserer Gemeinschaft stark machen mussten. So öffentlich das auch stattfinden würde, war es doch das richtige Vorgehen."

Seine Berater feuerten ihn an, sein Unternehmen wuchs weiter ungebremst, ein Gefühl der Rechtschaffenheit erfüllte ihn, vielleicht auch ein Gefühl der Unbesiegbarkeit – und so beschloss Chesky im Oktober 2013, sich gegen die Vorladung des Generalstaatsanwalts zur Wehr zu setzen. Airbnb rückte nicht die verlangten Informationen heraus, sondern ging vor ein Gericht im Staat New York und beantragte, die Vorladung abzuweisen. Die Anfrage sei in unvernünftigem Maße vage und verletze die Privatsphäre der Unternehmenskunden, argumentierte Airbnb. Im Grunde forderte Chesky Generalstaatsanwalt Schneiderman auf, dahin zu gehen, wo der Pfeffer wächst. Und die Zuschauerränge füllten sich: Politische Entscheider aus zahlreichen Städten im In- und Ausland, aus Los Angeles, San Francisco, Barcelona, Amsterdam, Berlin, Paris und vielen weiteren verfolgten nun sehr interessiert, wie es weiterging, denn Airbnb machte sich auch in *ihren* Städten breit. Sie alle trieb dieselbe Sorge um, was Homesharing-Websites anging und was Technologien anbelangte, die ihre heimische Wirtschaft auf den Kopf zu stellen drohten, ohne dass die Folgen absehbar wären.

Die Vorladung und das resultierende mediale Rauschen sandten Schockwellen durch die Gemeinde der New Yorker Airbnb-Nutzer. Der Journalist Seth Porges hatte seit 2010 ein leer stehendes Schlafzimmer in seiner zweistöckigen Maisonettewohnung in Williamsburg, Brooklyn, vermietet, zu einer Zeit also, als Williamsburg noch nicht angesagt war. Seine Wohnung lag damals so weit ab vom Schuss, dass er, um seine „bizarre Fantasie zu erfüllen, dass ich Wirt auf dem Land bin und all diese faszinierenden Typen kennenlerne, während sie in die Stadt geschlendert kommen" (Porges' eigene Worte), mit der Nähe zur U-Bahn-Station werben musste.

Nachdem er zwei Jahre später seine Anstellung beim Herrenmagazin *Maxim* verlor, erlaubten es ihm seine Einnahmen aus Airbnb-Vermietungen, Projekte zu verfolgen, an denen ihm lag, anstatt auf Teufel komm raus eine Vollzeitanstellung suchen zu müssen. Er entwickelte sich zu einem passionierten Verteidiger von Airbnb und leistete viel Bekehrungsarbeit. „Airbnb ermöglichte es mir, die Weichenstellungen für mein Leben gründlich zu überdenken und Risiken bewusst einzugehen", sagte er mir. Indem er Gästen um die 100 Dollar für eine Nacht berechnete, konnte er seine monatlichen Hypothekenzahlungen begleichen und es sich schließlich sogar leisten, neben das Gästeschlafzimmer ein weiteres Bad zu setzen. Dank Airbnb lebte er jetzt kostenlos in New York City.

Dann wurde die Vorladung publik und wie so viele andere Gastgeber musste sich Porges schlagartig mit einem Sturzbach an Ängsten und Falschinformationen herumschlagen. „Leute, die bei mir gebucht hatten, meldeten sich und fragten: ‚Kann ich trotzdem kommen? Wie geht es jetzt weiter?'", erinnert er sich. Er versuchte es mit sanften Beteuerungen: „Wir sind hier ja nicht in Nordkorea." Nur für bestimmte Anbieter sei es illegal und „die Polizei tritt keine Türen ein. Sie haben es auf die Betreiber illegaler Hotels abgesehen."

Rich Chalmers hatte zusammen mit zwei Mitbewohnern eine Wohnung mit drei Schlafzimmern auf der Avenue C gemietet, im dritten Stock über der Alphabet Lounge, einer angesagten Bar. Chalmers, der als Verpackungstechniker für einen Hersteller von Damenmode arbeitete, begann sein Zimmer über Airbnb zu vermieten, weil ihn der Krach störte. „Es war so verdammt laut, dass ich dort nicht bleiben konnte", sagt er, deshalb habe er häufig bei seiner Freundin am anderen Ende der Stadt übernachtet. Sein Zimmer an Hipster-Touristen zu vermieten, die in Alphabet City bleiben wollten, war für ihn eine nette zusätzliche Einnahmequelle.

Ein Jahr später mietete er neben dem Zimmer noch ein 1-Zimmer-Apartment im East Village auf der Ninth Street zwischen First und Second Avenue. Er pendelte zwischen diesen beiden Orten oder übernachtete bei Freunden, während er beide Wohnungen über Airbnb anbot. Die Miete für die neue Wohnung belief sich auf 1.850 Dollar im Monat, aber das deckte Chalmers problemlos ab: Er berechnete bei Airbnb 165 Dollar die Nacht und 250 Dollar an Feiertagen. „Ab 2011 hatte ich mich eingegroovt", sagte er mir. Als Nächstes kamen in wechselnder Reihenfolge die Wohnungen von Freunden und Freundinnen, die er auf Airbnb anbot, wenn sie nicht in der Stadt waren. Weil er vermutete, dass das alles nicht hundertprozentig legal war, benutzte Chalmers ein altes Foto von sich als Profilbild. Das, so hoffte er, sollte die Wahrscheinlichkeit reduzieren, dass ihn jemand identifizierte.

Seine Nebengeschäfte wurden dermaßen kompliziert, dass sich Chalmers in der Nähe der jeweiligen Wohnungen Besitzer von kleinen Geschäften suchte und dort Ersatzschlüssel parkte. Für jede Wohnung gab es auch eine Reinigungskraft, die innerhalb weniger Stunden klar Schiff für die nächsten Gäste machen konnte.

Im Verlauf von drei Jahren habe er ungefähr 200.000 Dollar Gewinn gemacht, schätzt Chalmers. Außerdem hat er sich ein hübsches Arsenal an interessanten Geschichten zugelegt. Einmal kam er in die Wohnung seines Freundes Jeff, um sie für die nächsten Gäste sauber zu machen. Zu seiner Überraschung waren die vorigen Gäste noch da. „Sie waren aus Virginia und in der Stadt, um Zigaretten und Marihuana zu verkaufen. Ich komme also rein und sage: ‚Was ist denn hier los?', aber natürlich sind die völlig zugedröhnt", erinnert er sich.

Für viele Airbnb-Gastgeber wäre das ein Albtraum gewesen, nicht so für Chalmers. „Letztlich habe ich sie in eine andere Wohnung verfrachtet", sagt er. „Das Ganze war schon ziemlich verrückt. Die Mädels waren attraktiv und alle hatten Lust auf Party."

Nach Schneidermans Vorladung hielt es Rich Chalmers anders als Seth Porges für besser, aus der ganzen Sache auszusteigen. Ein Bekannter aus dem Immobiliengeschäft erklärte ihm, es sei zu gefährlich, außerdem würden einige Vermieter mittlerweile das Untervermietverbot strikt durchsetzen. War es ihnen aufgrund der Bestimmungen zur Mietpreisbindung nicht möglich, marktgerechte Mieten für ihre Immobilien zu verlangen, würden sie gewiss nicht tatenlos danebenstehen und zusehen, wie ihre eigenen Mieter über Airbnb satte Gewinne einstrichen. 2012 hörte Chalmers auf, Wohnungen bei Airbnb anzubieten, außerdem bezahlte er seine vollen Tourismussteuern auf die Airbnb-Einnahmen. Um ganz auf Nummer sicher zu gehen, bezahlte er sogar für ein Jahr, bei dem nicht klar war, ob er hätte bezahlen müssen.

Es war diese wilde Mischung aus anständigen Gastgebern und von blankem Opportunismus Getriebenen, die Chesky schützen wollte, als er den Generalstaatsanwalt vor Gericht zerrte. „Der überwältigende Anteil dieser Gastgeber besteht aus ganz gewöhnlichen New Yorkern, die gelegentlich ihr Zuhause teilen", schrieb Chesky am 7. Oktober 2013 in einer E-Mail an die Gastgeber. „Die Vorladung ist unverhältnismäßig allgemein gefasst und wir werden mit allem, was uns zur Verfügung steht, dagegen vorgehen."[20]

Airbnb gab eine eigene Untersuchung zu der Frage in Auftrag, wie sich das Unternehmen auf die Wirtschaft in New York City auswirkt, und veröffentlichte das Resultat. Der Studie zufolge hatte Airbnb die wirtschaftliche Aktivität in der Stadt innerhalb eines Jahres um 632 Millionen Dollar erhöht, etwa 15 Prozent davon außerhalb Manhattans.[21] Airbnb-Besucher würden durchschnittlich 6,5 Nächte in der Stadt bleiben und etwa 880 Dollar in lokalen Geschäften lassen. Zum Vergleich: Der durchschnittliche Hotelgast blieb vier Nächte und gab 690 Dollar aus.

Die Vertreter der Stadt zuckten unbeeindruckt mit den Schultern. Sie hatten eine der schwierigsten Entscheidungen zu treffen, die New York – und viele andere Städte – zu fällen hatten: Legte man den Schwerpunkt auf bezahlbaren Wohnraum für die Bevölkerung oder auf neue Hotelzimmer für die Besucherströme? Nach Ansicht der Airbnb-Kritiker war das Unternehmen dafür verantwortlich, dass Wohnraum vom Markt genommen wurde und dass die Grenzen zwischen Mitwohngelegenheiten und Wohnungen, in denen der Gastgeber nicht mitwohnte, vorsätzlich verwässert wurden.

Im April 2014 trafen sich Schneiderman und Airbnb erneut vor Gericht. Airbnb erzielte einen vorübergehenden Sieg. Ein Richter urteilte, dass die Vorladung zu allgemein gehalten sei, da sie sämtliche Gastgeber im Bundesstaat betraf und nicht nur solche in New York City, die gegen das Gesetz *Multiple Dwelling Law* verstießen.[22] Einen Tag später legte Schneiderman eine überarbeitete Version vor. Airbnb stand nun mit dem Rücken zur Wand und stimmte zu, anonymisierte Daten von 16.000 New Yorker Gastgebern zur Verfügung zu stellen. Darunter waren 124 Gastgeber, die mehrere Angebote hatten.[23] Das Büro des Generalstaatsanwalts ging die Daten durch und veröffentlichte fünf Monate später einen kritischen Bericht. Darin hieß es, mehr als zwei Drittel der Vermietungen in der Stadt würden gegen das Gesetz verstoßen und ein kleiner Prozentsatz von Gastgebern mit mehreren Einträgen sei verantwortlich für 37 Prozent des Umsatzes, den Airbnb in New York erzielt. Mit mehreren anderen Behörden (darunter das ohnehin massiv überlastete Office of Special Enforcement) gründete die Staatsanwaltschaft eine Arbeitsgruppe, die in den fünf Stadtbezirken illegale Hotels ausfindig machen und schließen sollte.[24]

Nachdem sie sich in New York getroffen hatten, entwickelte sich im Laufe der Jahre eine sporadische Freundschaft zwischen Brian Chesky und Travis Kalanick. Ein paar Mal im Jahr traf man sich in San Francisco zum Abendessen, zunächst nur die beiden, später dann auch mit anderen Unternehmern oder in Begleitung ihrer Freundinnen. Sie redeten über den Erfolg ihrer Firmen und ihre gemeinsamen Erfahrungen im Kampf gegen Regulierer und Politiker. „Ich glaube, wir haben viel voneinander gelernt, indem wir uns gegenseitig beobachteten", sagt Chesky. „Es gibt nur eine begrenzte Anzahl Leute auf der Welt, mit denen man auf einer Wellenlänge ist und die in einer ähnlichen Position sind."

Sowohl die Mitarbeiter bei Airbnb als auch die bei Uber erinnern sich sehr gut an diese Abendessen. „Brian kehrte zurück und erklärte: ‚Wir müssen härter sein!', während Travis wiederkam und sagte:

‚Wir müssen netter werden!'", erzählt ein Airbnb-Manager mit guten Verbindungen zu Uber.

Die Unternehmensführung von Airbnb hatte Ubers Vorgehen verfolgt und miterlebt, wie sich das Unternehmen auf das kontroverse Konzept des Ridesharings einließ. Gleichzeitig beharrte man auf dem etwas fragwürdigen Standpunkt, das eigene Vorgehen unterscheide sich und sei softer als das von Uber. „Sie haben ihre eigene Methode, Wachstumswege zu suchen", sagte Jonathan Mildenhall, der 2014 als Leiter des Marketings zu Airbnb stieß: „Unsere Gemeinschaft und die Menschlichkeit unserer Gemeinschaft sind der Motor für vieles, was wir tun, denke ich. Alle Arten merkwürdiger Situationen oder Herausforderungen gehen wir dementsprechend mit viel Empathie und einem guten Maß an offener Zusammenarbeit an … Wir wollen auf dem Weg zum Erfolg nicht wie eine Planierraupe alles platt walzen. Wir wollen vielmehr als Partner die Tür aufstoßen."[25]

Das stand im Einklang mit dem, was Belinda Johnson „reguliererfreundliche Marke" nannte. Aber als es Airbnb mit ablehnenden Behörden in New York und anderen Städten zu tun bekam, zeigte sich, dass die Aufrührer möglicherweise doch deutlich mehr gemeinsam hatten, als es Chesky und seine Kollegen einzuräumen bereit waren.

Beide CEOs sprachen über ihre jeweiligen Firmen mit revolutionärem Eifer. Ihre Berater hielten beide weit abseits der eigentlichen Grabenkämpfe mit den Regulierern. Die einen sorgten sich, dass Kalanick zu streitlustig sein könnte, die anderen, dass Chesky zu klebrig-süß und zu ernst sein könnte. Beide stießen Veränderungen im Verhalten der Kommunen an, Veränderungen, bei denen auch sie nicht ernsthaft behaupten konnten, sämtliche Auswirkungen überblicken zu können. Und beide glaubten, dass sich die beste Taktik auf eine schlichte Formel eindampfen ließ: „Immer weiter wachsen, bis der politische Einfluss der Nutzer so groß ist, dass man schlicht nicht mehr reguliert werden kann" – „too big to regulate".

Diese Phase des fieberhaften Wachstums überstand Cheskys Ruf deutlich besser als der von Kalanick. Der Uber-CEO hatte politische Nettigkeiten über Bord geworfen und setzte nun auf angeregte Debatten und intellektuelles Sparring. Das brachte ihm den Ruf ein, ein streitlustiger Kapitalist zu sein. Der Airbnb-Chef hingegen war weniger direkt und dafür politisch cleverer. Das waren Eigenschaften, die der sorglose Kalanick erst noch würde lernen müssen. Aber ganz genauso wie Kalanick bremste auch Chesky nicht ab, wenn er auf Gesetze stieß, die er für ungerecht – oder möglicherweise auch einfach nur unbequem – hielt. Die disruptive Wirkung seines Unternehmens war nicht kleiner als die von Uber, auch sie erschuf eine neue Klasse wirtschaftlicher Gewinner und Verlierer.

Sieht man sich im Rückblick die Jahre 2011 bis 2013 noch einmal an, könnte es schwerfallen zu sagen, welches der beiden Unternehmen moralisch anständiger vorging. Als es schien, dass die Konkurrenz sich strategisch wichtige Positionen sichern könnte, begann Uber, einfach über örtliche Bestimmungen zur Personenbeförderung hinwegzutrampeln. Chesky wusste, dass Airbnb gegen die strengen Wohnraumbestimmungen in New York City und anderen Städten verstieß, drängte aber dennoch immer weiter voran. Die Website versäumte es zudem, ihre Nutzer an Gesetzesverstößen zu hindern. Beide CEOs ergriffen mit unerschütterlicher Entschlossenheit die gewaltigen Möglichkeiten, die sich ihnen boten. Inne hielten sie dabei höchstens kurz und auch nur, um einige der schlimmsten Schäden zu beseitigen, die sich in ihrem Fahrwasser angesammelt hatten.

Und so brach 2014 an. Außerhalb des Silicon Valleys und außerhalb der Wall Street registrierten Investoren, dass diese Start-up-Unternehmen etwas Besonderes waren. Sie wollten jetzt auch ein Stück vom Kuchen abhaben. Bis nach China horchten opportunistische Unternehmer ebenso auf wie europäische Taxifirmen, global agierende Hotelketten, die Gewerkschaften von Hotelangestellten sowie all deren mächtige Verbündete in den Regierungen. Schon bald würden die Aufrührer im Silicon Valley und rund um die Welt Ereignisse in Gang setzen, die sich weder Travis Kalanick noch Brian Chesky je hätten vorstellen können.

TEIL 3
FEUERPROBE FÜR DIE AUFRÜHRER

KAPITEL 10

DER „GOD VIEW"-SKANDAL

UBERS HOLPRIGE FAHRT

Kannst du etwas absehen, erwarte ich, dass du damit auch fertig wirst.
— Travis Kalanick zu Ubers Technikvorstand
Thuan Pham

18. Mai 2012, Börsengang von Facebook. Eine chaotische Angelegenheit, denn die Nasdaq, New Yorks Technologiebörse, wird von technischen Problemen befallen. Der Handel beginnt mit 30 Minuten Verspätung, dann schleppt sich der Börsenkurs des sozialen Netzwerks durch den Tag, verzeichnet kaum Gewinne, sackt schließlich längerfristig ganz ab. Der Börsengang galt als Lackmustest: Was hält die Welt vom Silicon Valley und der blühenden technologischen Revolution? Herzlich wenig, so der erste Eindruck.

Doch im Verlauf der nächsten zwölf Monate machte die Facebook-Führung um den eigenwilligen Mark Zuckerberg ihre Sache gut. Das Unternehmen stellte sich neu auf, um besser für den Smartphone-Boom gewappnet zu sein. Die Anzeigenverkäufe legten zu und vier Quartale später startete der Börsenkurs richtig durch. Am

31. Juni 2013 lag die Facebook-Aktie endlich wieder oberhalb des Ausgabepreises und am Ende des Jahres wies sie satte 45 Prozent Plus auf. Selbst diejenigen Investoren, die wie der russische Investor Yuri Milner, Microsoft und Goldman Sachs erst bei den späteren Finanzierungsrunden eingestiegen waren, strichen also ordentliche Gewinne ein.

Der Erfolg von Facebook und seiner Unterstützer sollte den Kurs der Aufrührer und des gesamten Silicon Valleys verändern. Bei jeder Gelegenheit hatten Kritiker erklärt, die Investoren seien verrückt, das soziale Netzwerk zu diesen ganz augenscheinlich aufgeblähten Bewertungen zu unterstützen. Aber die Kritiker hatten sich geirrt – der Optimismus machte sich ganz hübsch bezahlt.

Als Investor muss man sich mit zwei Ängsten herumplagen – der Angst, Geld zum Fenster hinauszuwerfen, und der Angst, den großen Wurf zu verpassen. Facebooks Erfolg sprach dafür, dass man im aufziehenden digitalen Zeitalter nicht zu zurückhaltend sein sollte. Aber ganz so einfach war es dennoch nicht, das nächste Facebook auszumachen und zu unterstützen. Die führenden Start-ups der Hightech-Szene ließen sich mit ihrem Börsengang mehr Zeit, denn sie hatten aus nächster Nähe mitverfolgen können, was so ein Börsengang für Kopfzerbrechen bereiten kann und wie nervig es sein kann, alle drei Monaten seine Geschäftszahlen öffentlich machen zu müssen. Die beste, vielleicht sogar die einzige gute Möglichkeit für einen Investor, einen großen Wurf zu landen, bestand darin, sich auf Teufel komm raus in eine Finanzierungsrunde der am heißesten gehandelten nicht börsennotierten Unternehmen zu drängen.

Finanzunternehmen, die in der Vergangenheit darauf spezialisiert gewesen waren, börsennotierte Firmen zu unterstützen, suchten nun jenseits des Aktienmarkts nach Geschäftsgelegenheiten. In den Jahren, nachdem Facebook die Wende geschafft hatte, floss ein Sturzbach neuen Kapitals ins Silicon Valley. Die Folgen? Um Abschlüsse wurde erbittert gekämpft, die Bewertungen stiegen und stiegen und gingen schließlich vollends durch die Decke. Das Fondsunternehmen Fidelity Investments führte eine Finanzierungsrunde an, bei dem das auf Bilder spezialisierte soziale Netzwerk Pinterest mit 3,5 Milliarden Dollar bewertet wurde. Und der Fondsmanager Black-Rock war federführend bei einer Runde, bei der Dropbox, ein Anbieter von Onlinespeicher, mit zehn Milliarden Dollar bewertet wurde.

All das geschah innerhalb von gerade einmal sechs Monaten. Es waren atemberaubende Zahlen, wie sie das Silicon Valley bei nicht börsennotierten Firmen noch nie erlebt hatte. Ein Hauch von Irrationalität wehte durch das Silicon Valley und weckte Erinnerungen an die völlig realitätsfernen Bewertungen des ersten Dotcom-Booms. Aber im Gegensatz zu damals waren viele der neuen Internetfirmen bei den Verbrauchern beliebt und verdienten mit Anzeigen und Abo-Modellen richtig Geld. Internet und Smartphone breiteten sich rasch rund um den Globus aus, was dazu führte, dass diese Firmen auf Nutzer sehr reizvoll wirkten – und unwiderstehlich auf Investoren.

Der Zusammenfluss von Kapital und Überzeugung brachte zwei Giganten dieser neuen Ära hervor – Uber und Airbnb. Anfang 2014 hatte Airbnb bei den Investoren 320 Millionen Dollar an Wagniskapital eingesammelt und wurde dabei mit 2,5 Milliarden Dollar bewertet. Uber hatte 310 Millionen Dollar eingesammelt und wurde mit 3,5 Milliarden Dollar bewertet. Verglichen mit dem, was als Nächstes kommen sollte, waren das Peanuts.

Im Verlauf der kommenden zweieinhalb Jahre bemühte sich die Wall Street verzweifelt, Kapital aus dem Erfolg der Aufrührer zu schlagen. Gleichzeitig legte sich der chinesische Ridesharing-Riese Didi seine eigene gewaltige Kriegskasse zu, um mit Uber um die globale Vormachtstellung streiten zu können. Während dieser Zeit sammelten Uber und Airbnb zusammen über 15 Milliarden Dollar ein. Noch bevor sie auch nur eine einzige Aktie an die Öffentlichkeit verkauft hatten, wurde ihr gemeinsamer Wert auf nahezu 100 Milliarden Dollar festgelegt.

Die Unternehmen wuchsen in jeder Hinsicht – Größe, Bewertung, Ambitionen … Gleichzeitig wuchsen aber auch weltweit die Bedenken, wie sich die Aktivitäten der Firmen auswirken würden. Airbnbs Einfluss auf Immobilienpreise und auf Wohngegenden sowie die gelegentlich merkwürdig gestalteten Bemühungen, mit größeren Städten zu Kompromisslösungen zu gelangen, lösten in der Politik und bei Regulierern neue Proteste aus. Noch größer war die Kritikerschar bei Uber: Das Unternehmen wurde dafür angefeindet, statt Vollzeitmitarbeitern Fahrer auf Vertragsbasis zu beschäftigen, was herkömmliche Beschäftigungsmodelle auf den Kopf stellte. Es gab eine scheinbar endlose Beschwerdelitanei, was die Überprüfungen der Fahrer anging, was den Versicherungsschutz anging und was die Sicherheit von Fahrern und Fahrgästen gleichermaßen anging. Taxifahrer und ihre Vertreter mussten miterleben, wie Uber und andere Ridesharing-Angebote ihren Lebensunterhalt in Gefahr brachten. In zahlreichen Städten rund um den Globus führten sie daraufhin den Kreuzzug gegen Uber mit wütenden, manchmal gar gewalttätigen Protesten an.

Sowohl Befürworter der Sharing-Economy als auch Kritiker nannten Uber und Airbnb häufig in einem Atemzug. Die Aufrührer waren Angeklagte in dem weltweiten Verfahren, das während dieser Phase ungebremsten Wachstums verhandelt wurde. Die Anklagepunkte waren schwergewichtig: War der Nutzen ihrer Dominanz größer als die ausführlich publizierten Nachteile? Wie wirkten sich ihre Aktivitäten tatsächlich auf Städte aus? Waren die Unternehmen gut für die Gesellschaft oder schlecht? Zur Beantwortung dieser Fragen befreiten sich Travis Kalanick und Brian Chesky von ihren Altlasten, denn sie mussten sich der Zukunft mit glaubwürdigen Aussagen im Namen ihrer Unternehmen stellen.

Als erstes prallte Uber auf diese gewaltige Wand der Zweifel. Nach dem Start von UberX im Jahr 2013 schwebten Kalanick und seine Kollegen auf Wolke sieben. Dass sie Erfolge in Serie erzielt hatten, weckte in ihnen ein Gefühl der Unbesiegbarkeit und verstärkte die Arroganz noch, die ihren Umgang mit Konkurrenten und Regulierern ohnehin bereits prägte. Von ihrem hohen Ross sahen die Uber-Manager auf die Welt herab und versuchten, die historische Gelegenheit beim Schopf zu packen und die Welt zu erobern. Die Welt wiederum sah nach oben und war sich lange Zeit nicht sicher, ob ihr gefiel, was sie da sah.

Während im Sommer 2013 die Stimmung bei den Silicon-Valley-Investoren gerade von „optimistisch" auf „ungezügelter Überschwang" wechselte, bereitete Travis Kalanick Ubers vierte Finanzierungsrunde vor. Er habe die Konditionen persönlich festgelegt, sagen Kollegen. Er leitete Gespräche mit einem halben Dutzend Großinvestoren ein und führte die ganze Angelegenheit im Stil einer Auktion durch. Gesucht wurde nicht nur das meiste Kapital zur bestmöglichen Bewertung, sondern auch ein einflussreicher Partner, der bei der bevorstehenden globalen Expansion des Unternehmens von Nutzen sein könnte. Yuri Milners Fonds Digital Sky Technologies war am Bieterprozess ebenso beteiligt wie die Wagniskapitalgeber von General Catalyst Partners. Letztlich jedoch weckte das führende Technologieunternehmen weit und breit Kalanicks Aufmerksamkeit – Google.

Zunächst sprach Kalanick mit Googles Investmentsparte Google Capital, wechselte dann aber doch zu Google Ventures (GV), der älteren Abteilung für Wagniskapital. Einer der Partner dort war David Krane, ein ehemaliger Google-PR-Manager mit einer Vorliebe für bunte Designer-Turnschuhe, der mittlerweile als Investor tätig war. Bei Google durften die Mitarbeiter 20 Prozent ihrer Arbeitszeit auf eigene Projekte verwenden, also entwarf Krane für Kalanick die Vision von 60.000 Google-Mitarbeitern, die diese Zeit in den Dienst der Uber-Sache stellten. Die Vorstellung, gemeinsame Sache mit Google zu machen, faszinierte Kalanick, aber er wollte Zusagen von ganz oben. Er wollte sich mit Larry Page treffen, einem der Gründer und damals Googles CEO.

Und so checkte Kalanick im August 2013 eines Abends in eine (von Google bezahlte) Suite im Four Seasons Hotel in East Palo Alto ein. Am nächsten Morgen um 10 Uhr traf er sich mit dem mächtigsten Mann des Silicon Valleys. Krane hatte sein Möglichstes getan, dass es für Kalanick ein unvergessliches Ereignis würde. Als der Uber-CEO also am Morgen ins Hotelfoyer kam, wartete draußen der Prototyp eines selbstfahrenden Autos aus dem Google-X-Labor auf ihn, um ihn nach Mountain View zu bringen. Vorne im Wagen saß ein Google-Techniker, der all seine Fragen beantworten konnte. Für Kalanick war es das erste Mal, dass er im echten Straßenverkehr in einem fahrerlosen Wagen unterwegs war.

Auf dem Google-Campus traf Kalanick auf Page, Googles Chefanwalt David Drummond und Bill Maris, damals Kranes Boss bei GV. Page versicherte Kalanick, dass die Firmen bei der Entwicklung von Google Maps zusammenarbeiten könnten. Uber benötigte die Karten für die Navigation in der App. Weiter sagte Page jedoch nicht viel und er blieb auch nicht sehr lange. Noch viel wichtiger an diesem Tag war ohnehin, dass Kalanick ein Gefühl für die Technik entwickelte, die Ubers Geschäft radikal verändern könnte.

„In dem Moment, in dem euer Auto real wird, kann ich den Kerl auf dem Fahrersitz loswerden", sagte Kalanick Krane ganz aufgeregt nach dem Treffen. „Das nenne ich eine Erweiterung der Marge." Für Kalanick waren die Zahlungen an Fahrer umsatznegativ – sie drückten den Umsatz. Das unvermeidliche Aufkommen von Roboterfahrzeugen werde für sein Geschäft unglaublich gut sein, vermutete er.

Es folgte ein vierstündiges Meeting mit Kalanick und Ubers Finanzvorstand, dem ehemaligen Goldman-Sachs-Manager Gautam Gupta. Krane dachte, er hätte Google Ventures eine Exklusivinvestition verschafft, aber noch war nichts in trockenen Tüchern. Am selben Abend rief Kalanick Krane an: Er wolle einen zweiten Investor mit an Bord holen – TPG Capital, eine Beteiligungsgesellschaft aus San Francisco, die bei Firmen wie Continental Airlines, J. Crew und Burger King schuldenfinanzierte Übernahmen organisiert hatte, sogenannte Leveraged Buyouts. Kalanick hatte es auf die Erfahrung und die Verbindungen von David Bonderman abgesehen, dem legendären Gründungspartner von TPG und damals Board-Mitglied bei General Motors. Bonderman würde Uber bei seinen regulatorischen Problemen rund um die Welt helfen können, hoffte Kalanick.

258 Millionen Dollar investierte Google in das Ridesharing-Unternehmen. David Drummond rückte ins Uber-Board auf, Krane kam als Beobachter zu Board-Meetings hinzu. TPG investierte 88 Millionen Dollar und habe Anteile direkt von Uber-Gründer Garrett Camp erworben, sagte eine Person, die mit dem Geschäft vertraut war. Außerdem sei festgelegt worden, dass TPG weitere Anteile kaufen könne, sollte die Bewertung von Uber je unter 2,75 Milliarden Dollar fallen. Es machte die Beteiligungsgesellschaft offenbar nervös, in ein Start-up-Unternehmen zu investieren, also wollte man sich absichern. TPG erhielt zudem eine Option, sechs Monate später zum selben Stückpreis für bis zu 88 Millionen Dollar Aktien nachkaufen zu können. David Bonderman rückte ins Uber-Board, sein Kollege David Trujillo, der das Geschäft in die Wege geleitet hatte, konnte als Beobachter an Board-Meetings teilnehmen. (Darüber hinaus investierte Benchmark noch einmal 15 Millionen Dollar und auch der Rapper und Unternehmer Jay-Z erklärte sich bereit, zwei Millionen Dollar in Uber zu stecken. Tatsächlich überwies er Uber dann fünf Millionen Dollar in der Hoffnung auf eine größere Beteiligung. Kalanick war zwar von der Chuzpe beeindruckt, ließ Jay-Z aber dennoch die Differenz zurücküberweisen.

Ubers Schatullen waren nun reichlich gefüllt. Nach Abschluss der Runde stieg Kalanick zu Bonderman, dem TPG-Mitgründer James Coulter, Trujillo, dem Investor Shervin Pishevar und dessen

Partner Scott Stanford in den TPG-eigenen Gulfstream-Privatjet. Der Flug ging nach Asien, wo man sich in mehreren Ländern ansah, wie es um die Expansionsmöglichkeiten von Uber bestellt war.

Uber schien die ganze Welt offen zu stehen, aber praktisch jede Annahme, die Kalanick und seine Investoren im Herbst 2013 anstellte, erwies sich letztlich als zumindest teilweise falsch. Google zögerte, einem anderen Unternehmen die Ergebnisse seiner Forschung an fahrerlosen Autos zu überlassen, und wirkte bald keineswegs mehr wie Ubers Verbündeter, sondern vielmehr wie ein Todfeind. David Bonderman hatte kein Jahr später das Board von General Motors verlassen und der Automobilkonzern stieg 2016 in großem Stil bei Ubers Erzrivalen Lyft ein.

Und als für TPG die Frist ablief, innerhalb deren die Beteiligungsgesellschaft für weitere 88 Millionen Dollar Uber-Aktien zum alten Preis erwerben konnte, zauderte und zögerte TPG bis zum allerletzten Moment, bevor die Firma dann doch versuchte, ihre Option zu ziehen. So berichten es mehrere Personen, die mit den Einzelheiten vertraut sind. Kalanick jedoch, der ohnehin immer sehr knauserig war, wenn es darum ging, Uber-Aktien auszugeben und die Beteiligung der Altaktionäre zu verwässern, verweigerte seine Zustimmung. Zwischen der Finanzierungsrunde und dem Jahresende 2016 hatte Ubers Wert einen dramatischen Sprung nach oben gemacht, der mangelnde Glaube an Uber brachte TPG also um mehrere Hundert Millionen Dollar Gewinn.

Die größte Fehleinschätzung allerdings unterlief möglicherweise Kalanick selbst. Der Asienmarkt sollte sich nämlich als deutlich schwieriger und kostspieliger erweisen, als er sich das jemals vorgestellt hatte. Vor allem fehlinterpretierte er die atmosphärischen Verlagerungen, die im Investitionsklima des Silicon Valleys stattfanden. „Emil", sagte er nach Abschluss der Finanzierungsrunde mit Google und TPG ausgelassen zu Emil Michael, seinem neuen Vorstand für Geschäftsentwicklung: „Wir werden nie wieder Finanzierungsrunden abhalten müssen!"

Emil Michael war enttäuscht, als er diese Aussage Kalanicks hörte, denn das Auftreiben von Geldgebern zählte zu seinen größten Talenten. Der in Kairo geborene Michael war als Kind mit seiner Familie in die Vereinigten Staaten emigriert, hatte in New Rochelle im Bundesstaat New York die Highschool abgeschlossen, dann in

Harvard studiert und schließlich einen Abschluss in Jura an der Uni Stanford erworben. Nach einem kurzen Zwischenspiel bei Goldman Sachs wechselte er ins Silicon Valley – 1999, mitten in der Hochphase der Dotcom-Blase.

Während seiner zehn Jahre in der Branche erarbeitete er sich einen Ruf als effektiver, loyaler und positiv gestimmter Manager. Kalanick lernte er 2011 kennen. Da hatte er gerade seine Laufbahn in der Hightech-Branche unterbrochen und arbeitete im Weißen Haus als Sonderassistent für Verteidigungsminister Robert Gates. Kalanick versuchte ihn abzuwerben, aber damals wirkte Uber noch wie ein Anbieter von Luxuslimousinen, nicht wie ein global agierendes Schwergewicht der Personenbeförderung. Michael hatte Zweifel, dass es Uber je zu einem Großkonzern würde schaffen können.

Kalanick und er blieben befreundet und als Michael im Herbst 2013 schließlich doch zu Uber wechselte, erkannte er, dass Ubers Zukunftsperspektiven deutlich besser waren, als er ursprünglich angenommen hatte. Uber Black war zwar noch anderthalb Mal so teuer wie ein herkömmliches Funktaxi, UberX dagegen war im Schnitt 25 Prozent *günstiger* und eroberte sich gerade eine Vormachtstellung im jungen Krieg der Ridesharing-Anbieter.

Lyft und Sidecar hatten mit dem Konzept des Ridesharings begonnen, aber als Uber loslegte und mit diesem Angebot aggressiv expandierte – zunächst 2013 in den USA und dann 2014 in Europa –, konnten die beiden Konkurrenten kaum Schritt halten. Uber verfügte über die bekanntere Marke und über das dickere Portemonnaie sowie über Luxusangebote wie Uber Black und Uber SUV. Mit den Gewinnen aus diesen Aktivitäten ließen sich UberX-Fahrten subventionieren und neue Fahrer mit finanziellen Anreizen locken.

Uber wuchs von Monat zu Monat um 20 Prozent. Dank UberX war das Unternehmen quasi über Nacht in San Francisco, Los Angeles, Washington und Boston zu einem echten Schwergewicht geworden. Im Herbst zog Uber aus den überfüllten Büroräumen in der Howard Street aus und belegte größere Büroflächen im neunten Stock von 706 Mission Street, um die Ecke vom Museum für moderne Kunst. Kalanicks Schreibtisch stand dem von Emil Michael gegenüber und die beiden beugten sich häufig gemeinsam über einen Computermonitor und bestaunten die jüngsten Wachstumszahlen.

„Es gab immer wieder diese Augenblicke, wo wir uns gegenseitig fragten: ‚Hast du das gesehen?‘“, sagt Michael. „Es ging weiter und immer weiter."

Einige amerikanische Städte widersetzten sich dem Aufkommen nicht regulierter Ridesharing-Dienste, Austin beispielsweise, Las Vegas, Denver und Miami. Lustigerweise stellte New Orleans Uber eine Unterlassungsanordnung zu, noch bevor das Unternehmen dort überhaupt aktiv geworden war.[1] Aber Kalanick verfügte noch immer über sein bewährtes Taktikbuch und über das „Gesetz von Travis", das besagte, Politiker, die bei ihrer Wählerschaft in der Pflicht standen, könnten so unter Druck gesetzt werden, dass sie jeden Dienst zulassen würden, der deutlich besser als die Alternativen war.

Im Oktober 2013 flog ein Großteil der 400-köpfigen Uber-Belegschaft zu einem weiteren „Arbeitsurlaub" nach Miami, wo man im schicken Shore Club in South Beach abstieg. Waren die Mitarbeiter nicht gerade mit Abendessen beschäftigt oder feierten Partys am Hotelpool, auf den ein überdimensionales U in Form des Uber-Logos projiziert wurde, dann liefen sie den Strand ab und verteilten Uber-Postkarten oder sie klebten Pro-Uber-Poster an Lichtmasten. Für Ubers Kampagne zur Legalisierung des Ridesharings im Süden Floridas gab es eine eigene Website, eine eigene Instagram-Seite und ein eigenes Twitter-Hashtag (#MiamiNeedsUber).

Miami erwies sich für Uber als Herausforderung. Gemäß den dortigen Bestimmungen mussten private Mietlimousinen eine Stunde warten, bevor sie Passagiere einsammeln durften. Außerdem betrug der Mindestpreis für eine Fahrt 70 Dollar. Die Taxiflotten der Region standen voll und ganz hinter den Regeln, waren diese doch dafür gedacht, die Taxen vor der weniger stark regulierten Limousinen-Konkurrenz zu schützen. Gegen die starke und dauerhafte Nachfrage nach Ridesharing-Angeboten hatte das Gesetz keine Chance. Nur wenige Monate nach dem Besuch der Uber-Belegschaft in Miami eröffneten zuerst Lyft und dann Uber selbst einen Ableger in der Metropolregion Miami-Dade.[2] Formal betrachtet mochten die Dienste illegal sein, aber die Gerichte verhängten nur gelegentlich Bußgelder gegen die Fahrer und bei keinem der Unternehmen klopfte die Polizei an, um den Laden zu schließen. 2015 schließlich waren die Politiker bereit, die Gesetze zu ändern.

„Die Nachfrage ist zu groß", sagte Miamis Bürgermeister Carlos Gimenez der Tageszeitung *Miami Herald*. „Ich werde Uber und Lyft nicht zurück ins 20. Jahrhundert zerren. Ich denke, vielmehr muss sich die Taxi-Industrie ins 21. Jahrhundert bewegen."[3]

Uber wurde erwachsen. Das Unternehmen gewann politische Auseinandersetzungen, es wuchs und es erweiterte seine Führungsriege. Wenige Monate vor Emil Michael hatte Kalanick mit Thuan Pham auch den Posten des Technologievorstands besetzt.

Pham hatte als Kind Vietnam verlassen, zehn Monate in einem indonesischen Flüchtlingslager verbracht, später am MIT studiert und sich beim Online-Werbeunternehmen DoubleClick und dem Cloud-Unternehmen VMWare hervorgetan. Bis er seine Stelle im oberen Uber-Management antreten konnte, musste er einen knallharten Ausleseprozess durchlaufen, bei dem er insgesamt 30 Stunden Einzelgespräche mit Kalanick führte. Pham ordnete Ubers Technikabteilung neu, beschleunigte die Einstellungsprozesse für Programmierer und verantwortete eine umfassende Revision der Dispositionsalgorithmen und der Datenbankspeichersysteme. Ziel war es, Schritt zu halten mit einem Geschäft, das sich alle sechs Monate verdoppelte, ohne dass ein Ende absehbar war.

Welch gute Arbeit Pham geleistet hatte, zeigte sich an Silvester. Drei Jahre lang in Folge waren Ubers Systeme angesichts der hektischen Aktivität, die in dieser Nacht herrschte, schlicht in die Knie gegangen. „Thuan, wenn unser System den Geist aufgibt, kriege ich ein Aneurysma. Mein Tod wird deine Schuld sein", sagte ihm Kalanick an jenem Tag. Aber zum ersten Mal überstanden Ubers Systeme die Nacht ohne größere Blessuren. Einige Tage später lud Kalanick Pham und sein Team zum Abendessen ein, um den Erfolg zu feiern. Dabei verteilte der Uber-CEO ausnahmsweise sogar mal Lob: „Du hast tolle Arbeit geleistet", sagte er Pham. Natürlich beließ er es nicht dabei: „Künftig gilt: Kannst du etwas absehen, erwarte ich, dass du damit auch fertig wirst."

Im Verlauf der nächsten Monate setzte Kalanick zwei Ideen um, die das Wachstum von UberX noch weiter beschleunigten. Zum einen half das Unternehmen seinen Fahrern künftig beim Leasen neuer Fahrzeuge. Diese Idee stammte von Andrew Chapin, einem ehemaligen Rohstoffhändler von Goldman Sachs, der im New Yorker Uber-Büro tätig war. Chapin war aufgefallen, dass es viele Leute gab, die gerne für Uber fahren würden, die aber kein Fahrzeug hatten. Darunter waren viele Einwanderer, die eine schlechte Kreditbewertung hatten oder überhaupt keine Kredite bekamen und sich deshalb kein Auto leisten konnten.[4]

Uber könne doch diesen Fahrern helfen, Fahrzeuge zu leasen, und dann einen bestimmten Prozentsatz ihrer Einnahmen als Abzahlung einbehalten, dachte sich Chapin. Für das Unternehmen würde dieses Arrangement von Vorteil sein. Nicht nur würden auf diesem Weg mehr Uber-Fahrzeuge auf die Straßen kommen, die Fahrer würden ihre Energie auch verstärkt darauf verwenden, für Uber zu fahren anstatt für Konkurrenten oder für Kurierdienste. „Die Nachfrage ist vorhanden, aber wenn wir unseren Partnern und Fahrern nicht dabei helfen, Autos auf die Straßen zu kriegen, dann nützt uns das auch nichts. Wir werden schlichtweg nicht imstande sein zu wachsen", sagte Kalanick in jenem Jahr.[5]

Uber-Manager besuchten Kfz-Hersteller und Banken für Autokredite, um ein Gefühl dafür zu bekommen, ob ein derartiges Programm interessant sein könnte. Zunächst stießen sie auf viel Skepsis. „Die Automobilfirmen fragten: ‚Uber? Wer seid ihr überhaupt? Seid ihr nicht diese Limousinen-Typen?'", erinnert sich Emil Michael. Kalanick, Michael und ihr Investor Bill Gurley reisten nach Detroit zur Ford Motor Company, wo sie sich im sogenannten „Glashaus" mit Konzernchef William Clay Ford Junior trafen, der unverbindlich blieb. Kalanick nahm ein Foto von sich und Ford, dem Urenkel vom Firmengründer Henry Ford, mit nach Hause, außerdem besichtigte er die im Foyer zur Schau gestellten Erinnerungsstücke aus der Ford-Geschichte. Wie Gurley sich erinnert, las der Uber-CEO dabei so interessiert die Schautafeln zur Historie des Konzerns, dass er völlig die Zeit vergaß.

Die großen Automobilhersteller General Motors, Toyota und Ford beteiligten sich letztlich doch an dem Programm, ebenso große Pkw-Händler und Leasing-Unternehmen. Uber wickelte die Finanzierung intern ab und vergab die Kredite über sein Tochterunternehmen Xchange. In die Kritik geriet das Programm, weil es zu erdrückenden Konditionen Subprime-Darlehen vergab (also zweitklassige Kredite an Personen mit schlechter Bonität) und weil Fahrzeuge beschlagnahmt wurden, wenn die Fahrer ihre Zahlungen nicht fristgerecht vornahmen.[6] Michael setzte sich gegen diesen Vorwurf zur Wehr: Das Programm habe Fahrern geholfen, die ansonsten kaum oder keinen Zugang zu Krediten gehabt hätten und denen schlicht keine weiteren Möglichkeiten offenstanden. „Man nimmt sich Leute, die bei Krediten ohnehin schon abgeschlachtet werden, und tut etwas, das besser für sie ist", sagt er. „Natürlich sind die Zinssätze hoch, aber so haben sie wenigstens eine Chance."

Die Kredite für Fahrer kurbelten das Angebot an Uber-Fahrzeugen an. Eine zweite Maßnahme zur Steigerung der Nachfrage war ebenso umstritten. Während der Wintermonate nahm die Nachfrage typischerweise ab, weil die Menschen abends weniger ausgingen. Deshalb senkte Kalanick Anfang 2014 die Gebühren für UberX auf amerikanischen Märkten wie Atlanta, Baltimore, Chicago und Seattle um bis zu 30 Prozent. [7] Wenn die Preise fallen, nutzen die Kunden häufiger diesen Dienst und setzen weniger auf Mietwagen, öffentliche Busse und U-Bahnen, so die Überlegung. Mehr Passagiere würden für die Fahrer wiederum weniger Standzeiten bedeuten. Die niedrigeren Gebühren und das entsprechend niedrigere Einkommen würden sie also durch mehr Touren wettmachen.

Vernünftig mochte der Plan ja erscheinen, aber nachfolgende Preissenkungen sorgten für Unruhe unter den Fahrern. In Städten, in denen die niedrigeren Preise die Nachfrage nicht belebten, musste Uber die Preise auch wieder zurücknehmen. Aber die Maßnahme beschleunigte das Wachstum von UberX und hatte eine weitere Auswirkung, die möglicherweise mindestens genauso wichtig war: Der weniger finanzkräftige Wettbewerber Lyft musste seinerseits Gebühren und Provisionen senken. [8] Uber war auf eine „Aufwärtsdynamik" gestoßen, wie die Start-up-Gurus es nennen, wenn unterschiedliche Bereiche des eigenen Geschäfts perfekt ineinandergreifen: Niedrigere Preise sorgten für mehr Kundschaft und eine häufigere Nutzung. Das führte zu einem größeren Angebot an Fahrzeugen und mehr Arbeit für die Fahrer. Das erlaubte es Uber, die Preise noch weiter zu senken und den Druck auf die Konkurrenz zu erhöhen.

Selbst Ubers leidenschaftlichste Anhänger hatten das wahre Potenzial des Geschäfts noch nicht überblickt: Uber jagte nicht einfach nur den Funktaxen Kundschaft ab, es weitete den Gesamtmarkt für bezahlte Personenbeförderung aus.

„Ich wusste, Uber würde groß werden. Aber so bizarr? Das hatte ich nicht gewusst", sagt der Wagniskapitalgeber Bill Gurley. „Als wir anfingen, niedrigere Preise auszuprobieren, kam dieser ‚Oh mein Gott'-Punkt. Die Preiselastizität war beeindruckend." Auch Kalanick selbst war davon überrascht, wie schnell das Geschäft wuchs. „Ich habe das Ausmaß der Chance, die sich Uber da eröffnete, nicht begriffen und ich habe nicht begriffen, wie die Beteiligungsgesellschaften und die Wagniskapitalgeber in so absolut beispiellose Sphären vorstoßen konnten, um Teil dieser Gelegenheit zu werden", sagt er.

Jetzt konnte offenbar nichts und niemand mehr Uber aufhalten – höchstens das Unternehmen selbst.

Am 31. Dezember 2013 war die junge Mutter Huan Kuang um kurz vor acht Uhr morgens mit ihren beiden Kindern unterwegs. Sie überquerte gerade auf der Polk Street in San Francisco den Zebrastreifen, als das Schicksal zuschlug. Ein grauer Geländewagen, Typ Honda Pilot, bog rechts auf die Polk Street ab und überfuhr Kuangs sechsjährige Tochter Sophia Liu, die starb. Hinter dem Steuer saß der 57-jährige Syed Muzaffar, der seit etwa einem Monat für UberX arbeitete. Zum Zeitpunkt des Unfalls hatte er keinen Fahrgast, aber gegenüber der Polizei erklärte er, er habe ein Auge auf die Uber-App gehabt und darauf gewartet, eine Tour zugewiesen zu bekommen. Die völlig verzweifelte Mutter sagte später einem Lokalsender, sie habe gesehen, wie das Gesicht des Fahrers das Licht seines Handybildschirms reflektierte. [9]

Die Medien stürzten sich auf die Umstände des Falls und auf die unbequeme Tatsache, dass Uber anfangs jede Beteiligung dementierte. *„Wir können bestätigen, dass an diesem Unfall KEIN Fahrzeug oder Anbieter beteiligt war, der im Uber-System unterwegs war"*, verkündete Travis Kalanick am Nachmittag nach dem Unfall via Twitter. [10] Dann wurden weitere Fakten publik und Uber ging mit einer sorgfältig formulierten Aussage an die Öffentlichkeit, in der man sich von jeglicher Verantwortung freisprach. Zwar hatte man zuvor der Familie sein Bedauern ausgesprochen, dennoch roch das Ganze nach kalter, berechnender Rechtslogik: „Der betreffende Fahrer erfüllte zum Zeitpunkt des Unfalls keinerlei Dienste innerhalb des Uber-Systems", hieß es in einer Mitteilung, die einen Tag nach dem Unfall auf dem Uber-Blog veröffentlicht wurde. „Der Fahrer war ein Partner Ubers und sein Konto wurde unverzüglich deaktiviert." [11]

Ubers Haltung stand im Widerspruch zu sämtlichen Einschätzungen, zu denen der gesunde Menschenverstand angesichts dieser

Tragödie kommen konnte. Das Unternehmen verdiente anständig Geld, sah sich aber bei Unfällen nicht im Geringsten in der Pflicht. Dabei hatte Uber Fahrer wie Muzaffar mit der Aussicht auf eine profitable Nacht auf die Straße gelockt, sie mit einer Smartphone-App ausgestattet und ein System entwickelt, das von den Fahrern verlangte, sofort auf diverse Benachrichtigungen und Kurznachrichten zu reagieren, während sie unterwegs waren. Es stimmte: Bei Muzaffar saß kein Fahrgast im Wagen, aber dennoch erfüllte er eine wichtige Aufgabe für Uber: Er fuhr in der Stadt herum und hatte in Erwartung eines Fahrgastes die App eingeschaltet.

Damit nicht genug der beunruhigenden Fakten. Muzaffar hatte zehn Jahre zuvor vor Gericht gestanden, weil er auf einem Highway in den Florida Keys mit Tempo 160 erwischt worden war.[12] Ubers Sicherheitsüberprüfungen führte das Unternehmen Hirease durch, doch das durchleuchtete nur das Strafregister der letzten sieben Jahre.[13] Ubers Haftpflichtversicherung belief sich auf eine Million Dollar pro Vorfall, aber das galt erst ab dem Zeitpunkt, ab dem ein Fahrer auf der Uber-App eine Tour akzeptierte, bis zu dem Zeitpunkt, zu dem der Passagier ausstieg. Als sie sich im Jahr davor bei den Anhörungen stritten, hatten weder Uber noch die California Public Utilities Commission darüber nachgedacht, was eigentlich ist, wenn ein Fahrer ins System eingeloggt ist, aber keinen Fahrgast hat und auf die nächste Tour wartet. Sophia Lius Familie hatte sehr hohe Arztrechnungen zu bezahlen. Muzaffars Personenversicherung würde, wenn sie denn überhaupt einsprang, 15.000 Dollar abdecken, was natürlich hinten und vorne nicht reichen würde. Es war absolut absehbar gewesen, dass irgendwann einmal so ein Fall eintreten würde, aber dennoch wurde Uber scheinbar kalt davon erwischt.

(Drei Monate später, im März, stockten Uber und Lyft die Versicherung um 100.000 Dollar auf, um diese Lücke zu schließen.[14] Der Staat Kalifornien verabschiedete 2014 ein Gesetz, das die Unternehmen zu einer Haftpflichtdeckung von 200.000 Dollar für die Zeit verpflichtete, in denen sie ihre App gestartet hatten und auf Fahrgäste warteten.[15])

Muzaffar wurde wegen fahrlässiger Tötung im Straßenverkehr verhaftet. Ein Geschworenengericht kam im April 2016 nicht zu einem Urteil und zum Zeitpunkt der Drucklegung dieses Buchs wartete Muzaffar auf eine Neuverhandlung.[16] Die Familie Liu reichte außerdem strafrechtliche Klage gegen Uber ein, weil die Software des Unternehmens Muzaffar mit tödlichen Folgen vom Straßenverkehr abgelenkt habe. Uber einigte sich im Juni 2015 außergerichtlich und zahlte eine nicht veröffentlichte Summe, ohne dabei ein Schuldgeständnis abzugeben. [17] Doch der Schaden an Ubers Ruf ging weit über irgendwelche in Hinterzimmern vereinbarten Zahlungen hinaus: Erstmals hatte es so gewirkt, als sei das Unternehmen nicht fähig oder nicht willens, die potenziell destruktiven Folgen der Transportrevolution einzudämmen, die Uber entfacht hatte und nun auf die Welt losließ.

Die Uber-Manager waren „ausgesprochen hungrig und unreif und gefangen in einem Wirbelsturm aus Geld und Wachstum", sagt Christopher Dolan, der als Anwalt die Familie von Sophia Liu vertrat. „Sie ließen sich von den Möglichkeiten verführen, anstatt innezuhalten und über ihre Verantwortung nachzudenken."

Die Tragödie rund um Sophia Liu war der Auftakt für ein Jahr unerbittlich negativer Presse. Am Ende dieser Phase hatte sich Ubers Ruf als aggressives, rücksichts- und gelegentlich auch herzloses Unternehmen verfestigt. Das Unternehmen breitete sich rasch in Städten und Ländern Europas und Asiens aus, während die Kritiker die Messer wetzten: Uber sorge dafür, dass sich Fahrer, deren Hintergrund nicht ausreichend überprüft wurde, im Straßenverkehr gefährlich verhalten. Uber agiere wettbewerbsfeindlich. Und dass Uber-Mitarbeiter gelegentlich öffentlich Äußerungen von sich gaben, die als unangemessen aufgefasst wurden, trug auch nicht zur Verbesserung des Images bei. Viele Menschen, die ein negatives Bild von Uber haben, haben sich diese Meinung 2014 gebildet. Es war für das Unternehmen das Jahr mit den bis dato größten Herausforderungen – und ein Jahr, in dem das Geschäft zwar weiter wuchs, aber Kalanick und sein Team auch vermehrt Fehler zu machen schienen.

Keinen Monat nach der Liu-Tragödie standen die jungen Ridesharing-Firmen erneut in der Kritik. Für Uber, Lyft, Sidecar und die Schar kleinerer Marktteilnehmer galt: Wie stark eine Firma war, hing davon ab, wie viele Fahrer die App aufriefen. Insofern waren alle Unternehmen nicht nur darauf aus, neue Fahrer zu gewinnen, es ging ihnen auch darum, der Konkurrenz Fahrer abzujagen. Es war ein unerbittlicher Wettbewerb, die Art Kneipenschlägerei, wie sie Travis Kalanick liebte – entsprechend hervorragend stellte sich Uber in dieser Hinsicht an. „Slogging" nannte man das firmenintern, was „abrackern", „weitermachen", aber auch „jemandem eine pfeffern" bedeuten kann. Erst später wurde dieser Begriff quasi rückwirkend mit Sinn versehen – als Abkürzung für „supplying long-term operations growth", „das Gewährleisten eines langfristigen operativen Wachstums".[18]

Gearbeitet wurde bei den Abwerbeversuchen in erster Linie mit Tankgutscheinen, Handgeldern und anderen Vergünstigungen, aber manchmal ging man auch einen Schritt weiter, um einen Fahrer dazu zu bewegen, den Dienst zu wechseln. Am 24. Januar 2014 beschwerte sich das israelische Start-up Gett öffentlich: Über einen Zeitraum von drei Tagen hinweg hätten Uber-Mitarbeiter über 100 Gett-Limousinen bestellt, dann wieder abbestellt und anschließend die Fahrer per Kurznachricht angeschrieben und versucht, sie zum Wechsel zu Uber zu bewegen. (Im Gegensatz zu anderen Ridesharing-Firmen hatte Gett den Fehler begangen, keinen Dienst wie Twilio zu verwenden und die Telefonnummern der Fahrer unkenntlich zu machen.) Getts USA-Geschäftsführerin Jing Wang Herman verglich Ubers Vorgehen mit einer Hacker-Attacke. Sie schickte den Gett-Fahrern eine SMS, in der sie sich dafür entschuldigte, dass die Fahrer belästigt worden seien. Dann erklärte sie in Großbuchstaben: *WIR STEHEN IM KRIEG MIT UBER!* Außerdem zeigte sie den Medien eine Liste der Uber-Mitarbeiter, die mit ihrem Klarnamen Gett-Fahrzeuge bestellt hatten. Auf der Liste stand auch Ubers Geschäftsführer für New York, Josh Mohrer.[19]

Angesichts der Beweislast veröffentlichte Uber umgehend eine Entschuldigung. „Die Vertriebstaktiken waren zu aggressiv", schrieb das Unternehmen in einem Blogeintrag. Später sagte mir Kalanick: „Das Team in New York arbeitet hart daran, so viele Fahrer wie möglich ins System zu holen, denn das ist die einzige Methode, zu wachsen und die Kunden in der Stadt qualitativ hochwertig, zuverlässig und zum richtigen Preis zu versorgen. Manchmal werden sie dabei ein wenig aggressiv und das ist unglücklich. Wir haben uns entschuldigt und für den Rest des Unternehmens daraus Lehren gezogen."

Und es sollte noch hitziger werden für Uber in jenem Jahr. Im Februar war im Herrenmagazin *GQ* eine Reportage über Kalanick erschienen, in der er als „kumpelhafter Alpha-Nerd" beschrieben wurde und die ihn mit den Worten zitierte, Uber habe seinen Reiz auf Frauen verstärkt: „Ja, wir nennen das Boober", sagte er, ein Wortspiel mit „Uber" und „Boobs" („Titten").[20]

Im Mai trat Kalanick auf der Code Conference auf und es fiel ihm dort sogar noch schwerer, seine Wortwahl auf das Niveau zu bringen, das man von einem CEO erwarten kann, dessen Unternehmen ständig in den Schlagzeilen steht. Ich saß damals im Publikum, als er die althergebrachten Taxenunternehmen so vehement attackierte, dass man schon beinahe Mitleid mit den Firmen bekam. Kalanick erklärte, Uber sei an einem Wahlkampf beteiligt, bei dem „der Kandidat Uber ist und der Widersacher ein Arschloch namens Taxi. Niemand mag ihn, er ist kein netter Mensch, aber er ist so sehr in den Politikapparat eingebunden, dass eine Menge Leute ihm noch einen Gefallen schulden". Und weiter: „Uber muss die Wahrheit darüber, wie dunkel und gefährlich und bösartig das Taxi-Lager ist, ans Tageslicht bringen."

Als man ihn befragte, was er von fahrerlosen Autos halte, erwiderte er, dass ihn die Technologie begeistere, weil sie zu Preissenkungen führen könne. Besorgnis darüber, dass Fahrer ihre Arbeit verlieren könnten, äußerte er nicht. „Wenn Uber teuer ist, liegt das daran, dass Sie nicht nur für den Wagen bezahlen, sondern auch für den anderen Typen, der da mit im Auto sitzt", sagte Kalanick. Und was ist mit den Zehntausenden Fahrern, die das Geld, das sie durch sein Unternehmen verdienten, dazu brauchten, ihre Familie durchzubringen? Kalanick zuckte mit den Schultern: „So geht es halt zu in der Welt und die Welt ist nicht immer ein toller Ort", sagte er. „Wir alle müssen Wege finden, wie wir uns verändern können."

Kalanick war einfach er selbst – sehr direkt und sich nicht bewusst, wie seine Äußerungen von Ubers wichtigster eigener Interessengruppe aufgenommen werden könnten (vielleicht war es ihm aber auch schlicht egal). Die Probleme, an denen Uber 2014 litt, spiegelten die Persönlichkeit des Firmenchefs wider, die Stärken, die ihn die Mühen seiner frühen beruflichen Laufbahn hatten überstehen lassen, und die Defizite, die einige Investoren und Kollegen gelegentlich zurückschrecken ließen. An vorderster Stelle sind da sein brennendes Konkurrenzdenken zu nennen, seine Besessenheit, nicht nur bei Wii Tennis zu gewinnen, sondern auch in der Geschäftswelt – und zwar nicht nur einfach zu gewinnen, sondern den Rivalen dabei am besten auch noch in den Boden zu stampfen.

Unter diesen Aspekt ist auch der Kampf mit Lyft einzuordnen, der sich 2014 zutrug. Kalanick schmerzte es, dass sich Lyft 2012 festgesetzt hatte, während er darauf wartete, dass Kalifornien das Ridesharing zuließ. Er war besessen von Lyft und dessen Möglichkeiten, Uber auszumanövrieren. Ihn trieb die Sorge um, dass ein erfahrenerer Konzern Lyft kaufen könnte.

Etwa zu der Zeit stellte er eines Abends auch Brian Chesky zur Rede. Kalanick aß zu Abend im The Battery, einem Schickimicki-Klub für die Technologie-Elite San Franciscos, zu dem nur Mitglieder Zutritt hatten. Chesky hatte sich dort auf ein paar Drinks mit dem Anwalt Sam Angus getroffen, als Kalanick zu ihrem Tisch kam und wissen wollte, ob Airbnb Lyft kaufen werde.

„Nein, wir sind im Reisegeschäft", habe er gesagt, erinnert sich Chesky. „*Wir* sind im Reisegeschäft!", donnerte Kalanick daraufhin zurück. Später wusste er nicht mehr, ob er das als Witz gemeint hatte oder auf ein tatsächliches Gerücht reagierte.

2014 gab es eine kurze Phase, während deren Lyft bereit war, das Handtuch zu werfen. Vertreter des Unternehmens traten an Uber heran und fragten, ob man Lyft und Uber nicht zusammenlegen wolle. Kalanick und Emil Michael setzten sich mit Lyfts President John Zimmer und John O'Farrell, Partner bei Andreessen Horowitz, zum Abendessen zusammen, um über die Möglichkeit zu sprechen. Das berichten drei Personen, die in die Gespräche eingeweiht waren. Trotz aller hitzigen Konkurrenzkämpfe verlief das Essen sehr friedlich, aber Lyfts Erwartungen waren hoch. Die Unterstützer von Lyft forderten eine 18-prozentige Beteiligung an Uber im Gegenzug für den Verkauf. Uber bot acht Prozent. Kalanick war ohnehin kein großer Freund von Fusionen und er würde gewiss nicht ein knappes Fünftel seines Unternehmens aus der Hand geben. Keine der Parteien war bereit, einzulenken, deshalb verliefen die Gespräche im Sand.

Lyft erholte sich rasch wieder. Als im Frühjahr Kapital aus unkonventionellen Quellen praktisch sturzbachartig ins Silicon Valley strömte, sicherte sich das Unternehmen 250 Millionen Dollar von einem Investorenkonsortium. Zu der Gruppe zählten der Hedgefonds Coatue Management, der riesige chinesische Online-Händler Alibaba und der Founders Fund, das Anlagevehikel des PayPal-Mitgründers Peter Thiel. Nun expandierte Lyft in 24 amerikanische Städte, darunter 13 mittelgroße Märkte, auf denen Uber noch nicht aktiv war.[21]

Und so ging die Schlacht in die nächste Runde. In einer hastig zusammengetrommelten Serie-D-Finanzierung beschaffte sich Uber nur wenige Wochen später weitere 1,2 Milliarden Dollar von Finanzgrößen wie Fidelity, Wellington und BlackRock sowie dem Wagniskapitalgeber Kleiner Perkins. Die gesamte Prozedur nahm gerade einmal drei Wochen in Anspruch und Kalanick platzte geradezu vor Charisma, als er den Investoren ein faszinierendes Bild von Ubers Zukunft malte.

„Wenn man es den Menschen wirtschaftlich schmackhaft machen kann, ihr Auto stehen zu lassen oder es gleich ganz zu verkaufen … wenn man also Transport zu einer Dienstleistung machen kann, dann ist das eine ziemlich große Sache", sagte er mir nach Abschluss der Runde. Kalanick griff zudem zu ungewöhnlichen Schritten: Unter vier Augen erklärte er Investoren, wenn sie eine Chance auf einen Einstieg bei Uber haben wollten, sollten sie nicht darüber nachdenken, mit Lyft zu sprechen.[22] „Uber ging zu Lyfts Investoren und sagte: ‚Hey, wusstet ihr, dass wir auch offen für Geschäfte sind? Wir sind bereit für Investitionen'", sagte Kalanick mir, als ich ihn zu dieser Taktik befragte. „Darum ging es in diesem Gespräch." Auf andere allerdings machte es den Eindruck, als versuche Kalanick, verbrannte Erde zu hinterlassen.

Es dürfte Kalanick ungerecht vorgekommen sein, dass Lyft den besseren Ruf hatte, obwohl das Unternehmen doch in mancher Hinsicht noch aggressiver vorging. Lyft hatte als Erster unregulierte Ridesharing-Angebote in San Francisco, Miami und Kansas City eingeführt, dennoch kam das Vorgehen der Firmengründer Logan Green und John Zimmer oftmals als aufrichtiger Idealismus herüber, nicht als raubtierhafter Ehrgeiz. „Jede Lyft-Fahrt bietet die Gelegenheit für positive zwischenmenschliche Interaktion", schwärmte Zimmer gegenüber *CNN* in einem typischen Interview. „Außerdem stimmt es mich glücklich, dass ich die Zukunft der Personenbeförderung beeinflussen darf, eine Zukunft, die eine stärker auf den Menschen ausgerichtete Stadt von morgen mit sich bringen wird."[23]

Im Juli bereitete sich Lyft darauf vor, sein Angebot nach New York City zu bringen, wo Uber zu dem Zeitpunkt ausschließlich mit lizenzierten Berufsfahrern aktiv war. Sidecar hatte im Jahr zuvor sein Glück in New York versucht, aber Fahrer wurden vorgeladen und

Fahrzeuge von der New Yorker Taxi & Limousine Commission (TLC) beschlagnahmt. Flugs zog sich Sidecar wieder zurück.[24] Auch Uber hatte bei der Einführung von Uber Black und Uber Taxi feststellen müssen, dass die TLC ein sehr ernst zu nehmender Widersacher war, der keine Störungen der ohnehin arg verstopften Straßen der Stadt duldete.

Lyft-President John Zimmer dagegen war niemand, den man mit einem Nein abspeisen konnte. Er kündigte öffentlich an, dass Lyft seine Dienste in Queens und Brooklyn anbieten werde.[25] Dann flog er mit David Estrada, dem für die Zusammenarbeit mit den Behörden zuständigen Vorstandsmitglied, nach New York City. Er hielt ein eintägiges Treffen mit Meera Joshi ab, die unter New Yorks damaligem Bürgermeister Bill de Blasio für das Taxigewerbe zuständig war. Joshi erklärte ihnen klipp und klar, dass Lyft eine Basis eintragen lassen müsse und – wie Uber – ausschließlich mit Fahrern arbeiten dürfe, die bei der TLC registriert seien. Am nächsten Tag wurden Zimmer und Estrada ins Büro des Generalstaatsanwalts von New York einbestellt. Dort beteten ein Dutzend Vertreter vom Büro des Generalstaatsanwalts und der New Yorker Behörde für Finanzdienstleistungen eine lange Liste Gesetze herunter, gegen die Lyft verstoße, wenn es seine Pläne fortführe.

Zimmer war immer noch entschlossen, das Ganze durchziehen. Er hielt noch am selben Abend im Nachtklub 1896 in Bushwick eine Einweihungsparty ab. Der Rapper Q-Tip von der Band A Tribe Called Quest trat auf, auf der Tanzfläche drängten sich örtliche Technologiebegeisterte, während draußen ein Dutzend Taxifahrer demonstrierte. „Wir haben das Gefühl, dass Lyft hierherkommt, um uns aus dem Geschäft zu drängen", sagte Nancy Soria vom Verband unabhängiger New Yorker Taxifahrer dem Technologie-Blog *Technical.ly*.[26]

Im Verlauf des Abends erfuhren Zimmer und Estrada, dass die TLC angeblich eine gerichtliche Verfügung gegen Lyft erwirken wollte. In einer Telefonkonferenz mit der Chefjustiziarin Kristin Sverchek und Lyfts externem Anwalt plädierte Zimmer leidenschaftlich dafür, trotzdem weiterzumachen. Er sei auch bereit, sich für die Sache verhaften zu lassen. Die Anwälte lachten – aber er meinte es ernst. Gemeinsam überzeugten sie ihn, dass das eine ganz schlechte Idee sei. „Ich möchte nicht über Sie im Gefängnis nachdenken müssen", sagte Sverchek. „Das macht mein Magen nicht mit."

In die Ecke gedrängt knickte Lyft schließlich ein. Zum ersten Mal in seiner Firmengeschichte bot Lyft einen Dienst an, der mit professionellen Fahrern arbeitete und nicht mit ganz gewöhnlichen Menschen, die ihre eigenen Wagen fuhren.[27] In New York wirkte Lyft mit seinen lizenzierten Fahrern wie die leibhaftige Verkörperung von Uber.

Weiter und immer weiter ging es im Kampf zwischen Uber und Lyft. Öffentlich beschuldigten sich die beiden Firmen gegenseitig des „Sloggings": Der andere habe Fahrten bestellt, dann wieder abgesagt und versucht, Fahrer abzuwerben.[28] Hinter den Kulissen kämpften beide Seiten noch erbitterter. Lyfts Vorstand für das operative Geschäft war Travis VanderZanden, ein kreativer Mann Anfang 30. 2013 hatte Lyft sein Unternehmen Cherry gekauft, einen florierenden Anbieter von On-Demand-Autowäschen. Bei Cherry hatte VanderZanden ein raffiniertes System entwickelt, bei dem die erfahrensten Autowäscher neue Mitarbeiter als Mentoren betreuten und sie auch beurteilten. Auf diese Weise konnte das Unternehmen eine Vielzahl Subunternehmer unter Vertrag nehmen, ohne dass extra Personal für die Einarbeitung und die Qualitätskontrolle abgestellt werden musste.[29] VanderZanden nahm die Idee mit zu Lyft. So konnte das Unternehmen in neue Städte vorstoßen, ohne dass dort Mitarbeiter vor Ort sein mussten. Und mit Lyft Plus führte es einen Uber-Black-ähnlichen Dienst ein. Das Angebot zielte darauf ab, eine von Ubers Gewinnquellen zu beschneiden.

Im Sommer 2014 habe VanderZanden den Glauben an Lyfts Zukunftsaussichten verloren, sagen damalige Kollegen. Er habe nicht mehr daran geglaubt, dass man sich gegen das finanziell besser ausgestattete und agilere Uber durchsetzen könne. Ohne das Wissen von Green und Zimmer wandte er sich an zwei Mitglieder des Boards, um mit ihnen die Möglichkeit zu erörtern, dass er als neuer Chef installiert wird. Das geht aus Gerichtsunterlagen hervor.[30] Außerdem sprach er privat auch mit Uber über die Möglichkeit, die Fusionsverhandlungen noch einmal anzuschieben. Als die Lyft-Gründer das herausfanden, waren sie wutentbrannt. VanderZanden trat im August zurück. Einige Wochen später heuerte er als Vorstand für internationales Wachstum bei Uber an.

Die Klagen ließen nicht lange auf sich warten. Lyft zerrte VanderZanden vor ein kalifornisches Staatsgericht und warf ihm vor,

sich vor seinem Abschied Finanz- und Strategieunterlagen heruntergeladen zu haben, die dem Unternehmen gehörten.[31] VanderZanden wies die Vorwürfe zurück und beschwerte sich via Twitter über
diesen „unverfrorenen Angriff auf meinen Ruf".[32] Wenige Monate
später reichte Uber vor einem Bundesgericht Zivilklage gegen Unbekannt ein. Es ging darum herauszufinden, wer die Computersyste-
me des Unternehmens gehackt hatte und die Namen und persönliche Angaben von rund 50.000 Fahrern heruntergeladen hatte. Gemäß einer Aussage im VanderZanden-Fall hielt Uber Lyfts Technikvorstand Chris Lambert für den Schuldigen. (Gegenüber *Reuters*
bestritt Lamberts Anwalt, dass der Lyft-Manager etwas mit dem
Datendiebstahl zu tun habe.)[33]

Die ganze Angelegenheit hatte sich sehr rasch sehr hässlich entwickelt und sollten die Feindseligkeiten in aller Öffentlichkeit ausgetragen werden, würde das dem Geschäft schaden. Zwei Jahre später,
kurz bevor der VanderZanden-Fall beginnen sollte und möglicherweise einiges an Peinlichkeiten zu Tage fördern würde, einigten sich
die beiden Unternehmen also außergerichtlich. Uber zog seine Zivilklage wegen des Datendiebstahls zurück.[34] Die hitzige Rivalität
fand damit natürlich nicht ihr Ende, aber sie wurde künftig auf der
Straße ausgetragen, nicht mehr in den Gerichtssälen und nicht auf
Twitter.

In jenem Sommer wechselte das rasch wachsende Uber erneut
seine Geschäftsräume – zum zweiten Mal binnen eines Jahres und
zum siebenten Mal seit der Gründung. Die neuen, größeren Büroräume (knapp 8.200 Quadratmeter) lagen in einem ehemaligen
Bank-of-America-Gebäude auf der Market Street. Außerdem wurden weitere Räume für eine künftige Expansion angemietet. Das
massige Betongebäude belegte einen ganzen Straßenzug, hatte auf
dem Dach einen Hubschrauberlandeplatz und verfügte im Keller
über einen Banksafe. Die Büroräume selbst waren düster und be-
drückend – viel dunkles Holz, schokoladenbraune Ledersofas, an
den Wänden Whiteboards und digitale Aufnahmen von Uber-Städ-
ten. Ein Rundweg führte durch das Großraumbüro, was perfekt war
für Kalanicks ruheloses Herumstromern. Der den Chefs vorbehalte-
ne Konferenzraum lag im Mittelpunkt des zentralen Stockwerks
und besaß durchsichtige Glaswände, die sich auf undurchsichtig
schalten ließen, wenn vertrauliche Gespräche geführt werden soll-

ten. Passend zur streitlustigen Persönlichkeit des Firmenchefs wurde dieser Konferenzraum als „War Room" bezeichnet.[35]

Der Name mag auf eine tief sitzende Kriegslust hinweisen, tatsächlich jedoch war Uber in jenem Sommer verzweifelt bemüht, der Außenwelt ein professionelleres Antlitz zu präsentieren. Es ließ für einen langwierigen Auswahlprozess eine ganze Reihe politischer Schwergewichte aufmarschieren (darunter der demokratische Stratege Howard Wolfson und der ehemalige Pressesprecher des Weißen Hauses, Jay Carney) und verkündete dann im August einen prominenten Neuzugang: David Plouffe, der 2008 den Präsidentschaftswahlkampf von Barack Obama geleitet hatte, schloss sich dem Unternehmen als Senior Vice President für Politik und Strategie an.[36] Kalanick arbeitete auch an seinem Ton und formulierte eine inspirierendere Mission für Uber. Es ging nicht länger darum, das „Arschloch namens Taxi" zu vernichten, künftig sollten stattdessen Beförderungsmöglichkeiten angeboten werden, „so zuverlässig wie fließendes Wasser, überall und für jeden".[37]

Kalanick bemühte sich darum, sich zu ändern, aber es würde schon mehr als einen Politikveteranen brauchen, um Ubers wohlverdientes Image als streitlustiger Haufen zu ändern. Und die größte PR-Krise des Jahres stand Uber sowieso erst noch ins Haus.

Ende Oktober schrieb die Journalistin Sarah Lacy vom Technologie-Blog *PandoDaily* einen vernichtenden Essay über Uber. Zum Teil ging es um eine lächerliche Werbeaktion, die sich das Uber-Büro im französischen Lyon hatte einfallen lassen. Fahrgästen wurde dort angeboten, ihnen attraktive weibliche Chauffeure zu vermitteln, die offenbar von einem Begleitservice stammten.[38] „Wer hat behauptet, Frauen könnten kein Auto fahren?", stand in der Anzeige, rund um den Eintrag waren Fotos leicht bekleideter Frauen zu sehen.[39] Als die Presse von der Aktion Wind bekam und Uber darauf ansprach, blies das Unternehmen die ganze Aktion umgehend ab und löschte den Eintrag von seinem Blog in Lyon. Aber Lacy, der bombastische Ankündigungen keineswegs fremd waren, erklärte, sie würde die Uber-App von ihrem Smartphone löschen. Uber habe eine Firmenkultur des Sexismus, die Fahrerinnen und weibliche Fahrgäste gleichermaßen in Gefahr bringe, so ihr Vorwurf.

„Ich weiß nicht, wie viele Signale wir noch benötigen, um zu erkennen, dass das Unternehmen uns schlicht nicht respektiert oder unserer Sicherheit Vorrang gibt", schrieb sie. [40] Bei Uber kam Lacys Klage gar nicht gut an. Die Werbeaktion in Lyon war der peinliche Fehler eines örtlichen Ablegers gewesen, aber das Unternehmen rühmte sich damit, es speziell Frauen zu ermöglichen, für Uber zu fahren, und dafür zu sorgen, dass Frauen als Fahrgäste unbesorgt einen Wagen bestellen konnten und nicht nachts an irgendeiner dunklen Straßenecke auf ein vorbeifahrendes Taxi hoffen mussten. Nachdem schon das ganze Jahr über Kritik auf Uber eingeprasselt war, kam jetzt auch noch Lacy. Das wurmte.

Drei Wochen später lud Uber mehrere Medienmanager und Journalisten zu einem Hintergrundgespräch ins Waverly Inn in Manhattan. Kalanick saß an einem Ende des langen Tischs, hielt nach dem Abendessen eine kurze Rede und stellte sich dann Fragen. Am anderen Ende des Tischs saß Emil Michael, neben ihm Mort Zuckerman, der Herausgeber der *New York Daily News*, und Arianna Huffington. Daneben saß der *BuzzFeed*-Chefredakteur Ben Smith, der Kalanick in der Fragerunde nach seiner Meinung zum *Affordable Care Act* befragte, also der als „Obamacare" bekannten Krankenversicherung. Als das Gespräch zurück auf privatere Themen kam, fragte Michael Smith, warum er eine politische Frage gestellt habe. Er habe gehofft, dass Kalanicks Antwort eine Tendenz zu libertären Ansichten zeigen würde, erwiderte Smith.

Das führte zu einer allgemeineren Unterhaltung über die Nachrichtenmedien und deren Skrupel – ein Punkt, der Auslöser einer vehementen Kontroverse werden sollte. Michael sagt, seiner Erinnerung nach habe er Smith gesagt, dass es ihn ärgere, wenn die Presse persönliche Vorwürfe erhebe, ohne irgendwelche Beweise vorzulegen. Dann stellte er als Hypothese die Idee in den Raum, dass Uber eine Million Dollar in die Hand nehmen könnte, um ein Bündnis für verantwortungsbewussten Journalismus zu schmieden. Man könne Forscher und professionelle Journalisten anheuern, um auf negative Berichterstattung zu reagieren und den Spieß umzudrehen, denn möglicherweise hätten auch Reporter etwas zu verbergen.

Das Abendessen fand an einem Freitag statt. Am Montag veröffentlichte Smith auf *BuzzFeed* einen Artikel mit seiner Sichtweise des Gesprächs. Die Überschrift: „Uber-Manager schlägt vor, schmutzige Wäsche von Journalisten zu waschen." Smith, der angab, er habe nicht gewusst, dass die Gespräche bei der Veranstaltung inoffiziell gewesen seien, schrieb weiter, was Michael angeblich gesagt hatte: „Die Sensationsreporter von Uber sehen sich Ihr Privatleben an, was in Ihrer Familie geschieht. Dann bekommen es die Medien mal mit gleicher Münze heimgezahlt." Michael habe zudem die Theorie aufgestellt, dass die Reporter auch im Privatleben von Sarah Lacy unappetitliche Einzelheiten finden könnten, und erklärt, sie müsse „persönlich verantwortlich" gemacht werden für „alle Frauen, die es ihr gleichtun, Uber löschen und dann Opfer eines sexuellen Übergriffs werden".[41]

Privat widersprach Michael der Schilderung Smiths, dennoch entschuldigte er sich sofort öffentlich und erklärte: „Die Äußerungen, die mir im Rahmen eines privaten Essens zugeschrieben wurden … geben nicht meine tatsächliche Auffassung wieder und stehen in keinerlei Zusammenhang mit den Ansichten oder Methoden des Unternehmens. Sie waren falsch, und zwar unabhängig von den Umständen. Ich bedaure sie." Einen Tag später erschien in der *Huffington Post* ein Bericht zum selben Gespräch, allerdings in einer leicht abgewandelten Darstellung. Nicole Campbell, Fellow im Weißen Haus, schrieb, sie habe in der Nähe gesessen und gehört, wie Michael hypothetisch gesagt habe: „Lacy würde es auch nicht gefallen, wenn jemand falsche Dinge über sie schreiben oder einen Artikel veröffentlichen würde, der Fehler enthält. Schließlich haben wir doch in unserem Privatleben alle einmal Dinge getan, auf die wir nicht stolz sind."[42]

Es war ein zusätzlicher Aspekt in der *BuzzFeed*-Geschichte, der die Kritik an Uber noch anfachte. Smith schrieb über einen Vorfall, der sich einige Tage vor dem Essen zugetragen hatte. Da begrüßte Josh Mohrer, der Geschäftsführer von Uber New York (der uns beim Slogging-Versuch bei Gett wenige Monate zuvor schon einmal untergekommen ist), die *BuzzFeed*-Reporterin Johana Bhuiyan vor dem Uber-Büro in Long Island City. Er zeigte ihr, wie er mit einer firmeninternen Software namens God View („Gottesblick") ihre Fahrt in einem Uber-Wagen mitverfolgt hatte.

God View war ein internes Programm, das Uber seiner gesamten Belegschaft zur Verfügung stellte, und es war einer der Gründe für das rasche Wachstum des Unternehmens. All die zahllosen Regionalbüros hatten Zugriff auf dieselben Hilfsmittel wie die Belegschaft in San Francisco. So ließen sich mithilfe der Daten Entscheidungen dezentral treffen. Eine Unternehmenskultur mit viel Transparenz sorge dafür, dass die Mitarbeiter auch ein Gefühl der Eigenverantwortung für ihre Projekte entwickeln, glaubte Kalanick. Sie würden das Gefühl bekommen, innerhalb des größeren Gesamtunternehmens Start-ups zu betreiben. Aber Uber hatte God View eingesetzt, ohne dass ein angemessener Datenschutz eingezogen worden war, ohne dass die Belegschaft ausführlich eingearbeitet wurde und ohne dass die Öffentlichkeit informiert worden wäre, wie Uber mit diesen sensiblen Daten umzugehen gedenke. Die Katastrophe war vorprogrammiert.

Die *BuzzFeed*-Geschichte mit ihrem Mix aus bedrohlichem Konzerngehabe und Missbrauch von Verbraucherdaten setzte einen medialen Flächenbrand in Gang. Nach einem Jahr Drama stürzten sich die Medienunternehmen auf alles, was nach einer Kontroverse rund um Uber aussah. Entsprechend wurde diese Story landesweit von nahezu jeder großen Publikation und jedem Fernsehsender aufgegriffen. Sogar in Europa und Asien wurde darüber berichtet. Am nächsten Morgen verließen Michael und Kalanick New York City, um zu einer Goldman-Sachs-Konferenz in Las Vegas zu reisen. Michael erinnert sich, dass er am Flughafen LaGuardia mit Kalanick durch die Halle ging, auf einen Fernseher in einer Lounge blickte und sein Bild auf *CNN* sah.

Es wirkte alles sehr surreal. Im Flieger saßen Michael und Kalanick nebeneinander, ihre Laptops über das bordeigene WLAN mit der Außenwelt verbunden, und sahen sich an, wie als Reaktion auf Michaels Äußerungen bei dem Abendessen eine Flutwelle Uber-feindlicher Tweets heranrollte. „Ich habe doch tatsächlich versucht, ihn irgendwie abzulenken", erinnert sich Michael. „Ich dachte: ‚Oh mein Gott, noch bevor wir gelandet sind, hat er mich gefeuert.'" Derart öffentlichkeitsträchtig hatte er noch nie gepatzt.

Zu einem früheren Zeitpunkt in seiner beruflichen Laufbahn hätte sich Kalanick möglicherweise auf einen Kampf mit den Online-Kritikern eingelassen und versucht, seine geliebte Marke durch ein Abwehrbollwerk zu schützen. Nun aber meldete er sich bei Twitter an – während Michael neben ihm saß und versuchte, nicht auf den Computerbildschirm seines Bosses zu starren – und setzte 14 Tweets ab, die dafür sorgten, dass sich der Sturm für den Augenblick erst einmal legte. Dann versprach er, dass Uber sich bemühen werde, ein besserer Teil der Gesellschaft zu werden.

Emils Äußerungen bei der Dinnerparty waren furchtbar und stehen nicht für das Unternehmen.

Seine Äußerungen sprechen für einen Mangel an Führung, einen Mangel an Menschlichkeit und eine Abkehr von unseren Werten und Idealen.

Zu seinen Aufgaben hier bei Uber gehören keine Kommunikationsstrategie und Planungen. Sie stehen in keiner Form für das Vorgehen des Unternehmens.

Wir sollten stattdessen führen, indem wir unsere Fahrgäste, unsere Fahrer und die breite Öffentlichkeit inspirieren.

Um die Herzen und die Köpfe der Menschen zu gewinnen, sollten wir Geschichten von Fortschritt erzählen.

Wir müssen offen und verletzlich genug sein, um die Menschen die positiven Grundsätze erkennen zu lassen, die den Kern von Ubers Kultur ausmachen.

Wir müssen erzählen, welchen Fortschritt Uber in die Städte gebracht hat, und den Menschen zeigen, dass wir Grundsätze haben und es gut meinen.

Die Bringschuld liegt bei uns, wir müssen das zeigen. Bis zu Emils Äußerungen waren wir der Meinung, in dieser Hinsicht gute Fortschritte zu machen.

Ich verspreche persönlich unseren Fahrgästen, Partnern und der Öffentlichkeit, dass wir der Aufgabe gewachsen sind.

Wir sind imstande zu zeigen, dass Uber ein positives Mitglied der Gemeinschaft ist und auch weiterhin sein wird.

Darüber hinaus werde ich alles in meiner Macht Stehende unternehmen, um mir dieses Vertrauen zu erarbeiten.

Ich glaube, dass Menschen, die Fehler begehen, daraus lernen können. Das gilt auch für mich.

Und auch für Emil.

Schließlich möchte ich mich auch noch bei Sarah Lacy entschuldigen.

In Las Vegas blieb Michael in seinem Hotelzimmer und hielt sich möglichst von der Konferenz im Bellagio fern. Nach der Rückkehr nach San Francisco versammelte Kalanick jedoch seine Mitarbeiter um sich. Viele waren angesichts der heftigen öffentlichen Kritik verunsichert. Kalanick sprach den ganzen Schlamassel an und er erklärte, dass er Michael vertraue und überzeugt sei, dass der Manager sich bloß unglücklich ausgedrückt habe und keineswegs schändliche Absichten verfolge. Er werde ihn deshalb auch nicht feuern.

Gleichzeitig räumte Kalanick aber auch ein, dass das Unternehmen inzwischen so groß, so mächtig und so wichtig für den innerstädtischen Personentransport sei, dass man erwachsen werden müsse. Die „Es ist ein neuer Sheriff in der Stadt"-Mentalität habe Uber während der ersten Jahre sehr gut zu Gesicht gestanden, mittlerweile jedoch schade sie mehr, als dass sie nutze. Der Zugang zu God View müsse streng limitiert und kontrolliert werden, wenn man nicht das Vertrauen seiner Nutzer verspielen wolle.

Selbst er als Chef eines Unternehmens, bei dem wie bei keinem anderen Start-up weltweit jeder einzelne Schritt genau überprüft wird, müsse sich ändern. Er müsse selbstkritischer werden und die Zukunft, die Uber gerade rasch erschaffe, mit mehr Optimismus und deutlich mehr Empathie artikulieren.

Wenige Tage vor seinem Auftritt auf der Code Conference, wo er dem „Arschloch namens Taxi" den Krieg erklärt hatte, erhielt Kalanick einen Anruf von David Drummond, Chefjustiziar von Google und Mitglied im Uber-Board. Drummond erzählte Kalanick, dass auch Google-Mitgründer Sergey Brin auf der Konferenz auftreten werde und dass er eine echte Bombe platzen lassen werde: Google werde seine eigenen fahrerlosen Autos auf den Markt bringen, und zwar im Rahmen eines Uber-ähnlichen On-Demand-Dienstes. Drummond wollte Kalanick im Vorfeld warnen, dass der Suchmaschinenkonzern Pläne vorstellen werde, die dazu führen, dass er auf lange Sicht in Konkurrenz zu Uber tritt.

Eine Stunde später rief Drummond erneut an: Die Ankündigung sei vom Tisch, Brin werde überhaupt nichts in dieser Richtung sagen. Kalanick war sprachlos. Google war in vielen Aspekten ein beeindruckendes und gut geführtes Unternehmen, aber wie er nun gerade miterleben durfte, kam es aufgrund impulsiver Launen der Gründer auch dort häufig zu Widersprüchen.

Und dennoch beunruhigte der Vorfall Kalanick und brachte ihn ins Grübeln. Noch vor acht Monaten hatte er den Konzern als Investor und Verbündeten betrachtet, nun schien er sich zu einem Wettbewerber zu wandeln. Die Geschichte der Hochtechnologie war gespickt mit Beispielen für Technologiefirmen, die aufgrund von Abhängigkeiten ins Hintertreffen gerieten – so war es beispielsweise in den 1980er-Jahren bei IBM der Fall, das von Microsoft und dessen Betriebssystem Windows abhängig war. So war es in den 2000er-Jahren bei Yahoo gewesen, das von Googles Suchmaschine abhängig gewesen war. Uber benötigte Google für die Landkarten ... und vielleicht würde man Google eines Tages wegen seiner fahrerlosen Wagen sogar noch mehr brauchen.

Während in jenem Herbst die PR-Krisen zunahmen, bereitete sich Kalanick still und heimlich auf diese unsichere Zukunft vor. Regelmäßig setzte er sich mit seinem neuen Produktvorstand Jeff Holden und mit Matt Sweeney zusammen. Der Schnellsprecher Holden, ein ehemaliger Amazon- und Groupon-Manager, hatte die Einführung des Fahrgemeinschaftsdienstes Uber Pool verantwortet. Der Programmierer Sweeney hatte eine Komplettüberarbeitung der Uber-App geleitet. Im Oktober kamen Kalanick weitere Informationen von Google zu Ohren, die dafür sprachen, dass der Internetkonzern in Konkurrenz zu Uber treten werde. Daraufhin bat er Board-Mitglied David Drummond und Board-Beobachter David Krane, nicht mehr an Board-Meetings von Uber teilzunehmen.

Kalanick und seine Manager hatten Großes vor: Uber sollte selbst fahrerlose Fahrzeuge entwickeln und zu Google und dem Elektroauto-Hersteller Tesla aufschließen. Sollte die Zukunft der Personenbeförderung tatsächlich fahrerlos sein, so ihre Überlegung, dann musste Uber in diesem Bereich das Sagen haben.

KAPITEL 11

FLUCHT-GESCHWINDIGKEIT

KÄMPFE UND MÄRCHENSTUNDEN MIT AIRBNB

Victor Hugo hat einmal gesagt: Eine Idee, deren Zeit gekommen ist, kann man nicht töten. Und unsere Zeit ist gekommen.

— Brian Chesky[1]

Einige Monate, bevor Uber seine stimmungsvoll beleuchteten Büroräume auf der Market Street bezog, geriet auch Airbnb wieder in Bewegung. Das Unternehmen verließ sein gemütliches Nest und wechselte von Potrero Hill aus fünf Gehminuten weiter in die 888 Brannon Street. In einem 100 Jahre alten Lagerhaus bezog Airbnb seine schicke neue Firmenzentrale. Brian Chesky und Joe Gebbia ließen ihr Designtalent auf ein Gebäude los, das im Laufe seiner Geschichte unter anderem als Großmarkt für Schmuck und als Batteriefabrik gedient hatte. Sie installierten eine lichtdurchflutete Eingangshalle mit einer 110 Quadratmeter großen vertikalen „grünen Wand" – Hunderte Pflanzen, die sich über drei Stockwerke erstrecken. Ein Dutzend Konferenzräume wurde Airbnb-Einträgen unter anderem aus Mailand, Paris und Dänemark nachempfunden. Für einen weiteren Konferenzraum diente das Gründer-Apartment auf der Rausch Street als Vorbild, ein größerer Sitzungsraum entsprach dem War Room aus dem Stanley-Kubrick-Film *Dr. Seltsam oder: Wie ich lernte, die Bombe zu lieben* – ein exakter Nachbau bis hin zu einem gewaltigen kreisrunden Tisch unter einer Beleuchtung, wie sie während des Kalten Krieges modern war.

Es wurde an nichts gespart im neuen Airbnb-Hauptquartier. Es gab teure Emeco-Aluminiumstühle, Teller mit Goldrand von einer örtlichen Töpferei und eine Gourmetkantine, die sieben Tage die Woche drei Mahlzeiten täglich servierte. Die Renovierung habe über 50 Millionen Dollar gekostet, der Mietvertrag mit einer Laufzeit von zehn Jahren habe ein Volumen von 110 Millionen Dollar, teilte Airbnb mit. Angesichts der explodierenden Mietpreise in der Stadt sollte sich der Preis nachgerade als Schnäppchen erweisen.

Bei einem Board-Meeting habe sich der Wagniskapitalgeber Marc Andreessen besorgt darüber geäußert, in welch exorbitantem Tempo das Unternehmen Geld verbrenne, sagte eine damals anwesende Person. Alfred Lin von Sequoia Capital, der für seinen ehemaligen Partner Greg McAdoo ins Airbnb-Board eingezogen war, bestätigte, dass es tatsächlich Gespräche über verschwenderische Ausgaben gegeben habe, diese seien jedoch von der erstaunlichen Entwicklung des Unternehmens in den Schatten gestellt worden. „Wachstum übertüncht viele Sünden und das Wachstum des Unternehmens war spektakulär", so Lin.

Der neue Stammsitz war nicht nur Firmenzentrale, er war auch Schrein für eine Idee – die Idee, dass Airbnb Menschen zusammenführen kann, ihre Unterschiede vergessen machen kann und (ganz im bedeutungsschwangeren Geist so vieler Silicon-Valley-Satiren) *die Welt in einen besseren Ort verwandeln kann*. Im dritten Stock hing in der Nähe der Besucheranmeldung ein Straßenschild, das der Regisseur Spike Lee Airbnb geschenkt hatte. Das Straßenschild wies die Lobby als „Do The Right Thing Way" aus, als „Mach-das-Richtige-Weg". An den Wänden der Büros standen inspirierende Slogans wie „Airbnb Love" und „Belong anywhere". „Belong anywhere", frei übersetzt etwa „Sei überall zu Hause", war auch der neue Slogan des Unternehmens. Eingeführt worden war er 2014 mit großem Tamtam und dem neuen verschnörkelten Logo, dem Bélo – das gemeinhin als abstrakte Darstellung weiblicher Geschlechtsorgane interpretiert wurde. [2]

In der Eigenwahrnehmung schienen Airbnbs Bedeutung keinerlei Grenzen mehr gesetzt zu sein. Chesky hielt im November 2014 die Keynote-Rede auf der Airbnb Open, einem Treffen der Gastgeber, das erstmals in San Francisco stattfand. In seiner Rede erinnerte Chesky daran, dass Chip Conley, sein neuer globaler Chef für den Hospitality-Bereich (und der einzige Airbnb-Manager, der noch besser als die Gründer darin war, mit Firmen-Agitprop um sich zu werfen) vorhergesagt hatte, die Airbnb-Gemeinschaft könne innerhalb der nächsten zehn Jahre den Friedensnobelpreis gewinnen. „Ich musste lachen. Ich dachte, er habe den Verstand verloren", sagte Chesky in seiner Rede. „Und dann hört man plötzlich Geschichten und denkt: ,Wir sind ja doch nicht völlig durchgeknallt.'" [3]

Genau wie bei Uber war auch bei Airbnb die Firmenkultur gründlich mit dem Ehrgeiz und dem Idealismus seiner Gründer getränkt, ergänzt um eine anständige Portion Blauäugigkeit, was die mögliche Außenwirkung derartiger Gedanken anbelangt. Und wie Uber war auch Airbnb 2014 ein Auffangbecken für den enormen Optimismus, der damals im Silicon Valley herrschte. Wenige Monate, bevor Uber seine gewaltige 1,2 Milliarden Dollar schwere Serie D durchzog, sammelte Airbnb eine halbe Milliarde Dollar von einer Investorengruppe ein, zu der T. Rowe Price und zwei Investoren zählten, die auch Uber unterstützt hatten: Die Beteiligungsgesellschaft TPG und der neue Wagniskapital-Fonds von Shervin Pishevar, Sherpa Capital.

Die erstaunliche Bewertung, auf die man sich für das sechs Jahre alte Unternehmen einigte: zehn Milliarden Dollar.

Brian Chesky, Joe Gebbia und Nathan Blecharczyk hielten jeder 15 Prozent der Anteile und waren damit auf dem Papier jeder 1,5 Milliarden Dollar schwer. Genauso wie Travis Kalanick, Garrett Camp und Ryan Graves von Uber tauchten sie alle in jenem Jahr erstmals in der Milliardärsliste des Magazins *Forbes* auf. [4] Sie alle waren noch keine 40.

Es gab noch eine weitere Parallele zwischen den beiden Unternehmen, doch die war weniger positiv. Genau wie Uber war auch Airbnb anscheinend nicht vorbereitet auf tragische Ereignisse – Ereignisse, die, da das Unternehmen die Sicherheitsvorkehrungen handelsüblicher Hotelzimmer außer Acht ließ, nicht nur möglich, sondern praktisch unvermeidlich waren.

Am 30. Dezember 2013 – also nur einen Tag, bevor die kleine Sophia Liu in San Francisco von einem Uber-Fahrer überfahren und getötet wurde – starb in einem Airbnb in Taipeh die 35-jährige Elizabeth Eun-chung Yuh. Die gebürtige Südkoreanerin, die mittlerweile im kanadischen Ontario lebte, erlag einer Kohlenmonoxidvergiftung. Sie war mit Freunden zu einer Hochzeit nach Taiwan gereist und hatte sich in eine Wohnung im Stadtzentrum eingemietet. Der Vermieter dort hatte vor Kurzem eine geschlossene Veranda errichtet, ohne einen vernünftigen Abzug für den Boiler oder einen Kohlenmonoxidalarm zu installieren.

Die taiwanische Zeitung *China Post* berichtete, dass vier Freunde Yuhs, die in den anliegenden Zimmern übernachtet hatten, wegen Kohlenmonoxidvergiftung ins Krankenhaus eingeliefert wurden. Yuh dagegen fand man vor Ort tot auf.[5] Noch am selben Abend schrieb ihr Vater Deh-Chong Yuh einen Tweet an Brian Chesky:

Unsere Tochter Elizabeth starb am 30. Dezember 2013 in Taipeh, Taiwan, in einem über Airbnb-angemieteten Apartment an Stickstoffvergiftung.[6]

Anders als im Fall Sophia Liu blieb diese Tragödie in den westlichen Medien unbeachtet. Später befragte ich Airbnb zu dem Thema und erhielt folgende Antwort der Presseabteilung: „Als wir von dem Vorfall hörten, waren wir zutiefst bestürzt und wandten uns sofort an die Familie des Gastes, um unsere volle Unterstützung zuzusagen und unser tief empfundenes Beileid auszusprechen. Es war ein tragisches Ereignis und unser Hauptaugenmerk lag stets darauf, die Familie zu unterstützen und Maßnahmen zu ergreifen, die dazu beitragen, dass etwas Derartiges nie wieder vorkommt. Darüber hinaus haben wir den Gastgeber dauerhaft aus unserer Gemeinschaft entfernt. Aus Respekt vor der Privatsphäre unserer Gemeinschaftsmitglieder äußern wir uns grundsätzlich nicht zu den Gesprächen, die wir mit ihnen führen."

Familie Yuh reagierte nicht auf meine Versuche, mit ihr in Kontakt zu treten. Sie wandte sich an William B. Smith, einen Anwalt aus San Francisco, der auf Personenschäden spezialisiert ist. Er empfahl den Yuhs, Klage wegen fahrlässiger Tötung einzureichen und Airbnbs 14 Seiten umfassende Allgemeine Geschäftsbedingungen anzufechten, in denen es heißt, dass sämtliche Risiken bei den Gastgebern und Gästen liegen und dass diese auch dafür verantwortlich seien, örtliche Gesetze und Bestimmungen einzuhalten. Kurz darauf habe sich die Familie Yuh bei ihm gemeldet und ihn informiert, Airbnb habe die Zahlung von zwei Millionen Dollar angeboten, sagte mir Smith. Die Familie beschloss, das Geld zu nehmen und auf eine Klage zu verzichten.

In einem Rechtspapier, das Smith später auf der Website seiner Kanzlei veröffentlichte, heißt es, Airbnb habe jedwede Haftung für den Vorfall von sich gewiesen. Die Zahlung sei ausdrücklich und ausschließlich aus „humanitären Gründen angeboten worden".[7] Ein Anwalt, der für Airbnb arbeitete, erklärte mir später, das Unternehmen hätte den Fall nicht außergerichtlich beilegen müssen, aber Chesky sei es in derartigen Fällen sehr wichtig gewesen, das Richtige zu tun. Smith hingegen reagierte auf eine derartige Zurschaustellung von Güte mit Skepsis: „Menschen mögen aus humanitären Gründen Geld bezahlen, Firmen nicht. Sie bezahlen wegen rechtlicher Verpflichtungen."

Fast zwei Jahre später griff der Journalist Zak Stone Yuhs Tod in einem Artikel auf, in dem es um den Tod seines eigenen Vaters in einem Airbnb ging. Ein Ast, an dem eine Reifenschaukel hing, war abgebrochen und dem Vater auf den Kopf gefallen.

Bei einem Interview, das ich mit allen drei Airbnb-Gründern führte, befragte ich sie auch zu derartigen Tragödien. „Es gibt eine gewisse statistische Chance, dass extrem unwahrscheinliche Ereignisse eintreten werden, sofern die Größe ausreichend ist", antwortete Nate Blecharczyk. „Es kann eine Möglichkeit sein, noch stärker daraus hervorzugehen. Geschieht etwas Schlimmes, schauen wir sehr tief in uns hinein und versuchen, sehr gründlich darüber nachzudenken ... was wir in Zukunft tun können, um das Angebot noch besser zu machen."

Tatsächlich begann Airbnb 2014 in den USA damit, Kohlenmonoxidmelder zu verschenken, ebenso Erste-Hilfe-Ausrüstung, Rauchdetektoren und Sicherheitskarten mit Empfehlungen für die Gastgeber, wie sie sich auf Notfälle einrichten können.[8] Gleichzeitig teilte das Unternehmen mit, dass alle Gastgeber bis Jahresende Rauch- und Kohlenmonoxidmelder in ihrem Zuhause installiert haben müssen. Allerdings gab es keine Möglichkeit zu überprüfen, ob die Gastgeber dieser Aufforderung nachgekommen sind.

Die Yuh-Tragödie steht sinnbildlich für die beiden Realitäten, mit denen sich Airbnb Anfang 2014 auseinandersetzen musste. Das

Unternehmen wollte als innovative Hospitality-Marke angesehen werden, die Fremde zusammenbringt und für authentische, persönliche Reiseerfahrungen sorgt. Gleichzeitig war Airbnb eine Internetbörse, die, wie alle Internetbörsen, keine absolute Garantie geben konnte, dass sich sämtliche Gastgeber tadellos verhalten und dass sämtliche Gäste tatsächlich die versprochenen Zustände vorfinden.

Welche Realität die Menschen sahen, hing oftmals davon ab, wo ihre Sympathien lagen. Für Regulierer, linksgerichtete Politiker, Hotelchefs, Gewerkschafter, Befürworter billigen Wohnraums und aufgebrachte Nachbarn, die Dauerpartys in ihrer Nachbarschaft leid waren, war Airbnb nur jemand, der sich über Regeln hinwegsetzte, jemand, der ganz offenbar im Land der arroganten Milliardäre weitab jeglicher Realität lebte und glaubte, sich alles erlauben zu können. Investoren, Gastgeber, Immobilienbesitzer, die Mühe haben, ihre monatlichen Raten zu bedienen, Jäger von Reiseschnäppchen und Hightech-Fans wiederum glaubten die Geschichte vom Start-up, das, beseelt von guten Absichten, die verknöcherte Hospitality-Branche aufmischte.

Bescheidene Anfänge hin, einfühlsamerer Firmenchef her – Airbnb war auf dem Weg, genauso ein Reizthema zu werden wie Uber.

Nachdem die Internetblase platzte und er seinen Job verloren hatte, zog Steve Unger 2002 zurück nach Portland. Gemeinsam mit seinem Ehemann Dusty erfand er sich neu als Betreiber des „Lion and the Rose", einem 100 Jahre alten stattlichen Gasthof im viktorianischen Stil mit acht Schlafzimmern, Fensterbögen, einer umlaufenden Veranda und einem Türmchen im dritten Stock. In guten Zeiten bewirtete Unger dort 2.000 Gäste pro Jahr.

Um sich in Portland als Betreiber eines traditionellen Bed & Breakfast registrieren zu lassen, musste Unger 4.000 Dollar an die Stadt bezahlen. Diese Auflage war verabschiedet worden, um Wohngebiete vor zu starker kommerzieller Aktivität zu bewahren. Unger gehörte also zum Lager derjenigen, die unwirsch wurden, als überall in Oregon nicht registrierte Airbnb-Angebote wie Pilze aus dem Boden schossen – umso mehr, als sein Geschäft seltsamerweise auch 2012, nachdem die Stadt die Rezession abgeschüttelt hatte, keine Fahrt aufnahm.

Anfang 2014 flehten die örtlichen Gastgeber die Stadt an, sie möge doch bitte die Registrierungskosten für B&B-Betreiber senken und der willkürlichen Durchsetzung der Flächennutzungsgesetze ein Ende bereiten. Hier und da wurden einige Airbnb-Gastgeber geschlossen, wenn sich Anwohner bei der Stadt beschwert hatten. Unger besuchte Sitzungen des Stadtrats, bei denen dieses Thema auf der Tagesordnung stand, und ihm fiel auf, dass sich Airbnb und die Lobbyisten des Unternehmens sehr stark an den Diskussionen beteiligten. Er fand es bewundernswert, wie es Airbnb immer wieder gelang, Gastgeber aufmarschieren zu lassen, die sich für das Unternehmen starkmachten. Sie legten positives Zeugnis ab und erzählten, wie sie leer stehende Zimmer oder eine Einliegerwohnung über Airbnb vermietet hätten und es sich nur dank dieser Zusatzeinnahmen erlauben konnten, in ihrem Zuhause zu bleiben. Unger bezeichnete diese Art von Arrangement bald als „das gute Airbnb". Das „böse Airbnb" wiederum waren die Anbieter mit mehreren Einträgen und Eigentümer, die den Großteil des Jahres gar nicht in ihren Häusern lebten, sie aber online vermieteten und so vom Markt fernhielten. Solche Gastgeber wurden nicht gebeten, auf den Sitzungen auszusagen.

Airbnb und seinen Gastgebern gelang es auch, gegen den Widerstand der Bürgerbewegungen eine Gesetzesänderung herbeizuführen. Im Sommer 2014 ging Portland als erste amerikanische Stadt eine Vereinbarung mit Airbnb ein. Kurzfristige Vermietungen am Hauptwohnsitz waren fortan legal, aber Vermietungen, bei denen der Gastgeber nicht präsent ist, wurden auf 90 Tage pro Jahr beschränkt.[9] Die Registrierungsgebühren sanken von 4.000 auf 180 Dollar, die Gastgeber mussten eine Sicherheitsinspektion ihrer Immobilien bestehen, ihre Nachbarn informieren und sich von der Stadt erfassen lassen. Im Gegenzug stimmte Airbnb zu, die 11,5-prozentige Übernachtungssteuer im Namen der Gastgeber zu erheben und der Stadt zu überweisen (ohne Namen und Adressen der Gastgeber anzugeben).[10] Das Unternehmen eröffnete zudem ein Kundendienst-Callcenter in der Stadt.

Damit herrschte Frieden in Portland, aber Steve Unger schmeckte das Ganze nicht. „Wie sollte die Grenze von 90 Übernachtungen pro Jahr durchzusetzen sein, wenn Airbnb nicht mithalf? Und das hatten sie nie zugesagt", sagte mir Unger. „Sie sagten, es sei wichtig, im Rahmen der Vereinbarung 90 Nächte als eine der Bedingungen zu bekommen. Sie wollten, dass die Menschen in Urlaub fahren und während dieser Zeit ihr Haus vermieten können. Und sie verdienen mehr Geld damit, wenn sie eine komplette Immobilie vermieten."

Für Airbnb war Portland einer der ersten Schritte in einer neuen Kampagne, die darauf abzielte, das eigene Image zu verbessern und den zunehmenden Groll der Regulierer zu mindern. Zeitgleich mit der Portland-Ankündigung rief Chesky per Blog-Eintrag eine neue Initiative namens „Shared Cities" ins Leben. Sie umfasste das Versprechen des Unternehmens, Städte zu freundlicheren und netteren Orten zu machen. Unter anderem wollte Airbnb es Gastgebern leichter machen, für örtliche Zwecke zu spenden, und dann die Spendensumme verdoppeln. [11]

Kernstück des Vorschlags war ein hypothetisches Zuckerbrot, das Airbnb den Städten hinhielt. Das stand im Gegensatz zu der Peitsche, mit der Uber arbeitete, wenn es seinen Kundenstamm anstachelte, auf die politischen Gegner des Unternehmens loszugehen. Airbnbs Zuckerbrot waren die Hotelsteuern. Einige Jahre zuvor hatte das Unternehmen noch erklärt, man dürfe es nicht dafür verantwortlich machen, die Hotelsteuern einzutreiben, schließlich trete es nur als Marktplatz auf. [12] Doch von sich aus zahlten die Gastgeber freiwillig eher keine Hotelsteuern. Airbnb erkannte nun, dass es sein Vorteil sein würde, in diesem Punkt einzulenken und das Erheben der Steuern selbst zu übernehmen, wenn dafür im Gegenzug die kurzfristigen Vermietungen abgenickt würden. „Wir bieten an, den bürokratischen Aufwand zu verringern und im Namen unserer Gastgeber Steuern zu erheben und an die Stadt Portland abzuführen", schrieb Chesky. „Für uns ist das etwas Neues. Wenn es für unsere Gemeinschaft und die Städte gut funktioniert, könnten wir dieses Projekt in anderen Städten der USA wiederholen." [13]

Es sollte schneller als gedacht so weit kommen. Bereits eine Woche später kündigte das Unternehmen an, in San Francisco die 14-prozentige Hotelsteuer zu erheben. [14] Aber nicht nur das: Man werde sogar Dutzende Millionen an Steuern rückwirkend begleichen, teilte Airbnb mit (ohne allerdings jemals die genaue Summe zu nennen). [15] Im Laufe der nächsten zwölf Monate schloss das Unternehmen „Steuern gegen Legalisierung"-Vereinbarungen unter anderem in Chicago, [16] Washington, [17] Phoenix [18] und Philadelphia. [19] Als erste europäische Stadt genehmigte Amsterdam kurzzeitige Vermietungen. Die Bürger durften ihr Zuhause für maximal zwei Monate jährlich und an bis zu vier Personen gleichzeitig vermieten. [20] Auch Frankreich legalisierte das kurzzeitige Vermieten des ersten Wohnsitzes und überließ es den Städten, wie sie das Vermieten von Zweit-wohnsitzen gestalten wollten. [21]

Als wir 2015 über das Thema sprachen, gab sich Chesky optimis-tisch, dass man aus dem Gröbsten heraus sei: „Alle Städte haben auf New York geschaut und abgewartet, was dort geschieht", sagte er mir. „Jetzt sind die Städte dabei, sich zu entscheiden, und wir werden überlegen, was für uns das Beste ist."

Dennoch war New York City weiterhin ein Brennpunkt und hier, auf einem der größten Märkte des Unternehmens, unterschätzte Airbnb erstmals, wie mächtig die politischen Kräfte waren, die sich im Fahrwasser der Erfolgsgeschichte von Airbnb formierten. Im Frühjahr 2014 war Airbnb damit beschäftigt, mit dem Büro von New Yorks Generalstaatsanwalt Eric Schneiderman eine Lösung für die anhaltende Pattsituation zu finden. Drei Quellen aus dem Umfeld der Verhandlungen sagen, man habe kurz vor einer Einigung ge-standen, die die Beschwerdepunkte der Staatsanwaltschaft aus der Welt geschafft hätte und die es Airbnb erlaubt hätte, im Namen der Gastgeber Steuern einzusammeln. Doch in einer plötzlichen Kehrt-wende weigerte sich die Stadtverwaltung auf einmal, die Überein-kunft zu unterzeichnen. Praktisch über Nacht war Airbnb irgendwie zu einem Aussätzigen in der Politikwelt von New York City geworden.

Für den Stimmungsumschwung habe es zwei Gründe gegeben, sa-gen Personen, die an den Gesprächen beteiligt waren. Zum einen hat-te Airbnb gerade die Finanzierungsrunde beendet, bei der das Unter-nehmen mit zehn Milliarden Dollar bewertet wurde. Airbnb war damit mehr wert als große internationale Hotelketten wie Hyatt Ho-tels und Wyndham Worldwide. Aufgeschreckt registrierten diese Konzerne nun, welche Bedrohung ihnen da erwachsen war. Zehn Tage nach Bekanntwerden der Meldung kündigte die American Ho-tel & Lodging Association (AHLA) an, künftig ein genaues Auge auf Airbnb und andere Kurzzeitvermieter zu haben. Die AHLA ist der wichtigste Industrieverband für die 1,9 Millionen Angestellten der amerikanischen Hospitality-Branche. Nun wolle man Themen wie Steuern, Umsetzung von Schwerbehindertengesetzen, Schutz von Wohngebieten und den Erhalt von Parkraum in Nachbarschaften stärker in den Blickpunkt der Öffentlichkeit rücken, so die AHLA. [22]

Parallel dazu hatte Airbnb Kontakt aufgenommen mit dem New Yorker Büro der Gewerkschaft Service Employees International

Union. Es ging darum, Airbnb-Gastgebern Zugang zu gewerkschaftlich organisierten Reinigungskräften zu geben, die dann bei Bedarf bestellt werden könnten. Dieses Vorgehen brachte das Hotel Trades Council auf, eine andere Hotelgewerkschaft, die befürchtete, eine entsprechende Vereinbarung könne Airbnb weiter legitimieren. Auch das Hotel Trades Council rief eine Kampagne mit dem Ziel ins Leben, die Kurzzeitvermietungen zu beschneiden, und unterstützte die Gründung der New Yorker Lobbyorganisation Share Better finanziell. [23]

Jetzt sah sich Airbnb zwei ernst zu nehmenden Gegnern gegenüber – den Hotels auf der einen Seite, auf der anderen Seite deren einflussreichen Gewerkschaften. Beide Kontrahenten waren gut organisiert, finanziell gut gerüstet und gut vernetzt in den Kommunalverwaltungen. Die Hotelgewerkschaften und deren Vertreter hätten innerhalb von 24 Stunden alle Aussicht auf eine Einigung abgeschossen, sagte ein Anwalt, der für Airbnb an dem Abkommen mit New York City gearbeitet hatte. Die Gewerkschaften bestanden darauf, dass die Stadt nichts unternehmen dürfe, was Airbnb legitimiere. „Daraufhin verfielen alle in Panik und sagten: ‚Wir lassen besser erst einmal die Finger davon‘", so die Person.

Airbnb kämpfte um die öffentliche Meinung, konnte aber nicht auf dieselben populistischen Waffen zurückgreifen, wie sie Uber zur Verfügung standen. Gastgeber, die ihre Wohnungen nur ein, zwei Mal im Jahr vermieteten, würden wohl kaum mitten am Nachmittag in Scharen zum Rathaus strömen, um dort ihrem Unmut Luft zu machen. Also nahm Airbnb in jenem Sommer Bill Hyers unter Vertrag. Hyers hatte den siegreichen Wahlkampf von Bürgermeister de Blasio geleitet. Nun pflasterte er die U-Bahn der Stadt mit Anzeigen von lachenden New Yorkern, die dank Airbnb finanziell wieder über die Runden kamen. („Das gute Airbnb", würde Steve Unger sagen.) „New Yorker finden auch: Airbnb ist eine tolle Sache für New York City", hieß es auf den U-Bahn-Plakaten. Viele von ihnen wurden mit Graffiti und Sprüchen wie „Airbnb übernimmt KEINE Verantwortung" und „Die Shared-Economy ist eine Lüge" verunstaltet. [24]

Das Jahr 2014 neigte sich dem Ende zu und die Aussicht auf eine politische Einigung in New York war eher gering. Aus dem Bericht, den New Yorks Generalstaatsanwalt Eric Schneiderman im Herbst veröffentlichte, ging hervor, dass über zwei Drittel der Airbnb-Vermietungen in der Stadt New York gegen das strenge *Multiple Dwelling Law* verstießen – das Gesetz also, gegen das Toshi Chan schon 2010 demonstriert hatte und das besagte, dass die New Yorker ihr Zuhause nicht für weniger als 30 Tage zwischenvermieten dürfen. Sechs Prozent der Gastgeber boten zudem mehrere Immobilien auf Airbnb an und waren damit für 37 Prozent von Airbnbs Umsätzen in New York verantwortlich.[25]

Auch andernorts verlagerten sich die Gewichte. Wie Steve Unger befürchtet hatte, wurden die im Rahmen der „Shared City"-Vereinbarung getroffenen Bestimmungen ignoriert. Den Gastgebern wurde auferlegt, sich bei ihrer Stadtverwaltung registrieren zu lassen, aber trotz allen Medientamtams um die Abkommen kamen nur die wenigsten Gastgeber dieser Aufforderung nach. Angesichts dessen weigerte sich Airbnb, eine Einhaltung zu erzwingen. Das Unternehmen hätte beispielsweise von Gastgebern verlangen können, gültige Registrierungsnummern einzugeben, es hätte auch verhindern können, dass ein Gastgeber mehrere Immobilien anbietet. In Interviews erklärten Airbnb-Manager, die Durchsetzung von Gesetzen zähle üblicherweise nicht zu den Aufgaben eines privatwirtschaftlichen Unternehmens. Sie beklagten, dass der Registrierungsprozess oftmals zu kompliziert und zeitaufwendig sei (in San Francisco beispielsweise mussten sich potenzielle Gastgeber einen Termin holen und dann persönlich im Rathaus erscheinen und gültige Unterlagen vorlegen).[26] Für die Städte wiederum wäre es unpraktisch gewesen, die Tausenden anonymen Personen zu überwachen, die die Homesharing-Website nutzten. Und Airbnb schien vor Kooperationswillen auch nicht gerade zu bersten.

Man wolle aufrichtig mit den Städten sprechen, sich an die Regeln halten und ein Partner sein, hatte Airbnb erklärt. Letztlich jedoch rückte eine Tatsache in den Mittelpunkt, an der es kein Vorbeikommen gab – Chesky war ganz genauso ein Krieger wie Travis Kalanick. So sehr glaubte er an das Versprechen seines Unternehmens, dass er freiwillig keine Handbreit Territorium aufgeben würde.

Im Juli 2015 begleitete ich Chesky und ein halbes Dutzend seiner Kollegen nach Nairobi. In der kenianischen Hauptstadt fand der Global Entrepreneurship Summit statt, eine Konferenz, die das amerikanische Außenministerium seit 2010 abhielt und bei der Innovation und privates Unternehmertum gefeiert wurden. Als „Presidential

Ambassador for Global Entrepreneurship" („Präsidentenbotschafter für globales Unternehmertum", PAGE) sollte sich Chesky mit Präsident Obama treffen, bei einer Podiumsdiskussion eine Rede halten und vor afrikanischen Unternehmern sprechen. Pluspunkt für Airbnb: Das Ganze fand auf neutralem Territorium statt, Tausende Kilometer entfernt von Airbnbs nächsten Kriegsschauplätzen in Europa und den USA.

Es war eine lange Reise und die Sicherheitsvorkehrungen in Nairobi waren sehr streng. Die Airbnb-Truppe stieg nicht bei einem der 788 Airbnb-Gastgeber ab, wie sie es ansonsten getan hätte, sondern im Fairmont Hotel, dessen vordere Auffahrt durch Metalltore und Kontrollpunkte gesichert wurde. Es war Obamas erster Kenia-Besuch als US-Präsident und die Hauptstadt wurde hermetisch abgeriegelt. An der Strecke vom Flughafen zur Stadt waren Soldaten mit automatischen Waffen postiert, an den Kreuzungen drängten sich die Einwohner Nairobis, um einen Blick auf Obama oder einen der anderen Würdenträger zu ergattern. Überall standen Plakatwände mit dem Bild von Obama und den Worten „Willkommen zu Hause, Präsident Obama!".

Es war ein historisches Ereignis, aber auch eine gute Gelegenheit, Chesky den Diplomaten zu erleben, wie er fernab aller regulatorischen Bedrohungen und operativen Herausforderungen agierte. Sein Auftreten war beeindruckend. Nur wenige Silicon-Valley-Manager können derart effektiv umschalten – eben noch befasst er sich mit einem kniffligen Problem im operativen Geschäft, im nächsten Moment verhandelt er mit Politikern, um kurz darauf ungezwungen mit Studenten, anderen Gründern und der Öffentlichkeit zu plaudern. Chesky tat das ohne sichtbare Anstrengung und es war eine erstaunliche Erinnerung an die beeindruckenden persönlichen Talente, die das Unternehmen in derart schwindelerregende Höhen katapultiert hatten.

An dem Morgen, an dem die Konferenz begann, trafen sich Chesky und die anderen PAGE-Botschafter privat mit Obama. Wie ich später hörte, gab Obama Chesky eine brüderliche Umarmung und erwähnte die Nachrichten zu einer neuen Kapitalrunde bei Airbnb (neue Bewertung: 24 Milliarden Dollar). „Scheint ja ganz gut zu laufen", sagte er und machte damit deutlich, dass sogar der Präsident der Vereinigten Staaten von Amerika ein Auge auf die Aufrührer hatte. Obama hielt später eine bewegende Rede zur Geschichte seiner Familie in Kenia und über die Möglichkeiten, die wirtschaftliche Entwicklung Afrikas voranzutreiben. Im Anschluss an seine Rede trat ein Gründer aus Kenia zu Obama auf die Bühne und der Präsident sagte: „Wir haben den Gründer von Airbnb hier. Reden Sie mit ihm, bei ihm läuft es gerade ganz ordentlich." Das Publikum lachte.

Chesky nahm später an einer Podiumsdiskussion mit fünf anderen CEOs von Technologieunternehmen teil und war dabei der mit Abstand charismatischste Redner. Er arbeitete mit Bewährtem, ging in die Frühgeschichte des Unternehmens zurück und leitete aus den damals gemachten Erfahrungen Lehren und Inspiration für das Geschäft ab: „Vor nicht allzu vielen Jahren war ich ein beschäftigungsloser, aufstrebender Unternehmer und teilte mir mit meinem Kumpel Joe eine Wohnung. Wir hatten keine Ahnung, wie wir die Miete bezahlen sollten, dann fand eines Tages in San Francisco eine Designkonferenz statt. Sämtliche Hotels waren ausgebucht. Wir dachten uns: ‚Was, wenn wir dieses Haus für die Dauer der Konferenz in ein Bed & Breakfast verwandeln könnten?' Wir nannten es das Airbed & Breakfast."

Sämtliche Start-up-Geschichten spielen ins Reich der Fabeln und Märchen. Die Gründungsgeschichte von Airbnb hatte sich zu einer mündlichen Überlieferung entwickelt, die bei Keynote-Ansprachen vorgetragen wurde, bei Einführungsgesprächen für neue Mitarbeiter und bestimmt auch bei den Firmenausflügen, wenn man gemeinsam am Lagerfeuer saß. „Als ich mit Joe und Nate Airbnb ins Leben rief, sah ich mir erfolgreiche Unternehmer an. Mich selbst erkannte ich nicht in ihnen", sagte Chesky. „Für mich standen die auf einem Podest. Sie schienen klüger als ich zu sein, erfolgreicher."

Am nächsten Tag fuhren wir zu iHub, einem Gründerzentrum 30 Kilometer außerhalb der Stadt. Selbst in Schwarzafrika suchen sich Firmengründer Orte, an denen sie sich versammeln können, gemeinsam arbeiten können und an Strategien feilen können, wie man die eine große Welle reitet. Mehr als 200 Leute hatten sich in einen ganz normalen Raum im vierten Stock gequetscht. Die ohnehin schon schwüle Luft wurde rasch erdrückend und ging dann in erstickend über. Chesky, der ein enges graues T-Shirt mit dem Bélo-Logo trug, schien das nichts auszumachen, während er 90 Minuten ohne Unterbrechung sprach. „Während der Finanzkrise begannen die Menschen, Airbnb dafür zu nutzen, in Privatunterkünften abzusteigen.

Für uns war das ein Wendepunkt. Wir springen zu heute, sechs Jahre später: Wir haben weltweit insgesamt 1,5 Millionen Unterkünfte. Zu Spitzenzeiten werden diesen Sommer nahezu eine Million Menschen in einer einzigen Nacht über uns irgendwo übernachten." Das Publikum war begeistert, einem Mitglied des Silicon-Valley-Adels so dicht auf die Pelle rücken zu dürfen, und brach in lauten Applaus aus.

Es gab zahlreiche Fragen. Ein Kenianer in einer gelben Jacke erhob sich und fragte nach Airbnbs Problemen mit den Regulierern. Offenbar war Nairobi doch nicht weit genug entfernt, als dass man hier die rechtlichen Sorgen hätte hinter sich lassen können.

Cheskys Antwort war aufschlussreich und optimistisch – vielleicht übertrieben optimistisch. „Es ist immer toll, wenn es im Internet ein cooles, neues Unternehmen gibt", sagte er. „Aber wenn das Internet in dein Viertel zieht, wenn es dein Nachbar wird und du überhaupt nichts darüber weißt, dann nehmen die Menschen auf einmal das Schlimmste an. Dann befallen sie jede Menge Sorgen."

„Man muss also einige Dinge tun. Als Allererstes muss man wachsen, und zwar wirklich, wirklich schnell. Entweder bleibt man unter dem Radar oder man wird so groß, dass man eine Institution ist. Am schlimmsten ist es, wenn man irgendwo dazwischen steckt. All deine Widersacher kennen dich, aber dein Publikum ist noch nicht groß genug, als dass dir jeder zuhören würde."

„Man muss das erreichen, was ich als Fluchtgeschwindigkeit bezeichnen würde. Wenn eine Rakete startet, ruckelt und holpert sie, bis sie in die Umlaufbahn kommt, dann kehrt ein wenig mehr Ruhe ein."

„Der zweite Punkt: Sei bereit für Partnerschaften mit Städten und erzähle deine Geschichte. Wir haben die Erfahrung gemacht, dass es das Wichtigste ist, rauszugehen und Vertreter der Stadtverwaltungen zu treffen. Mögen die Menschen einen nicht oder hassen sie einen, dann ignoriert man sie normalerweise, man geht ihnen aus dem Weg oder hasst sie auch. Die einzig wahre Lösung besteht darin, sich mit den Menschen zu treffen, die einen hassen. Es gibt einen alten Spruch, der besagt: ‚Es ist schwer, jemanden aus der Nähe zu hassen.' Ich habe festgestellt, dass das stimmt. Es ist wirklich schwer, jemanden zu hassen, der direkt vor einem steht."

Zwei Jahre, bevor die Streitereien um Hotelsteuern und Gastgeberregistrierungen ausbrachen, begann Peter Kwan aus San Francisco damit, das sonnendurchflutete Gästezimmer im Erdgeschoss seines bezaubernden Zuhauses zu vermieten, eines edwardianischen Hauses im Viertel North Beach. Sein langjähriger Mitbewohner war gerade nach Deutschland gezogen und der Mittfünfziger Kwan lebte dort nun allein mit Haley, seiner leicht erregbaren West-Highland-Hündin. Kwan hatte früher Verfassungsrecht gelehrt, war nun aber größtenteils im Ruhestand. Er war sehr daran interessiert, neue Menschen kennenzulernen und sein Haus zu behalten. Also beschloss er, es mal mit Airbnb zu versuchen für die Zeiten, in denen seine Schwester und sein Neffe das Gästezimmer nicht belegten.

Seine Erwartungen wurden in jeglicher Hinsicht übertroffen. Im Laufe der Jahre lernte er durch Airbnb Reisende aus allen Ecken der USA und Dutzenden Ländern kennen und blieb mit vielen davon in Kontakt. Airbnb „war besser, als ich es mir je vorgestellt oder erhofft hätte", sagt er. „Es war emotional befriedigend als auch wirtschaftlich lohnend."

Nach einigen Monaten als Gastgeber begann sich der gelernte Anwalt Kwan dann aber doch zu fragen: Wie sah es eigentlich versicherungstechnisch aus, wenn sich ein Gast bei ihm verletzte? War er nicht dafür zuständig, die städtischen Hotelsteuern zu erheben? War die ganze Sache überhaupt legal? Er suchte auf der Airbnb-Website nach Antworten, fand dort aber nichts. Das Start-up-Unternehmen würde seiner Einschätzung nach eine mindestens mittelgroße Kanzlei benötigen, um die Gastgeber über die jeweiligen Auflagen in den zigtausend Städten und Ländern zu belehren. Kwan stellte selbst einige Nachforschungen an. Die Antwort auf die letzte Frage (War das alles überhaupt legal?) schien zum damaligen Zeitpunkt ganz einfach: Nein, war es nicht, zumindest nicht in San Francisco. Als Betreiber eines Bed & Breakfasts müsste man sich nämlich registrieren lassen und diverse Gebühren abführen, ganz so wie in Portland. Natürlich wurde das Gesetz nicht strikt durchgesetzt. Kwan beschloss, sich mit anderen Gastgebern zusammenzutun, um Informationen auszutauschen und gemeinsam die Klippen dieser jungen, Homesharing genannten Industrie zu umschiffen. Er kündigte die Gründung des Klubs auf Craigslist an und hielt 2013 im eigenen Wohnzimmer das allererste Treffen der „Home Sharers of San Francisco" ab. Die Gruppe sollte im Laufe der Zeit auf 2.500 Mitglieder anschwellen. Um Interessenkonflikte zu vermeiden, beschloss Kwan, dass keine Airbnb-Mitarbeiter und keine Angestellten von Stadt oder Staat beitreten dürften.

Irgendwann war Kwans Gruppe so groß geworden, dass Wohnzimmer nicht mehr ausreichten und man sich stattdessen in öffentlichen Bibliotheken versammelte. Man tauschte Tipps und Erfahrungen aus, sprach über Dinge wie Versicherung und erzählte sich Geschichten von Albtraumgästen (was stets für die unterhaltsamsten Diskussionen sorgte). Dann wurden die Themen ernster. Nachdem Airbnb zugestimmt hatte, die Hotelsteuern einzutreiben, diskutierte San Franciscos Stadtrat darüber, kurzfristige Zwischenvermietungen zu legalisieren. Die Home Sharer setzten sich dafür ein, die Namen und Adressen der Gastgeber nicht öffentlich zu machen und möglichst großzügig zu sein, wenn es darum ging, wie viele Nächte pro Jahr sie ihre Wohnimmobilien vermieten durften.

Geschrieben wurde das Gesetz von David Chiu, dem Präsidenten des Stadtrats und langjährigem politischen Verbündeten der Airbnb-Investoren Ron Conway und Reid Hoffman.[27] Im Oktober 2014 wurde das Gesetz verabschiedet, im Februar 2015 trat es in Kraft. Gemäß den neuen Bestimmungen konnten Gastgeber ihr Zuhause so oft sie wollten für bis zu 30 Tage vermieten, sofern sie anwesend waren. Waren sie nicht anwesend, betrug die Obergrenze 90 Nächte pro Jahr. Die Gastgeber mussten sich bei der Stadt registrieren lassen und eine Haftpflichtversicherung vorweisen. Die Stadt stimmte zu, ein neues Büro für Zwischenmieten zu gründen, das sich mit der Anwendung und Umsetzung des Gesetzes befasste.[28] Bürgermeister Ed Lee unterzeichnete das Gesetz, das von Airbnb in einem Blog-Eintrag bejubelt wurde. Es enthalte „vernünftige Verkehrsregeln" und sei ein „großer Triumph für alle, die ihr Zuhause und ihre geliebte Stadt mit anderen teilen wollen".[29]

Es mochte wie ein Sieg aussehen, tatsächlich jedoch war es der Auftakt für den nächsten Kampf, den Airbnb auszufechten hatte.

Damals schien ein immer größer werdender Riss durch San Francisco zu gehen, was die technologische Renaissance betraf, die sich da in ihrer Mitte zutrug. Eine Stadt, die sich ihrer künstlerischen Vergangenheit und ihrer lebendigen, eigenständigen Viertel rühmte, fand sich im Schnittpunkt mehrerer sich überlappender Trends wieder: Die Internetwirtschaft wuchs rasch. Start-up-Unternehmen aus dem Silicon Valley breiteten sich entlang des Highway 101 bis hinein in die Stadt aus. Millennials strömten in Scharen in die Städte. Das alles hatte zur Folge, dass die Immobilienpreise explodierten und beliebte Viertel wie der vor allem von Latinos bewohnte Mission District durch Gentrifizierung eine rasche Veränderung durchliefen.

Diese Entwicklungen sorgten für einen nur schlecht artikulierten Zorn. Die Liste derer, die sich bequem zu Sündenböcken erklären ließen, war lang: Die Doppeldecker, die als Firmenbusse im Auftrag von Google, Facebook, Apple und Konsorten die Mitarbeiter ins Büro und wieder nach Hause fuhren und dabei die Straßen verstopften. Die Technologiekonzerne selbst. Die sogenannten „Tech Bros", nur vage definierte Klischee-Männer, bei denen man sicher sein konnte, dass sie alle naselang etwas Rassistisches, Sexistisches oder schlicht Unsensibles twitterten oder bloggten und damit die gesamte Technologiebranche in ein schlechtes Licht rückten. Ein Beispiel? Der Start-up-Gründer Peter Shih schrieb einen Blog-Artikel mit der Überschrift „Zehn Dinge, die ich an dir hasse – die San-Francisco-Edition". Darin hieß es unter Punkt 5: „Die 49ers – nein, nicht das Footballteam, die sind toll. Was ich meine, sind all die Mädchen, die ganz augenscheinlich eine 4 sind, sich aber wie eine 9 aufführen."[30] Shih musste dafür massive Kritik einstecken.

Ein weiterer bequemer Sündenbock war Airbnb, das einen nicht näher zu definierenden, aber realen Effekt auf den zur Verfügung stehenden Wohnraum in San Francisco und anderen Städten hatte. Das zeigt schon das Beispiel Peter Kwan, der beschloss, sein leer stehendes Schlafzimmer nicht etwa dauerhaft zu vermieten, sondern Touristen zu überlassen.

Die Themen, die San Francisco beschäftigten, führten dazu, dass neu Zugezogene gegen Alteingesessene standen, Technologiebefürworter gegen Technologiegegner, zentristische Demokraten gegen progressive. Airbnb war ein verlockendes Reizthema bei diesem Kampf, ein Weg, die Gentrifizierungsgegner um ein Banner zu scharen, auf dem ein Wort stand, das alle anspricht – Bezahlbarkeit. Das neue Airbnb-Gesetz war erst wenige Monate alt, aber die Kritiker kämpften bereits dafür, dass die Stadtverwaltung die Auflagen verschärfte. Als das nicht gelang, sammelten sie 15.000 Unterschriften und brachten für die Wahlen im Herbst 2015 eine neue Initiative namens „Proposition F" auf die Abstimmungszettel. Bei den Wahlen versuchten die Progressiven, die Mehrheit im Stadtrat zurückzuerobern und den gemäßigten Demokraten Ed Lee als Bürgermeister abwählen zu lassen.

„Proposition F" zielte darauf ab, die Zahl der Tage, an denen ein Gastgeber nicht anwesend sein musste, von 90 auf 75 zu reduzieren. Das Vermieten ganzer Einliegerwohnungen sollte vollständig verboten werden und Bürger konnten im Umkreis von 30 Metern Nachbarn verklagen, wenn die gegen das Gesetz verstießen. [31] Das waren harte Maßnahmen, die die Stadt in einer Flut ätzender Nachbarschaftsstreits zu ersticken drohten. Hinter der Initiative standen drei örtliche Aktivisten, die vom lokalen Mieterverband unterstützt wurden. Die Initiatoren argumentierten, dass das ursprüngliche Gesetz zahnlos sei. Es sei unwahrscheinlich, dass sich Gastgeber freiwillig registrieren ließen, und der Stadt würde es an den erforderlichen Ressourcen fehlen, diese Bestimmung durchzusetzen.

Peter Kwan und seine Mit-Gastgeber machten gegen „Proposition F" mobil. Sie riefen den „Home Sharers Democratic Club" ins Leben, eine eigenständige Gruppe, die den Gastgebern bei den Auseinandersetzungen als politische Stimme dienen sollte. Sie beriefen Pressekonferenzen ein und organisierten Telefonkampagnen, bei denen der Wählerschaft vermittelt werden sollte, dass eine Gesetzesänderung nicht gut wäre. „Man hat uns zum Sündenbock für die Wohnraumkrise gemacht", sagte mir Kwan damals, während wir in seinem Wohnzimmer saßen und selbstgekochte Singapur-Nudeln aßen. Haley knabberte unterdessen an meinen Knöcheln. „Es stimmt: Wir haben einen ernsten Mangel an Wohnraum und ein Problem mit der Bezahlbarkeit. Und ja, es stimmt: Homesharing trägt vermutlich bis zu einem gewissen Grad dazu bei, aber ich glaube, niemand kann wirklich sagen, wie stark die Auswirkungen tatsächlich sind."

Auch Airbnb machte mobil gegen die Initiative. San Francisco machte nur einen Bruchteil des rasch wachsenden globalen Geschäfts aus, aber die Stadt war der Geburtsort des Unternehmens und noch immer seine Heimatstadt. Zumindest auf symbolischer Ebene stand für Airbnb also viel auf dem Spiel. Das Unternehmen unterstützte eine Organisation namens San Francisco For Everyone und steuerte über 8 Millionen Dollar zu der Kampagne bei. Im Herbst überzog die Gruppe die Stadt mit „Nein zu F"-Plakaten, mit großen Plakatwänden („Welcher Nachbar wird dich anschwärzen?") und mit reichlich Radio- und Fernsehwerbung, bei dem Mitglieder des „guten Airbnbs" zu Wort kamen. Ein älteres Ehepaar beispielsweise durfte berichten, dass es von einem einzigen Festeinkommen leben musste und dass „wir dank Homesharing imstande sind, hier wohnen zu bleiben".

Das „Proposition F"-Team konterte mit Mietern, die von gierigen Vermietern aus der Wohnung geworfen wurden, weil diese mit Kurzzeitvermietungen ihre Einnahmen steigern wollten (das „böse Airbnb"). [32] Auch sie hängten reichlich Poster auf, auf ihren stand die Forderung „Das Airbnb-Chaos beseitigen". Wenige Tage vor der Wahl marschierten 75 Demonstranten mit Trommeln und lauten Hupen begleitet von dem Ruf „Keine Vertreibung mehr in unserer Stadt" in den Innenhof der schicken Airbnb-Zentrale. 90 Minuten lang blieben sie dort, trugen wütende Reden vor und ließen schwarze, mit Helium gefüllte Ballons an die Decke des Innenhofs aufsteigen. An den Ballons waren Poster mit Wörtern wie „Zwangsräumung" und „Deregulierung" befestigt. Auf dem Balkon im dritten Stock standen Airbnb-Mitarbeiter und sahen sich die ganze Aktion quasi aus der ersten Reihe an. [33]

Umfragen zufolge war der Ausgang der Abstimmung alles andere als gewiss, die Airbnb-Befürworter lagen ganz knapp in Front. Chesky hielt sich aus alledem heraus, sprach aber später darüber, was für das Unternehmen auf dem Spiel stand: „Du eroberst zehn Städte in Europa, verlierst aber deine Heimatstadt und es entsteht im Grunde der Eindruck, dass du insgesamt an Boden einbüßt", sagte er im Gespräch mit einem Technologie-Podcast. „Das war ein großer, richtig großer Kampf."[34]

Auch Peter Kwan hielt das Rennen für längst noch nicht entschieden, bis sich am 3. November die Bürger überraschend deutlich mit 55 zu 45 Prozent gegen „Proposition F" entschieden. [35] Airbnb hatte gewonnen. Kwan und andere Mitglieder der Home Sharers trafen sich im Oasis Nightclub, um ihren Erfolg zu feiern. Bei Airbnb hingegen blieb der Jubel gedämpft. Dafür gab es mehrere Gründe.

Wenige Wochen vor dem Wahltag tauchten auf Reklameflächen und an Bushaltestellen in San Francisco Airbnb-Anzeigen auf, in denen das Unternehmen augenzwinkernd damit prahlte, welche Folgen es mit sich brachte, dass Airbnb nun die Hotelsteuer eintrieb. „Liebe öffentliche Büchereien: Wir hoffen, ihr nutzt einen Teil der zwölf Millionen Dollar an Hotelsteuern für längere Öffnungszeiten", lautete ein Text. Und ein anderer: „Lieber Bildungsausschuss: Nutzt doch einen Teil der zwölf Millionen Dollar an Hotelsteuern dafür, dass an den Schulen weiter Musik unterrichtet wird."

Airbnb hatte die Werbeagentur TBWA\Chiat\Day damit beauftragt, die Steuereintreibebemühungen des Unternehmens in ein positives Licht zu rücken, aber die Kampagne, die die Agentur entwickelte, wurde auf Facebook, auf Twitter und in den landesweiten Medien mit reichlich Spott überzogen: „Herablassend", „schlechtes Timing" und schlicht „verwirrend". Die ganze Aktion erweckte den Eindruck, Airbnb klopfe sich voller Arroganz auf die Schultern für etwas, was das Unternehmen ohnehin tun musste. Nach der verheerenden Kritik stellte Airbnb die Kampagne rasch wieder ein und entschuldigte sich dafür. Später erklärte Chesky, er habe die Anzeigen weder gesehen noch abgenickt. Doch da war der Schaden bereits angerichtet. „Proposition F" hatte Airbnb zum Buhmann erklären wollen. Airbnb gewann zwar die Auseinandersetzung, doch in einem unerklärlichen Akt der Selbstsabotage kürte sich das Unternehmen selbst zum Buhmann.

Nach der Abstimmung berief Chesky eine Generalversammlung ein und bat auch ausgewählte Gastgeber aus der Stadt mit dazu. Peter Kwan war anwesend, im Schlepptau Haley. Mitarbeiter und Gäste versammelten sich in der Cafeteria im fünften Stock. Chesky und Gebbia sprachen, ebenso Marketingvorstand Jonathan Mildenhall, der die Verantwortung für die Anzeigen übernahm und sich beim Unternehmen entschuldigte. In Kwans Erinnerung standen einigen Mitarbeitern die Tränen in den Augen. Ihnen hatten nicht nur die Anzeigen zugesetzt, sondern auch die ganzen Streitigkeiten rund um „Proposition F" und die Art und Weise, wie das Unternehmen in den Medien dargestellt worden war. „Ich glaube, es herrschte ein gewisses Gefühl von Betrogenwordensein", sagte er mir. „Die ganze Proposition-F-Diskussion sorgte dafür, dass viele Leute sich unwohl fühlten mit dem, was sie taten. Zu dieser Zeit, wo das Unternehmen in einem Trommelfeuer der Kritik stand, öffneten sich halt den Emotionen Tür und Tor." Chesky habe zerfressen gewirkt und sich nicht zurückgehalten, so Kwan: „Er sagte: ‚Wir haben es verbockt.'"

Auch in anderer Hinsicht hatte der Sieg bei der „Proposition F"-Abstimmung Spuren bei Airbnb hinterlassen. Bürgermeister Ed Lee war wiedergewählt worden und die Anti-Airbnb-Initiative war gescheitert, aber die progressiven Demokraten übernahmen wieder die Kontrolle über den Stadtrat und belegten Airbnb 2016 mit noch drakonischeren Auflagen.

San Francisco war ein Vorbote, ein Vorgeschmack auf das, was dem Unternehmen in anderen Städten der USA und im Ausland bevorstand. In zahllosen Städten, darunter Portland, Los Angeles, Chicago und Boston, entstanden ähnlich unwahrscheinliche politische Bündnisse. Chris Lehane, einst ein knallharter politischer Mitarbeiter von Präsident Bill Clinton und Vizepräsident Al Gore, inzwischen Airbnbs neuer Kommunikationsvorstand, hatte das erwartet, deshalb berief er nach der Wahl eine Pressekonferenz ein. Dort kündigte er an, Airbnb werde finanzielle Mittel für die Gründung von 100 Bürgerinitiativen zur Verfügung stellen, die sich für das Homesharing einsetzen. „Den Schwung dessen, was hier geschehen ist, werden wir dazu nutzen, um das, was wir in San Francisco getan haben, rund um die Welt zu wiederholen", sagte Lehane.

Airbnb hatte keineswegs die von Chesky in Kenia angesprochene erhoffte Fluchtgeschwindigkeit erreicht, stattdessen wirkte es, als habe das Unternehmen politische Kräfte freigesetzt, die es so schnell nicht wieder vom Hals kriegen würde.

Keine Woche nach der Abstimmung über „Proposition F" reisten Chesky und 600 seiner Mitarbeiter zur zweiten Airbnb Open nach Paris. Abgehalten wurde sie in der Grande Halle, einem Gebäude aus Gusseisen und Glas im Parc de la Villette, einer idyllischen, mit Kanälen durchsetzten Parkanlage im 19. Arrondissement. Es war ein weiteres Beispiel für die abrupten Realitätswechsel, die das Unternehmen durchlief: Eben noch hatte man sich in den schlammigen Gräben der Lokalpolitik gebalgt, nun, nur wenige Tage später, gab man sich im Rahmen des jährlichen Gemeinschaftsfestivals der fröhlichen Nabelschau hin.

5.000 Gastgeber aus 120 Ländern bezahlten je 300 Dollar Eintritt für die dreitägige Veranstaltung, bei der eine Stimmung herrschte wie bei einem Zelt-Gottesdienst. Sprecher umarmten sich gegenseitig auf der Bühne und brachten ihr Publikum dazu, zu singen und zu tanzen. Eine Künstlerin des Cirque du Soleil errichtete in ihren ausgestreckten Händen ein beeindruckendes Gebäude aus Jonglierstäben. Zu den Ehrengästen zählte der Schweizer Autor und Philosoph Alain de Botton, der sagte: „Psychologische Gastfreundschaft sticht materielle Gastfreundschaft in jedem einzelnen Fall aus." Wiederholt sprang die Menge während der Veranstaltung auf und jubelte. Wurde etwas Mitreißendes verkündet („Ihr seid echte Revolutionäre"), reagierte das Publikum wie Hunde auf eine Hundepfeife.

Gelegentlich wurden die Teilnehmer allerdings auch wieder in die Realität zurückgerissen. „Diese großzügige Idee gewinnt in Paris an Zulauf", sagte am ersten Morgen der Veranstaltung Jean-François Martins, stellvertretender Bürgermeister von Paris und als solcher zuständig für das Tourismusgeschäft. „Aber große Ideen müssen etwas reguliert werden, um sie vor Menschen zu schützen, die sie auf nicht sehr großzügige Weise nutzen wollen." Auch Chris Lehane trat auf die Bühne und sprach zu den versammelten Gästen, als seien sie die Infanterie der französischen Armee. „In den kommenden Tagen, Monaten und Jahren werden wir mehr Kämpfe erleben und wir werden mehr Schlachten austragen", sagte er. „Wenn diese Gemeinschaft als Bewegung ermächtigt wird, sind wir nicht zu schlagen."

Und mittendrin waren alle drei Gründer, Chesky, Gebbia und Blecharczyk, frisch gekürte milliardenschwere Gurus einer ganz speziellen Internetsekte. Sie hielten eine gemeinsame Rede und Chesky und Gebbia sprachen auch einzeln. Sie beantworteten Fragen aus dem Publikum und ließen erneut die märchenhaften Ursprünge von Airbnb Revue passieren. Vor allem Gebbias Rede war erwähnenswert. Er trat bekleidet mit Wollmütze, Handschuhen und Schal auf die Bühne, während zwei Kollegen ihn mit Kunstschnee bewarfen. Diese exzentrische Performance sollte an den Winter 2009 erinnern, als er in der Frühphase des Unternehmens Gastgeber in New York City abklapperte.

In seiner Rede kündigte Chesky eine neue Initiative namens „Community Compact" an, die als Nachfolger für das „Shared Cities"-Programm aus dem Vorjahr gedacht war. Der neue „Pakt mit den Gemeinden" verpflichtete Airbnb, Betreiber illegaler Hotels von der Website zu werfen, Hotelsteuern zu bezahlen und für seine größten Märkte anonymisierte Daten zu veröffentlichen. Dazu zählte auch die Information, wie groß der Prozentsatz der Airbnb-Gastgeber war, die ihren Erstwohnsitz untervermieteten. „Das ist keine neue Verpflichtung, aber die Menschen haben uns nicht geglaubt. Deshalb haben wir beschlossen, das noch einmal zu sagen und es schriftlich festzuhalten", sagte Chesky später.

Mitzuerleben, wie bei den Airbnb Open das Unternehmen vergöttert wurde, war für altgediente Journalisten nur schwer zu verdauen. Die Gastgeber selbst jedoch waren entwaffnend und inspirierend, während sie in der Grande Halle herumliefen, bei Reden oder bei Seminaren mit skurrilen Namen wie „Gastfreundschaftliche Augenblicke der Wahrheit"im Publikum saßen. Niemand predigte so überzeugend für Airbnb wie die Gastgeber.

Es war eine Gruppe Menschen, die das Unternehmen und das liebte, wofür es stand. Sie legten eine Art von Loyalität und Leidenschaft an den Tag, die Uber beispielsweise von seinen Fahrern niemals zu sehen bekommen würde. Unter den Gastgebern, die ich in jener Woche kennenlernte, war auch Tanny Por, ein sogenannter Superhost. Tanny vermietete in ihrem Haus in Grönlands Hauptstadt Nuuk ein ungenutztes Zimmer. Sie war, als ihr Mann eine neue Anstellung fand, 2013 von Australien nach Grönland gezogen. Ein Zimmer zu vermieten war für sie ein Weg, Menschen kennenzulernen, aber es war auch eine Art sozialer Rettungsleine. So bleiben sie selbst an den eisigen Küsten des Nordatlantiks in Kontakt mit der großen weiten Welt. „Wir verbringen mit unseren Gästen viel mehr Zeit als die anderen, was schlicht daran liegt, dass es in Nuuk nicht allzu viel zu sehen oder zu tun gibt", sagte sie mir.

Ich lernte auch Julia de la Rosa und Silvio Ortega kennen, Teil einer kleinen Delegation kubanischer Gastgeber. Airbnb hatte Kuba kurz zuvor mit großem Tamtam und jeder Menge Medienaufmerksamkeit als Standort für Reisende aus den USA eröffnet. Ortega und de la Rosa hatten ihre Arbeit verloren, als die Wirtschaft des Landes Anfang der 1990er-Jahre zusammenbrach. Seitdem betrieben sie ein Bed & Breakfast in Silvios Haus, einem Gebäude mit zehn Schlafzimmern in einem Vorort von Havanna. Vor Airbnb konnten die beiden nur über Reiseagenturen und schwarze Bretter im Internet Gäste finden. Auf Airbnb konnten sie sich die Profile ihrer Gäste ansehen und Fotos und Fakten über ihr Zuhause posten. So blieben böse Überraschungen aus, wenn die Gäste eintrafen.

Seitdem sie angefangen hatten, auf Airbnb zu inserieren, hatten sie mehrere Dutzend amerikanische Gruppen beherbergt, darunter einige Universitätsstudenten und deren Professor. Womit sie am schwierigsten zurechtkamen, war, dass die amerikanischen Touristen alle immer so ausführlich mit ihnen reden wollten. „Sie sind so freundlich und offen und wollen so gerne Kuba verstehen. Erstaunlich", sagte Julia.

Für mich hatte die Airbnb-Gemeinschaft in jener Woche etwas Authentisches und Bezauberndes. Vielleicht war ich zu gutgläubig, aber in diesem Kontext war es schwierig, einem Dienst, der es anderen Menschen erlaubte, die Welt durch die Augen ihrer Mitmenschen zu erleben, nicht positiv gegenüberzustehen.

Besonders schwer abzulegen war dieser Eindruck nach den Ereignissen, die sich am zweiten Abend der Konferenz zutrugen, dem 13. November 2015. Da schlugen an mehreren Orten in Paris Terroristen zu und töteten in einem Fußballstadion, einigen Cafés und dem Club Bataclan insgesamt 130 Menschen. Während sich der Anschlag im Bataclan ereignete, saß ich keine 1,5 Kilometer entfernt in einem Restaurant beim Abendessen. Chesky, Gebbia und Blecharczyk aßen mit ihren Familien und 40 anderen langjährigen Mitarbeitern in einem örtlichen Airbnb zu Abend.

Alle mussten stundenlang an Ort und Stelle bleiben, während Sirenen und hektische Aktivitäten die Nacht erfüllten. Chesky erinnerte sich später, dass er sich ins Bad zurückgezogen habe, um ungestört mit seinem Sicherheitsteam und Belinda Johnson, die sich mit einer anderen Gruppe Mitarbeiter in einem Restaurant in der Nähe aufhielt, das weitere Vorgehen abzustimmen. Gemeinsam sorgten sie dafür, dass das Unternehmen bei jedem Mitarbeiter und jedem Gastgeber in Paris nachfragte, ob es ihm gutgehe. Bei allen konnte der Verbleib geklärt werden. Noch am selben Abend sagte das Unternehmen den dritten Tag seiner Veranstaltung ab.

Ich fuhr in jener Nacht mit einem Uber-Wagen zu meinem Airbnb, das in der Nähe der Kathedrale Notre-Dame lag. Ich war kaum dort angekommen, als mich ganz aufgeregt mein Gastgeber Ivan anrief. Ich hatte ihn, wie man dazusagen muss, nie kennengelernt, denn er war nicht in der Stadt und hatte mir die Schlüssel dagelassen. Nun wollte er sichergehen, dass mir nichts passiert war. Am nächsten Morgen schickte er mir noch eine E-Mail. „Ich war sehr erleichtert, gestern am Telefon von dir zu hören. Ich hoffe, dass es dir trotz der heiklen Lage in Paris gut geht." Ich solle ruhig so lange bleiben, bis sich die Reisesituation in der Stadt wieder beruhigt habe, lud mich Ivan ein.

In jener Woche wird es sicherlich zahlreiche Akte menschlicher Güte wie diesen gegeben haben. Und vielleicht ist es dieser nicht greifbare Faktor, von dem die Airbnb-Gründer glauben, er sei unbedingt zu berücksichtigen, wenn man eine Rechnung aufmacht, wie sich Airbnb in einer gefährlichen Welt auswirkt.

Was folgte, waren weitere Kämpfe, kleinere Erfolge und spürbare Rückschlage für Airbnb. All das summierte sich mit einer gewissen Zuverlässigkeit zu einem Drama. 2016 erklärte es die Stadt Berlin für gesetzeswidrig, ganze Häuser und Wohnungen zur Zwischenmiete anzubieten. Die Bürger wurden aufgerufen, Verstöße anonym zu melden. Verstöße konnten mit einem Bußgeld von bis zu 100.000 Euro bestraft werden.[36] Im selben Jahr kämpfte auch Tokio mit dem Thema Airbnb und erwog knallharte Einschränkungen für *minpaku*, wie dieses neuartige Phänomen der Zwischenmiete auf Japanisch genannt wird. Gegenüber Yuji Nakamura von *Bloomberg* ließ sich ein Parlamentarier sogar zu überraschender Offenheit hinreißen und enthüllte, warum die Stadt erwäge, gegen die 26.000 Airbnb-Gastgeber vorzugehen: „Die Hotelbranche hatte sehr ernste Bedenken", sagte er. „Deshalb haben wir die Mindestzahl an Nächten so festgelegt, dass die Möglichkeiten, in Konkurrenz zu treten, sinken."[37]

Im Juni 2016 verabschiedete der von progressiven Demokraten dominierte Stadtrat San Franciscos neue Auflagen: Künftig würde Airbnb Bußgeld bezahlen müssen, wann immer einer der Gastgeber gegen örtliche Bestimmungen verstieß. Airbnb zog umgehend vor ein Bundesgericht. Seinen Einspruch begründete das Unternehmen damit, dass die neue Auflage gegen eine Bestimmung verstoße, der zufolge Websites nicht verantwortlich für Inhalte gemacht werden können, die ihre Nutzer posten. Doch es schien, als würde Airbnb den Fall verlieren. Darauf lenkte das Unternehmen ein und stimmte zu, dass Gastgeber bei der Stadt registriert sein müssen und dass Vermietungen ohne Anwesenheit des Gastgebers auf 90 Nächte pro Jahre zu begrenzen sind.

Im selben Monat verabschiedete der Bundesstaat New York ein Gesetz, das ein Bußgeld von bis zu 7.500 Dollar für jeden vorsah, der auf Airbnb eine komplette Immobilie für weniger als 30 Tage vermietet, ohne dass ein Gastgeber anwesend ist. Dieses Gesetz werfe wahllos das gute Airbnb mit den Menschen in einen Topf, die den Dienst auszunutzen suchen, monierte das Unternehmen daraufhin. Am 21. Oktober unterschrieb New Yorks Gouverneur Andrew Cuomo es dennoch und Airbnb zog wieder einmal vor ein Bundesgericht.

Die Klage richtete sich gegen New Yorks Generalstaatsanwalt Eric Schneiderman, New Yorks Bürgermeister Bill de Blasio und gegen New York City.

Drehte sich die politische Stimmung gegen Airbnb? Chesky jedenfalls schien nicht beunruhigt: „Wir sind in 34.000 Städten aktiv, dieses Experiment findet derzeit also überall auf der Welt statt", sagte er mir im Juli 2016. „Wir haben mit über 160 Städten in aller Welt Steuervereinbarungen und ich denke, es ist ziemlich offensichtlich, dass die Idee von Dauer sein wird."

Wie versprochen machte Airbnb öffentlich, wie sich seine Gemeinschaft in größeren Städten zusammensetzte. Mehrere Male setzte es größere Gruppen von Gastgebern vor die Tür, die über die Website mehr als eine Immobilie anboten. Manche sahen darin einen gutgläubigen Versuch des Unternehmens, sein Geschäft an die Wohnmarktrealitäten der Großstädte anzupassen. Kritiker wiederum warfen dem Unternehmen vor, es werfe Betreiber illegaler Hotels nur raus, damit die statistischen Daten besser aussehen. Sie bezweifelten zudem, dass Airbnb wirklich daran gelegen sei, offen und ehrlich mit Regulierern umzugehen.[38] „Ich kann nicht erkennen, dass sie mehr getan hätten, als zu versuchen, die Umsätze zu revolutionieren", sagte der Datenaktivist Murray Cox, Gründer der Website Inside Airbnb, die versucht, über die Airbnb-Website eigenständige Daten über Gastgeber zu sammeln.

Im Mai 2016 wurde Airbnb in Washington von Gregory Slenden verklagt. Das Unternehmen habe seine Beschwerde, er sei aus Gründen seiner Rassenzugehörigkeit auf der Website diskriminiert worden, ignoriert, so der Afroamerikaner aus Richmond, Virginia.[39] Seine Klage beruhte auf einer akademischen Grundlage. Ben Edelman von der Harvard Business School hatte in zwei Studien bewiesen, dass Airbnb-Nutzer statistisch betrachtet deutlich weniger Minderheiten beherbergten oder als Gastgeber wählten.[40]

Slendens Vorwürfe lösten einen Aufruhr aus. Unter dem Hashtag #Airbnbwhileblack meldeten sich Afroamerikaner in den sozialen Medien zu Wort und schilderten, wie sie auf der Homesharing-Website mit Vorurteilen zu kämpfen hatten. Viele berichteten, dass Zimmer schlagartig nicht mehr zur Verfügung standen oder dass Buchungsanfragen von Gastgebern schlicht ignoriert wurden. Die amerikanischen Medien stürzten sich auf das Thema (Die *New*

York Times: „Ermöglicht Airbnb Rassismus?") und das Urteil fiel nicht gut aus für Airbnb.[41]

Einige der heiligsten Ideale des Unternehmens kamen aufgrund der Debatten auf den Prüfstand. Airbnb war doch dafür gedacht, frühere Vorurteile aus der Welt zu schaffen, und nicht dafür, ihnen ganz im Gegenteil neues Leben einzuhauchen. Die Fotos der Nutzer waren doch dafür gedacht, gegenseitiges Vertrauen aufzubauen, und nicht dafür, rassistisch motivierten Urteilen Tür und Tor zu öffnen. Dieses Mal hatte Chesky keine rasche Antwort zur Hand, denn auf die persönlichen Präferenzen der Gäste und Gastgeber hat Airbnb wenig Einfluss. Bestürzt holte er sich Verstärkung, und zwar in Form des ehemaligen Justizministers Eric Holder und Laura W. Murphy, die das Washington-Büro der Bürgerrechtsgruppe ACLU geleitet hatte. Der Auftrag an die beiden lautete, einen Weg auszuarbeiten, wie man Diskriminierung bei Airbnb bekämpfen könne.[42] Im September 2016 veröffentlichte das Unternehmen einen Plan für das weitere Vorgehen. Auf 32 Seiten versprach Airbnb unter anderem, die Bedeutung der Profilfotos zu verringern, und forderte Gäste wie Gastgeber dazu auf, einem diskriminierungsfreien Umgang zuzustimmen. „Ich glaube, wir haben uns erst spät mit diesem Thema befasst", sagte er in jenem Sommer. „Joe, Nate und ich... drei weiße Kerle ... Es gab viele Dinge, die wir nicht bedacht haben, als wir diese Plattform entwickelten."[43]

Intern waren es nicht nur diese fesselnden externen Konflikte, die das Leben bei Airbnb bestimmten, sondern auch das hektische und weiterhin ungebremste Wachstum. Silvester 2015 hatte das Unternehmen 550.000 Gästen eine Übernachtung vermittelt. Silvester 2016 waren es eine Million, Mitte 2016 waren es 1,3 Millionen pro Nacht.[44] Auf allen internen Grafiken zeigten die Pfeile nach oben und rechts. Das Unternehmen sorgte für Verwerfungen im Schwerkraftfeld der Hospitality-Branche. Um mit Airbnb Schritt halten zu können, kaufte der riesige Online-Reiseanbieter Expedia für 3,9 Milliarden Dollar den Airbnb-Konkurrenten HomeAway.[45] Und 2016 waren die Hotels in New York City so günstig wie seit der Weltwirtschaftskrise nicht mehr. Einige Branchenbeobachter führten diese Entwicklung auf die neuen Wettbewerber zurück.[46]

Es gab neue Investoren, höhere Bewertungen, mehr Mitarbeiter. Mitte 2016 beschäftigte Airbnb 2.600 Mitarbeiter, mehr als die

Hälfte davon war noch kein Jahr im Unternehmen. Abteilungen verdoppelten ihre Größe oder verdreifachten sie, sodass die Mitarbeiter keinerlei Gelegenheit hatten, so etwas wie Normalität in ihren Alltag zu bekommen. Eine Airbnb-Mitarbeiterin sagte mir, über einen Zeitraum von zwei Jahren hinweg sei ihr Team viermal neu aufgestellt worden und habe vier unterschiedliche Vorgesetzte gehabt. Unterdessen sorgte der neue Finanzvorstand Laurence Tosi für ein neues Klima: Schluss mit den undisziplinierten Ausgaben, befand der ehemalige Blackstone-Finanzvorstand. Abteilungen mussten zum ersten Mal einen streng durchkalkulierten Jahreshaushalt vorlegen und Stellenpläne erarbeiten – und sich auch noch daran halten. Ende 2016 sei es nicht mehr so lustig und unternehmerisch zugegangen, erzählten mir mehrere Mitarbeiter.

Die Zeichen waren unübersehbar: Ein Start-up wurde erwachsen, legte seine Identität als Aufrührer ab und nahm Kurs auf einen Börsengang. Genauso wie Uber würde auch Airbnb zunächst die öffentlichen Investoren überzeugen müssen, dass es die Regulierungsprobleme überwunden und die von Chesky gewünschte Fluchtgeschwindigkeit erreicht habe. Im Hintergrund zu hören: der nimmermüde Trommelschlag des Erwachsenseins.

KAPITEL 12

GLOBALES MEGA-EINHORN-DUELL BIS ZUM TOD

UBER GEGEN DEN REST DER WELT

Transport so zuverlässig wie fließendes Wasser, überall und für jeden.

Mission Statement von Uber

Auch Uber stand an der Schwelle zum Erwachsenwerden. Zunächst jedoch musste es erst einmal seine merkwürdigen Jugendjahre erfolgreich hinter sich bringen – eine Phase, die stürmischer, angespannter und sogar noch ereignisreicher verlief, als es bei Airbnb der Fall war. Uber war der Typ schlaksiger Sportler, der innerhalb von zwei Jahren 30 Zentimeter in die Höhe schießt und dem seine Kleidung nicht mehr so richtig passt ... und der Aggressivitätsprobleme hat. Es war, kurz gesagt, eine wundersame Zeit.

Anfang 2014 hatte Uber den Ridesharing-Dienst UberX in 28 Städten eingeführt. Ende 2016 waren UberX und die anderen Spielarten, die Uber im Bereich Ridesharing anbot, bereits in über 450 Großstädten rund um den Globus vertreten. Privaten Fahrern zu ermöglichen, in ihren eigenen Fahrzeugen Passagiere einzusammeln, hatte sich zu einem globalen Phänomen entwickelt. Fahrer erhielten so eine neue, flexible Methode, sich etwas dazuzuverdienen, die Transportpreise fielen und die Art und Weise, wie sich Menschen innerhalb der Städte fortbewegten, veränderte sich.

Angetrieben von fallenden Preisen und wachsenden Nutzerzahlen explodierte Ubers ohnehin bereits kräftiges Wachstum – und zwar exponentiell. Anfang 2014 hatte Uber 200 Millionen Fahrten verzeichnet. Anfang 2016 waren es eine Milliarde und nur sechs Monate später zwei Milliarden. Die Zahl der Mitarbeiter stieg im selben Zeitraum von 550 auf 8.000. Als Fidelity Investments und BlackRock im Juni 2014 zusammen mit anderen Investoren 1,4 Milliarden Dollar in das Unternehmen pumpten, wurde Uber dabei mit 18 Milliarden Dollar bewertet. Schon diese Zahl ließ einem den Schädel brummen, aber zwei Jahre später hatte sich der Marktwert mehr als verdreifacht und betrug nun 68 Milliarden Dollar. Uber war damit das am höchsten bewertete, nicht börsennotierte Technologie-Start-up der Geschichte.

In nahezu jeder Großstadt und in jedem Land der Welt sorgte Ridesharing für Konflikte. Während der PR-Pannen von 2014 hatte Travis Kalanick versprochen, dass Ubers Führungsarbeit optimistischer und erwachsener werden solle, aber obwohl er seine Rhetorik etwas zurückfuhr, stutzte er seine Ambitionen nicht. Das Resultat waren Streitigkeiten mit Regulierern und erbitterte Konkurrenzkämpfe, wie sie noch nie ein Technologie-Start-up hatte miterleben müssen.

Als eine der ersten europäischen Städte setzte sich London mit der Frage auseinander, welche disruptiven Folgen Ridesharing mit sich bringen könnte. Die Stadt konnte eine stolze Taxenhistorie vorweisen. Wer eine der legendären schwarzen Taxen fahren wollte, musste drei Jahre lang die Straßenpläne der Stadt studieren und sich dann einem Test stellen, der hochtrabend als „The Knowledge" („Das Wissen") tituliert ist. Londons Taxifahrer waren stolz und talentiert und mit ihrem Einkommen gehörten sie zum mittleren Mittelstand. Zugleich verwehrten sie sich vehement jeglicher Veränderung. Einzige Ausnahme: Tariferhöhungen. Für die machten sie sich regelmäßig bei ihrem zuständigen Regulierer Transport for London (TfL) stark. Begleitet wurden die Forderungen von Streikandrohungen.

Als 2012 Uber erstmals in London auftauchte, fühlten sich die Taxifahrer ohnehin bereits bedroht, da die Zahl der Minicabs und der Limousinen, die man telefonisch oder persönlich bei einem Minicab-Büro buchen konnte, rasch gestiegen war. Minicabs war es vom Gesetz untersagt, ein Taxameter laufen zu lassen oder Fahrgäste auf der Straße einzusammeln.

Dann erschien Uber und pulverisierte all die feinen Unterscheidungen zwischen schwarzen Taxen und Minicabs. Und weil GPS allgegenwärtig war, wurde auch „The Knowledge" praktisch über Nacht obsolet. Dann legte Uber auch noch im Juni 2013 mit UberX nach, nachdem der Limousinendienst ein Jahr lang in London agiert hatte. Genauso wie die Minicab-Betreiber mussten auch die UberX-Fahrer eine Lizenz erwerben und Versicherungsschutz nachweisen. „The Knowledge" mussten sie nicht bestehen und anders als die Minicab-Chauffeure reagierten die Fahrer bei UberX während der Fahrt auf Anfragen der Uber-App und warteten auf weitere Touren. Uber holte keine Genehmigung ein, bevor es UberX am Markt anbot – das Unternehmen setzte schlicht darauf, dass 50 Jahre alte Bestimmungen so neumodische Möglichkeiten wie die, sich per App ein Fahrzeug „heranzuwinken", schlicht nicht berücksichtigten.

Zunächst agierte UberX in London ohne großes Aufheben. Aber die Taxifahrer hörten das Gras wachsen, was neue Konkurrenz anging, und sie waren nicht bereit, stillschweigend alles zu erdulden. Am 11. Juni 2014 blockierten sie während der Mittagsstunden aus Protest gegen UberX die Innenstadt. Auf der Lambeth Bridge über die Themse ging gar nichts mehr, der Verkehr in der Innenstadt stand.[1]

„All die Jahre, die ich Taxi gefahren bin, haben sich die Menschen um mich gerissen. Nun ist es schon ein Wunder, wenn ich überhaupt einen Auftrag kriege", sagte John Connor. Der Mann aus dem East End fuhr seit 44 Jahren Taxi und klagte mir sein Leid, als er mich einige Monate nach der Demonstration vom Flughafen Heathrow nach Shoreditch fuhr. Er war einer von 10.000 Taxifahrern, die sich an dem Streik beteiligt hatten: „Wir mussten doch die Leute wissen lassen, dass man nicht so einfach auf uns scheißen kann!"

Viele der neuen UberX-Fahrer kamen als Einwanderer aus Ländern wie Pakistan, Bangladesch, Somalia, Äthiopien und Eritrea, sagte Connor. Sie hätten keine Probleme damit, 18 Stunden täglich für weniger als den Mindestlohn zu arbeiten. Er jedoch müsse eine Familie unterstützen! Einwanderung, Globalisierung, Ängste der Mittelschicht – es waren dieselben Themen, die alle westlichen Nationen zu Beginn des 21. Jahrhunderts heimsuchten. „Eine Veränderung wie diese habe ich meinen Lebtag noch nicht gesehen. Das Spiel ist vorbei", sagte er, während wir in der Innenstadt im Stau standen.

Uber gibt an, nach dem Streik sei die Zahl der neuen Fahrer um 850 Prozent gestiegen – die Taxifahrer hatten mit ihrer Aktion ungewollt Werbung für Uber gemacht. Im Herbst fuhren bereits 7.000 Menschen für Uber in London. Jo Bertram, Ubers knallharte Regionalmanagerin, wurde damals online derart massiv attackiert, dass sie sich komplett aus den sozialen Medien zurückziehen musste. Mit der streitlustigen britischen Presse hatte sie manch einen Strauß ausgefochten, aber der Hass, der ihr auf Twitter entgegenschlug, war zu viel. „Es war ein Trommelfeuer der Beleidigungen", sagte sie mir. „Meine Freunde rieten mir: ‚Lies das doch nicht, das ist nicht gesund.' Wir haben dann einen Kollegen damit beauftragt."

Das ganze Jahr über köchelte in London die Feindseligkeit gegenüber Uber weiter, während UberX immer beliebter wurde. Die TfL musste sich mit einer wachsenden Zahl Beschwerden der Taxifahrer herumschlagen und beschloss 2015, etwas gegen die Uber-Revolution zu unternehmen. Die Aufsicht schlug Regeln vor, die unter anderem dazu geführt hätten, dass Uber in seiner App keine freien Wagen mehr hätte zeigen dürfen. Außerdem hätten die Fahrer mindestens fünf Minuten warten müssen, bevor sie einen Fahrgast aufsammeln durften, der eine Tour bestellt hatte. [2] Das waren unlogische Maßnahmen und sie zielten vor allem darauf ab, Uber unattraktiv zu machen. Die Emotionen kochten über. „Dieser Travis, das ist so ein Schleimer. Am liebsten würde ich ihm eine verpassen", sagte mir Steve McNamara, Generalsekretär der Licensed Taxi Driver Association, einem Berufsverband der Taxifahrer.

Im Auge des Sturms stand Londons wuschelköpfiger konservativer Bürgermeister Boris Johnson, der später als einer der Vorkämpfer für den Brexit, den Ausstieg Großbritanniens aus der Europäischen Union, international berühmt werden sollte. Johnson befand sich in keiner einfachen Lage. Als er 2008 für das Bürgermeisteramt kandidierte, hatte er vehement um die Unterstützung der Taxifahrer geworben und sogar seinen Wahlkampfslogan auf Taxi-Rechnungen drucken lassen.

Zunächst einmal fiel Johnson auf, dass Uber regelmäßig gegen die Bestimmungen für Minicabs verstieß, denn die Fahrer durften in den Straßen herumfahren und auf Passagiere warten. Gleichzeitig bemerkte er, dass die Technologie eine Unterscheidung zwischen schwarzen Taxen und Minicabs im Grunde völlig überflüssig machte. Im September 2015 bezeichnete Johnson während einer Frage-und-Antwort-Runde die zahlreich im Publikum vertretenen Taxifahrer als „Ludditen, die von neuer Technologie nichts hören wollen". Die Taxifahrer brachen in wütende Beschimpfungen aus und sorgten im Rathaus für großes Durcheinander, das damit endete, das sie aus dem Gebäude geworfen wurden. [3]

Aber wie schon in den amerikanischen Städten setzte sich Uber auch in London durch, weil die Menschen den Dienst liebten. Das Unternehmen fuhr nicht nur eine Armee erfahrener Lobbyisten auf, sondern auch 200.000 Kunden. So viele unterzeichneten eine Petition an die TfL, die geplanten Einschränkungen zu streichen. Das tat sie dann im Januar 2016 auch. Johnson räumte ein, dass die neuen Bestimmungen „keine breite Unterstützung fanden". Die Gesetzgeber könnten „die Erfindung des Internets nicht rückgängig machen", so der Bürgermeister weiter. [4]

Nicht all seine europäischen Amtskollegen teilten diese Ansicht. In Frankreichs Verwaltungseinrichtungen war die reflexhafte Ablehnung von Uber sehr stark. 2012 hatte Uber Paris als sechsten Standort eröffnet, Anfang 2014 wuchs der Dienst dort noch immer rasch. Dann beschloss die französische Legislative, dass die Uber-Chauffeure 15 Minuten warten mussten, bevor sie Fahrgäste einsammeln durften, die per App einen Wagen bestellt hatten. Ein französisches Verwaltungsgericht kippte das Gesetz, aber das Ganze war ein Vorgeschmack auf die bevorstehenden Kämpfe. Außerdem zeigte es, welchen Einfluss die beiden größten französischen Taxiunternehmen, die den Markt unter sich aufgeteilt hatten, aufbieten konnten. [5]

Uber arbeitete zum damaligen Zeitpunkt in Frankreich ausschließlich mit Berufsfahrern. Aber eine Lizenz als Privatchauffeur kostete 3.000 Euro und es gab Bestimmungen, die explizit zum Schutz der Taxen gedacht waren, etwa die, dass Fahrer einen schriftlichen Test bestehen mussten. Um das volle Potenzial eines On-Demand-Transportdienstes abrufen zu können und leichter an Fahrer zu kommen, musste Uber derartige Hürden aus dem Weg schaffen. Im Februar 2014 war Frankreichs Regierung noch unwillig, die Zulassungsbedingungen zu lockern. Dennoch führte Uber ein Ridesharing-Modell ein, das es Fahrern auch ohne Personenbeförderungsschein erlaubte, Passagiere mit ihren eigenen Fahrzeugen einzusammeln. UberX, ein Dienst, bei dem Berufsfahrer mit Lizenz zum Einsatz kamen, gab es in Frankreich bereits, deshalb bewarb Uber das neue Angebot als UberPop. Der regionale Geschäftsführer Pierre-Dimitri Gore-Coty wählte diesen Namen gemeinsam mit Kollegen aus, weil er ihn an „Peer to Peer" erinnerte.

UberPop wuchs beständig in Frankreich – bis zum Sommer 2015, dann schlugen Frankreichs Taxifahrer zurück. Sie demonstrierten, blockierten Autobahnen, warfen Uber-Fahrzeuge um und versperrten die Zufahrten zum Pariser Flughafen Charles de Gaulle. Das für die Regulierung der Taxenbranche zuständige Innenministerium stand aufseiten der Taxifahrer und wohl auch der Interessen der traditionellen Taxibranche. Die Polizei führte Razzien in Ubers Pariser Büroräumen durch, Fahrer wurden mit Bußgeldern belegt.[6] Am 29. Juni 2015 verhafteten die Behörden Gore-Coty und Ubers Frankreich-Geschäftsführer Thibaud Simphal.[7] Sie verbrachten die Nacht in einer Gefängniszelle. Wenige Tage später machte UberPop wieder dicht, Uber behielt allerdings das Angebot mit Berufsfahrern bei. 2016 kam es zu einer Gerichtsverhandlung, bei der die Uber-Manager und das Unternehmen selbst „irreführender kommerzieller Praktiken" für schuldig befunden und zu einem Bußgeld verurteilt wurden.[8]

Ähnlich verlief es in Italien, wo ein Gericht in Mailand UberPop im Mai 2015 für illegal erklärte.[9] So verlief es in Schweden, wo 30 Fahrer für schuldig befunden wurden, einen illegalen Taxendienst zu betreiben. Das Unternehmen war gezwungen, UberPop dort auszusetzen.[10] So verlief es in Spanien, wo ein Gericht Uber wegen „unfairen Wettbewerbs" für ein Jahr verbot und spanische Internetprovider anwies, auf spanischem Boden den Zugang zur Uber-App zu blockieren. Zuvor hatten spanische Taxibetriebe und deren mächtiger Berufsverband Asociación Madrileña del Taxi eine gerichtliche Verfügung erwirkt.[11] So verlief es in Deutschland, wo mehrere Gerichte auf Klagen von Taxiverbänden hin befanden, dass Uber gegen das Wettbewerbsrecht verstoße und ausschließlich professionelle Fahrer einsetzen dürfe.[12] Aus Frankfurt, Hamburg und Düsseldorf zog sich Uber wieder zurück, in Berlin und München blieb der Dienst mit Fahrern aktiv, die über einen Personenbeförderungsschein verfügen.

Die Kämpfe, die rund um Uber in jedem europäischen Land stattfanden, waren sehr aufschlussreich. Einerseits zeigten sie, mit welch unbeholfener Aggressivität Uber vorging, wie es dazu neigte, einfach mit gezückten Waffen in eine Stadt zu stürmen und wild um sich zu schießen, anstatt sich zunächst einmal Verbündete in der Verwaltung zu suchen. Dass es zu Gegenreaktionen kommen würde, war unvermeidlich. „Wir haben Fehler gemacht", sagt Ryan Graves, der bei Uber das operative Geschäft leitet. „Wir haben uns etwas mehr als notwendig wie der Elefant im Porzellanladen aufgeführt." Andererseits stellte Ubers Expansion auch jede Kommunalverwaltung vor die Frage, inwieweit man bereit war, veraltete Personenbeförderungsbestimmungen für einen Dienst zu modernisieren, den sich viele Bürger dringend herbeisehnten. Es war ein Lackmustest für demokratische Prozesse: Fühlten sich Regulierer und Gesetzgeber eher ihren Bürgern verpflichtet oder doch den einflussreichen Taxi-Interessen und den Gewerkschaften? Die Länder in Kontinentaleuropa hatten mit diesem Test arg zu kämpfen. Sie waren auf einen innovativen und arroganten neuen Akteur gestoßen, der es darauf anlegte, eine ins Stocken geratene Branche umzukrempeln. Instinktiv neigten die Länder dazu, den Aufrührer vor die Tür zu setzen.

Anders sahen die Dinge am anderen Ende der Welt aus. Anders als in Europa reagierte man in Asien auf Ubers globale Ziele vor allem auf unternehmerischer Ebene. Travis Kalanick sollte es hier mit jemandem zu tun bekommen, der genauso getrieben und genauso aggressiv war wie er selbst.

Im Frühjahr 2012 waren die Technologie-Blogs voll mit Berichten über Hailo, über die Finanzierung des britischen Taxen-Bestelldienstes und über seine bevorstehende Expansion. Wie wir gesehen haben, brachte Hailos verfrühte Ankündigung Kalanick dazu, Ubers bis dato nur aus einem Limousinendienst bestehendes Angebot um andere Varianten zu ergänzen. Hailo war gezwungen, sich aus den USA wieder zurückzuziehen und in sein Nischengeschäft zurückzukehren, das leichtere Bestellen von Taxifahrten in England und Irland. 2016 wurde das Unternehmen von Daimler übernommen.

Aber Hailos zum Scheitern verurteilte Expansionspläne wirkten sich auf den Verlauf dieser Geschichte noch anders, deutlich weitreichender, aus.

Auf der anderen Seite der Welt saß ein talentierter junger Verkäufer namens Cheng Wei und las in den Technologie-Blogs die Berichte über die bevorstehende Auseinandersetzung zwischen Hailo und Uber. Wei arbeitete eigentlich in Hangzhou für den riesigen chinesischen Online-Händler Alibaba, aber nun überlegte er, wie er aus der Hailo-Uber-Situation einen Vorteil ziehen könnte.

Geboren wurde Cheng Wei in der ostchinesischen Binnenprovinz Jiangxi, wo die kommunistische Revolution unter Mao Zedong ihren Anfang nahm. Chengs Vater war Beamter, seine Mutter Mathematiklehrerin. In der Oberstufe stach er in Mathematik hervor, allerdings unterlief ihm bei seiner Eignungsprüfung für die Universität ein Fehler, wie er sagt: Er habe die letzte Seite des Prüfungsbogens nicht umgedreht, sodass er drei Fragen unbeantwortet ließ.

Das Prüfungsergebnis reichte für die Pekinger Universität für Chemieingenieurwesen, die nicht zu den Elite-Hochschulen zählte. Eigentlich hatte Cheng einen Abschluss in Informationstechnologie angestrebt, stattdessen teilte ihn seine Universität für einen Abschluss in Betriebswirtschaft ein. Wie so viele andere Studierende in China auch verkaufte er während seines letzten Studienjahres Lebensversicherungen. Das heißt, er versuchte es, denn er landete nicht einen einzigen Abschluss, nicht einmal bei seinen Professoren. Ein Professor habe ihm gesagt: „Selbst mein Hund hat eine Versicherung", so Cheng. Bei einer Jobmesse bewarb er sich als Assistenz der Geschäftsführung in einer Firma, die sich als „berühmtes chinesisches Unternehmen der Gesundheitswirtschaft" präsentierte. Als er mit dem Koffer in der Hand in Shanghai zur Arbeit erschien, stellte er fest, dass es sich in Wahrheit um eine Kette Fußmassage-Geschäfte handelte.

2005 verließ Cheng 22-jährig die Universität und ergatterte einen Einsteigerposten bei Alibaba – indem er sich im Shanghaier Büro des Unternehmens am Empfang meldete und nach einer freien Stelle fragte. Er landete im Vertrieb, wo er 1.500 Yuan im Monat verdiente, umgerechnet knapp 200 Euro. „Ich bin Alibaba ausgesprochen dankbar", sagt Cheng. „Es trat jemand auf mich zu und verscheuchte mich nicht, sondern sagte: ‚Junge Menschen wie dich können wir gebrauchen.'"

Sein Ausflug ins Versicherungsgeschäft hatte sich als Katastrophe herausgestellt, aber wie sich zeigte, war Cheng gut darin, Händlern Internetwerbung zu verkaufen. Er wurde befördert und unterstand schließlich Wang Gang, einem Manager, der mit seiner Meinung nicht hinter den Berg hält. Als er Cheng kennenlernte, habe der junge Mann gute Verkaufszahlen vorweisen können, so Wang, aber sein wahres Talent habe woanders gelegen – beim Moderieren von Kundenveranstaltungen.

Nachdem er bei einer Beförderung übergangen wurde, versammelte Wang 2011 Cheng und andere Untergebene um sich und brütete mit ihnen über Ideen für Firmengründungen. Sie spielten mit Geschäftsmodellen für Bildungsunternehmen herum, mit einem Dienst für Restaurantbewertungen oder Inneneinrichtung. Anfang 2012 befassten sie sich mit einer Smartphone-App namens Momo, mit deren Hilfe man sich auf einer Online-Karte ansehen konnte, wo sich andere Nutzer aufhielten. Die Vorstellung, per Telefon attraktive Frauen im Blick behalten zu können, führte dazu, dass sie sich näher mit den Möglichkeiten befassten, die die GPS-Funktion im Smartphone ihnen eröffnete. Und dann las Cheng Wei über Hailos Expansionspläne für die Vereinigten Staaten …

Für Cheng Wei war die Hailo-Meldung wie ein Weckruf. In den Vereinigten Staaten und in Großbritannien fand ein Kampf darum statt, die Taxibranche ins Zeitalter des Smartphones zu katapultieren. Cheng wusste: Chinas Taximarkt war riesig, reguliert, hartnäckig analog und extrem zersplittert. In jeder größeren Stadt waren Dutzende Taxiunternehmen unterwegs.

2012 verließ er Alibaba. Seine neue App, mit deren Hilfe man ein Taxi bestellen konnte, nannte er Didi Dache („Hup, Hup, ruf ein Taxi"). Auch sein Boss Wang Gang verließ Alibaba, er wurde Chengs erster großer finanzieller Förderer. Gang investierte 800.000 Yuan (etwa 103.000 Euro) in das Start-up. (Geschätzter Wert von Gangs Beteiligung Ende 2016: circa eine Milliarde Dollar.)

Cheng und einige Ex-Kollegen von Alibaba bezogen zunächst ein Lagerhaus im Norden Pekings, eine heruntergekommene, 100 Quadratmeter große Fläche mit einem einzigen Konferenzraum. Wie sich zeigte, war ihre Idee, für den chinesischen Taxi-Markt etwas wie Hailo zu entwickeln, keineswegs neu. Mindestens 30 weitere chinesische Gruppen hatten die Hailo-Berichterstattung verfolgt oder die Aufregung registriert, die gerade rund um das Thema elektronische Taxi-Bestellung herrschte. Sie alle entwickelten mehr oder weniger zeitgleich ähnliche Start-ups wie Cheng.

Die U-Bahnen überfüllt, die Schnellstraßen verstopft, dazu ein chronischer Smog, bei dem es keine schöne Erfahrung war, zu Fuß oder auf dem Fahrrad unterwegs zu sein – es überrascht nicht, dass die Möglichkeit, sich elektronisch ein Taxi zu bestellen, in China besonders rasch Zulauf erhielt. Zunächst allerdings schien es kein besonders gutes Geschäft zu sein. Es herrschte gnadenloser Wettbewerb und die Taxibestelldienste mussten die Taxifahrer beim Kauf eines Mobiltelefons finanziell unterstützen. Chinas Regierung wollte nicht, dass die Beförderungskosten stiegen, also untersagte sie es den Start-up-Firmen, einen Anteil der Tarife als Provision einzubehalten. Einige Städte verboten die Apps sogar gleich völlig – was manche Fahrer nicht daran hinderte, sie trotzdem zu benutzen. Viele hatten ein zweites, „sauberes" Handy dabei, das sie bei einer Kontrolle vorzeigten. Cheng erzählt, dass er von seinen ersten zehn Mitarbeitern zwei nach Shenzhen entsandte, damit sie dort den Dienst ins Rollen bringen. Weil in Shenzhen die Foxconn-Fabriken stehen, in denen die iPhones montiert werden, müsste die Stadt doch liberaler als alle anderen sein, so seine Überlegung. Didi wurde von den örtlichen Behörden umgehend aus dem Verkehr gezogen.

Der Brillenträger Cheng hat etwas Engelhaftes an sich und man kann ihn sich gut vorstellen, wie er nachts um 2 Uhr in einer Videospielhalle hockt und daddelt. An die Frühphase seines Unternehmens erinnert er sich in seinem geräumigen Büro im Norden Pekings. Eingerichtet ist das Büro mit Wirtschaftsbüchern und einem Goldfischtank auf dem Schreibtisch.[13] Ist die Sicht zur Abwechslung einmal gut, kann er die Berge im Nordwesten Pekings ausmachen. Dort bauten die Chinesen im 15. Jahrhundert die Chinesische Mauer, um sich vor einer Invasion der Mongolen zu schützen. Wenn man bedenkt, was noch alles passieren sollte, scheint das passend.

Die ersten chinesischen Ridesharing-Dienste verloren allesamt Geld und die, die später auf dem Markt erschienen oder Ubers ursprünglichen Ansatz kopierten, es zunächst einmal mit den teureren und selteneren Limousinen zu versuchen, hatten mit einem schweren Handicap zu kämpfen. Didi zeichnete sich durch eine höhere Angriffslust als die Konkurrenz aus. Als der vom US-Investor Sequoia Capital unterstützte Wettbewerber Yaoyao Taxi die Exklusivgenehmigung bekam, Fahrer am Flughafen von Peking zu rekrutieren, fielen Didi-Mitarbeiter im größten Bahnhof der chinesischen

Hauptstadt ein und warben dort für ihre App. Didi machte es nicht wie die Konkurrenz und verschenkte Smartphones an die Fahrer, für ein klammes junges Unternehmen ohnehin eine arg kostspielige Idee. Didi konzentrierte sich stattdessen darauf, seine kostenlose App bei jüngeren Fahrern zu bewerben, die ohnehin bereits ein Mobiltelefon besaßen und die für kostenlose Mundpropaganda sorgen würden, wenn ihnen das Angebot gefiel.

Ende 2012 zog ein massiver Schneesturm über Peking hinweg. Auf der Straße waren Taxen überhaupt nicht zu bekommen, deshalb griffen die Bürger zur App. Erstmals lag daraufhin die Zahl der täglichen Bestellungen bei über 1.000. Dieser Erfolg weckte die Aufmerksamkeit eines Wagniskapitalgebers aus Peking, der bei einer Gesamtbewertung von zehn Millionen Dollar zwei Millionen Dollar in Didi investierte. „Hätte es in jenem Jahr nicht geschneit, würde es Didi heute vielleicht nicht geben", sagt Cheng.

Im April 2013 konnte sich eines der Start-ups einen ersten Vorteil erarbeiten, aber es handelte sich nicht um Didi, sondern um Kuaidi Dache („Schnelles Taxi") aus der ostchinesischen Stadt Hangzhou. Dem Unternehmen gelang es, sich Finanzmittel von Cheng Weis altem Arbeitgeber Alibaba zu sichern. [14]

Ob sich ein neues Unternehmen im chinesischen Internet eine marktbeherrschende Stellung sichern kann, hängt oftmals davon ab, welche Start-up-Firma über die besten Verbindungen zu den „Großen Drei" verfügt, also zum Unterhaltungsportal Tencent, dem Suchmaschinenanbieter Baidu und dem Onlinehändler Alibaba. Im bevölkerungsreichsten Staat der Welt sind es diese Konzerne, die online das Sagen haben und die ihren Partnern viel Traffic zukommen lassen können. Didi war dabei, sich bei der technologieaffinen Gemeinde in Peking und Guangzhou einen Namen zu machen, aber wenn er überleben wollte, würde er ein Bündnis schmieden müssen, überlegte sich Cheng Wei. Wenige Wochen nach dem Kuaidi-Alibaba-Geschäft sicherte er sich 15 Millionen Dollar von Alibabas Erzrivalen Tencent. Bei der Finanzierungsrunde wurde das immer noch winzige Start-up mit 60 Millionen Dollar bewertet.

Mit zwei Schwergewichten des chinesischen Internets im Rücken gingen Didi und Kuaidi nun aufeinander los. Eine extrem problembeladene Woche ging dabei als „Sieben Tage, sieben Nächte" in Didis Annalen ein. Beide Firmen hatten in diesen Tagen immer wieder technische Probleme, sodass Fahrer und Fahrgäste von einem Dienst zum anderen und wieder zurück wechselten. Cheng sagt, die Programmierer hätten so lange in Didis überfülltem Büro gehockt und dabei so hart an der Lösung der Probleme gearbeitet, dass einem Mitarbeiter die Kontaktlinsen durch einen chirurgischen Eingriff entfernt werden mussten.

Schließlich bat Cheng Tencents Gründer und CEO Pony Ma um Hilfe. Ma lieh ihm 50 Programmierer und 1.000 Server und er lud das Didi-Team ein, eine Zeit lang in den bequemeren Büroräumen von Tencent zu arbeiten.

Aber Didi verdiente weiterhin kein Geld und Cheng benötigte frisches Kapital. Also machte er sich im November 2013 erstmals in die USA auf, wo er allerdings bei diversen Investoren auflief. „Wir hatten eine Menge Geld verbrannt", sagte er. „Deshalb meinten die Investoren alle: ‚Whoa!'" An Thanksgiving gab es in New York City erneut einen Schneesturm, aber dieser war weniger schicksalshaft. Sein Uber-Wagen sei auf dem Weg zum Flughafen im Sturm steckengeblieben und er habe schließlich seinen Flieger verpasst, erinnert sich Cheng Wei. „Ich war nach meiner Rückkehr nach China sehr niedergeschlagen."

Anfang 2014 sollte sich alles zum Besseren wenden. Während des chinesischen Neujahrs 2014 feierte Tencent gewaltige Erfolge mit „Red Envelope", einer Mobilfunk-App, die es Nutzern erlaubte, Freunden und Angehörigen zu den Feiertagen kleine Geldgeschenke zu machen, wie es in China seit jeher Brauch ist.

Plötzlich eröffnete sich im langjährigen Kampf zwischen Alibaba und Tencent ein neues Schlachtfeld – Bezahlen per Handy. Wer sich eine Vorrangstellung als digitale Börse für Chinas Smartphone-Nutzer erobern konnte, hatte einen gewaltigen strategischen Vorteil auf seiner Seite. Mit entsprechend großem Eifer machten sich beide Firmen daran, Bezahl-Apps auf den Markt zu werfen. Didi und Kuaidi wurden bei diesem verrückten Wettrennen in die jeweiligen Arsenale aufgenommen. Tencent integrierte Didi in die Bezahlfunktion seines extrem beliebten Chatdienstes WeChat, bei Kuaidi wiederum konnten die Nutzer per Alipay bezahlen, Alibabas Angebot für Mobilfunkbezahlungen. Alibaba wie auch Tencent begannen, massiv Geld in ihre jeweiligen Taxi-Apps zu pumpen. Diese konnten dann Fahrer mit Garantiezahlungen locken und

Fahrgäste mit Rabatten und den Mobilfunk-Zahldiensten Kundschaft beschaffen.

Uber war in den USA zwischen 2009 und 2014 außergewöhnlich rasch expandiert, getragen von einem gewaltigen Boom bei der Nutzung von Smartphones. Was in den USA eine Flutwelle war, entsprach in China schon nahezu einem verheerenden Tsunami, ausgelöst von dem erbitterten Ringen zweier Technologie-Riesen und deren Wunsch, ihre Kurznachrichtendienste und ihre Mobilfunk-Bezahlsysteme unters Volk zu bringen. Beim Stellvertreterkrieg mit Kuaidi habe Didi mit seinen großzügigen Subventionierungsaktionen im Jahr 2014 *Tag für Tag* 100.000 Dollar verbrannt, sagt einer der Investoren. Im selben Jahr sammelte das Unternehmen in zwei Finanzierungsrunden, die von Tencent und dem russischen Wagniskapitalgeber DST Global angeführt wurden, 800 Millionen Dollar ein. Kuaidi erhielt von Alibaba, dem japanischen Technologie-Mischkonzern Softbank und der Beteiligungsgesellschaft Tiger Global Mittel in nahezu ähnlicher Höhe.[15] Cheng Wei erwies sich als cleverer und anpassungsfähiger CEO, aber wenn es so weiterging, würde der Kampf mit Kuaidi alle Beteiligten finanziell ruinieren.

Irgendwann wurde den Investoren hinter Didi und Kuaidi bewusst, wie närrisch ihre wachsende Rivalität war. Travis Kalanick stand vor der Tür, denn er betrachtete China als nächsten großen Markt für Uber, insofern drängten die Investoren auf einen Waffenstillstand zwischen den beiden Start-ups und ihren Geldgebern.

Eine wichtige Rolle bei der Fusion spielte der mit allen Wassern gewaschene russische Wagniskapitalgeber Yuri Milner von DST, der als Vermittler ständig zwischen den Firmenzentralen von Alibaba und Tencent hin und her pendelte. Cheng Weis Einfallsreichtum und Didis Einbindung in WeChat hatten dazu geführt, dass Didi mehr Fahrgäste vorweisen konnte und letztlich 60 Prozent des neuen Unternehmens kontrollierte. Cheng Wei war „unter dem Strich genauso aggressiv wie Travis", sagt ein Didi-Investor. „Es war die perfekte Paarung."

Uber hatte zwei Jahre lang auf kleiner Flamme in China vor sich hin gewerkelt. Nachdem er die Serie-C-Finanzierung abgeschlossen hatte, war Kalanick mit Managern von TPG Capital zum Feiern nach Asien geflogen. Vor seiner Abreise hatte er eine Gruppe Mitarbeiter gebeten, sich mit ihm in Peking zu treffen: Austin Geidt, den ehemaligen Chicago-Chef Allen Penn, den in Asien lebenden Uber-Manager Sam Gellman sowie Corey Owens, verantwortlich für die Zusammenarbeit mit der Politik. In Peking arbeiteten sie „in mehreren schäbigen Apartments in einer Ecke der Stadt, die ich auf Anhieb auch nicht mehr wiederfinden würde", erinnert sich Penn.

Versuche amerikanischer Internetfirmen, nach China zu expandieren, galten lange Zeit als Selbstmordmission. Google, eBay, Amazon, Facebook, Twitter ... sie alle hatten versucht, in der zweitgrößten Volkswirtschaft der Welt Fuß zu fassen, und waren an staatlicher Zensur, dem Standortvorteil der Großen Drei oder einer Kombination aus beiden Faktoren gescheitert. Wie es so seine Art war, ließ sich Kalanick davon nicht beirren. Zusammen mit Kollegen erarbeitete er eine Liste aller Gründe, weshalb sie anders als ihre Vorgänger seien. Sie kamen zu dem Schluss, kreativ und geduldig genug zu sein, um sich durchsetzen zu können. Kalanick war ein Problemlöser und das hier war das ultimative Problem – eines, das noch kein anderer Technologie-Unternehmer hatte knacken können.

Während der Woche in Peking schwärmte das Uber-Team in der Hauptstadt aus, testete die örtlichen Taxi-Apps, traf sich mit Anwälten und Regulierern und saugte alles in sich auf, was man über die Regeln und realen Bedingungen der chinesischen Taxenindustrie lernen konnte. Kalanick traf sich mit CEOs diverser Start-ups, darunter auch einem blutjungen Cheng Wei, der Didi damals seit gerade einmal sechs Monaten führte und bei dem Uber-Chef bleibenden Eindruck hinterließ. „Travis hatte ihn schon getroffen, noch bevor ich angefangen hatte", sagt Emil Michael. „Er sagte mir, unter all den Gründern im Ridesharing-Bereich sei Cheng Wei etwas Besonderes. Er stach ganz einfach deutlich aus allen anderen in der Branche heraus."

Die Uber-Manager erfuhren am eigenen Leib, wie schwierig es sein kann, in Peking von A nach B zu gelangen. Allen Penn erinnert sich, dass er sich 90 Minuten vor einem Treffen am anderen Ende der Stadt auf den Weg machte, dann aber erst einmal eine halbe Stunde lang vergeblich damit beschäftigt war, ein Taxi heranzuwinken. Schließlich ging er frustriert wieder hinein und hielt das Meeting per Skype ab.

Alle, mit denen sich die Uber-Manager während jener Woche trafen, hielten dieselbe Empfehlung bereit: „In China müsst ihr vorsichtig auftreten, am besten geht ihr ein Gemeinschaftsunternehmen mit einem örtlichen Akteur ein." Im Grunde hätten sich all die Empfehlungen eindampfen lassen, sagt Austin Geidt: „Nehmt euch Zeit. Überstürzt nichts. Amerikanische Unternehmen begehen hier leicht Fehler."

Doch Kalanick hatte bereits in Europa gezeigt, dass es ihm nicht lag, langsam vorzugehen. Noch während er unterwegs war, zog er ein paar Reserve-iPhones aus seinem Koffer und legte örtliche SIM-Karten ein. Dann rief er einen Uber-Programmierer in San Francisco an (und weckte ihn wegen der Zeitverschiebung). Er solle ihm eine Peking-Version der Uber-App zusammenbasteln, wies Kalanick ihn an. Allen Penn und Patty Li, eine TPG-Investorin, die fließend Mandarin sprach, suchten sich ein paar abenteuerlustige Fahrer und noch am selben Abend wurden sie Ubers erste Fahrgäste in China. „Aus GPS-Sicht war es eine Katastrophe", erinnert sich Geidt. Viele Google-Dienste in China waren blockiert und Google Maps war unzuverlässig.

Es sollte ein Jahr ins Land gehen, bis sich Kalanick und sein Managementteam an den Gedanken gewöhnt hatten, in China an den Start zu gehen. Anfang 2014 dann führte Uber das Limousinen-Angebot in Shanghai, Peking, Guangzhou und Shenzhen ein. Um den Dienst als Angebot zu positionieren, das sich an Touristen und Ausländer wandte, erfolgte die Abrechnung zunächst ausschließlich in US-Dollar. Weil man die chinesische Regierung nicht provozieren wollte, hielt Uber zudem das Thema von den Medien fern. „Wir wollten hier nicht mit großem Getöse aufschlagen", sagt Geidt.

Ein Jahr lang wurstelte Uber ruhig in China vor sich hin, während Didi und Kuaidi unter der Aufsicht von Alibaba und Tencent ihren blutigen Kampf ausfochten. Im Herbst 2014 beschlossen Kalanick und seine Manager dann, nach den großen Erfolgen in anderen Teilen der Welt Ridesharing auch in China anzubieten. „Das ist der Ort, an dem sich die wahren Unternehmer zeigen", sagt Emil Michael. „Wir dachten uns: ,Was ist schon das Schlimmste, was passieren könnte? Wir sind kein Platzhirsch, also lasst es uns wagen.'"

Im Oktober 2014 führte Uber in Guangzhou, Shenzhen, Hangzhou und Chengdu „Volks-Uber" ein, die chinesische Variante von UberX. Alle Fahrzeugführer, die die Sicherheitsüberprüfung bestanden hatten, konnten nun in ihren eigenen Wagen Fahrgäste mitnehmen. Gleichzeitig holte sich Uber einen strategischen Partner, der über Geld verfügte, wertvolle Technologie besaß und gute politische Kontakte zur chinesischen Regierung vorweisen konnte – Baidu, das eine Mitglied der „Großen Drei", das den kostspieligen Krieg der Taxi-Apps ausgesessen hatte und das Wettrennen um Mobilfunk-Bezahlsysteme verschlief. Im Dezember kündigte Baidu eine Investition in Uber an. Der Dienst werde in China nun zudem mit den zuverlässigeren Karten von Baidu arbeiten, hieß es.[16]

Zunächst schien die Strategie aufzugehen. Didi und Kuaidi waren mit ihrer Fusion beschäftigt und so konnte Uber Boden gutmachen. Schätzungen zufolge erreichte das Unternehmen auf dem chinesischen Markt für On-Demand-Transport-Apps einen Anteil von 30 Prozent.

Natürlich ging das wie immer mit Drama einher. In einem halben Dutzend Städte bliesen Taxifahrer zum Streik, darunter in Changchun, Nanjing und Chengdu.[17] In Guangzhou und Chongqing stürmte die Polizei Uber-Büros.[18] Im Januar 2015 urteilte das chinesische Transportministerium, dass Besitzer von Privatwagen Apps für Mitfahrgelegenheiten nicht für Gewinnzwecke nutzen dürften. Dennoch konnten Uber und die Konkurrenz seltsamerweise weiter operieren. Auf ein rabiates Durchgreifen hatte die chinesische Regierung offenbar wenig Lust – sie würde doch keinen Dienst abwürgen, der versprach, die massiven Transportprobleme des Landes zu lindern.

Uber hatte nun einen Hebel, den man ansetzen konnte. Eine Gelegenheit, die Travis Kalanick sich nicht entgehen lassen wollte. Kalanick und Emil Michael reisten nach Peking und besuchten dabei auch das dortige Büro des frisch fusionierten und in Didi Kuaidi („Hup', hup', rasch") umgetauften Dienstes. Dort traf man sich mit einer Gruppe von Managern, der Cheng Wei ebenso angehörte wie Jean Liu, ehemalige Geschäftsführerin Asien bei Goldman Sachs und nun bei Didi Kuaidi für das operative Geschäft zuständig. Das Treffen begann allen Berichten zufolge sehr gut. Cheng Wei begrüßte Kalanick mit den Worten „Sie sind meine Inspiration", aber schon bald wurde die Stimmung angespannt.[19] Emil Michael erinnert sich an einen Vorfall, bei dem er sich fragte, ob die chinesischen Gastgeber es mit psychologischer Kriegsführung versuchten: „Sie haben uns das vielleicht miserabelste Essen serviert, das ich je bekommen habe", sagt er. „Wir stocherten alle nur in unserem Essen herum und fragten uns, ob das so eine Art Einschüchterungstaktik sein soll." (Sollte es nicht. Jean Liu entschuldigte sich später bei Michael für das Essen.)

Im Verlauf des Treffens ging Cheng zu einem Whiteboard und zeichnete zwei Linien. Ubers Linie setzte 2010 ein und stieg rasch nach rechts oben, um anzuzeigen, mit welcher Geschwindigkeit die Zahl der gebuchten Touren seit Firmengründung zugenommen habe. Die Didi-Linie setzte 2012 ein, zwei Jahre später, aber der Anstieg war noch steiler und schnitt die Uber-Linie. Cheng sagte, eines Tages werde Didi Uber überholen, denn der chinesische Markt sei so viel größer, außerdem würden viele chinesische Städte im Kampf gegen Verkehrschaos und Umweltverschmutzung den Besitz und die Verwendung von Privatfahrzeugen einschränken. „Travis lächelte bloß", erinnert sich Cheng.

So wie es Cheng Wei schildert, habe der Uber-CEO bei Didi Kuaidi einsteigen wollen. Er forderte eine 40-prozentige Beteiligung und versprach, im Gegenzug Didi den chinesischen Markt zu überlassen. In einer Rede schilderte Cheng Wei später, Kalanick habe Didi eine „peinliche Niederlage" versprochen für den Fall, dass er das Angebot des Uber-Chefs ablehnen sollte. „An der Art und Weise, wie sie uns ansahen, erkannten wir, dass wir für sie einfach nur eine weitere örtliche Taxi-App aus Sichuan waren", sagt Cheng Wei. „Für ausländische Unternehmen ist China ein Territorium, das erobert werden muss."[20]

Kalanick habe wie ein Schulhofschläger gewirkt, sagt Jean Liu. Die in Peking geborene Managerin spricht fließend Englisch und war Didis wichtigstes Verbindungsglied zur globalen Wirtschaftsgemeinde. „Stellen Sie sich vor, jemand kommt in Ihr Büro und sagt: ‚Gib mir x Prozent von deinem Unternehmen, ansonsten bekämpfe ich dich'", sagt sie. Uber widersprach später der Darstellung von Didi und erklärte, das Treffen sei „super-freundlich" verlaufen.[21]

Wie auch immer: Die Didi-Geschäftsführung lehnte den Vorschlag ab und führte kurz darauf ihre eigene Version des Ridesharings für den chinesischen Markt ein, dazu Möglichkeiten, Fahrgemeinschaften zu bilden und Pendelbusse zu organisieren. Didi sollte sich als wehrhafter Platzhirsch erweisen, fähig, Milliarden Dollar an Wagniskapital aufzutreiben und sich auf eine direkte

Auseinandersetzung mit Uber einzulassen, indem man Fahrer und Fahrgäste mit Preisnachlässen köderte. Es war der Auftakt eines globalen Mega-Einhorn-Duells bis zum Tod. Der Lohn: Der weltgrößte Beförderungsmarkt.

Am Nachmittag des 3. Juni 2015 lud Uber Journalisten in die Firmenzentrale in der Market Street. Es gab etwas Großartiges zu feiern –auf den Tag genau vor fünf Jahren hatte das Unternehmen Chauffeuren und Fahrgästen seine App erstmals zur Verfügung gestellt. Garrett Camp eröffnete die Feierlichkeiten, indem er darüber sinnierte, wie „aus einer verrückten Idee" ein global agierender Konzern erwachsen war. Austin Geidt und Ryan Graves ließen die Zeit Revue passieren, als Uber aus einer Handvoll Mitarbeitern bestand, die sich in geliehenen Büroräumen nahe der Transamericana-Pyramide um einen Tagungstisch drängten.

Dann bestieg Travis Kalanick das Podest. Er wirkte nervös und von seinen Gefühlen übermannt, während in der ersten Reihe seine Eltern saßen. Während der nächsten 20 Minuten sprach er, seine Rede holpernd von einem Teleprompter ablesend, über die Aggressivität, die Uber während des vergangenen halben Jahrzehnts zu einem dermaßen polarisierenden Unternehmen gemacht hatte. „Mir ist bewusst, dass ich manchmal wie ein doch recht vehementer Befürworter Ubers daherkomme", sagte er. „Mir ist auch bewusst, dass andere Personen eine nicht ganz so freundliche Umschreibung verwendet haben, um mich zu beschreiben."

Kunstvoller denn je argumentierte er dann für den politischen Wert des Unternehmens. Uber eröffne Vierteln mit geringen Einkommen, die über kein gutes Taxiangebot verfügen, neue Beförderungsmöglichkeiten. Das Unternehmen schaffe flexible Jobs für Arbeitslose, für Einwanderer und für Studenten, die nach Wegen suchen, ihre Ausbildung zu finanzieren. Indem man über den Mitfahrdienst UberPool mehrere Menschen dazu bringe, sich ein Auto zu teilen, senke das Unternehmen die Preise für Mietwagen mit Fahrer weiter, es hole Wagen von der Straße und reduziere die CO_2-Emissionen. „Aus unserer Sicht ist genau das der wahre Knackpunkt und das sind die Dinge, an denen wir in den kommenden Jahren arbeiten werden", sagte er. Das vorgefasste Redeskript war der Versuch, einen nachdenklicheren und optimistischeren Kalanick zu zeigen. Ganz klar zu erkennen war die Handschrift von Ubers immer professioneller auftretendem Kommunikationsteam rund um David Plouffe. Plouffe sollte kurz darauf durch Rachel Whetstone ersetzt werden, die ehemalige Kommunikationschefin von Google. Aber die Rede richtete sich nicht nur an die versammelte Lokalpresse, sie ging genauso an Regulierer und Gesetzgeber in Europa und vor allem an der amerikanischen Ostküste, wo sich genau in diesem Moment in New York City, dem größten Taximarkt des Landes, eine neue Anti-Uber-Fraktion formierte.

Trotz der Siege, die es den Taxi-Apps erlaubten, sich in New York City festzusetzen, stand die Stadtverwaltung unter Bürgermeister Bill de Blasio Uber (und auch Airbnb) größtenteils ablehnend gegenüber. Anfang 2015 stritten die Stadt und Uber um Gesetzgebung zum Deckeln des „Surge Pricing". [22] In einem anderen Streit ging es darum, ob Uber seine Fahrtaufzeichnungen der Taxi & Limousine Commission überlassen müsse. [23] Im Mai debattierte die TLC strenge Auflagen, die der Aufsicht unter anderem die Befugnis geben würden, alle Veränderungen der Uber-App zu prüfen.

Auf beiden Seiten war das Misstrauen groß. Die Stadt warf Uber vor, unnachgiebig zu sein und sich schlicht nicht an Regeln zu halten. Uber und seine Stellvertreter wiederum bezichtigten de Blasio, er höre bloß auf seine Freunde aus der Taxibranche, die seinen Wahlkampf mit beträchtlichen Summen unterstützt hatten. [24] Beide Vorwürfe dürften richtig gewesen sein. Gleichzeitig stimmte es, dass der Boden unter den New Yorker Taxiflotten stark in Bewegung geraten war. 2013 hatte der Wert einer Taxikonzession mit über 1,2 Millionen Dollar einen absoluten Spitzenwert erreicht. Nur noch Flottenbetreiber mit Zugang zu Bankdarlehen oder Fahrer, die ihr Vermögen zusammenwarfen, konnten sich eine Konzession leisten. 2016 dann waren die Konzessionen nicht einmal mehr die Hälfte wert. [25] Die neuen Restriktionen seien aus seiner Sicht „purer Protektionismus", sagte mir David Yassky, von 2010 bis 2014 TLC-Vorsitzender (und inzwischen Berater für Lyft).

Uber organisierte Demonstrationen und forderte Fahrer und Passagiere auf, sich vor dem Rathaus zu versammeln. Ziel war es, die Stadt dazu zu bringen, die neuen Regeln wieder aufzugeben. Am 18. Juni war es so weit, die TLC schien sich zurückzuziehen. Der Konflikt ruhte kurzzeitig, beide Seiten fanden in der Presse sogar lobende Worte für ihr Gegenüber. [26] Der Frieden hielt nicht lange – 24

Stunden später rief Meera Joshi, Yasskys Nachfolgerin bei der TLC, bei Michael Allegretti an, einem Public-Policy-Manager bei Uber. Joshi informierte Allegretti über einen neuen Gesetzesvorschlag, der dem Stadtrat vorgelegt werden sollte und der die Zahl der Personenbeförderungsgenehmigungen deckeln sollte, die an Firmen wie Uber und Lyft vergeben werden. Das Ganze hänge davon ab, zu welchen Ergebnissen eine Studie zu Staus in Lower Manhattan gelange. „Sie können nichts tun, das können Sie nicht stoppen", sagte Joshi Allegretti. „Wir haben die nötigen Stimmen."

Der Gesetzentwurf wurde am nächsten Tag eingereicht und bestätigte Ubers schlimmste Befürchtungen: Solange die Stau-Studie nicht abgeschlossen war, würden Uber und Lyft ihren Bestand an Fahrern um maximal ein Prozent pro Monat steigern dürfen, und die Studie sollte ein Jahr oder noch länger laufen.[27] Ubers Angebot an Fahrern zu deckeln bedeutete im Grunde nichts anderes, als dass das wirtschaftliche Wachstum des Unternehmens eingefroren wurde. Uber-Widersacher an Standorten wie London und Mexiko-Stadt könnten sich die New Yorker Lösung zum Vorbild nehmen. Zur Abstimmung im Stadtrat sollte es in 21 Tagen kommen.

Das war doch Auftragsmord, überlegte sich die Uber-Führung. Tatsächlich war der Verkehr in der Innenstadt fast vollständig zum Erliegen gekommen, aber dafür gab es zahlreiche Faktoren, unter anderem die vielen neuen Fahrradspuren, die reduzierte Höchstgeschwindigkeit, die boomende Wirtschaft, die wachsende Zahl von Lieferwagen, die Produkte der Online-Unternehmen auslieferten, Bauarbeiten und so weiter. Uber würde hier nur auf die althergebrachte Weise reagieren können – Grabenkampf war angesagt.

Drei Wochen lang wurde im Sommer 2015 um New Yorks Straßen gekämpft und die Auseinandersetzung ließ einen neuen Blick zu auf das, was inzwischen eine gut finanzierte, gut organisierte und unerbittliche politische Maschinerie war. Die Kampagne ging den progressiven Demokraten de Blasio von links an mit Themen wie Arbeitsplätze und gleichberechtigter Zugang zu Beförderungsmöglichkeiten in den äußeren Stadtbezirken. Diese Themen lagen genau den Wählergruppen am Herzen, die de Blasio ins Amt gebracht hatten. Ubers Kampagnenteam arbeitete mit Mailings, mit automatischen Werbeanrufen, mit demonstrierenden Fahrern in Queens und mit ein paar brutal wirkenden TV-Spots, die im New Yorker Großraum in jenem Monat sehr häufig liefen.

Zu sehen waren in den Spots Afroamerikaner und Latinos, die als Fahrer für Uber arbeiteten. Sie unterhielten sich mit einem im Bild nicht zu sehenden Interviewer und erzählten ihm, sie seien dankbar dafür, dass Uber ihnen Arbeit verschaffe. Gleichzeitig erhoben sie einige indirekte Vorwürfe gegen die Taxi-Industrie und den Bürgermeister.

„Selbst an Orten, wo sie dachten, da würde sie niemals jemand abholen, haben die Menschen nun Zugang zu Uber."
„Das hier ist New York. Wir leben in fünf Bezirken!"
„Der Bürgermeister knickt vor der Taxibranche ein."
„Er sollte doch wissen, wie sich die meisten New Yorker abstrampeln müssen. Finden Sie sich mit der Tatsache ab, dass die Menschen arbeiten wollen!"
„Als der Bürgermeister in die Stadt kam, versprach er, für neue Arbeitsplätze zu sorgen."

Diese Parade von Minderheiten hatte wenig Subtiles an sich: Uber prügelte mit einem indirekten Rassen-Appell auf de Blasio ein. David Plouffe, inzwischen Mitglied im Uber-Board und als Berater für das Unternehmen tätig, setzte voll und ganz auf diese Botschaft. Er trat damit im Fernsehen und bei Zeitungsredaktionen auf und er traf sich mit Führungspersonen der afroamerikanischen Gemeinschaft bei Sylvia's, einem legendären Soulfood-Restaurant in Harlem.

Und das Unternehmen ließ sich noch einen cleveren politischen Jiu-Jitsu-Wurf einfallen: In der App gab es eine Einstellung, die „De Blasios Uber" hieß und den zwei Millionen New Yorker Uber-Nutzern eine schreckliche Zukunft in Aussicht stellte, bei der man gruselige 25 Minuten auf seinen Wagen warten musste. Die Idee stammte von Kaitlin Durkosh aus dem Kommunikationsteam und für die Medien war der Einfall wie Katzenminze. „So wird Uber in NYC aussehen, wenn Bürgermeister de Blasios Gesetz zur Einschränkung Ubers angenommen wird", informierte die App ihre Nutzer. Dann forderte sie die Nutzer auf, dem Rathaus eine E-Mail zu schicken und darin ihren Unmut kundzutun.

Auch die Lobbyisten von Lyft warfen sich ins Getümmel, allerdings mit mehr Zurückhaltung. Lyft-Vertreter trafen sich mit Stadträten, um ihre Argumente vorzutragen und zu unterstreichen, wie gut Lyft Line, ihr Dienst für Mitfahrgemeinschaften, zur Reduzierung verstopfter Straßen beitrage. Ihr effektivstes Argument: Wenn man die Zahl der Privatchauffeure einfriere, dann verfestige das bloß Ubers Vorteil. Dieser Grund verfing, sagt ein Lyft-Manager: „Egal, mit wem wir sprachen, alle sagten uns: ‚Ich hasse diese Uber-Typen, das sind die allerschlimmsten. Helft mir einen Weg zu finden, wie man nur Lyft legalisieren kann.'"

De Blasios Knockout im Uber-Kampf verlief plötzlich und blamabel. Einen Tag vor der Abstimmung mischte sich Andrew Cuomo ein, der Gouverneur des Staates New York. Cuomo hatte sich zuvor öffentlich mit de Blasio zu Themen wie Schulpolitik und Steuererhöhungen für die oberen Einkommensklassen gebalgt. Nun verkündete er seinen Widerstand gegen das Gesetz und deutete an, dass sich der Bundesstaat zum Handeln gezwungen sehen könnte. „Ich glaube nicht, dass es die Aufgabe einer Regierung sein sollte zu versuchen, das Jobwachstum zu bremsen", sagte der Gouverneur und rammte damit seinem politischen Widersacher das Messer in den Leib.[28] Am nächsten Tag um die Mittagszeit erhielt Uber-Manager Allegretti wieder einen Anruf: Das Büro des Bürgermeisters war dran, man wolle reden. Gemeinsam mit Rachel Holt, der für die US-Ostküste zuständigen Managerin, NYC-Manager Josh Mohrer und Justin Kintz, Ubers Leiter der Öffentlichkeitsarbeit, fuhr Allegretti zum Rathaus am Broadway. Dort trafen sie sich unter anderem mit de Blasios Stabschef und dem Vize-Bürgermeister. Es war ein kurzes Treffen: Der Bürgermeister würde die Deckelung bis zum Vorliegen der Verkehrsstudie aufgeben. (Die Studie zeigte dann später, dass für die Verkehrsprobleme in Lower Manhattan vor allem Tourismus, verstärkte Bauaktivität und Lieferaktivitäten verantwortlich waren.)[29]

Es war ein weiterer, deutlicher und umfassender Sieg für Uber. Innerhalb von nicht einmal einem Monat hatte das Unternehmen aus wohlhabenden Passagieren und Minderheiten angehörenden Fahrern eine unwahrscheinliche Koalition geschmiedet, die alle fünf Stadtbezirke von New York abdeckte. Das Unternehmen hatte gezeigt, dass in den Vereinigten Staaten noch immer das Gesetz von

Travis galt: Solange die Menschen Uber liebten, würden sie sich dafür starkmachen. Außerdem hatte sich gezeigt, dass die Taxibranche nur wenige Freunde hatte. Diese Lektionen würden Uber eine Hilfe sein in anderen amerikanischen Städten wie Las Vegas, Austin, Portland, Miami und wo auch immer sonst um das Thema Ridesharing gestritten wurde. Uber sollte zwar einige dieser Auseinandersetzungen verlieren, aber den Großteil würde das Unternehmen gewinnen und unter Beweis stellen, was es alles auf seiner Seite hatte: Kapital, politische Verbindungen, zigtausende leidenschaftliche Nutzer und den großen Bogen der Geschichte höchstselbst.

Im Herbst 2015 lud Travis Kalanick seine 5.000 Angestellten zu einem luxuriösen, viertägigen All-Inclusive-Betriebsausflug nach Las Vegas ein. Zum einen war es eine Betriebsversammlung, zum anderen eine ausgelassene Feier, deren Grund … nun ja, so richtig klar, was gefeiert werden sollte, war es nie; auch nicht, ob das Unternehmen überhaupt einen Grund zum Feiern benötigte. Aber Ubers Presseabteilung war klar, dass der Ausflug bei den Medien und den Uber-Fahrern vermutlich nicht allzu gut ankommen dürfte, insofern wurden alle Teilnehmer eingeschworen, kein Wort darüber in den sozialen Medien zu verlieren. So extrem war die Geheimhaltung, dass Uber für diesen Anlass sogar ein spezielles Logo entwarf, zwei X in einem Rahmen. Passanten würden also nicht auf den ersten Blick erkennen können, um welches Unternehmen es sich handelte. Dennoch berichtete die britische Tageszeitung *Daily Mail* über die Ereignisse der Veranstaltung und später teilten auch mehrere aktuelle und ehemalige Uber-Mitarbeiter ihre Erinnerungen mit mir. [30]

Die Belegschaft wurde über fünf Hotels auf dem Vegas Strip verteilt, wo sich zwei Personen ein Doppelzimmer teilten. Tagsüber fanden Seminare zu Themen wie „Ausbau des Angebots" und „Geschäftsentwicklung" statt sowie optional philanthropische Ausflüge zu örtlichen Lebensmittel-Tafeln. Nachmittags war Entspannung angesagt und es blieb Zeit für den Hotelpool, wo man mit einem kühlen Drink vor der Wüstenhitze Zuflucht suchen konnte. Abends gab es Dinner und Reden, darunter eine Fragerunde mit Kalanick und der Medienunternehmerin Arianna Huffington (die später ins Uber-Board einziehen sollte). Eine weitere Runde gab es mit den Uber-Investoren Bill Gurley und Shervin Pishevar. Anschließend wurden Tanzpartys und Spaßveranstaltungen am Pool angeboten, zu denen offensichtlich nicht alle eingeladen waren. „Da wurde mir klar, wie sehr es sich um ein Millennial-Unternehmen handelt", sagt ein Mitarbeiter, der, erschöpft von dem unerbittlichen Tempo, das bei Uber angeschlagen wurde, wenige Monate später kündigte. „Ich bin 35. Ich will nicht mehr bis morgens um drei unterwegs sein. Ich kam mir steinalt vor."

Am Dienstagabend fand die zentrale Veranstaltung statt. Sie war ein Indiz dafür, was Kalanick vorhatte: Er wollte das Start-up in ein reifes, erwachsenes Unternehmen verwandeln. Die Belegschaft füllte die Ränge des Hörsaals im Planet Hollywood Resort & Casino, wo Kalanick eine zweieinhalbstündige Rede hielt. Er trug einen weißen Laborkittel, während er die neu entwickelten kulturellen Werte des Unternehmens vorstellte.

In großen Unternehmen können kulturelle Werte als Anker dienen, als Möglichkeit, Tausende über die ganze Welt verstreute Mitarbeiter auf eine einheitliche Linie einzuschwören. Streng definierte Ideale können zudem ein Anhaltspunkt beim Einstellen neuer Mitarbeiter sein. 2012 hatte Airbnb seine sechs Kernwerte formuliert („Sei ein Gastgeber" und so weiter) und diese hatten zu der versöhnlichen Art und Weise beigetragen, mit der das Unternehmen auf unerwartete Krisen und Streitigkeiten mit Regulierern reagierte. Uber hatte diesen Schritt bislang ausgelassen, was sich auch an der schludrigen und aggressiven Art und Weise zeigte, mit der es auf überraschende Hindernisse reagierte.

Eine „Philosophie der Arbeit" seien seine neuen Werte, sagte Kalanick. Er habe Hunderte Stunden mit Kollegen daran gearbeitet, darunter mit seinem Produktvorstand Jeff Holden. Der Einfluss des ehemaligen Amazon-Mitarbeiters und Jeff-Bezos-Schülers war zu erkennen: Viele von Ubers Prinzipien waren vergleichbar mit denen des gemeinhin bewunderten Technologie-Riesen und wie bei Amazon waren es auch bei Uber insgesamt 14. Auf der Bühne des Planet Hollywood legte Kalanick jeden einzelnen Grundsatz dar (die Beschreibungen in Klammern stammen von mir):

Uber gegen die Welt
Kundenbesessenheit (Fang mit dem an, was für den Kunden am besten ist.)

Sorge für Magie (Such nach Durchbrüchen, die Bestand haben.)

Große, kühne Wetten (Gehe Risiken ein und säe Samen, die in fünf bis zehn Jahren ausschlagen.)

Von innen nach außen (Finde die Lücke zwischen allgemeiner Wahrnehmung und der Realität.)

Denk wie ein Champion (Wirf alles, was du hast, in die Waagschale, um Widerstand zu brechen und Uber über die Ziellinie zu bringen.)

Führe mit Optimismus (Sei inspirierend.)

Super begeistert (Das twitterte Ryan Graves, nachdem Kalanick ihn als CEO abgelöst hatte. Die Welt ist ein Puzzle, mach dich voller Begeisterung daran, es zu lösen.)

Sei Eigner, nicht Mieter (Es sind die wahren Gläubigen, die Revolutionen gewinnen.)

Meritokratie und Auf-die-Füße-Treten (Die beste Idee setzt sich immer durch. Rücke nicht um des sozialen Zusammenhalts willen von der Wahrheit ab und zögere nicht, Vorgesetzte zu hinterfragen.)

Lasst die Erbauer bauen (Die Menschen müssen ermächtigt werden, etwas aufzubauen.)

Immer auf Achse (Erreiche mehr mit weniger. Arbeite länger, härter und cleverer, nicht bloß zwei von drei.)

Feiere die Städte (Alles, was wir tun, dient dazu, Städte in bessere Orte zu verwandeln.)

Sei du selbst (Wir alle sollten authentisch sein.)

Konfrontation mit Grundsatz (Manchmal muss man, um die Zukunft einläuten zu können, die Welt und ihre Institutionen infrage stellen.)

Kalanick zeigte für jeden Wert mehrere Folien und ein Video. Zum Abschluss jedes Themas bat er einen Manager, den Punkt mit einer Geschichte oder einer Beobachtung zu verdeutlichen. Einige zentrale Figuren der Uber-Geschichte hatten hier noch einmal einen großen Auftritt – Ryan Graves, Austin Geidt, Rachel Holt, Allen Penn und Holden selbst griffen allesamt zum Mikrofon und teilten mit der Belegschaft persönliche Erfahrungen.

Mitarbeiter, die der firmeninternen Propagandamaschinerie noch nicht vollends erlegen waren, bezeichneten die Veranstaltung als zu langgezogen und zu selbstverliebt. Andere bezeichneten es als *die* prägende Erfahrung während ihrer Zeit im Unternehmen. „Es war einer der bewegendsten Augenblicke, die ich bei Uber erlebt habe", sagt Austin Geidt. „Man konnte sehen, wie groß wir waren, wie viele verschiedene Länder vertreten waren und wie unterschiedlich die Menschen waren. Das war großartig."

Anschließend drängten sich die Mitarbeiter in Busse, die sie zu einem anderen Nachtklub fuhren, wo die DJs Kygo und David Guetta auftraten. Am nächsten Abend hatte die Uber-Belegschaft dann noch das Glück, in den Genuss einer Privatvorführung eines ihrer Investoren zu kommen – Beyoncé.

Wenige Monate später, am 1. Februar 2016, versammelten sich einige Hundert Uber-Fahrer vor dem Büro in Long Island City im New Yorker Bezirk Queens. Sie demonstrierten dagegen, dass UberX die Tarife schon wieder gesenkt hatte. Kurz zuvor hatte Uber in vielen Städten die Tarife um 15 Prozent gesenkt, was zu den alljährlich stattfindenden Bemühungen gehörte, auch während der winterlichen Flaute die Nachfrage anzukurbeln und für mehr Fahrten zu sorgen (zweifelsohne bestand zudem ein erhoffter Nebeneffekt darin, den finanziellen Druck auf den Wettbewerber Lyft zu erhöhen). „Das Rennen nach unten gewinnt niemand!", hieß es auf einem Schild bei der Demonstration. „Wir wollen den Tarif zurück. Schande über dich, Uber!", stand auf einem anderen.

Die Fahrer, die an jenem Tag in Queens demonstrierten, waren darüber empört, dass ihr Gehalt nun gefühlt unterhalb des Mindestlohns lag, dass Uber seine Provision immer weiter erhöhte und dass man immer länger arbeiten musste, nur um gerade so über die Runden zu kommen. Uber versprach zwar, den Fahrern einen Mindeststundenlohn zu zahlen, sollten die Einnahmen unterhalb eines bestimmten Niveaus bleiben, aber die Fahrer hielten dagegen, dass sich das Unternehmen immer wieder etwas Neues einfallen lasse, um diese Zusage nicht einhalten zu müssen. Außerdem habe sich Uber anders als Lyft von Anfang an dagegen gesperrt, dass die Passagiere den Fahrern über die App ein Trinkgeld zukommen lassen können.

„Niemand in Amerika will mehr arbeiten und weniger verdienen", sagte Mohsim aus Pakistan. Er trug ein silbernes Abzeichen, ein Symbol aus dem Osmanischen Reich, sagt er. „Das ist moderne Sklaverei."

Ein anderer Demonstrant, der 40-jährige Angel, erklärte, seine Bezahlung werde dieses Jahr voraussichtlich 20 Prozent unter dem liegen, was er im Vorjahr bekommen hatte: „Was, wenn ich Ihr Jahresgehalt einfach um 10.000 Dollar senken würde? Das ist doppelt so viel Arbeit für das halbe Geld." Uber habe zudem die Stadt mit Plakaten und Buswerbung überzogen, in der neue Fahrer gesucht werden, so Angel. Der Markt sei übersättigt und mache es schwierig, an Fahrten zu kommen.

Uber hielt dem entgegen, dass sich die Tarifsenkungen als vorteilhaft für die Fahrer erweisen würden. In Städten, in denen die neuen Tarife nicht zu mehr Fahrten und besseren Einnahmen führen, werde man die Maßnahme zurücknehmen. Doch für die lautstarke Gruppe aus Queens klang das an jenem Tag nach leeren Versprechungen. Sie fühlte sich beschnitten und überarbeitet. Sie sehnte sich sogar nach den staatlich festgelegten Tarifen der Funktaxen-Branche zurück.

Falls die Fahrer unrealistische Erwartungen an Uber hatten, dann lag das zumindest teilweise auch daran, dass Uber selbst diese Erwartungen überhaupt erst geschürt hatte. Die Bestellung eines Wagens auf elektronischem Weg befreie die Fahrer von der Tyrannei der Flottenbetreiber und den vorgeschriebenen 12-Stunden-Schichten, besagte eine zentrale Uber-Prämisse. „Passagiere klatschen wir ab, aber Fahrer umarmen wir", war eine häufig wiederholte Aussage Kalanicks. In einem Blogeintrag hieß es 2014, dass Fahrer in New York City auf ein Jahreseinkommen von 90.766 Dollar kämen, die Fahrer in San Francisco auf 74.191 Dollar. [31] Für die Journalisten war es ein Leichtes, diese Zahlen als unrealistisch zu enttarnen, zudem zeigten Umfragen, dass diese Zahlen künstlich aufgebläht waren – umso mehr, wenn man die Kosten für eine Berufsversicherung und die Leasinggebühren für den Wagen berücksichtigte. [32]

Laut Ubers Sprachregelung waren die Fahrer Kleinunternehmer, aber unternehmerische Flottenbetreiber hatten schon Jahre zuvor auf die harte Tour lernen müssen, dass es unmöglich war, auf Uber etwas Größeres aufzubauen. Rigoros setzte Uber alle Mittelsmänner vor die Tür, das Unternehmen bevorzugte eine direkte Beziehung zwischen den einzelnen Fahrern und sich selbst. Fahrer waren in Wirklichkeit keine Unternehmer, vielmehr ähnelten sie vor allem Taxifahrern, die den Launen eines Herren unterlagen, der weit entfernt saß und den vor allem das Ziel umtrieb, das jedes Unternehmen umtreibt – ein möglichst großes Geschäft sein Eigen nennen zu können.

In dieser Hinsicht passte Uber in einen Wirtschaftstrend, der in Amerika seit Jahrzehnten zu beobachten war: Profitorientierte Unternehmen kategorisierten Arbeitskräfte eher als Teilzeit-Subunternehmer und weniger als Mitarbeiter. Seit Anfang der 1980er-Jahre umgingen Firmen die Bestimmungen für den Mindestlohn und andere Maßnahmen zur sozialen Absicherung von Mitarbeitern und stuften diese Personen als Subunternehmer ein, was auch eine andere steuerliche Behandlung nach sich zog. Wiederholt zogen im Laufe der Jahre Gewerkschaften und Anwälte vor Gericht, um Lkw-Fahrern, Service-Personal, Putzkräften, exotischen Tänzerinnen und sogar Taxifahrern das Recht zu erstreiten, als Mitarbeiter eingestuft zu werden. Größtenteils scheiterten diese Klagen an der Finanzkraft der Konzerne. 2011 ließ es der Oberste Gerichtshof der USA zu, dass Firmen ihre Mitarbeiter zum Unterschreiben einer Schlichtungsklausel zwingen, die es ihnen untersagt, Sammelklagen einzubringen. Uber, Lyft und andere Unternehmen der sogenannten Sharing-Economy wiederum stellten für Anwälte eine schlagzeilenträchtige Gelegenheit dar, noch einmal zu beklagen, dass der Schutz der Arbeitnehmer immer weiter aufgeweicht wurde. 2013 reichte die Anwältin Shannon Liss-Riordan in Kalifornien und Massachusetts entsprechende Klagen gegen Uber und Lyft ein – die beiden Bundesstaaten hatte sie danach ausgewählt, wo sie die Gesetzgebung für am vielversprechendsten hielt. Mit ähnlichen Klagen gegen FedEx und diverse Funktaxenfirmen war sie zuvor größtenteils gescheitert. Liss-Riordan störte es, dass Uber behauptete, eine völlig neue Art nachfragegesteuerter, über das Internet verteilter Arbeit zu erschaffen: „Nur weil es flexibel ist, heißt das nicht, dass die Menschen, die diese Jobs erledigen, nicht auch Vergünstigungen und arbeitsrechtlichen Schutz bekommen sollten", sagte sie. „Das ist schließlich der Grund, warum wir diese Gesetze haben." Uber und Lyft setzten sich hartnäckig gegen die Klagen zur Wehr. Ihre Argumentation: Eine große Mehrheit der Fahrer sehe sich gar nicht als Vollzeit-Chauffeur und wolle lieber unabhängig bleiben, um auch anderer Arbeit nachgehen zu können.

Die Klagen gegen Uber und Lyft sorgten für viel Medienecho und weckten die unrealistische Erwartung, dass nun das Wesen der Sharing-Economy verändert und Ubers Geschäftsmodell untergraben würde. (Das war höchst unwahrscheinlich, da Sammelklagen das Gesetz nicht verändern.) Die Einschätzung verstärkte sich noch, als Liss-Riordan im März 2015 beeindruckende Siege erzielte: In beiden Fällen erklärten die Richter, dass es zu einer Verhandlung vor Geschworenen kommen dürfe.

Doch ein Jahr später ließ ein Berufungsgericht Ubers Argumentation zu, dass die Klage unrechtmäßig als Sammelklage eingestuft worden war und damit gegen die Ausschlussvereinbarung verstieß, die die Fahrer unterzeichnet hatten. Liss-Riordan wusste, dass ihr Ärger ins Haus stand, denn sie hatte viele Berufungsverhandlungen durch ebendieses Argument verloren. Anstatt es also auf eine Verhandlung ankommen zu lassen, nutzte sie ihre bisherigen Erfolge für eine außergerichtliche Einigung. Uber stimmte zu, einer Gruppe, die Zehntausende Fahrer umfasste, bis zu 100 Millionen Dollar zu bezahlen. Außerdem sagte das Unternehmen zu, seine Firmenpolitik zu überarbeiten. Künftig sollten Fahrer, die gegen Firmenbestimmungen verstoßen hatten und deshalb aus der App geworfen wurden, Begründungen für ihren Rauswurf erhalten. Außerdem sollte Einspruch gegen dieses Urteil eingelegt werden können. Eines jedoch änderte sich nicht – die Fahrer von Uber und Lyft blieben Subunternehmer.

„Fahrer schätzen ihre Unabhängigkeit – die Freiheit, einen Knopf zu drücken, anstatt eine Stechuhr zu betätigen, Uber und Lyft gleichzeitig zu benutzen, den Großteil der Woche zu fahren oder nur für eine Handvoll Stunden", schrieb Kalanick in dem „Wachsen und Erwachsenwerden" betitelten Blog-Eintrag, in dem er die außergerichtliche Einigung publik machte. Er räumte ein, dass das Unternehmen „im Umgang mit den Fahrern nicht immer gute Arbeit geleistet" habe, betonte jedoch erneut, dass Uber eine neue Art zu arbeiten darstelle: „Es geht darum, dass die Menschen frei sind, per Knopfdruck mit der Arbeit zu beginnen und aufzuhören, wann sie es wollen."

Im August 2016 erklärte ein Bundesgericht die ganze außergerichtliche Einigung für ungültig, da die Zahlungen an die Fahrer ungenügend seien. Dadurch wurde die Wahrscheinlichkeit noch geringer, dass gerichtlich geklärt werden kann, ob die Uber-Fahrer gerecht behandelt wurden oder ob sie als Arbeitnehmer eingestuft werden sollten.

Für mich wurde die Antwort auf die Frage klarer, als ich das Uber Partner Support Center besuchte. Es liegt auf der wirtschaftlich angeschlagenen Chicagoer South Side gegenüber einer leer stehenden, durch Zäune abgeriegelten Mall. Betrieben wurde das Zentrum von dem Ex-Marine Robert Davis, der neue Uber-Fahrer einwies und technisch nicht so versierten Neulingen erklärte, wie die App zu bedienen sei und wie sie mit dem Smartphone umzugehen hätten. Aufgewachsen war Davis in der Nähe im Viertel Auburn Gresham und er sagte, Uber habe Arbeit und Transportmöglichkeiten in eine Gemeinschaft gebracht, in der es historisch sowohl an dem einen wie auch dem anderen gemangelt habe.

In den zwölf Monaten zuvor habe er alleinerziehende Mütter unter Vertrag genommen, Collegestudenten, die sich etwas dazuverdienen mussten, und Witwen, die etwas mit ihrer Zeit anfangen wollten. Für manche war Uber der Hauptjob, für viele andere aber ein Nebenjob, der ihnen half, andere Dinge in ihrem Leben zu erledigen. (Nach Angaben des Unternehmens sind 60 Prozent der Uber-Fahrer maximal zehn Stunden pro Woche auf der Straße.) „Ich kann beiden Seiten etwas abgewinnen", sagte mir Davis. „Ich weiß nicht, warum das so ein kontroverses Thema ist. Auf mich wirkt es so, als habe man sich sehr auf Uber eingeschossen. Es hilft den Menschen, die zusätzliches Einkommen benötigen."

Unterdessen brach in China der Kampf der Mega-Einhörner los. Eine Zeit lang schien es, als habe Uber unschlagbare Trümpfe auf der Hand: Die App war besser, dahinter stand stabilere Technologie. Anfang 2015 bewerteten die Investoren das Unternehmen mit 42 Milliarden Dollar, etwa dem Zehnfachen von Didi. „Wir kamen uns zu der Zeit vor wie die Volksbefreiungsarmee, die ganz simple Gewehre besaß, während wir aus der Luft bombardiert und mit Raketen beschossen wurden", sagt Cheng Wei. „Sie hatten einige wirklich moderne Waffen."

Cheng hatte Militärgeschichte studiert und war vor allem an heroischen Konflikten interessiert, wie etwa der Schlacht am Berg Song im Zweiten Weltkrieg. Damals gruben sich chinesische Truppen unter einem Berg hindurch, um die japanischen Invasoren einzukreisen. In San Francisco kamen Uber-Manager in ihrem „War Room" zusammen, Cheng dagegen hielt morgens Meetings mit seinem „Wolf-Totem" ab, seiner Führungsriege. Der mit Aggressivität assoziierte Name basiert auf einem beliebten Roman, der zu Zeiten der Kulturrevolution spielt und sich mit Studenten befasst, die aus der Stadt in die Innere Mongolei geschickt werden. Das „Wolf-Totem" sah sich Didis tägliche Zahlen an und passte davon ausgehend an, wie hoch die Subventionen für Fahrer und Passagiere sein würden. Regelmäßig warnte Cheng seine Mitarbeiter: „Versagen wir, sterben wir."

Im Mai 2015 ging Cheng in die Offensive. Didi kündigte an, Touren im Wert von einer Milliarde Yuan zu verschenken. Uber hielt in gleicher Höhe dagegen. Cheng und seine Berater prüften unterdessen, wie sie dem amerikanischen Unternehmen auf dessen Heimatmarkt zusetzen könnten. Für sie war Uber wie ein Krake – seine Tentakel reichten um die ganze Welt, aber sein Mantel befand sich in den Vereinigten Staaten. Didi solle „Uber direkt in den Bauch stechen", regte Wang Gang, Investor und Board-Mitglied, bei einer Besprechung an.

Didi habe erwogen, in die USA zu expandieren, sagt Gang, stattdessen jedoch investierte das Unternehmen im September 2015 gleich 100 Millionen Dollar in den Uber-Rivalen Lyft. Als Nächstes schmiedete Didi eine Anti-Uber-Koalition, der neben Lyft auch die regionalen Ridesharing-Start-ups Ola aus Indien und Grab Taxi aus Südostasien angehörten. Sie vereinbarten einen Technologieaustausch und eine Integration der jeweiligen Apps. Es sei weniger darum gegangen, Uber das Wasser abzugraben, als vielmehr darum, mehr Schlagkraft für Verhandlungen zu bekommen, sagt Gang: „Dass sie sich eine Locke von unserem Haar holen und wir sie am Bart packen, dient nicht wirklich dazu, den anderen umzubringen", sagt er. „Es geht schlicht nur darum, sich für die Zukunft ein Verhandlungsrecht zu sichern."

Als die Feindseligkeiten ihren Höhepunkt erreichten, verbrannten Didi und Uber jeder über eine Milliarde Dollar jährlich auf dem chinesischen Markt, weil sie Fahrer und Passagiere subventionierten, ohne dafür ausreichenden Gegenwert zu erhalten. Kalanicks Vermutung bestätigte sich: Das Potenzial für Ridesharing in China war gewaltig. Von den zehn Städten mit den meisten Uber-Fahrten lagen sechs in China. Die massiven Subventionen sorgten dafür, dass beide Unternehmen dringend frisches Kapital benötigten. Uber sammelte 2016 mehr als vier Milliarden Dollar ein, davon 3,5 Milliarden Dollar von einem ungewöhnlichen und höchst umstrittenen Investor – dem staatlichen Investmentfonds Saudi-Arabiens. Mit dem

Geld konnte Uber einen Börsengang aufschieben und das China-Geschäft weiter finanzieren.

Didi Kuaidi – das inzwischen als Didi Chuxing („Hup', hup', pendle") firmierte – hielt mit seinem amerikanischen Rivalen mit und sammelte 2016 insgesamt sieben Milliarden Dollar ein. Die Zahl der Mitarbeiter schwoll auf über 5.000 an, von denen ein Viertel aus einer Reihe standardisierter fünfstöckiger Gebäude am Rand von Pekings Technologiebezirk Zhongguancun aus arbeitete. In jenem Sommer beanspruchte Didi 85 Prozent Marktanteil in China für sich und war in 400 chinesischen Städten vertreten, während Uber nur auf 100 kam. Die großen institutionellen Investoren hinter Uber machten sich mittlerweile Sorgen und redeten auf Kalanick ein, er solle einen Waffenstillstand aushandeln.[33]

Das erste Angebot für Friedensverhandlungen sei von Uber ausgegangen, sagt Cheng. Emil Michael wiederum erklärt, das Geld aus Saudi-Arabien habe Didi an den Verhandlungstisch gezwungen – habe es doch gezeigt, dass Ubers Kapitalquellen schlicht unerschöpflich seien. Wie auch immer: Beide Seiten waren sich darin einig, dass das Ausbluten ein Ende haben müsse und dass ihnen mehr daran gelegen sei, ihre Firmen rentabel zu machen und in neue Technologien wie fahrerlose Wagen zu investieren. „Es war wie ein Wettrüsten", sagte Cheng. „Uber sammelte Kapital ein, auch wir sammelten Kapital ein. Aber tief in meinem Herzen wusste ich, dass wir unser Geld in etwas Lohnenswerteres stecken sollten. Deshalb konnten wir Uber letztlich auch die Hand reichen."

Innerhalb von zwei Wochen erarbeiteten Emil Michael und Jean Liu die Bedingungen einer Vereinbarung. Uber stimmte zu, sich vom chinesischen Markt zurückzuziehen und seine Aktivitäten in China Didi zu überlassen. Im Gegenzug erhielt Uber eine 17-prozentige Beteiligung an Didi und eine Investition in Höhe von einer Milliarde Dollar. Außerdem entsandten die beiden Firmen Beobachter zu den Board-Sitzungen des jeweils anderen.

Michael und Liu trafen sich an der Bar eines Hotels in Peking mit Kalanick und Cheng, um mit Baijiu anzustoßen, traditionellem chinesischen Hirseschnaps. Die beiden CEOs bekundeten sich gegenseitig Respekt für den harten Kampf, den man sich geliefert hatte. „Wir sind die verrücktesten Unternehmen unserer Tage", sagte Cheng. „Aber tief in unserem Herzen sind wir logisch. Wir wissen, dass diese Revolution eine Technologierevolution sein wird und dass wir erst ganz am Anfang stehen."

Indem er in den Chefetagen der Investoren und auf dem Schlachtfeld selbst genauso hart und genauso unerbittlich wie Uber kämpfte, hatte der chinesische CEO einen ausländischen Eindringling abgewehrt, das globale Duell der Mega-Einhörner zu guten Bedingungen beendet und Didi Chuxing seinen rechtmäßigen Platz unter den Aufrührern gesichert. „Cheng Wei ist ein schwieriger Widersacher, er denkt wie ein Champion", sagte mir Kalanick und bezog sich damit auf einen kulturellen Wert, den er sehr hoch erachtet.

Für den chronisch kampflustigen Kalanick war es das größtmögliche Kompliment, das er einem Erzrivalen zollen kann. Aber dahinter verbarg sich noch eine weitere, weniger augenscheinliche Wahrheit: Auch er hatte Erstaunliches geschafft. Uber hatte in China über zwei Milliarden Dollar in eine Aktivität gepumpt, die zum Scheitern verurteilt schien. Aber Ubers Didi-Beteiligung – plus die Investition über eine Milliarde Dollar – war, zumindest auf dem Papier, mittlerweile 7,2 Milliarden Dollar wert. Eine beeindruckende Kapitalrendite. Und wie mir Investoren beider Unternehmen sagten, gehörte Kalanick durch seine Uber-Beteiligung mittlerweile fast genauso viel von Didi wie Cheng Wei, dessen Aktienpaket durch die ständigen Fusionen und Finanzierungsrunden immer weiter abgeschmolzen ist. Bis Kalanick endlich bereit war, einer Kapitulation in China zuzustimmen, seien einige Monate ins Land gegangen, sagen Kollegen. Bis dahin hatte er nur eine einzige Vorgehensweise gekannt – aggressiv. Jetzt erging es Kalanick wie seinem Unternehmen, er wurde reifer und lernte die Lektionen, die ihm das dynamische Zeitalter auftrug: Pragmatismus ist besser als missionarischer Eifer. Ausgewählte Partnerschaften sind besser als Alleinflüge. Die schlecht organisierte und dezentralisierte Taxi-Industrie war erobert worden, aber am Horizont tauchten ständig neue Herausforderungen auf, mit ganz neuen gefährlichen Rivalen. Es waren acht adrenalingetriebene Jahre nahezu pausenloser Konflikte gewesen. Nach der Einigung mit Didi war der CEO des Aufrührer-Unternehmens, das so reich war wie kein zweites, das so wertvoll war wie kein zweites und das unter so peinlich genauer Beobachtung stand wie kein zweites, nun endlich frei, sich der Zukunft zu stellen.

EPILOG

Ende 2016 waren Airbnb und Uber keine schlaksigen jugendlichen Start-ups mehr. Beide Unternehmen hatten Tausende Mitarbeiter, betrieben Büros rund um den Globus und beschäftigten Scharen erfahrener Führungskräfte. In vielen Städten standen sie noch vor ernsten regulatorischen Hürden, aber inzwischen gingen sie mit einem enormen Arsenal politischer Waffen in derartige Kämpfe. Gleichzeitig legten sie sorgfältig das Fundament für die bevorstehenden gewaltigen Börsengänge.

Doch was einen Unternehmer tatsächlich auszeichnet, ist, wie gut er neue Möglichkeiten erkennt. Insofern überrascht es nicht, dass sowohl Brian Chesky als auch Travis Kalanick im Herbst 2016 bereit waren, über die Zukunft zu sprechen.

Im Oktober besuchte ich das geschäftige Airbnb-Hauptquartier in San Franciscos Brannon Street. Wie immer waren Gärtner von einer Scherenhebebühne aus mit der Pflege der beeindruckenden dreistöckigen grünen Wand im Innenhof beschäftigt. Ich war zur Mittagszeit eingetroffen, deshalb drängten sich viele Angestellte in der firmeneigenen Kantine, die vor Kurzem ins Erdgeschoss verlegt worden war, direkt neben ein luxuriöses spanisches Restaurant. Ich traf mich oben mit Chesky in einem Konferenzraum. Er trug ein firmeneigenes T-Shirt in afrikanischen Farben mit dem Bélo-Logo und spielte an der Tonspur einer Präsentation herum, an der er seit Monaten arbeitete.

Airbnb boomte in jeder Hinsicht. Im August hatte das Unternehmen seine bislang beste Nacht überhaupt verzeichnet – 1,8 Millionen Menschen aus nahezu jedem Land auf der Welt übernachteten an jenem Tag in Unterkünften, die sie über die Airbnb-Website gebucht hatten. Mehr als eine Million Einträge ließen sich inzwischen über die „Sofort Buchen"-Funktion reservieren, ohne dass man vorher in E-Mail-Kontakt mit dem Gastgeber treten musste. Zum Vergleich: Eine etwa gleich große Zahl an Zimmern bietet Marriott International an, die weltgrößte Hotelkette.

Chesky bereitete sich darauf vor, all das zu riskieren, indem er alles auf eine noch ehrgeizigere Vision setzte – auf die Idee, dass Airbnb nicht nur Wohnungen und Häuser vermitteln kann, sondern auch einzigartige Erfahrungen für Reisende. In internen Diskussionen sprach er von „Magical Trips" und bediente sich eines der Lieblingswörter seines Idols Walt Disney, dessen Biografie ihn neun Jahre zuvor dazu gebracht hatte, Los Angeles zu verlassen. Auf der für Herbst in Los Angeles geplanten jährlichen Airbnb Open wollte er das neue, offiziell „Trips" getaufte Angebot vorstellen.

Im Mittelpunkt standen eine generalüberholte Airbnb-App und Airbnb-Website, die neben der Kategorie „Unterkünfte" nun auch die Reiter „Trips" und „Orte" bot. Hier sollte man einzigartige Unternehmungen buchen können, etwa Trüffel suchen in Florenz oder eine literarische Tour durch Havanna. Örtliche Unternehmer oder Prominenz sollten diese Touren entwickeln und selbst veranstalten. Der Durchschnittspreis für eine derartige Aktivität würde bei etwa 200 Dollar liegen, aber Chesky zeigte mir auch ein 800-Dollar-Angebot: Der ehemalige Sumo-Ringer Konishiki Yasokichi nahm einen mit zu einer Trainingsstunde, es gab ein gewiss reichliches Essen mit dem Ringer und schließlich auch noch hervorragende Sitzplätze bei einem seiner Sumo-Turniere.

Der andere Reiter war eine Variation derselben Idee. „Orte" sei „unsere Version eines Reiseführers", sagte Chesky. Hier sollten Gastgeber und örtliche Würdenträger Empfehlungen abgeben, was man bei ihnen unternehmen und was man sich bei ihnen ansehen sollte. Im Idealfall würden die Empfehlungen nicht auf die üblichen Touristenfallen hinauslaufen, sondern auf lokale Märkte, örtliche Theaterproduktionen, Restaurant-Geheimtipps und wohltätige Aktivitäten. Geht es nach Chesky, werden Besucher irgendwann aus der App heraus einen Tisch im Restaurant reservieren, eine Eintrittskarte kaufen und verschiedene Beförderungsmöglichkeiten buchen. Airbnb würde dann Provision für die Buchung kassieren.

Hinter diesem neuen Angebot stand eine große Idee – Airbnb wollte die Touristen aus dem engen Korsett überfüllter, künstlicher Reiseerfahrungen retten und ihnen eine größere Auswahl an authentischeren Begegnungen in echten Gemeinschaften eröffnen. „Wir hatten den Ex-Bürgermeister von Rom hier", sagte mir Chesky. „Er sagte, der Massentourismus sei ein Problem. Viel zu viele Menschen drängen ins Kolosseum und diese alten Monumente verkraften den Ansturm nicht mehr."

Trips mit seiner sorgfältigen Auswahl an Touren und Vorschlägen könnte die Reisenden dazu bringen, in den Großstädten weiter auszuschwärmen und Orte anzusteuern, die sie ansonsten nicht zu sehen bekämen, glaubte Chesky. „Die meisten Leute kommen nicht zu Airbnb und sagen: ‚Hey, ich würde so gerne mal in Detroit Urlaub machen'", sagte er. „Und dennoch gibt es dort unserer Meinung nach bergeweise interessante Kultur. Es würde vermutlich eine fantastische Reise und würde deutlich weniger kosten."

Airbnbs Vision habe im Kern stets darin bestanden, eine spezielle Verbindung zwischen Gast und Gastgeber zu erschaffen, sagte Chesky. Man wolle „eine Kultur und Diplomatie von Mensch zu Mensch" bieten. Chesky sah Trips als zusätzliche Möglichkeit für Reisende, Einheimische kennenzulernen, und zwar nicht nur die Gastgeber, sondern auch Unternehmer und Kunsthandwerker und andere Menschen, die an den besuchten Orten leben.

Natürlich war es auch geschäftlich eine gute Idee, dem lebendigen Kreis von Airbnb-Kunden andere Waren und Dienstleistungen anzubieten. In früheren Zeiten sprach man hier schlicht von „Upselling", Chesky jedoch sah wie immer alles durch die missionarische Brille. Während unserer Unterhaltung wurde Trips immer grandioser überfrachtet – als Weg, jeden Tag Millionen Fremde in neue Freunde zu verwandeln, Städte zu beleben und die Mikroökonomie von Kunsthandwerkern und Unternehmern anzukurbeln. Sogar als Möglichkeit, bedeutungsvolle neue Arbeit zu finden, sobald die Roboter erst einmal alle Jobs übernommen haben, wurde Trips angepriesen.

„Die gute Nachricht: Ich glaube nicht, dass wir auf magische Weise im ersten Zeitalter der Menschheitsgeschichte leben werden, in dem man schlagartig herumrennt und nicht mehr weiß, was man mit sich anfangen soll", sagte er. „Ich bin Optimist. Ich glaube, es gibt viele Dinge, die die Menschen tun. Aber um es vereinfacht zu sagen: Die Menschen werden nur das tun, was die Menschen tun. Können also nur Menschen Auto fahren? Ich weiß es nicht. Aber nur Menschen können Gastgeber für andere Menschen sein. Nur Menschen können sich kümmern. Will man etwas Handgemachtes, dann kann das nur ein Mensch bieten."

Auch für die Auswirkungen, die Trips auf Airbnb haben könnte, fand Chesky große Worte. Es sei ein Weg, dem nach acht Jahren zusehends professioneller werdenden Unternehmen neues Leben einzuhauchen und ihm die Art unternehmerischer Energie einzuimpfen, wie sie seinerzeit im Gründer-Apartment auf der Rausch Street geherrscht hatte. Trips sei für Airbnb genauso bedeutsam wie die Entscheidung von Amazon Ende der 1990er-Jahre, nicht mehr nur Bücher zu verkaufen, und die Entscheidung von Apple, die Handyindustrie 2007 mit dem iPhone aufzumischen. „Ich möchte für die Reisebranche das tun, was Apple für das Telefon getan hat", sagte er.

Cheskys Trips-Präsentation dauerte eine Stunde. Natürlich kamen auch Amol Surve und die ersten Airbnb-Gäste von 2007 wieder vor, ebenso wenig durfte die Vielzahl extravaganter Untertöne fehlen. Aber ich muss zugeben, dass es eine verführerische Vision war. In einer Stadt zu leben und dort nicht einfach nur zu Besuch zu sein – das war schon aufregend. Und in Japan mit einem Sumo-Ringer essen zu gehen, das klang köstlich.

Wenige Wochen später besuchte ich Travis Kalanick in der Uber-Firmenzentrale für unser finales Interview. Die Kämpfe in China waren gerade beigelegt worden. Im Gegensatz zu Chesky verkaufte Kalanick nichts, dabei war Uber gerade genauso sehr damit beschäftigt, seine Zukunft zu überdenken. In seiner üblich schnippischen Art stellte er sich letztmals einer Runde Fragen.

Zu besprechen gab es reichlich. Ubers Belegschaftsgröße lag knapp unterhalb 10.000, davon die Hälfte in San Francisco. Im Viertel Mission Bay sollte demnächst der erste Spatenstich für einen zwei Gebäude umfassenden Campus erfolgen, außerdem hatte Uber das 90 Jahre alte Sears-Gebäude auf der anderen Seite der Bucht in Oakland erworben und sich damit einen Halt in einem wieder aufstrebenden Geschäftsviertel gesichert.

Zunächst befragte ich Kalanick zu China und dem Ende des Duells der Mega-Einhörner. Er erwiderte, er habe dem Verkauf zugestimmt, als ihm klar wurde, dass der Kampf bis in alle Ewigkeit andauern könnte. „Wissen Sie, wir hätten auch weitermachen können. Beide Seiten hätten einfach weitermachen können. Es war einfach Zeit", sagte er. „Für uns entscheidend war, dass sich die Ridesharing-Kriege auf eine globale Ebene verlagerten. Geld aus der amerikanischen Technologie-Szene floss zu unserem chinesischen Wettbewerber und chinesisches Staatsvermögen floss zu unseren globalen Wettbewerbern. Wir mussten uns also einen Partner suchen, das war einfach das Sinnvollste."

Aber warum hatte er so sehr auf China gesetzt, wenn doch die Erfahrung zeigte, dass sich amerikanische Internetfirmen dort ausgesprochen schwertaten? „Es hatte geradezu etwas von einer romantischen Vorstellung", sagte er zurückblickend. „Wir wollten uns an diesen Orten einbringen, lernen und schauen, ob wir etwas Interessantes und Schönes tun können. Ich wollte mir diese Lektion, diese Erfahrung nicht entgehen lassen. Außerdem sprach auch wirtschaftlich und geschäftlich etwas dafür. Konkurrenzkampf macht dich stärker, denn er führt dazu, dass du den Fahrgästen und den Fahrern bessere Dienste leistest. Als Unternehmer möchte man herausfinden, ob das, was man erschaffen hat, funktionieren kann. Manchmal ist es ganz einfach, loszuziehen und einen Wettbewerber zu übernehmen, aber wir haben uns dagegen gesperrt."

Wie konnte er begründen, allein während der vergangenen zwei Jahre über zehn Milliarden Dollar an Kapital eingesammelt zu haben – für jedes Unternehmen eine unglaubliche Summe, aber umso mehr für ein Start-up-Unternehmen, das nicht an der Börse notiert war?

„Hätten wir das nicht getan, wäre es ein strategischer Nachteil gewesen, vor allem, wenn man global auftritt", sagte er. Auch Wettbewerber wie Didi und Lyft hätten das überschwängliche Investitionsklima dafür genutzt, Kapital für die eigene Kriegskasse anzuhäufen. „Es ist nicht meine Lieblingsmethode, wenn es darum geht, ein Unternehmen aufzubauen, aber wenn das Geld zur Verfügung steht, geht es nicht anders."

Wann würde Uber Gewinn schreiben? „In einigen Städten arbeiten wir seit Jahren profitabel. Wir haben viel Geld eingesammelt und in unseren Betrieb gesteckt. Wir können [wann immer wir wollen] mit den Investitionen aufhören und profitabel werden", sagte er. Ich wies daraufhin, dass es Skeptiker gibt, die noch immer an der These festhalten, dass Ridesharing-Firmen nicht nachhaltig sein könnten und nur durch Wagniskapital am Leben erhalten würden.

„Wie kann es dann sein, dass wir in den USA im Februar schwarze Zahlen hatten? Und vielleicht auch im März, ich weiß es nicht genau", sagte er. „Wie können diese Dinge beide gleichzeitig wahr sein?"

Kalanick sprach dann über Lyft, das Berichten zufolge in einigen amerikanischen Städten mit aggressiven Preisnachlässen arbeitete, um Uber Marktanteile abzujagen. „Wir werden nicht einfach mit ihnen in den See springen, aber wir werden in irgendeiner Form reagieren müssen", sagte er. „Wenn dein Wettbewerber Fahrten verschenkt, wenn er unter der Woche die Preise um 40 bis 50 Prozent senkt, dann muss man antworten."

Er könne es nicht erwarten, dass auch Lyft irgendwann einmal rentabel werden müsse. „Alle Unternehmungen müssen diszipliniert sein und nachhaltig geführt werden. Das steckt in meiner DNS als Unternehmer. Vielleicht möchte ich zurückgehen an den Ort, an dem ich glücklich war ... Das ist mein Optimum als Unternehmer."

Ich wechselte das Thema: War Ridesharing in Europa tot? Nein, schätzte Kalanick die Situation ein: „Der Fortschritt wird irgendwann seinen Weg finden. Vor allem dann, wenn der Unterschied zwischen dem Angedachten und dem Bestehenden so ... so gewaltig und so offensichtlich ist. Wir hatten Probleme, wir hatten Streit, an einigen Orten sind wir auch nicht so recht in Gang gekommen, etwa Japan, Südkorea oder Deutschland. Aber heißt das jetzt, dass Ride-sharing dort niemals eine große Sache werden wird? Nein, natürlich wird es irgendwann so weit sein. Ich war vor Kurzem in Deutschland und die wichtigste Tugend, die man in Deutschland einbringen kann, ist Geduld."

Noch immer klagten Uber-Fahrer gegen das Unternehmen und in Seattle hatten sie sogar die Erlaubnis erhalten, eine Gewerkschaft zu gründen. Behandelte Uber seine Fahrer gerecht? Kalanick wich ein wenig aus. Er tat nicht länger so, als würden die Fahrereinkünfte in die Höhe schießen, wenn Uber die Tarife senkte, er behauptete nun, dass sie stabil blieben. Die Fahrer schien er jedoch tatsächlich als Ubers Kunden zu erachten. „Unter dem Strich steht meiner Meinung nach, dass wir unbedingt zeigen müssen, dass die Einnahmen [der Fahrer] stabil sind", sagte er. Uber „muss Wege finden, für die Arbeit, die auf dieser Plattform möglich ist, Stress und Angst zu reduzieren".

Schließlich wollte ich noch wissen, wie Ubers Zukunft aussieht. Wie viel von dem, was möglich ist, haben wir bereits gesehen?

Kalanick erwiderte, dass nach der „zum Quadrat abgeleiteten lo-garithmischen Zeit" Uber erst auf halbem Weg zum Erreichen sei-ner Ziele sei. Hier war jetzt wieder der Mathe-Crack aus der Grana-da Hills High School am Werk und ich blickte ihn nur verständnis-los an. Also fuhr er fort:

„Die Dinge, die die Menschen spüren werden, kommen erst noch. Die Auswirkungen, die das auf unsere Städte haben wird ... 95 oder 98 Prozent davon werden erst noch spürbar. Was, wenn ich sa-gen würde, dass es in fünf Jahren in jeder Großstadt in den USA überhaupt keinen Verkehr mehr gibt?"

„Das wäre ein ziemlich hoch gestecktes Ziel", erwiderte ich.

„In der Tat. Ich glaube, es könnte trotzdem passieren. Wir stehen erst am Anfang. Aber wenn man das fühlt, dann wird es etwas ganz Großes."

„Wegen Mitfahrangeboten wie UberPool und Lyft Line?", hakte ich nach. „Oder wegen fahrerloser Autos?" Wenige Wochen zuvor hatte das Unternehmen damit begonnen, auf den Straßen Pitts-burghs 14 Ford Fusion zu testen, die mit Selbstfahrtechnologie aus-gerüstet waren. Kurz zuvor hatte Uber mitgeteilt, gemeinsam mit Volvo Technologie für fahrerlose Autos zu entwickeln, außerdem hatte das Unternehmen Otto gekauft, ein Start-up aus San Francisco, das unter Leitung ehemaliger Google-Ingenieure an autonomen Lkw arbeitete. [1]

„All diese Dinge werden geschehen, seien es Beförderungsangebote mit menschlichen Fahrern, Fahrgemeinschaften, Pendler mit Fahrgemeinschaften, selbstfahrende Autos", sagte Kalanick. „Autos werden von der Straße verschwinden. Sie werden viel effizienter und viel sicherer werden. Und sie werden deutlich weniger Platz wegnehmen. Wir werden unsere Städte zurückerhalten. Wir werden unsere Zeit zurückerhalten. Und es wird eine ganz, ganz andere Welt sein, was die Art und Weise anbelangt, wie wir unsere Städte erfahren. Wir fangen gerade erst an."

Sowohl Travis Kalanick als auch Brian Chesky haben Großes versprochen: Verkehr soll reduziert werden, unsere Städte sollen lebenswerter werden, die Menschen sollen mehr Zeit haben und authentischere Erfahrungen erleben. Werden diese Versprechungen eingehalten, könnten die Ergebnisse die Pannen und Fehler wettmachen, die auf dem Weg dorthin eintraten. Vielleicht sind sie sogar den enormen Preis wert, den diejenigen bezahlen mussten, die von den Aufrührern aus der Bahn geworfen wurden.

Und wenn die selbst gesteckten hehren Ziele nicht erreicht werden? Oder wenn der intensive Wettbewerb die Aufrührer weiter in Richtung einer rücksichtslosen „Gewinnen um jeden Preis"-Mentalität drängt? Dann laufen Uber und Airbnb Gefahr, die schlimmsten Behauptungen ihrer Kritiker zu bestätigen – dass nämlich Technologie und ausgeklügelte Geschäftspläne einzig dazu gedient hätten, eine Gruppe dominanter Unternehmen durch eine andere Gruppe dominanter Unternehmen zu ersetzen und dabei ein gewaltiges Vermögen anzuhäufen.

Ich bin, was das angeht, optimistischer. Ich glaube an die Macht und das Potenzial der Aufrührer und habe ihre einfallsreichen und anpassungsfähigen CEOs immer wieder bewundert. Aber es ist unsere Aufgabe, sie beim Wort zu nehmen. Sie sind die neuen Architekten des 21. Jahrhunderts, genauso mächtig wie politische Anführer und mittlerweile fester Bestandteil eines Establishments, gegen das sie immer wieder erbittert angekämpft haben.

Vor acht Jahren waren sie bei der Amtseinführung von Barack Obama, weil sie Zeugen der Geburt eines neuen Zeitalters sein wollten. Die Ideen, auf denen ihre damals entwickelten Unternehmen beruhen, sind nicht wirklich ihre Erfindungen, aber sie haben diese Ideen nahezu perfektioniert. Durch Geschäftssinn, innere Stärke und schiere Willenskraft haben sie gewaltige Nutzergemeinschaften überzeugt und zumindest die eine oder andere Regierung davon überzeugt, beiseite zu treten und den Dingen ihren Lauf zu lassen. Und jetzt haben die Aufrührer Gelegenheit, noch deutlich mehr zu bewegen.

Aber zunächst einmal stand der Winter bevor. Er würde neue Herausforderungen und jede Menge Ungewissheit mit sich bringen, denn Amerika steuerte auf einen Präsidentenwechsel zu. Doch egal, was die Zukunft bereithalten mag: Noch einmal würden die Aufrührer ihre warmen Mäntel gewiss nicht vergessen.

DANKSAGUNG

Es ist schon schwer genug, ein Buch über einen einzigen schnell wachsenden und verschlossenen Technologie-Giganten zu schreiben. Die Geschichten von zwei derartigen Unternehmen miteinander zu verknüpfen, während sich jeden Tag aufs Neue die Wettbewerbslandschaft um sie herum verändert, ist geradezu beängstigend.

Insofern bin ich den Lektoren, Kollegen und Familienmitgliedern, die das Buch von der Idee bis zum Ende unterstützt haben, zu enormem Dank verpflichtet. Meine Agentin Pilar Queen war eine Beraterin von unschätzbarem Wert, sehr gut sowohl mit praktischen Ratschlägen als auch angstnehmenden Beteuerungen. Bei Little, Brown glaubte mein Lektor John Parsley von Anfang an an dieses Buch. An jeder zentralen Weggabelung war er scharfsinnig und weise. Zusätzlicher Dank bei Little, Brown geht an den CEO Michael

Pietsch sowie an Reagan Arthur, Nicole Dewey, Tracy Williams, Michael Noon, Lauren Harms und Gabriella Mongelli, die dieses Buch durch alle Prozesse begleitet haben. Tracy Roe redigierte das Manuskript meisterhaft. Ein großes Dankeschön auch an Doug Young von Transworld Publishers, der sich in Großbritannien für dieses Buch starkmachte.

Ich danke allen bei Airbnb, Uber und Lyft, die es als wertvoll erachteten, einen ausführlichen Blick auf einen umwälzenden Augenblick in der Geschichte des Silicon Valleys zu werfen. Bei Uber danke ich Jill Hazelbaker, David Plouffe, Nairi Hourdajian und Travis Kalanick sowie dessen Managern. Bei Airbnb bin ich Kim Rubey, Maggie Carr und Mojgan Khalili zu Dank verpflichtet sowie Brian Chesky, Joe Gebbia, Nathan Blecharczyk, Belinda Johnson und ihrem Team. Bei Lyft brachte Brandon McCormick meinen Anfragen unendliche Geduld entgegen, während John Zimmer und Logan Green mir sehr großzügig Zeit und ihre Erinnerungen schenkten.

Im Silicon Valley trugen Gina Bianchini, Mark Casey, Margit Wennmachers, Robin Chan, Hans Tung, Paul Kranhold und Om Malik Erkenntnisse und Ratschläge während meiner Reise bei. Zu Dank verpflichtet bin ich auch Anne Kornblut, Michael Jordan und Ethan Watters für ihre Anleitung und wie immer für ihre Freundschaft.

Bei *Bloomberg* boten mir John Micklethwait, Reto Gregori, Ellen Pollock, Brad Wieners, Jared Sandberg und Kristin Powers ein wundervoll professionelles Zuhause, das sich ehrgeizigem Journalismus in all seinen Ausprägungen verpflichtet fühlt. Darüber hinaus habe ich das Glück, bei *Bloomberg* mit der besten Technologie-Redaktion der gesamten Branche arbeiten zu dürfen. Tom Giles, Jillian Ward, Peter Elstrom, Nate Lanxon, Aki Ito, Emily Biuso und Alistair Barr sind unglaubliche Kollegen, die mir Deckung aus der Luft gaben, während mich die Jagd nach flüchtigen Fakten und sinnvollen Aussagen auf Trab hielt. Eric Newcomer, Ellen Huet, Mark Milian, Jim Aley und Max Chafkin lasen das Manuskript zu einem frühen Zeitpunkt und steuerten wichtige Empfehlungen bei. Lulu Chen half mir, die bemerkenswerte Geschichte von Didi Chuxing in Peking niederzuschreiben. Emily Chang war eine mitfühlende Vertraute, während ich mich durch die Herausforderungen kämpfte, die das Erzählen dieser Geschichte mit sich brachte. Und mein langjähriger Kollege und Mitverschwörer Ashlee Vance war wie stets eine Inspiration und ein Versuchskaninchen, wann immer ich mich erst finden musste.

Wieder einmal schulde ich Nick Sanchez ein großes Dankeschön für seine fähige Hilfe beim Recherchieren und Berichten. Ohne seine Bemühungen würden in diesem Bericht einige zentrale Episoden fehlen. (Die Patzer stammen natürlich allesamt von mir.) Diana Suryakusuma unterstützte mich bei den Fotos und stand mir zur Seite, selbst als sie auf der anderen Seite der Welt zugange war. Meine Familie war erstaunlich geduldig und hilfreich, während ich dieses Buch recherchiert und niedergeschrieben habe. Carol Glick, Robert Stone, Luanne Stone, Bernice Yaspan, Brian Stone, Eric Stone und Becca Stone sind nun alle versiert darin, einen Autor zu managen, der ständig in seiner eigenen Welt lebt. Harper Fox, Maté Schissler, Andrew Iorgulescu, Essence Kelley und David Lewis waren die ganze Zeit über herzlich und begeistert, und das trotz der Tatsache, dass wir Anhänger unterschiedlicher Baseball-Teams sind.

Zwar waren von ihnen gelegentlich verzweifelte Seufzer zu hören, weil ihr Daddy wieder einmal abgelenkt war, aber meine Töchter Isabella und Calista Stone boten reichlich Motivation und waren während dieser Anstrengung guten Mutes.

Und zu guter Letzt: Dieses Buch hätte ich niemals schreiben können ohne die Liebe und die grenzenlose Unterstützung von Tiffany Fox.

FUSSNOTEN

Sofern nicht anders angegeben, stammen die Zitate aus persönlichen Interviews des Autors.

EINLEITUNG

1. „Extreme Inaugural Experiences", *Good Morning America*, Ausstrahlung vom 20. Januar 2009.
2. „Real Time Net Worth", *Forbes*, 24. Mai 2016, http://www.forbes.com/profile/brian-chesky/; http://www.forbes.com/profile/joe-gebbia/.

TEIL I
KAPITEL 1: DAS TAL DER LEIDEN

1. „The First Guest Ever on Airbnb Tells His Story", *YouTube*-Video, 20. September 2012, https://youtu.be/jpxInV9es6M.
2. Nathaniel Mott, „Watch Our *PandoMonthly* Interview with Airbnb's Brian Chesky", *Pando*, 11. Januar 2013, https://pando.com/2013/01/11/watch-our-pandomonthly-interview-with-airbnbs-brian-chesky/.
3. ebd.
4. Episode 109, *American Inventor*, *ABC*, ausgestrahlt am 4. Mai 2006.
5. Brian Chesky, „View Work by Brian Chesky at Coroflot.com", *Coroflot*, 16. Juli 2006, http://www.coroflot.com/brianchesky/view-work.
6. Squirrelbait, „AirBed & Breakfast for Connecting '07", *Core77*, 10. Oktober 2007, http://www.core77.com/posts/7715/air-bed-breakfast-for-connecting-07-7715.
7. Mott, „Watch Our *PandoMonthly* Interview".
8. „Greg McAdoo, Partner at Sequoia Capital, at Startup School '08", *YouTube*-Video, 29. Januar 2009, https://www.YouTube.com/watch?v=fZ5F2KhMLiE.
9. Brian Chesky, „7 Rejections", *Pulse*, 13. Juli 2015, https://www.linkedin.com/pulse/7-rejections-brian-chesky
10. Erick Schonfeld, „AirBed and Breakfast Takes Pad Crashing to a Whole New Level", *TechCrunch*, 11. August 2008, http://techcrunch.com/2008/08/11/airbed-and-breakfast-takes-pad-crashing-to-a-whole-new-level/.
11. Fred Wilson, „Airbnb", *AVC*, 16. März 2011, http://avc.com/2011/03/airbnb/.
12. Paige Craig, „Airbnb, My $1 Billion Lesson", *Arena Ventures*, 22. Juli 2015. In diesem Blog-Eintrag deutet Craig an, sein Geschäft sei daran gescheitert, dass Airbnb bei Y Combinator aufgenommen wurde. Allerdings wurde Airbnb im Dezember in das Programm aufgenommen, also stimmt die zeitliche Abfolge nicht so ganz. https://arenavc.com/2015/07/airbnb-my-1-billion-lesson/.
13. Matthew Bandyk, „Republican and Democratic Conventions Still Have Room", *U.S. News & World Report*, 20. August 2008.

14. Lori Rackl, „Airbed & Breakfast, Anyone? New Web Site an Alternative to Pricey, Scarce Hotel Rooms", *Chicago Sun-Times*, 27. August 2008.

15. „Obama O's", *Drunkily's Channel, YouTube*-Video, 12. Januar 2012, https://youtu.be/OQTWimfGfV8.

16. Mott, „Watch Our *PandoMonthly* Interview".

KAPITEL 2: JAM SESSIONS

1. „Uber Happy Hour", *Vimeo*, 2. Februar 2011, https://vimeo.com/19508742.

2. M. G. Siegler, „StumbleUpon Beats Skype in Escaping eBay's Clutches", *TechCrunch*, 13. April 2009, http://techcrunch.com/2009/04/13/ebay-unacquires-stumbleupon/.

3. „Travis Kalanick, Uber and Loic Le Meur, Co-Founder, LeWeb", *YouTube*-Video, 13. Dezember 2013, https://youtu.be/vnkvNQ-2V6Og.

4. Siegler, „StumbleUpon Beats Skype".

5. Erin Biba, „Inside the GPS Revolution: 10 Applications That Make the Most of Location", *Wired.com*, 19. Januar 2009, http://www.wired.com/2009/01/lp-10coolapps/.

6. „Fireside Chat with Travis Kalanick and Marc Benioff", *YouTube*-Video, 17. September 2015, https://www.YouTube.com/watch?v=Zt8L8WSSr1g.

7. David Cohen, „The Pony's Lucky Horseshoe", *Hi, I'm David G. Cohen*, 14. Juli 2014, http://davidgcohen.com/2014/07/14/the-ponys-lucky-horseshoe/.

8. Leena Rao, „UberCab Takes the Hassle Out of Booking a Car Service", *TechCrunch*, 5. Juli 2010, http://techcrunch.com/2010/07/05/ubercab-takes-the-hassle-out-of-booking-a-car-service/.

KAPITEL 3: DIE GESCHEITERTEN

1. Jason Kincaid, „Taxi Magic: Hail a Cab from Your iPhone at the Push of a Button", *TechCrunch*, 16. Dezember 2008.

2. Carolyn Said, „DeSoto, S.F.'s Oldest Taxi Firm, Rebrands Itself as Flywheel", *SFGate*, 19. Februar 2015, http://www.sfgate.com/business/article/DeSoto-S-F-s-oldest-taxi-firm-rebrands-6087480.php.

3. „Why Couchsurfing Founder Casey Fenton Is Unfazed by Competitors like Airbnb", *Mixergy*, 30. März 2015, https://mixergy.com/interviews/casey-fenton-couchsurfing/.

4. Ryan Lawler, „Lyft-Off: Zimride's Long Road to Overnight Success", *TechCrunch*, 29. August 2014, http://techcrunch.com/2014/08/29/6000-words-about-a-pink-mustache/.

5. „Cross-Country Carpool", *ABC News*, 29. Juli 2008, http://abcnews.go.com/video/embed?id=5456748.

KAPITEL 4: DER GROWTH HACKER

1. Nathaniel Mott, „Watch Our *PandoMonthly* Interview with Airbnb's Brian Chesky", *Pando*, 11. Januar 2013, https://pando.com/2013/01/11/watch-our-pandomonthly-interview-with-airbnbs-brian-chesky/.

2. „Reid Hoffman und Brian Chesky (11/2/11)", *YouTube*-Video, 15. November 2011, https://youtu.be/dPp9zc6SIHY.

3. Ebd.

4. Ebd.

5. „Data-Miners.net — Nathan Blecharczyk", *Spamhaus*, http://archive.org/web/20030512215519/http://www.spamhaus.org/rokso/spammers.lasso?-database=spammers.db&-layout=detail&-response=roksodetail.lasso&recno=2259&-clientusername=guest&-clientpassword=guest&-search.

6. Aaron Greenspan, „*The Harvard People I Know Who Are Breaking the Law (Again)*", 26. Oktober 2011, https://thinkcomp.quora.com/The-Harvard-People-I-Know-Who-Are-Breaking-The-Law-Again.

7. „ComScore Media Metrix Ranks Top 50 U.S. Web Properties for Oktober 2009", *ComScore*, 19. November 2009.

8. Dave Gooden, „*How Airbnb Became a Billion-Dollar Company*", 31. Mai 2011, http://davegooden.com/2011/05/how-airbnb-became-a-billion-dollar-company/.

9. Ryan Tate, „Did Airbnb Scam Its Way to $1 Billion?", *Gawker*, 31. Mai 2011, http://gawker.com/5807189/did-airbnb-scam-its-way-to-1-billion.

10. Andrew Chen, „*Growth Hacker Is the New VP Marketing*", http://andrewchen.co/how-to-be-a-growth-hacker-an-airbnbcraigslist-case-study/.

11. „Airbnb Announces New Product Advancements and $7.2M in Series A Funding to Accelerate Global Growth", *Marketwired*, 11. November 2010, http://www.marketwired.com/press-release/Airbnb-Announces-New-Product-Advancements-72M-Series-A-Funding-Accelerate-Global-Growth-1351692.htm.

12. „Reid Hoffman and Brian Chesky", *YouTube*-Video.

13. Brad Stone, „The New Andreessen", *Bloomberg.com*, 3. November 2010, http://www.bloomberg.com/news/articles/2010-11-03/the-new-new-andreessen.

KAPITEL 5: BLUT, SCHWEISS UND RAMEN

1. „Disrupt Backstage: Travis Kalanick", *YouTube*-Video, 22. Juni 2011, https://youtu.be/0-uiO-P9yEg.

2. Ilene Lelchuk, „Probe Clears 2 S.F. Elections Officials; Case Against 3rd Remains Unclear", *SFGate*, 12. Dezember 2001, http://www.sfgate.com/politics/article/Probe-clears-2-S-F-elections-officials-Case-2841381.php.

3. Andy Kessler, „Travis Kalanick: The Transportation Trustbuster", *Wall Street Journal*, 25. Januar 2013, http://www.wsj.com/articles/SB10001424127887324235104578244231122376480.

4. „Disrupt Backstage: Travis Kalanick", *YouTube*-Video.

5. „Travis Kalanick Startup Lessons from the Jam Pad— Tech Cocktail Startup Mixology", *YouTube*-Video, 5. Mai 2011, https://youtu.be/VMvdvP02f-Y.

6. Max Chafkin, „What Makes Uber Run", *Fast Company*, 8. September 2015, http://www.fastcompany.com/3050250/what-makes-uber-run.

7. Ebd.

8. „Travis Kalanick Startup Lessons from the Jam Pad".

9. „Travis Kalanick of Uber", *This Week in Startups*, *YouTube*-Video, 16. August 2011, https://youtu.be/550X5OZVk7Y.

10. „Power Tools", *Time*, 24. April 2014, http://time.com/72206/time-100-objects-that-inspire-influencers/.

11. Karen Kaplan, „Ovitz Team Invests in Multimedia Search Engine", *Los Angeles Times*, 10. Juni 1999, http://articles.latimes.com/1999/jun/10/business/fi-46036.

12. Bruce Orwall, „Ovitz, Yucaipa Buy Majority Stake in Entertainment Search Engine", *Wall Street Journal*, 10. Juni 1999, http://www.wsj.com/articles/SB928970934179363266.

13. Ebd.

14. Marc Graser und Justin Oppelaar, „Scour Power Turns H'wood Dour", *Variety*, 24. Juni 2000.

15. „Travis Kalanick of Uber", *This Week in Startups*.

16. Karen Kaplan und P. J. Huffstutter, „Multimedia Firm Scour Lays Off 52 of Its 70 Workers", *Los Angeles Times*, 2. September 2000, http://articles.latimes.com/2000/sep/02/business/fi-14350.

17. Clare Saliba, „Scour Assets Sell for $9M", *E-Commerce Times*, 13. Dezember 2000, http://www.ecommercetimes.com/story/6043.html.

18. „FailCon 2011 — Uber Case Study", *YouTube*-Video, 3. November 2011, https://youtu.be/2QrX5jsiico.

19. Ebd.

20. Ebd.

21. Travis Kalanick, Interview von Ashlee Vance, 30. September 2011.

22. „FailCon 2011 — Uber Case Study", *YouTube*-Video.

23. Ebd.

24. Michael Arrington, „Payday for Red Swoosh: $15 Million from Akamai", *TechCrunch*, 12. April 2007, http://techcrunch.com/2007/04/12/payday-for-red-swoosh-15-million-from-akamai/.

25. Interview des Autors mit Travis Kalanick und http://fortune.com/2013/09/19/travis-kalanick-founder-of-uber-is-silicon-valleys-rebel-hero/.

26. „Travis Kalanick Startup Lessons from the Jam Pad", *YouTube*-Video.

27. Ebd.

28. „Travis Kalanick of Uber", *This Week in Startups*.

29. Ryan Graves, „*1 + 1 = 3*", Uber.com, 22. Dezember 2010, https://newsroom.uber.com/1-1-3/.

TEIL II
KAPITEL 6: DER KRIEGS-CEO

1. Ben Horowitz, „Peacetime CEO/Wartime CEO", *Ben's Blog*, Andreessen Horowitz, 14. April 2011, http://www.bhorowitz. com/peacetime_ceo_wartime_ceo.

2. Aileen Lee, „Welcome to the Unicorn Club: Learning from Billion-Dollar Startups", *TechCrunch*, 2. November 2013, https:// techcrunch.com/2013/11/02/welcome-to-the-unicorn-club/.

3. Glenn Peoples, „Spotify Raises $100 Million, but Remains Stuck at $1 Billion Valuation", *Billboard*, 17. Juni 2011, http://www.billboard.com/biz/articles/news/1177428/spotify-raises-100-million-but-remains-stuck-at-1-billion-valuation; Geoffrey Fowler, „Airbnb Is Latest Start-Up to Secure $1 Billion Valuation", *Wall Street Journal*, 26. Juli 2011, http://www.wsj.com/articles/SB1000 1424053111904772304576468183971793712.

4. Eric Mack, „Plane-in-a-Tree Is the Perfect Getaway for Airbnb", *CNET.com*, 1. August 2011, http://www.cnet.com/news/plane-in-a-tree-is-the-perfect-getaway-for-airbnb/.

5. „How Airbnb and Uber Disrupt Offline Business", *TechCrunch*, 28. Dezember 2011, http://techcrunch.com/video/how-airbnb-and-uber-disrupt-offline-business/517158889/.

6. Sarah Lacy, „Airbnb Has Arrived: Raising Mega-Round at a $1 Billion+ Valuation", *TechCrunch*, 30. Mai 2011, http://techcrunch.com/2011/05/30/airbnb-has-arrived-raising-mega-round-at-a-1-billion-valuation/.

7. Steve O'Hear, „9flats, the European Airbnb, Secures 'Major Investment' from Silicon Valley's Redpoint", *TechCrunch*, 17. Mai 2011, http://techcrunch.com/2011/05/17/9flats-the-european-airbnb-secures-major-investment-from-silicon-valleys-redpoint-2/.

8. „Attack of the Clones", *Economist*, 6. August 2011, http://www.economist.com/node/21525394.

9. Mike Butcher, „In Confidential Email Samwer Describes Online Furniture Strategy as a 'Blitzkrieg'", *TechCrunch*, 22. Dezember 2011, http://techcrunch.com/2011/12/22/in-confidential-email-samwer-describes-online-furniture-strategy-as-a-blitzkrieg/.

10. Caroline Winter, „How Three Germans Are Cloning the Web", *Bloomberg*, 29. Februar 2012, http://www.bloomberg.com/news/articles/2012-02-29/how-three-germans-are-cloning-the-web.

11. Robin Wauters, „Investors Pump $90 Million into Airbnb Clone Wimdu", *TechCrunch*, 14. Juni 2011, http://techcrunchcom/2011/06/14/investors-pump-90-million-into-airbnb-clone-wimdu/.

12. EJ, „Violated: A Traveler's Lost Faith, a Difficult Lesson Learned", *Around the World and Back Again*, 29. Juni 2011, http://ejroundtheworld.blogspot.com/2011/06/violated-travelers-lost-faith-difficult.html.

13. Ebd.

14. Foxit, „Violated: A Traveler's Lost Faith, a Difficult Lesson Learned", *Hacker News*, https://news.ycombinator.com/item?id=2811080.

15. Michael Arrington, „The Moment of Truth for Airbnb As User's Home Is Utterly Trashed", *TechCrunch*, 27. Juli 2011, http://techcrunch.com/2011/07/27/the-moment-of-truth-for-airbnb-as-users-home-is-utterly-trashed/.

16. EJ, „Airbnb Nightmare: No End in Sight", *Around the World and Back Again*, 28. Juli 2011, http://ejroundtheworld.blogspot.com/2011/07/airbnb-nightmare-no-end-in-sight.html.

17. Ebd.

18. Drew Olanoff, „Airbnb Ups Its Host Guarantee to a Million Dollars", *Next Web*, 22. Mai 2012, http://thenextcom/insider/2012/05/22/airbnb-partners-with-lloyds-of-london-for-the-new-million-dollar-host-guarantee/.

19. Brian Chesky, „Our Commitment to Trust & Safety", *Airbnb*, 1. August 2011, http://blog.airbnb.com/our-commitment-to-trust-and-safety/.

20. James Temple, „Airbnb Victim Describes Crime and Aftermath", *SFGate*, 30. Juli 2011, http://www.sfgate.com/business/article/Airbnb-victim-describes-crime-and-aftermath-2352693.php.

21. Claire Cain Miller, „In Silicon Valley, the Night Is Still Young", *New York Times*, 20. August 2011, http://www.nytimes.com/2011/08/21/technology/silicon-valley-booms-but-worries-about-a-new-bust.html.

22. Jim Wilson, „Good Times in Silicon Valley, for Now", *New York Times*, 13. August 2011, http://www.nytimes.com/slideshow/

2011/08/13/technology/20110821-VALLEY-5.html; Geoffrey Fowler, „The Perk Bubble Is Growing as Tech Booms Again", *Wall Street Journal*, 6. Juli 2011, http://www.wsj.com/articles/SB10001 42405270230376340457641980399742690.

23. Robin Wauters, „Airbnb Buys German Clone Accoleo, Opens First European Office in Hamburg", *TechCrunch*, 1. Juni 2011, http://techcrunch.com/2011/06/01/airbnb-buys-german-clone-accoleo-opens-first-european-office-in-hamburg/.

24. Colleen Taylor, „Airbnb Hits Hockey Stick Growth: 10 Million Nights Booked, 200K Active Properties", *TechCrunch*, 19. Juni 2012, http://techcrunch.com/2012/06/19/airbnb-10-million-bookings-global/.

KAPITEL 7: DAS TAKTIKBUCH

1. Erick Schonfeld, „I Just Rode in an Uber Car in New York City, and You Can Too", *TechCrunch*, 6. April 2011, http://techcrunch.com/2011/04/06/i-just-rode-in-an-uber-car-in-new-york-city-and-you-can-too/.

2. Andrew J. Hawkins, „Uber Doubles Number of Drivers — Just as De Blasio Feared", *Crain's New York Business*, 6. Oktober 2015, http://www.crainsnewyork.com/article/20151006/BLOGS04/151009912/uber-doubles-number-of-drivers-just-as-de-blasio-feared.

3. Nitasha Tiku, „Exclusive: Shake Up and Resignations at Uber's New York Office, CEO Travis Kalanick Explains", *Observer*, 20. September 2011, http://observer.com/2011/09/exclusive-shake-up-and-resignations-at-ubers-new-york-office-ceo-travis-kalanick-explains/.

4. Im Namen der vollständigen Offenlegung: Bloomberg ist mein Arbeitgeber!

5. „Travis Kalanick of Uber", *This Week in Startups*, *YouTube*-Video, 16. August 2011, https://youtu.be/550X5OZVk7Y.

6. „Halloween Surge Pricing: Get an Uber at the Witching Hour", *Uber*, 26. Oktober 2011, https://newsroom.uber.com/halloween-surge-pricing-get-an-uber-at-the-witching-hour/.

7. Aubrey Sabala, „While I'm Glad I'm Home Safely", *Twitter*, 1. Januar 2012, https://twitter.com/aubs/status/153532514122743808.

8. Travis Kalanick, „@kavla Price Is Right There Before You Request", *Twitter*, 2. Januar 2012, https://twitter.com/travisk/status/154069401488982017.

9. Travis Kalanick, „@dandarcy the Sticker Shock Is Rough", *Twitter*, 1. Januar 2012, https://twitter.com/travisk/status/153562288023023617.

10. Nick Bilton, „Disruptions: Taxi Supply and Demand, Priced by the Mile", *Bits Blog, New York Times*, 8. Januar 2012, http://bits.blogs.nytimes.com/2012/01/08/disruptions-taxi-supply-and-demand-priced-by-the-mile/?_r=0.

11. Bill Gurley, „A Deeper Lookat Uber's Dynamic Pricing Model", *Above the Crowd*, 11. März 2014, http://abovethecrowd.com/2014/03/11/a-deeper-look-at-ubers-dynamic-pricing-model/.

12. Kara Swisher, „Man and Uber Man", *Vanity Fair*, Dezember 2014, http://www.vanityfair.com/news/2014/12/uber-travis-kalanick-controversy.

13. Alex Konrad, „How Super Angel Chris Sacca Made Billions, Burned Bridges and Crafted the Best Seed Portfolio Ever", *Forbes*, 25. März 2015, http://www.forbes.com/sites/alexkonrad/2015/03/25/how-venture-cowboy-chris-sacca-made-billions/#5d29290bfa8c.

KAPITEL 8: DAS GESETZ VON TRAVIS

1. Travis Kalanick, „Uber CEO's Letter to DC City Council", *Uber*, 10. Juli 2012, https://newsroom.uber.com/us-dc/travis-kalanick-letter-to-dc-city-council/.

2. Benjamin R. Freed, „Uber Is Hacking into Washington's Taxi Industry, Linton Says", *DCist*, 11. Januar 2012, http://dcist.com/2012/01/uber_is_hacking_into_washingtons_ta.php.

3. „D.C. Regulations on Limousine Operators", *Scribd*, https://www.scribd.com/doc/77931261/D-C-Regulations-on-Limousine-Operators.

4. Mike DeBonis, „Uber Car Impounded, Driver Ticketed in City Sting", *Washington Post*, 13. Januar 2012, https://www.washingtonpost.com/blogs/mike-debonis/post/uber-car-impounded-driver-ticketed-in-city-sting/2012/01/13/gIQA4Py3vP_blog.html.

5. Ryan Graves, *„An Uber Surprise in DC"*, Uber, 13. Januar 2012, https://newsroom.uber.com/us-dc/an-uber-surprise-in-dc/.

6. Benjamin R. Freed, „After Stinging Uber, Linton Says He Just Had to Regulate", *DCist*, 16. Januar 2012, http://dcist.com/2012/01/after_stinging_uber_linton_says_he.php.

7. Leena Rao, „Mobile Taxi Network Hailo Raises $17M From Accel and Atomico to Take On Uber in the U.S.", *TechCrunch*, 29. März 2012, http://techcrunch.com/2012/03/29/mobile-taxi-network-hailo-raises-17m-from-accel-and-atomico-to-take-on-uber-in-the-u-s/.

8. Ebd.

9. Laura Juni, „Uber Launches Lower-Priced Taxi Service in Chicago", *Verge*, 18. April 2012, http://www.theverge.com/2012/4/18/2957508/uber-taxi-service-chicago.

10. Daniel Cooper, „Hailo's HQ Trashed by Uber-Hating London Black Cab Drivers", *Engadget*, 23. Mai 2014, https://www.engadget.com/2014/05/23/hailo-london-hq-vandalized/.

11. „*SF, You Now Have the Freedom to Choose*", Uber, 3. Juli 2012, http://blog.uber.com/2012/07/03/sf-vehicle-choice/.

12. Brian X. Chen, „Uber, an App That Summons a Car, Plans a Cheaper Service Using Hybrids", *New York Times*, 1. Juli 2012, http://www.nytimes.com/2012/07/02/technology/uber-a-car-service-smartphone-app-plans-cheaper-service.html.

13. Mike DeBonis, „Uber CEO Travis Kalanick", *Washington Post*, 27. Juli 2012, https://www.washingtonpost.com/blogs/mike-debonis/post/uber-ceo-travis-kalanick-talks-big-growth-and-regulatory-roadblocks-in-dc/2012/07/27/gJQAAmS4DX_blog.html.

14. Del Quentin Wilber und Mike DeBonis, „Ted G. Loza, Former D.C. Council Aide, Pleads Guilty in Corruption Case", *Washington Post*, 18. Februar 2011, http://www.washingtonpost.com/wp-dyn/content/article/2011/02/18/AR2011021806843.html.

15. Travis Kalanick, „@mikedebonis We Felt That We Got Strung Out", *Twitter*, 10. Juli 2012, https://twitter.com/travisk/status/222633686770786305; Travis Kalanick, „@mikedebonis the Bottom Line Is That @marycheh", *Twitter*, 10. Juli 2012, https://twitter.com/travisk/status/222635403910447104.

16. Travis Kalanick, „*Strike Down the Minimum Fare Language in the DC Uber Amendment*", Uber, 9. Juli 2012, https://newsroom.uber.com/us-dc/strike-down-the-minimum-fare/.

17. Christine Lagorio-Chafkin, „Resistance Is Futile", *Inc.* , Juli 2013, http://www.inc.com/magazine/201307/christine-lagorio/uber-the-car-service-explosive-growth.html.
18. Mike DeBonis, „Uber Triumphant", *Washington Post*, Dezember 2012, https://www.washingtonpost.com/blogs/mike-debonis/wp/2012/12/03/uber-triumphant/.
19. *„Patent US6356838 — System and Method for Determining an Efficient Transportation Route"*, 12. März 2002, http://www.google.com/patents/US6356838.
20. Vor Sidecar gab es schon andere Ridesharing-Firmen. 2010 wurde in San Francisco der Dienst Homobile gegründet, der Transvestiten nach Auftritten sowie Mitgliedern der Schwulengemeinde Mitfahrgelegenheiten anbot und als Bezahlung auf Spenden setzte. Sunil Paul sagt, er habe den Dienst 2011 bei einer Fahrt zum Flughafen ausprobiert.
21. „Travis Kalanick of Uber", *This Week in Startups*, *YouTube*-Video, 16. August 2011, https://youtu.be/550X5OZVk7Y.
22. Tomio Geron, „Ride-Sharing Startups Get California Cease and Desist Letters", *Forbes*, 8. Oktober 2012, http://www.forbes.com/sites/tomiogeron/2012/10/08/ride-sharing-startups-get-california-cease-and-desist-letters/#767d66027e81.
23. Jeff McDonald und Ricky Young, „State Investigator Lays Out Developing Criminal Case Against Former PUC President", *Los Angeles Times*, 29. Dezember 2015, http://www.latimes.com/business/la-fi-watchdog-peevey-20151230-story.html.
24. Sfcda.com/CPUC, 11. Januar 2013, http://sfcda.com/CPUC/Lyft_CPUC_SED_IntAGR.pdf.
25. Brian X. Chen, „Uber to Roll Out Ride Sharing in California", *Bits Blog, New York Times*, 31. Januar 2013, http://bits.blogs.nytimes.com/2013/01/31/uber-rideshare/.
26. Travis Kalanick, „@johnzimmer You've Got a Lot of Catching Up", *Twitter*, 19. März 2013, https://twitter.com/travisk/status/314079323478962176.
27. David Pierson, „Uber Fined $7.6 Million by California Utilities Commission", *Los Angeles Times*, 14. Januar 2016, http://www.latimes.com/business/la-fi-tn-uber-puc-20160114-story.html.
28. *„Order Instituting Rulemaking on Regulations Relating to Passenger Carriers, Ridesharing, and New Online-Enabled Trans-*

portation Services", Cpuc.ca.gov, 19. September 2013, http://docs. cpuc.ca.gov/PublishedDocs/Published/G000/M077/K112/ 77112285.PDF.

29. Liz Gannes, „Despite Controversy in Austin and Philly, Ride-Sharing Service SideCar Expands to Boston, Brooklyn and Chicago", *AllThingsD*, 15. März 2013, http://allthingsd.com/2013 0315/despite-controversy-in-austin-and-philly-ride-sharing-service-sidecar-expands-to-boston-brooklyn-and-chicago/.

KAPITEL 9: TOO BIG TO REGULATE

1. Sarah Kessler, „How Snow White Helped Airbnb's Mobile Mission", *Fast Company*, 8. November 2012, http://www.fastcompany. com/3002813/how-snow-white-helped-airbnbs-mobile-mission.

2. Kristen Bellstrom, „Exclusive: Meet Airbnb's Highest-Ranking Female Exec Ever", *Fortune*, 13. Juli 2015, http://fortune.com/ 2015/07/13/airbnb-belinda-johnson-promotion/.

3. Nicole Neroulias, „Fan 'Gridderati' Get Super Soiree — Sexy Treat at Top-of-Line Bash", *New York Post*, 4. Februar 2007.

4. Justin Rocket Silverman, „He's King of the City That Never Sleeps", *AM New York*, 24. Juni 2004.

5. Ben Chapman, „Website AirBnB.com Lets Users Sublet Couches, Roofs and Other Odd Spaces", *New York Daily News*, 21. Juli 2009, http://www.nydailynews.com/life-style/real-estate/ website-airbnb-lets-users-sublet-couches-roofs-odd-spaces-article-1.429969.

6. Ebd.

7. Joe Gebbia, „I'll Be in NYC Tomorrow", *Twitter*, 20. Juli 2010, https://twitter.com/jgebbia/status/19046704645.

8. *„Statements of Mayor Michael R. Bloomberg and Governor David A. Paterson on Governor Paterson's Signing Into Law Housing Preservation Legislation That Enables Enforcement Against Illegal Hotels"*, City of New York, 23. Juli 2010, http://www1.nyc. gov/office-of-the-mayor/news/324-10/statements-mayor-michael-bloomberg-governor-david-a-paterson-governor-paterson-s.

9. Andrew J. Hawkins, „City Sues Departed Actor for Running Illegal Hotels", *Crain's New York Business*, 23. Oktober 2012, http://www.crainsnewyork.com/article/20121023/BLOGS04/ 310239983/city-sues-departed-actor-for-running-illegal-hotels.

10. Drew Grant, „Infamous Airbnb Hotelier Toshi to Pay $1 Million to NYC", *Observer*, 20. November 2013, http://observer.com/2013/11/infamous-airbnb-hotelier-toshi-to-pay-1-million-to-nyc/.

11. Adam Pincus, „Illegal Hotel Fines Could Skyrocket", *Real Deal*, 12. September 2012, http://therealdeal.com/2012/09/12/city-council-to-dramatically-increase-illegal-hotel-fines/.

12. Ron Lieber, „A Warning for Hosts of Airbnb Travelers", *New York Times*, 30. November 2012, http://www.nytimes.com/2012/12/01/your-money/a-warning-for-airbnb-hosts-who-may-be-breaking-the-law.html?_r=1.

13. *NYC v. Abe Carrey Appeal Nos. 1300602 & 1300736*, CityLaw.org, 26. September 2013, http://archive.citylaw.org/ecb/Long%20Form%20Orders/2013/1300602— 1300736.pdf.

14. „Huge Victory in New York for Nigel Warren and Our Host Community", *Airbnb*, 27. September 2013, https://www.airbnbaction.com/huge-victory-new-york-nigel-warren-host-community/.

15. Brian Chesky, *„Who We Are, What We Stand For"* , Airbnb, 3. Oktober 2013, http://blog.airbnb.com/who-we-are/.

16. http://valleywag.gawker.com/airbnb-hides-warning-that-users-are-breaking-the-law-in-1561938121.

17. Matt Chaban, „Attorney General Eric Schneiderman Hits AirBnB with Subpoena for User Data", *New York Daily News*, 7. Oktober 2013, http://www.nydailynews.com/news/national/state-airbnb-article-1.1477934.

18. „Airbnb Memorandum in Support of Petition to Quash Subpoena", *Electronic Frontier Foundation*, https://www.eff.org/document/airbnb-v-schneiderman-memo-law.

19. „Airbnb Introduces Instant Bookings for Hosts", *ProBnB*, 12. Oktober 2013, http://www.probnb.com/airbnb-introduces-instant-bookings-for-hosts.

20. Daniel P. Tucker, „Airbnb Won't Comply with Subpoena from New York Attorney General", *WNYC*, 7. Oktober 2013, http://www.wnyc.org/story/airbnb-wont-comply-subpoena-new-york-attorney-general/.

21. *„Airbnb's Economic Impact on the NYC Community"*, Airbnb, http://blog.airbnb.com/airbnbs-economic-impact-nyc-community/.

22. „Ruling in Airbnb's Case in New York", *New York Times*, 13. Mai 2014, http://www.nytimes.com/interactive/2014/05/13/technology/ruling-airbnb-new-york.html.

23. *„New York Update"*, Airbnb, 22. August 2014, https://www.airbnbaction.com/new-york-community-update/.

24. http://www.ag.ny.gov/press-release/ag-schneiderman-releases-report-documenting-widespread-illegality-across-airbnbs-nyc.

25. Jessica Wohl, „Airbnb CMO Knocks Uber's Growth Tactics", *Advertising Age*, 16. Oktober 2015, http://adage.com/article/special-report-ana-annual-meeting-2015/airbnb-cmo-knocks-uber-growth-tactics/300948/.

TEIL III
KAPITEL 10: DER „GOD VIEW"-SKANDAL

1. Jeanie Riess, „Why New Orleans Doesn't Have Uber", *Gambit*, 4. Februar 2014, http://www.bestofneworleans.com/gambit/why-new-orleans-doesnt-have-uber/Content?oid=2307943.

2. Tim Elfrink, „UberX Will Launch in Miami Today, Defying Miami-Dade's Taxi Laws", *Miami New Times*, 4. Juni 2014, http://www.miaminewtimes.com/news/uberx-will-launch-in-miami-today-defying-miami-dades-taxi-laws-6533024.

3. „Mayor Gimenez: Uber, Lyft Will Be Legal in Miami-Dade by End of Year", *Miami Herald*, 28. September 2015, http://www.miamiherald.com/news/local/community/miami-dade/article36831345.html.

4. Leena Rao, „Uber Now Offers Its Own Car Leases to UberX Drivers", *Forbes*, 29. Juli 2015, http://fortune.com/2015/07/29/uber-car-leases/.

5. Travis Kalanick, Interview mit Mark Milian, 22. November 2013.

6. Eric Newcomer und Olivia Zaleski, „Inside Uber's Auto-Lease Machine, Where Almost Anyone Can Get a Car", *Bloomberg.com*, 31. Mai 2016, http://www.bloomberg.com/news/articles/2016-05-31/inside-uber-s-auto-lease-machine-where-almost-anyone-can-get-a-car.

7. Ryan Lawler, „Uber Slashes UberX Fares in 16 Markets to Make It the Cheapest Car Service Available Anywhere", *TechCrunch*, 9. Januar 2014, http://techcrunch.com/2014/01/09/big-uberx-price-cuts/.

8. Ellen Huet, „How Uber and Lyft Are Trying to Kill Each Other", *Forbes*, 30. Mai 2014, http://www.forbes.com/sites/ellenhuet/2014/05/30/how-uber-and-lyft-are-trying-to-kill-each-other/#4a7e6b063ba8.

9. Carolyn Tyler, „Mother of Girl Fatally Struck by Uber Driver Speaks Out", *ABC7 News*, 9. Dezember 2014, http://abc7news.com/business/mother-of-girl-fatally-struck-by-uber-driver-speaks-out/429535/.

10. Travis Kalanick, „@connieezywe Can Confirm", *Twitter*, 1. Januar 2014, https://twitter.com/travisk/status/418518282824458241.

11. *„Statement on New Year's Eve Accident"* , Uber, 1. Januar 2014, https://newsroom.uber.com/statement-on-new-years-eve-accident/.

12. Elyce Kirchner, David Paredes und Scott Pham, „UberX Driver in Fatal Crash Had Record", *NBC Bay Area*, 12. Februar 2015, http://www.nbcbayarea.com/news/local/UberX-Driver-Involved-in-New-Years-Eve-Manslaughter-Had-A-Record-of-Reckless-Driving-240344931.html.

13. „Fact Sheet 16a: Employment Background Checks in California: A Focus on Accuracy", *Privacy Rights Clearinghouse, 2003–2016*, https://www.privacyrights.org/employment-background-checks-california-focus-accuracy.

14. Don Jergler, „Uber Announces New Policy to Cover Gap", *Insurance Journal*, 14. März 2014, http://www.insurancejournal.com/news/national/2014/03/14/323329.htm.

15. Harrison Weber, „Uber & Lyft Agree to Insure Drivers in Between Rides in California", *VentureBeat*, 27. August 2014, http://venturebeat.com/2014/08/27/uber-lyft-agree-to-insure-drivers-in-between-rides-in-california/.

16. Bob Egelko, „Uber May Be Liable for Accidents, Even If Drivers Are Contractors", *San Francisco Chronicle*, 27. April 2016, http://www.sfchronicle.com/bayarea /article/ Uber-may-be-liable-for-accidents- even-if-drivers-7377364.php.

17. „Family of 6-Year-Old Girl Killed by Uber Driver Settles Lawsuit", *ABC7 News*, 14. Juli 2015, http://abc7news.com/business/family-of-6-year-old-girl-killed-by-uber-driver-settles-lawsuit/852108/.

18. „*Uber's Marketing Program to Recruit Drivers: Operation SLOG*", Uber, 26. August 2014, https://newsroom.uber.com/ubers-marketing-program-to-recruit-drivers-operation-slog/.

19. Laurie Segall, „Uber Rival Accuses Car Service of Dirty Tactics", *CNN Money*, 24. Januar 2014, http://money.cnn.com/2014/01/24/technology/social/uber-gett/.

20. Mickey Rapkin, „Uber Cab Confessions", *GQ*, 27. Februar 2014, http://www.gq.com/story/uber-cab-confessions.

21. Ryan Lawler, „Lyft Launches in 24 New Markets, Cuts Fares by Another 10%", *TechCrunch*, 24. April 2014, https://techcrunch.com/2014/04/24/lyft-24-new-cities/.

22. Kara Swisher, „Man and Uber Man", *Vanity Fair*, Dezember 2014, http://www.vanityfair.com/news/2014/12/uber-travis-kalanick-controversy.

23. Sara Ashley O'Brien, „15 Questions with … John Zimmer", *CNN*, http://money.cnn.com/interactive/technology/15-questions-with-john-zimmer/.

24. Yuliya Chernova, „N.Y. Shutdowns for SideCar, RelayRides Highlight Hurdles for Car- and Ride-Sharing Startups", *Wall Street Journal*, 15. Mai 2013, http://blogs.wsj.com/venturecapital/2013/05/15/n-y-shutdowns-for-sidecar-relayrides-highlight-hurdles-for-car-and-ride-sharing-startups/.

25. „Lyft Will Launch in Brooklyn & Queens", *Lyft Blog*, 8. Juli 2014, https://blog.lyft.com/posts/2014/7/8/lyft-launches-in-new-yorks-outer-boroughs.

26. Brady Dale, „Lyft Launch Party with Q-Tip, Without Actually Launching", *Technical.ly Brooklyn*, 14. Juli 2014, http://technical.ly/brooklyn/2014/07/14/lyft-brooklyn-launches/.

27. „Lyft Launches in NYC", *Lyft Blog*, 25. Juli 2014, https://blog.lyft.com/posts/2014/7/25/lyft-launches-in-nyc.

28. Casey Newton, „This Is Uber's Playbook for Sabotaging Lyft", *Verge*, 26. August 2014, http://www.theverge.com/2014/8/26/6067663/this-is-ubers-playbook-for-sabotaging-lyft.

29. Im September 2012 habe ich für Cherry in San Francisco Autos gewaschen. Der ältere Wäscher Kenny Chen war dabei mein Mentor und er hat auch meine Bewertungen verfasst. „Brad muss auf den Verkehr aufpassen", schrieb er. Brad Stone, „My

Life as a TaskRabbit", *Bloomberg.com*, 13. September 2012, http://www.bloomberg.com/news/articles/2012-09-13/my-life-as-a-taskrabbit.

30. Dan Levine, „Exclusive: Lyft Board Members Discussed Replacing CEO, Court Documents Reveal", *Reuters*, 7. November 2014, http://www.reuters.com/article/us-lyft-ceo-lawsuit-exclusive-idUSKBN0IR2HA20141108.

31. Douglas Macmillan, „Lyft Alleges Former Executive Took Secret Documents with Him to Uber", *Wall Street Journal*, 5. November 2014, http://blogs.wsj.com/digits/2014/11/05/lyft-alleges-former-executive-took-secret-documents-with-him-to-uber/.

32. Travis VanderZanden, „All the Facts Will Come Out", *Twitter*, 6. November 2014, https://twitter.com/travisv/status/530398592968585217.

33. Joseph Menn und Dan Levine, „Exclusive — U.S. Justice Dept. Probes Data Breach at Uber: Sources", *Reuters*, 18. Dezember 2015, http://www.reuters.com/article/uber-tech-lyft-probe-exclusive-idUSKBN0U12FH20151219.

34. Dan Levine, „Uber, Lyft Settle Litigation Involving Top Executives", *Reuters*, 28. Juni 2016, http://www.reuters.com/article/us-uber-lyft-idUSKCN0ZE0FP.

35. Kristen V. Brown, „Uber Shifts into Mid-Market Headquarters", *San Francisco Chronicle*, 2. Juni 2014, http://www.sfgate.com/technology/article/Uber-shifts-into-Mid-Market-headquarters-5521166.php.

36. Mike Isaac, „Uber Picks David Plouffe to Wage Regulatory Fight", *New York Times*, 19. August 2014, http://www.nytimes.com/2014/08/20/technology/uber-picks-a-political-insider-to-wage-its-regulatory-battles.html.

37. Kim Lyons, „In Clash of Cultures, PUC Grapples with Brave New Tech World", *Pittsburgh Post-Gazette*, 24. August 2014, http://www.post-gazette.com/business/2014/08/24/In-clash-of-cultures-PUC-grapples-with-brave-new-tech-world/stories/201408240002.

38. Sarah Lacy, „The Horrific Trickle-Down of Asshole Culture: Why I've Just Deleted Uber from My Phone", *Pando*, 22. Oktober 2014, https://pando.com/2014/10/22/the-horrific-trickle-down-of-asshole-culture-at-a-company-like-uber/.

39. Charlie Warzel, „Sexist French Uber Promotion Pairs Riders with 'Hot Chick' Drivers", *BuzzFeed*, 21. Oktober 2014, https://www.buzzfeed.com/charliewarzel/french-uber-bird-hunting-promotion-pairs-lyon-riders-with-a?utm_term=.smxR9a9Q8#.miaNnpnDJ.

40. Lacy, „The Horrific Trickle-Down of Asshole Culture".

41. Ben Smith, „Uber Executive Suggests Digging Up Dirt on Journalists", *BuzzFeed*, 17. November 2014, https://www.buzzfeed.com/bensmith/uber-executive-suggests-digging-up-dirt-on-journalists?utm_term=.dqX1DyDkz#.epX2XQXbO.

42. Nicole Campbell, „What Was Said at the Uber Dinner", *Huffington Post*, 21. November 2014, http://www.huffingtonpost.com/nicole-campbell/what-was-said-at-the-uber_b_6198250.html.

KAPITEL 11: FLUCHTGESCHWINDIGKEIT

1. Brian Chesky, Rede bei iHub, Nairobi, 26. Juli 2015, https://www.YouTube.com/watch?v=UFhwh3Ex6Zg.

2. Harrison Weber, „Top Designers React to Airbnb's Controversial New Logo", *VentureBeat*, 18. Juli 2014, http://venturebeat.com/2014/07/18/top-designers-react-to-airbnbs-controversial-new-logo/.

3. „State of the Airbnb Union: A Keynote with Brian Chesky", *YouTube*-Video, 24. November 2014, https://youtu.be/EKX5W8r-0Pgc?list=PLe_YVMnS1oXYMncljtn2-anpH7PDUFip_.

4. Alex Konrad, „Airbnb Cofounders to Become First Sharing Economy Billionaires As Company Nears $10 Billion Valuation", *Forbes*, 20. März 2014, http://www.forbes.com/sites/alexkonrad/2014/03/20/airbnb-cofounders-are-billionaires/#2a6b-41b641ab.

5. James Lo Chi-hao, „Backpacker Dies from Carbon Monoxide Poisoning", *China Post*, 31. Dezember 2013, http://www.chinapost.com.tw/taiwan/national/national-news/2013/12/31/397194/Backpacker-dies.htm.

6. Hope Well, „@bchesky Our Daughter Elizabeth Passed Away", *Twitter*, 21. Januar 2014, https://twitter.com/hopewell828/status/425777540624424960.

7. William B. Smith, *„Taming the Digital Wild West"*, Abramson

Smith Waldsmith, http://www.aswllp.com/content/images/Taming-The-Digital-Wild-West.pdf.

8. Ryan Lawler, „To Ensure Guest Safety, Airbnb Is Giving Away Safety Cards, First Aid Kits, and Smoke & CO Detectors", *TechCrunch*, 21. Februar 2014, https://techcrunch.com/2014/02/21/airbnb-safety-giveaway/.

9. „A Huge Step Forward for Home Sharing in Portland", 1 *Airbnb Action*, 30. Juli 2014, https://www.airbnbaction.com/home-sharing-in-portland/.

10. Elliot Njus, „Airbnb, Acting as Portland's Lodging Tax Collector, Won't Hand Over Users' Names or Addresses", *Oregonian*, 21. Juli 2014, http://www.oregonlive.com/front-porch/index.ssf/2014/07/airbnb_acting_as_portlands_lod.html.

11. Brian Chesky, „Shared City", *Medium*, 26. März 2014, https://medium.com/@bchesky/shared-city-db9746750a3a.

12. John Cote, „Airbnb, Other Sites Owe City Hotel Tax, S.F. Says", *SFGate*, 4. April 2012, http://www.sfgate.com/bayarea/article/Airbnb-other-sites-owe-city-hotel-tax-S-F-says-3457290.php.

13. Chesky, „Shared City".

14. „San Francisco, Taxes and the Airbnb Community", *Airbnb Action*, 31. März 2014, https://www.airbnbaction.com/san-francisco-taxes-airbnb-community/.

15. Philip Matier und Andrew Ross, „Airbnb Pays Tax Bill of 'Tens of Millions' to S.F", *SFGate*, 18. Februar 2015, http://www.sfgate.com/bayarea/matier-ross/article/M-R-Airbnb-pays-tens-of-millions-in-back-6087802.php.

16. Amina Elahi, „Airbnb to Begin Collecting Chicago Hotel Tax Feb. 15", *Chicago Tribune*, 30. Januar 2015, http://www.chicagotribune.com/bluesky/originals/chi-airbnb-chicago-taxes-bsi-20150130-story.html.

17. Emily Badger, „Airbnb Is About to Start Collecting Hotel Taxes in More Major Cities, Including Washington", *Washington Post*, 29. Januar 2015, https://www.washingtonpost.com/news/wonk/wp/2015/01/29/airbnb-is-about-to-start-collecting-hotel-taxes-in-more-major-cities-including-washington/.

18. Dustin Gardiner, „Airbnb to Charge Sales Tax on Phoenix Rentals", *Arizona Republic*, 26. Juni 2015, http://www.azcentral.com/

story/news/local/phoenix/2015/06/25/airbnb-charge-sales-tax-phoenix-rentals/29283651/.

19. Vince Lattanzio, „You'll No Longer Be Breaking the Law Renting on Airbnb", *NBC 10*, 19. Juni 2015, http://www.nbcphiladelphia.com/news/local/Youll-No-Longer-Be-Breaking-the-Law-by-Renting-on-Airbnb-308272641.html.

20. „Amsterdam and Airbnb Sign Agreement on Home Sharing and Tourist Tax", *I Amsterdam*, 18. Dezember 2014, http://www.iamsterdam.com/en/media-centre/city-hall/press-releases/2014-press-room/amsterdam-airbnb-agreement.

21. „A Major Step Forward in Paris and France — Une Avancée Majeure En France", *Airbnb Action*, 26. März 2014, https://www.airbnbaction.com/major-step-forward-paris-france/.

22. Sean O'Neill, „American Hotel Association to Fight Airbnb and Short-Term Rentals", *Tnooz*, 30. April 2014, https://www.tnooz.com/article/american-hotel-association-launches-fightback-airbnb-short-term-rentals/.

23. Josh Dawsey, „Union Financed Fight to Block Airbnb in New York City", *Wall Street Journal*, 9. Mai 2016, http://www.wsj.com/articles/union-financed-fight-to-block-airbnb-in-new-york-city-1462842763.

24. Jessica Pressler, „The Dumbest Person in Your Building Is Passing Out Keys to Your Front Door!", *NYMag.com*, 23. September 2014, http://nymag.com/news/features/airbnb-in-new-york-debate-2014-9/.

25. „*A.G. Schneiderman Releases Report Documenting Widespread Illegality Across Airbnb's NYC Listings; Site Dominated by Commercial Users*", Generalstaatsanwaltschaft des Staates New York, 1. Oktober 2014, http://www.ag.ny.gov/press-release/ag-schneiderman-releases-report-documenting-widespread-illegality-across-airbnbs-nyc.

26. Carolyn Said, „S.F. Airbnb Law Off to Slow Start; Hosts Say It's Cumbersome", *SFGate*, 3. März 2015, http://www.sfgate.com/business/article/S-F-Airbnb-law-off-to-slow-start-hosts-say-6110902.php.

27. Philip Matier und Andrew Ross, „Airbnb Backers Invest Big on Chiu's Campaign Against Campos", *SFGate*, 15. Oktober 2014,

http://www.sfgate.com/bayarea/article/Airbnb-backers-invest-big-on-Chiu-s-campaign-5822784.php.

28. Dara Kerr, „San Francisco Mayor Signs Landmark Law Making Airbnb Legal", *CNET.com*, 28. Oktober 2014, http://www.cnet.com/news/san-francisco-mayor-makes-airbnb-law-official/.

29. „Historic Day for Home Sharing in San Francisco", *Airbnb Action*, 27. Oktober 2014, https://www.airbnbaction.com/historic-day-home-sharing-san-francisco/.

30. Peter Shih, http://susie-c.tumblr.com/post/58375244538/peter-shih-wrote-this-yesterday-when-everyone.

31. Carolyn Said, „Would SF Prop. F Spur Airbnb Suits, with Neighbor Suing Neighbor?", *SFGate*, 31. August 2015, http://www.sfgate.com/business/article/Would-SF-Prop-F-spur-Airbnb-suits-with-neighbor-6472468.php.

32. Daniel Hirsch, „Report: Airbnb Cuts into Housing, Should Share Data", *MissionLocal*, 14. Mai 2015, http://missionlocal.org/2015/05/report-airbnb-cuts-into-housing-should-give-up-data/.

33. Booth Kwan, „Protesters Occupy Airbnb HQ Ahead of Housing Affordability Vote", *Guardian*, 2. November 2015, https://www.theguardian.com/us-news/2015/nov/02/airbnb-san-francisco-headquarters-occupied-housing-protesters.

34. Eric Johnson, „'Re/Code Decode': Airbnb CEO Brian Chesky Talks Paris Terror Attacks, San Francisco Politics", *Recode*, 30. November 2015, http://www.recode.net/2015/11/30/11621000/recode-decode-airbnb-ceo-brian-chesky-talks-paris-terror-attacks-san.

35. Carolyn Said, „Prop. F: S.F. Voters Reject Measure to Restrict Airbnb Rentals", *SFGate*, 4. November 2015, http://www.sfgate.com/bayarea/article/Prop-F-Measure-to-restrict-Airbnb-rentals-6609176.php.

36. „Berlin Authorities Crack Down on Airbnb Rental Boom", *Guardian*, 1. Mai 2016, https://www.theguardian.com/technology/2016/may/01/berlin-authorities-taking-stand-against-airbnb-rental-boom.

37. Yuji Nakamura, „Airbnb Faces Major Threat in Japan, Its Fastest-Growing Market", *Bloomberg.com*, 18. Februar 2016, http://www.bloomberg.com/news/articles/2016-02-18/fastest-growing-airbnb-market-under-threat-as-japan-cracks-down.

38. Murray Cox und Tom Slee, „How Airbnb's Data Hid the Facts in New York City", *InsideAirbnb.com*, 10. Februar 2016, http://insideairbnb.com/reports/how-airbnbs-data-hid-the-facts-in-new-york-city.pdf.

39. Erik Larson und Andrew M. Harris, „Airbnb Sued, Accused of Ignoring Hosts' Race Discrimination", *Bloomberg.com*, 18. Mai 2016, http://www.bloomberg.com/news/articles/2016-05-18/airbnb-sued-over-host-s-alleged-discrimination-against-black-man.

40. Benjamin Edelman, *„Preventing Discrimination at Airbnb"*, BenEdelman.org, 23. Juni 2016, http://www.benedelman.org/news/062316-1.html.

41. Kristen Clarke, „Does Airbnb Enable Racism?", *New York Times*, 23. August 2016, http://www.nytimes.com/2016/08/23/opinion/how-airbnb-can-fight-racial-discrimination.html.

42. Melissa Mittelman, „Airbnb Hires Eric Holder to Develop Anti-Discrimination Plan", *Bloomberg.com*, 20. Juli 2016, http://www.bloomberg.com/news/articles/2016-07-20/airbnb-hires-eric-holder-to-develop-anti-discrimination-plan.

43. „Airbnb CEO on Discrimination: 'I Think We Were Late to This Issue'", *Fortune*, 13. Juli 2016, http://fortune.com/2016/07/13/airbnb-chesky-discrimination/.

44. Max Chafkin und Eric Newcomer, „Airbnb Faces Growing Pains as It Passes 100 Million Guests", 11. Juli 2016, *Bloomberg.com*, http://www.bloomberg.com/news/articles/2016-07-11/airbnb-faces-growing-pains-as-it-passes-100-million-users.

45. Dennis Schaal, „Expedia Buys HomeAway for $3.9 Billion", *Skift*, 4. November 2015, https://skift.com/2015/11/04/expedia-acquires-homeaway-for-3-9-billion/.

46. Amy Plitt, „NYC Hotel Rates May Be Dropping Thanks to Airbnb", *Curbed NY*, 19. April 2016, http://ny.curbed.com/2016/4/19/11458984/airbnb-new-york-hotel-rates-dropping.

KAPITEL 12: GLOBALES MEGA-EINHORN-DUELL BIS ZUM TOD

1. Rhiannon Williams und Matt Warman, „London at a Standstill but Uber Claims Taxi Strike Victory", *Telegraph*, 11. Juni 2014, http://www.telegraph.co.uk/technology/news/10892224/London-at-a-standstill-but-Uber-claims-taxi-strike-victory.html.

2. James Titcomb, „What Is Uber and Why Does TFL Want to Crack Down on It?", *Telegraph*, 30. September 2015, http://www. telegraph.co.uk/technology/uber/11902093/What-is-Uber-and-why-does-TfL-want-to-crack-down-on-it.html.

3. Oscar Williams-Grut, „Taxi Drivers Caused Chaos at London's City Hall after Boris Johnson Called Them 'Luddites'", *Business Insider*, 16. September 2015, http://www.businessinsider.com/london-mayor-boris-johnsons-question-time-disrupted-by-uber-protest-2015-9.

4. James Titcomb, „Uber Wins Victory in London as TFL Drops Proposals to Crack Down on App", *Telegraph*, 20. Januar 2016, http://www.telegraph.co.uk/technology/uber/12109810/Uber-wins-victory-in-London-as-TfL-drops-proposals-to-crack-down-on-app.html.

5. Sam Schechner, „Uber Meets Its Match in France", *Wall Street Journal*, 18. September 2015, http://www.wsj.com/articles/uber-meets-its-match-in-france-1442592333.

6. „Perquisitions Au Siège D'Uber France", *LeMonde.fr*, 17. März 2015, http://www.lemonde.fr/societe/article/2015/03/17/perquisitions-au-siege-d-uber-france_4595591_3224.html.

7. Romain Dillet, „Uber France Leaders Arrested for Running Illegal Taxi Company", *TechCrunch*, 29. Juni 2015, https://techcrunch.com/2015/06/29/uber-france-leaders-arrested-for-running-illegal-taxi-company/.

8. Anne-Sylvaine Chassany und Leslie Hook, „Uber Found Guilty of Starting 'Illegal' Car Service by French Court", *Financial Times*, http://www.ft.com/cms/s/0/3d65be7a-2e22-11e6-bf8d-26294ad519fc.html.

9. Philip Willan, „Italian Court Bans UberPop, Threatens Fine", *PCWorld*, 26. Mai 2015, http://www.pcworld.com/article/2926752/italian-court-bans-uberpop-threatens-fine.html.

10. „Why UberPop Is Being Scrapped in Sweden", *Local SE*, 11. Mai 2016, http://www.thelocal.se/20160511/heres-why-uberpop-is-being-scrapped-in-sweden.

11. Lisa Fleisher, „Uber Shuts Down in Spain After Telcos Block Access to App", *Wall Street Journal*, 21. Dezember 2014, http://blogs.wsj.com/digits/2014/12/31/uber-shuts-down-in-spain-af-

ter-telcos-block-access-to-its-app/; Maria Vega Paul, „Uber Returns to Spanish Streets in Search of Regulatory U-Turn", *Reuters*, 30. März 2016, http://www.reuters.com/article/us-spain-uber-tech-idUSKCN0WW0AO.

12. Mark Scott, „Uber's No-Holds-Barred Expansion Strategy Fizzles in Germany", *New York Times*, 3. Januar 2016, http://www.nytimes.com/2016/01/04/technology/ubers-no-holds-barred-expansion-strategy-fizzles-in-germany.html?_r=0.

13. Brad Stone und Lulu Yilun Chen, „Uber Slayer: How China's Didi Beat the Ride-Hailing Superpower", *Bloomberg Businessweek*, 6. Oktober 2016, https://www.bloomberg.com/features/2016-didi-cheng-wei/.

14. „Hangzhou Kuaizhi Technology (Kuaidi Dache) closes venture funding", *Financial Deals Tracker, MarketLine*, 10. April 2013.

15. Zheng Wu und Vanessa Piao, „Didi Dache, a Chinese Ride-Hailing App, Raises $700 Million", *New York Times*, 10. Dezember 2014, http://dealbook.nytimes.com/2014/12/10/didi-dache-a-chinese-ride-hailing-app-raises-700-million/.

16. „Baidu to Buy Uber Stake in Challenge to Alibaba in China", *Bloomberg.com*, 17. Dezember 2014, http://www.bloomberg.com/news/articles/2014-12-17/baidu-to-buy-uber-stake-in-challenge-to-alibaba-for-car-booking.

17. Rose Yu, „For Cabs in China, Traffic Isn't Only Woe", *Wall Street Journal*, 14. Januar 2015, http://www.wsj.com/articles/china-taxi-drivers-continue-striking-over-growing-ride-hailing-services-1421239127.

18. Gillian Wong, „Uber Office Raided in Southern Chinese City", *Wall Street Journal*, 1. Mai 2015, http://www.wsj.com/articles/uber-office-raided-in-southern-chinese-city-1430483542.

19. Charles Clover, „Uber in Taxi War of Attrition with Chinese Rival Didi Dache", *Financial Times*, http://www.ft.com/cms/s/0/7de53f7a-5088-11e5-b029-b9d50a74fd14.html#axzz4FHeEnQUa.

20. Ebd.

21. Ebd.

22. Tatiana Schlossberg, „New York City Council Discusses Cap on Prices Charged by Car-Service Apps During Peak Times", *New York Times*, 12. Januar 2015, http://www.nytimes.com/2015/

01/13/nyregion/new-york-city-council-discusses-cap-on-prices-charged-by-car-service-apps-during-peak-times.html.

23. Annie Karni, „Uber Loses TLC Appeal to Turn over Trip Data“, *New York Daily News*, 22. Januar 2015, http://www.nydailynews.com/news/politics/uber-loses-tlc-deal-turn-trip-data-article-1.2087718.

24. Michael M. Grynbaum, „Taxi Industry Opens Wallet for De Blasio, a Chief Ally“, *New York Times*, 17. Juli 2012, http://www.nytimes.com/2012/07/18/nyregion/de-blasio-reaps-big-donations-from-taxi-industry-he-aided.html.

25. Tim Fernholz, „The Latest Round in Uber's Battle for New York City, Explained“, *Quartz*, 30. Juni 2015, http://qz.com/441608/the-latest-round-in-ubers-battle-for-new-york-city-explained/.

26. Andrew J. Hawkins, „City Yields to Uber on App Rules“, *Crain's New York Business*, 18. Juni 2015, http://www.crainsnewyork.com/article/20150618/BLOGS04/150619866/city-yields-to-uber-on-app-rules.

27. Colleen Wright, „Uber Says Proposed Freeze on Licenses in New York City Would Limit Competition“, *New York Times*, 30. Juni 2015, http://www.nytimes.com/2015/07/01/nyregion/uber-says-proposed-freeze-on-licenses-would-limit-competition.html.

28. Kirstan Conley und Carl Campanile, „Cuomo Drops Bombshell on De Blasio over Uber“, *New York Post*, 22. Juli 2015, http://nypost.com/2015/07/22/cuomo-drops-bombshell-on-de-blasio-over-uber/.

29. Dan Rivoli, „De Blasio's Multimillion-Dollar Study Blames Deliveries, Construction and Tourism for Traffic Congestion— Not Uber“, *New York Daily News*, 15. Januar 2016, http://www.nydailynews.com/new-york/de-blasio-study-blames-construction-tourism-traffic-article-1.2498253.

30. Ryan Parry, „Exclusive: Luxury Hotels, All-Night Partying at Posh Clubs, Endless Freebies“, *Daily Mail Online*, 1. Oktober 2015, http://www.dailymail.co.uk/news/article-3256259/Luxury-hotels-night-partying-posh-clubs-endless-freebies-Uber-hosts-SECRET-Sin-City-team-building-junket-4-80 0-employees-world-no-drivers-please.html.

31. *„An Uber Impact: 20,000 Jobs Created on the Uber Platform Every Month“*, Uber, 27. Mai 2014, https://newsroom.uber.com/

an-uber-impact-20000-jobs-created-on-the-uber-platform-
every-month-2/.

32. Justin Singer, „Beautiful Illusions: The Economics of UberX",
Valleywag, 11. 2014, http://valleywag.gawker.com/beautiful-illu-
sions-the-economics-of-uberx-1589509520; Felix Salmon, „How
Well UberX Pays, Part 2", *Medium*, 8. Juni 2014, https://medi-
um.com/@felixsalmon/how-well-uberx-pays-part-2-cbc948e-
aeeaf#.wc3njxtdz.

33. Alex Barinka, Eric Newcomer und Lulu Chen, „Uber Backers
Said to Push for Didi Truce in Costly China War", *Bloomberg.
com*, 20. Juli 2016, https://www.bloomberg.com/news/ar-
ticles/2016-07-20/uber-investors-said-to-push-for-didi-truce-
in-costly-china-fight.

EPILOG

1. Max Chafkin, „Uber's First Self-Driving Fleet Arrives in Pittsburgh This Month", *Bloomberg.com*, 18. August 2016, http://
www.bloomberg.com/news/features/2016-08-18/uber-s-first-
self-driving-fleet-arrives-in-pittsburgh-this-month-is06r7on.

ÜBER DEN AUTOR

B rad Stone berichtet für die amerikanischen Nachrichtenagentur Bloomberg News über globale Technologie. Er hat den *New York Times*-Bestseller „Der Allesverkäufer: Jeff Bezos und das Imperium von Amazon" verfasst, der 2013 von *Financial Times* und Goldman Sachs als bestes Wirtschaftsbuch des Jahres ausgezeichnet wurde. Er berichtet seit nahezu 20 Jahren über das Silicon Valley und schreibt unter anderem für *Bloomberg Businessweek*, die *New York Times* und *Newsweek*. Er lebt in San Francisco.

256 Seiten
broschiert
19,99 [D] / 20,60 [A]
ISBN: 978-3-86470-489-5

Alexandra Wolfe:
Das Tal der Götter

Die US-Elite tummelte sich lange Jahre an den Ivy-League-Unis der Ostküste. Doch mittlerweile ist das Silicon Valley der neue Hotspot. Hier werden Kids zu Milliardären. Hier tobt der Kampf um die größten Talente von morgen. Alexandra Wolfe begleitet drei junge Visionäre, die das College und ihr normales Leben aufgegeben haben, um im Silicon Valley zu leben und zu arbeiten. Ihr Ziel: der nächste Mark Zuckerberg oder Elon Musk werden. Peter Thiel, einer der ganz Großen im Silicon Valley, rekrutiert sie mit seinem Förderprogramm. Wolfe war dabei und gewährt exklusive Einblicke.

PLASSEN
VERLAG

400 Seiten
gebunden mit SU
19,99 [D] / 20,59 [A]
ISBN: 978-3-86470-354-6

Dr. Mario Herger:
Das Silicon-Valley-Mindset

Das Silicon Valley ist der Innovationsmotor schlechthin. Doch was macht diese Region zu etwas Besonderem? Dr. Mario Herger, der seit 2001 dort lebt und arbeitet, weiß: Die Innovationsmentalität aus dem Silicon Valley ist erlernbar. Anhand von Interviews und Schritt-für-Schritt-Anleitungen zeigt er, wie sie mit den eigenen Stärken kombiniert werden kann.

PLASSEN
VERLAG